高职高专会计专业项目化系列教材

纳税实务

TAX PRACTICE

于 洋 主 编

陈桂梅 副主编

清华大学出版社

北 京

内容简介

本书以截至 2021 年 7 月国家颁布的最新税收法律法规、会计准则为编写依据，反映税收领域改革和会计发展方向的最新动态。本书主要介绍在实际工作中应掌握的相关知识和技能，如各税种的基础认知、计算、会计核算及纳税申报等，同时兼顾会计初级资格证书考试内容。根据不同税种的日常核算要求，本书整理出 7 个项目作为主要教学内容，包括纳税实务认知、增值税实务、消费税实务、企业所得税实务、个人所得税实务、其他税种实务(上)、其他税种实务(下)。同时，本书配备授课计划、课程标准、电子课件、案例、教案、会计初级资格证书考试资源、法规导航、实训练习等丰富的配套教学资源，方便学生自主学习，同时便于使用本书的教师开展教学活动。

本书可作为高职高专院校会计专业及相关专业的教学用书，也可作为中职升高职考试的辅导用书，还可作为在职会计人员的培训用书和自学参考书。

图书在版编目(CIP)数据

纳税实务 / 于洋主编. —北京：清华大学出版社，2021.8(2023.3重印)
高职高专会计专业项目化系列教材
ISBN 978-7-302-58423-0

Ⅰ.①纳… Ⅱ.①于… Ⅲ.①纳税－税收管理－中国 Ⅳ.①F812.423

中国版本图书馆 CIP 数据核字(2021)第 115649 号

责任编辑：高 姗 高晓晴
封面设计：周晓亮
版式设计：思创景点
责任校对：马遥遥
责任印制：丛怀宇

出版发行：清华大学出版社
    网　　　址：http://www.tup.com.cn，http://www.wqbook.com
    地　　　址：北京清华大学学研大厦 A 座　　　　　　邮　　编：100084
    社 总 机：010-83470000　　　　　　　　　　　邮　　购：010-62786544
    投稿与读者服务：010-62776969，c-service@tup.tsinghua.edu.cn
    质 量 反 馈：010-62772015，zhiliang@tup.tsinghua.edu.cn
印 装 者：三河市君旺印务有限公司
经　　销：全国新华书店
开　　本：185mm×260mm　　　印　　张：19.5　　　字　　数：511 千字
版　　次：2021 年 8 月第 1 版　　印　　次：2023 年 3 月第 3 次印刷
定　　价：58.00 元

产品编号：093851-02

前　言

为了实现高等职业教育的培养目标，适应"以能力为中心"与"教、学、练"相结合的高职教学模式，针对高等职业院校会计等专业(群)对纳税实务课程的教学目的和要求，并结合作者积累的长期教学和企业工作经验，我们编写了本教材。

本书以最新税法和会计准则为依据，主要介绍在实际纳税工作中应掌握的相关知识，如各税种的基础认知、计算、会计核算及纳税申报内容等。根据不同税种的日常核算要求，我们整理出7个项目作为主要教学内容，包括纳税实务认知、增值税实务、消费税实务、企业所得税实务、个人所得税实务、其他税种实务(上)、其他税种实务(下)。

本书主要有以下特点。

1. "理实一体、学做结合"的创新编写理念

本书以企业纳税计算、会计核算与纳税申报的工作项目为导向来组织教、学、做的内容，以教学任务和实训任务来驱动教学过程，按照"项目导向、任务驱动"模式来组织教学，将各税种的理论学习与实训相融合，实现"理实一体、学做合一"的编写理念，有利于培养学生的综合职业能力和素养。

2. "项目化"的编写体例，实现"教、学、做"一体化

围绕每个税种设置各个项目，有利于开展项目化教学。为每一个项目设置工作情境，通过"项目情境""任务导入""任务准备""任务实施""任务考核"等方式实现"教、学、做"一体化，使学生体验案例教学的趣味，同时满足工学结合人才培养模式改革的要求。

3. 注重德能兼修

以教育部《高等学校课程思政建设指导纲要》文件精神为指引，贯彻执行"课程思政建设是落实立德树人根本任务的战略举措"，本书在各项目开头设有"知识目标""能力目标""思政目标""法规导航"，在各项目结尾有"案例分析"，方便教师在具体项目教学中渗透职业素养教育，培养学生爱岗敬业、廉洁自律、遵纪守法、照章纳税等职业素养和品质，教育学生树立正确的人生观和价值观，为学生职业能力发展奠定良好的基础。

4. 内容新颖，配套资源丰富

本书以截至2021年7月国家颁布的最新税收法律法规、会计准则为编写依据，反映税收领域改革和会计发展方向的最新动态。本书在内容选取上兼顾会计初级资格证书考试中"经济法基础"科目的相关内容，同时辅以相关考证知识点练习。本书配备授课计划、课程标准、电子课件、案例、教案、会计初级资格证书考试资源、法规导航、实训练习等丰富的配套教学资源，方便学生自主学习，同时便于使用本教材的教师开展教学活动。教师也可扫描前言中的

教学资源

二维码,通过系统审核后获取本书配套课件和习题答案。

本书由于洋(辽宁金融职业学院)担任主编;陈桂梅(辽宁金融职业学院)担任副主编;郭震华(中兴—沈阳商业大厦)、曹伟萍(辽宁金融职业学院)、张冰洁(辽宁金融职业学院)、孙婷婷(辽宁金融职业学院)参与了本书的编写工作。具体编写分工如下:项目一、项目二、项目四由于洋编写;项目三由张冰洁编写;项目五由陈桂梅编写;项目六由孙婷婷、郭震华编写;项目七由曹伟萍编写;全书由于洋负责编写大纲及总撰工作。

本书的编写参考了大量文献资料,并借鉴和吸收了其中部分内容,在此,对这些文献资料的作者表示衷心的感谢!

由于作者学识水平有限,书中难免有疏漏和不足之处,恳请读者批评指正,以便我们日后不断修改完善。

编　者

2021 年 7 月

目　　录

项目一　纳税实务认知

项目一

知识目标

1. 理解税收概念和特点
2. 熟悉现行税收体系及分类
3. 掌握税制构成的基本要素
4. 掌握涉税登记、发票管理规定
5. 掌握纳税申报、税款缴纳相关知识

能力目标

1. 能根据经济业务判断税收种类
2. 能简单阐述税制构成要素
3. 能办理涉税登记
4. 能办理发票领购、保管和缴销手续
5. 能够准确准备纳税申报资料，并按规定进行纳税申报

思政目标

1. 树立依法纳税、遵章守法意识
2. 培养敬业精神、团队合作能力和严谨、诚信的职业品质及良好的职业道德修养
3. 及时履行纳税义务，防范企业纳税风险

法规导航

1-1 中华人民共和国税收征收管理法　　1-2 中华人民共和国税收征收管理法实施细则　　1-3 国家税务总局关于修改《税务登记管理办法》的决定　　1-4 中华人民共和国会计法　　1-5 中华人民共和国发票管理办法（修改草案征求意见稿）

 项目情境

　　税收作为国家财政收入的主要来源，与社会的发展、人们的生活是分不开的。当我们去商场、超市购物，去名胜古迹观光游览，去影院、剧场、赛场观看电影、戏剧、比赛等情况时，都会直接或间接地与税收发生联系。那么，你知道什么是税收吗？与其他财政收入相比，税收有什么不同？税款应该由谁来缴纳、由谁来负担呢？国家制定税收制度，是为了保障国家利益和纳税人的合法权益，维护正常的税收秩序，保证国家的财政收入。你知道税收制度都是由哪些基本要素构成的吗？你知道纳税人有哪些权利可以行使，又有哪些义务必须履行吗？

　　明确了纳税人的权利和义务后，你了解纳税人都应该缴纳哪些税款吗？这些税是如何分类的？纳税人缴纳税款应遵循怎样的基本程序呢？

任务一　纳税基础

 任务导入

　　自2019年1月1日起，我国居民个人的综合所得，以每一纳税年度的收入额减除费用60 000元以及专项扣除、专项附加扣除和依法确定的其他扣除后的余额，为应纳税所得额。有人认为计算个人所得税的应纳税所得额时，从收入额中减除固定费用60 000元是个人所得税的起征点。

　　任务要求：你认同上述关于"60 000元是个人所得税的起征点"的说法吗？

任务准备

一、税收的概念及特点

（一）税收的概念

　　税收是国家为了实现其职能，凭借政治权力，按照法律规定的标准，强制地、无偿地参与社会产品分配与再分配，以取得财政收入的一种特殊分配形式。我们可以从以下几个方面来理解税收的概念。

1. 税收的本质是分配

社会再生产是在"生产、分配、交换、消费"各环节的循环过程中进行的。我们在生产环节创造社会产品，在分配环节对社会产品价值进行分割，在交换环节实现使用价值的转移，在消费环节耗费社会产品价值。国家征税只是从社会产品价值量中分割出一部分集中到政府手中，改变社会成员与政府各自占有社会产品价值量的份额。因此，分配是税收的本质。

2. 税收分配以国家为主体，凭借政治权力来实现

社会产品的分配可以分为两大类，一类是凭借资源拥有权力进行的分配，一类是凭借政治权力进行的分配。税收是以国家为主体，凭借政治权力进行的分配。

3. 税收分配的对象是剩余产品

剩余产品是指劳动者生产的超过必要产品的那部分社会产品，剩余产品是人类社会发展进步的物质基础，剩余产品的分配形式有很多种，税收只是其中一种分配形式，即税收总规模应小于剩余产品价值总量，国家以税收形式占有的只能是剩余产品的一部分而不是全部，不然则会侵蚀税本，阻碍社会经济的发展。

4. 征税分配的目的是满足社会公共需要

国家安全、社会稳定、生活保障等公共需要的满足，必须要由政府集中一部分社会财富来实现。由于市场机制不能提供满足公共需要的公共产品和服务，所以政府通过税收分配来满足全体国民对各类公共产品和服务的需要。

(二) 税收的特点

国家筹集财政收入的方式有征税、发行货币、发行公债国债、收取各种规费等方式。税收区别于其他财政收入形式的重要特征是，其具有独有的"三性"特征，即强制性、无偿性和固定性。

1. 强制性

强制性是指国家以社会管理者的身份，用法律、法规等形式对征收捐税加以规定，并依照法律强制征收。任何纳税人都必须依法纳税，任何征税机关都必须依法征税，否则就要承担法律责任。

2. 无偿性

无偿性是指国家征税后，税款即成为国家的财政收入，不直接归还纳税人，也不向纳税人支付任何报酬。国家征税对具体纳税人无须直接偿还，但就全体纳税人而言，税收是有偿的，表现为国家为全体纳税人维护社会秩序、公共安全和提供共同的生产条件等服务。

3. 固定性

固定性是指国家在征税之前，应以法律形式预先规定征税对象、征收标准、征税方法等，征纳双方必须遵守，不得随意变动。税收的固定性主要表现在国家通过法律，把对什么征税、对谁征税、征多少税，在征税之前就固定下来。但税收的固定性是相对的，随着社会政治、经济环境的变化，税收的征税对象、征收标准等也会不断调整。

上述税收的"三性"是一个完整的统一体，缺一不可，无偿性是税收的核心特征，强制性和固定性是对无偿性的保证和约束。税收的"三性"是税收本质的具体表现，是税收区别于其他财政收入形式的标志。

二、税收法律制度体系

税收法律制度体系简称税制，是一个国家在一定历史时期制定的各项税收法律、法规和征收管理办法的总称，包括各种税收法规、实施细则和税收征收管理制度等。我国现行税收法律体系由税收实体法和税收程序法共同构成。

我国现行税收实体法在原有税制的基础上，经过 2016 年"营改增"政策在全国范围的实施，形成了以增值税、消费税、关税、车辆购置税、企业所得税、个人所得税、资源税、房产税、城镇土地使用税、车船税、土地增值税、印花税、城市维护建设税、耕地占用税、契税、烟叶税、船舶吨税、环境保护税为主体税种的实体法体系。根据分税制财政管理体制，我国现行开征的税种中海关负责征收关税和船舶吨税，进口环节的增值税、消费税由海关代征，其他税种均由税务机关负责征收。

我国现行税收程序法体系主要有两种：一是《中华人民共和国税收征收管理法》，适用于由税务机关负责征收的税种的管理；二是《中华人民共和国海关法》及《中华人民共和国进出口关税条例》，适用于由海关负责征收的税种的管理。

三、税收的分类

(一) 按征税对象分类

按征税对象不同，税收可分为流转税、所得税、财产税、行为税、特定目的税、烟叶税、资源税。

1. 流转税

流转税是以应税行为的流转额为征税对象征收的一种税，包括增值税、消费税和关税。流转税主要在生产、流通和服务领域中发挥调节作用。

2. 所得税

所得税是以各种所得额为征税对象征收的一种税，包括企业所得税、个人所得税。所得税主要是在国民收入形成后，对生产经营者的利润和个人的纯收入发挥调节作用。

3. 财产税

财产税是以纳税人所拥有或支配的财产为征税对象征收的一种税，包括房产税、车船税。财产税主要对特定财产发挥调节作用。

4. 行为税

行为税是为了调节某些行为，以这种行为为征税对象征收的一种税，包括印花税、契税、船舶吨税。行为税主要对特定行为发挥调节作用。

5. 特定目的税

特定目的税是为了达到特定目的而征收的一种税，包括城市维护建设税、车辆购置税、耕地占用税、环境保护税。特定目的税是对特定对象发挥调节作用。

6. 烟叶税

烟叶税是国家对收购烟叶的单位按照收购烟叶金额征收的一种税。

7. 资源税

资源税是对开发、利用和占用国有自然资源的单位和个人征收的一种税，包括资源税、土地增值税和城镇土地使用税。资源税主要是对因开发和利用自然资源而形成的级差收入发挥调节作用。

(二) 按税负能否转嫁分类

按税负能否转嫁，税收可以分为直接税和间接税。

1. 直接税

直接税是指纳税人不能将税负转嫁给他人，只能由纳税人承担的一种税，如所得税、财产税等。

2. 间接税

间接税是指纳税人能将税负全部或部分转嫁给他人负担的一种税，如流转税。

(三) 按计税依据分类

按计程依据不同，税收可以分为从量税、从价税和复合税。

1. 从量税

从量税是以征税对象的自然实物量(重量、件数、面积、长度等)为标准，采用固定单位税额征收的税种，如车船税。

2. 从价税

从价税是以征税对象的价值量为标准，按规定税率征收的税种，如增值税、企业所得税。

3. 复合税

复合税是同时以征税对象的自然实物量和价值量为标准征收的一种税，如白酒的消费税等。

(四) 按税收管理与使用权限分类

按税收管理与使用权限的不同，可以把税收分为中央税、地方税、中央地方共享税。

1. 中央税

中央税是由一国的国家政府或中央一级政府征收管理和使用的税，属于中央级政府的财政收入，如消费税、关税等。

2. 地方税

地方税是由一国的地方政府征收管理和使用的税，属于地方政府的财政收入，如车船税、房产税等。

3. 中央地方共享税

中央地方共享税是中央和地方按一定比例分成，共享税收收入的税，如增值税、所得税等。

(五) 按税收与价格的关系分类

按税收与价格的关系划分，税收可分为价内税和价外税。

1. 价内税

价内税是指商品税金包含在商品价格之中，商品价格由成本、税金、利润构成，如消费税等。

2. 价外税

价外税是指商品价格中不包含商品税金，商品价格由成本、利润构成，商品税金只作为商品价格之外的一个附加额，如增值税。

(六) 按会计核算中使用的会计科目分类

按会计核算中使用的会计科目分类，税收可分为销售税金、资本性税金、所得税及增值税。

1. 销售税金

销售税金是指在销售过程中实现，在"税金及附加"科目核算的税金，如消费税、资源税、土地增值税、城市维护建设税、房产税、印花税、车船税、城镇土地使用税等。

2. 资本性税金

资本性税金是指在投资活动中发生，在会计核算中计入资产价值的税金，如契税、耕地占用税等。

3. 所得税及增值税

所得税也是费用性税金，通过"所得税费用"科目核算，影响净利润；对于增值税，在会计核算中直接计入"应交税费"科目，一般不影响损益。

四、税制构成的基本要素

(一) 纳税人

纳税人是指税法中规定的直接负有纳税义务的单位和个人，也称纳税主体。纳税人一般分为法人和自然人两种。法人是指依法成立并能以自己的名义行使权利和履行义务的组织。作为纳税人的法人，一般是指经工商行政管理机关审查批准并登记，具备必要的生产手段和经营条件，实行独立经济核算并能承担经济责任，能够依法行使权利和承担义务的单位、团体。自然人是指能独立享受法律规定的民事权利，承担相应民事义务的普通人的总称。

与纳税人紧密相关的两个概念是扣缴义务人和负税人。

1. 扣缴义务人

扣缴义务人是指按照税法规定负有扣缴税款义务的单位和个人。确定扣缴义务人有利于加强税收的源泉控制，简化征税手续，减少税款流失。但扣缴义务人不是纳税主体，而是纳税人和税务机关的中介。如果扣缴义务人按照税务机关和税法的要求，认真履行了扣缴义务，税务机关将给予其一定的手续费；反之，如果他们未按规定代扣代缴，使代扣代缴的税款不能按时缴入国库或帮助纳税人偷逃税款，就要追究其法律责任。

2. 负税人

负税人是指实际负担税款的单位和个人。当纳税人税负无法实现转移或转嫁时，纳税人与负税人一致；否则，纳税人与负税人分离。

纳税人的权利与义务如图 1-1 所示。

纳税人享有的权利	纳税人应尽的义务
(1) 知情权 (2) 保密权 (3) 税收监督权 (4) 纳税申报方式选择权 (5) 申请延期申报期 (6) 申请延期缴纳税款权 (7) 申请退还多缴税款权 (8) 享受税收优惠权 (9) 委托税务代理权 (10) 陈述与申辩权 (11) 对未出示税务检查证和税务检查通知书的拒绝检查权 (12) 税收法律救济权 (13) 要求听证权 (14) 索取税收凭证权	(1) 依法办理税务登记的义务 (2) 依法设置账簿、进行核算、保管账簿和有关资料及依法开具、使用、取得和保管发票的义务 (3) 财务会计制度和会计核算软件备案的义务 (4) 按照规定安装、使用税控装置的义务 (5) 按时、如实申报的义务 (6) 按时缴纳税款的义务 (7) 代扣、代收税款义务 (8) 接受税务检查的义务 (9) 及时提供信息的义务 (10) 报告其他涉税信息义务

图 1-1　纳税人的权利与义务

(二) 征税对象

征税对象又称课税对象或征税客体，是指税法中规定的征税的目的物，是国家据以征税的依据。通过规定征税对象解决对什么征税这一问题。它是区别不同税种的主要标志。与征收对象相关的还有两个概念：税目和计税依据。

1. 税目

税目是指税法上规定应征税的具体项目，是征税对象的具体化，反映具体的征税范围，体现征税的广度，是对课税对象质的界定。

2. 计税依据

税基又称计税依据，是指税法中规定的据以计算各种应征税款的依据或标准。其具体分为三种：一是从价计征，即以计税金额为计税依据；二是从量计征，即以征税对象的实物单位量(如重量、体积等)为计税依据；三是复合计税，即同时以征税对象的计税金额和实物单位为计税依据。

(三) 税率

税率是指应纳税额与计税依据之间的法定比例，是计算应纳税额的尺度，也是衡量税负轻重与否的重要标志，因而它是体现税收政策的中心环节。我国现行税率大致可分为以下三种，具体可见二维码1-6。

1-6 我国现行税率的种类

(四) 纳税环节

纳税环节是指税法规定的征税对象从生产到消费的流转过程中应当缴纳税款的环节，如流转税在生产和流通环节纳税，所得税在分配环节纳税等。按照纳税环节的多少，可将税收课征制度划分为两类：一次课征制和多次课征制。

（五）纳税地点

纳税地点是指根据各个税种征税对象的纳税环节和有利于对税款的源泉控制而规定的纳税人(包括代征、代扣、代收代缴义务人)的具体纳税地点。

（六）纳税时间

纳税时间是指税法规定的关于税款缴纳时间方面的限定，具体包括以下三个方面。

(1) 纳税义务发生时间是指应税行为发生的时间。

(2) 纳税期限，即每隔固定时间汇总一次纳税义务的时间。税法规定了每种税的纳税期限，如《中华人民共和国增值税暂行条例》规定，增值税的纳税期限分别为 1 日、3 日、5 日、10日、15 日、1 个月或者 1 个季度。纳税人的具体纳税期限由主管税务机关根据纳税人应纳税额的大小分别核定，不能按照固定期限纳税的，可以按次纳税。

(3) 缴库期限，即税法规定的纳税期满后，纳税人将应纳税款缴入国库的期限，如《中华人民共和国增值税暂行条例》规定，纳税人以 1 个月或者 1 个季度为 1 个纳税期的，自期满之日起 15 日内申报纳税。

（七）减税与免税

减税与免税是对某些纳税人或征税对象的鼓励或照顾措施。减税是从应征税款中减征部分税款；免税是免征全部税款，具体内容可见二维码 1-7。

1-7 减税、免税的
具体形式

（八）附加与加成

附加是地方附加的简称，是地方政府在征税之外，附加征收的一部分税款；加成是加成征税的简称，是对特定纳税人实行的一种加征几成税额的措施。

无论是附加还是加成，都增加了纳税人的负担，但这两种加税措施的目的是不同的，实行地方附加是为了给地方政府筹措一定的机动财力，用于发展地方建设事业。实行加成则是为了调节和限制某些纳税人获取的过多的收入或者对纳税人违章行为进行处罚的措施。

（九）法律责任

法律责任一般是指由于违法而应当承担的法律后果。违法行为是承担法律责任的前提，而法律制裁是追究法律责任的必然结果。法律制裁，习惯上又称为罚则或违章处理，是对纳税人违反税法的行为所采取的惩罚措施，它是税收强制性特征的具体体现。

 **任务实施**

根据【任务导入】情境资料和任务要求，任务实施如下。

【任务导入】中关于"60 000 元是个人所得税的起征点"的说法是不正确的。起征点和免征额不一样。起征点是征税对象达到一定数额开始征税的起点，对征税对象数额未达到起征点的不征税，达到起征点的按全部数额征税。免征额是在征税对象的全部数额中免予征税的数额，对免征额部分不征税，只对超过免征额的部分征税。

假设起征点和免征额每年都是 60 000 元，且不考虑其他扣除项目，若某人年收入总额为50 000 元，无论是按照起征点的规定还是免征额的规定，都不需计算个人所得税。若某人年收入总额为 80 000 元，按照免征额的规定，只需对超过部分 20 000 元(80 000–60 000)计算个人所得税；而按照起征点的规定，则需对所有金额 80 000 元计算个人所得税。我国个人所得税中综合所得的征税模式，是按照 20 000 元的模式而不是按照 80 000 元的模式。因此，关于"60 000 元是个人所得税的起征点"的说法是错误的，"60 000 元"实际应为"免征额"。

任务考核

一、单项选择题

1. 下列税种中，由海关系统负责征收和管理的是(   )。
   A. 房产税　　　　　B. 个人所得税　　　C. 契税　　　　　D. 关税
2. 税法上规定的纳税人是指直接(   )的单位和个人。
   A. 负有纳税义务　　B. 最终负担税款　　C. 代收代缴税款　　D. 承担纳税担保
3. 税制构成要素中区分不同税种的标志是(   )。
   A. 纳税人　　　　　B. 征税对象　　　　C. 税目　　　　　D. 税率
4. (   )是衡量税负轻重与否的重要标志，是税收制度的核心。
   A. 征税对象　　　　B. 税目　　　　　　C. 计税依据　　　D. 税率
5. 下列各项中，不属于税收制度的构成要素是(   )。
   A. 税收负担率　　　B. 法律责任　　　　C. 纳税时间　　　D. 减税免税

二、多项选择题

1. 下列有关税收概念的说法中正确的有(   )。
   A. 征税的主体是国家
   B. 国家征税凭借的是其政治权力
   C. 税收分配的客体是所有社会产品
   D. 税收具有强制性、无偿性、固定性的特征
2. 下列税种中，由税务机关负责征收和管理的有(   )。
   A. 个人所得税　　　B. 企业所得税　　　C. 环境保护税　　D. 车船税
3. 税制构成要素包括(   )。
   A. 征税对象　　　　B. 税收成本　　　　C. 税率　　　　　D. 纳税人
4. 法律、行政法规规定负有(   )税款义务的单位和个人为扣缴义务人。
   A. 直接征收　　　　B. 委托代征　　　　C. 代扣代缴　　　D. 代收代缴
5. 下列各项中，属于我国现行税收法律制度规定适用的税率形式的有(   )。
   A. 全额累进税率　　B. 定额税率　　　　C. 比例税率　　　D. 超率累进税率

三、判断题

1. 直接税是指纳税人本身承担税负，消费税是价内税，由纳税人缴纳，因此消费税是直接税。(   )
2. 所得税是指以所得额为征税对象征收的一种税，主要是企业所得税和个人所得税。(   )
3. 对同一征税对象，不论数额多少，均按同一比例征税的税率称为定额税率。(   )
4. 我国的增值税实行的是一次课征制。(   )
5. 税法规定的起征点是对纳税对象中一部分给予减免，只就减除后剩余的部分计征税款。(   )

任务二 涉税工作流程

╲ 任务导入

小张大专毕业后自主创业，他成立了一家小型培训机构。小张的公司领取营业执照开始运营后，不懂财务的小张想，公司经营规模不大，业务量暂时也不多，请个会计记账会增加公司的运营成本，不如自己先简单记个"流水账"。于是，小张没有聘请会计人员，自己也没有建立会计账簿，他只有一本贴满收据的"流水账"。

任务要求：你认为小张自己记"流水账"的做法是正确的吗？

一、涉税登记

(一) 新设企业涉税事项登记

2016 年 7 月 5 日，国务院办公厅发布《国务院办公厅关于加快推进"五证合一、一照一码"登记制度改革的通知》，自 2016 年 10 月 1 日起正式实现"五证合一、一照一码"。"五证合一"是指整合工商营业执照、组织机构代码证、税务登记证、社会保险登记证和统计登记证合为一证。

工商登记统一受理申请后，申请材料和登记材料在部门间共享，各部门数据互换、档案互认。新设立企业领取"一照一码"营业执照后，无须再办理税务登记证。纳税人凭加载统一信用代码的营业执照前往税务机关首次办理相关涉税事项时，税务机关依据工商部门共享的登记信息制作"多证合一"登记信息确认表，提醒纳税人对其中不全的信息进行补充，对不准的信息进行更正，对需要更新的信息进行补正。"多证合一"纳税人首次办税时不进行信息补充采集。

"多证合一"登记信息确认表如表 1-1 所示。

(二) 增值税一般纳税人资格登记

增值税纳税人年应税销售额超过财政部、国家税务总局规定的小规模纳税人标准的，除另有规定外，应当向主管税务机关办理一般纳税人登记。年应税销售额未超过财政部、国家税务总局规定的小规模纳税人标准以及新开业的纳税人，也可以向主管税务机关办理一般纳税人登记。未办理一般纳税人登记手续的，应按销售额依照增值税税率计算应纳税额，不得抵扣进项税额，也不得使用增值税专用发票。

(三) 企业涉税事项变更登记

"一照一码"企业的生产经营地、财务负责人、核算方式信息发生变化的，由企业向主管税务机关申请变更。除上述三项信息外，企业在登记机关新设时采集的信息发生变更的，均由企业向登记机关申请变更。

表1-1 "多证合一"登记信息确认表

尊敬的纳税人:

以下是您在工商机关办理注册登记时提供的信息。为保障您的合法权益,请您仔细阅读,对其中不全的信息进行补充,对不准的信息进行更正,对需要更新的信息进行补正,以便为您提供相关服务。

一、以下信息非常重要,请您务必仔细阅读并予以确认							
纳税人名称				统一社会信用代码			
登记注册类型			批准设立机关			开业(设立)日期	
生产经营期限起		生产经营期限止		注册地址邮政编码		注册地址联系电话	
注册地址							
生产经营地址							
经营范围							
注册资本		币种			金额		
投资方名称	证件类型		证件号码			投资比例	国籍或地址
		□□□□□□□□□□□□□					
		□□□□□□□□□□□□□					
……	……		……			……	……
项目 \ 联系人	姓名	证件类型	证件号码			固定电话	移动电话
法定代表人			□□□□□□□□□□□□□				
财务负责人			□□□□□□□□□□□□□				
二、以下信息比较重要,请您根据您的实际情况予以确认							
法定代表人电子邮箱				财务负责人电子邮箱			
投资总额		币种			金额		
若您是总机构,请您确认							
分支机构名称				分支机构统一社会信用代码			
分支机构名称				分支机构统一社会信用代码			
分支机构名称				分支机构统一社会信用代码			
……				……			
若您是分支机构,请您确认							
总机构名称				总机构统一社会信用代码			

经办人: 纳税人(签章)
年 月 日

(四) 企业注销登记

"一照一码"企业办理注销登记,需向主管税务机关提出清税申请,填报清税申报表。税务机关在结清税款、滞纳金、罚款,缴销发票和税控设备后,由受理方税务机关向纳税人出具

《清税证明》。企业持《清税证明》向企业登记机关申请办理注销登记。

(五) 跨区域涉税事项报验管理

纳税人跨省(自治区、直辖市和计划单列市)临时从事生产经营活动的,是否实施区域涉税事项报验管理,由各省(自治区、直辖市和计划单列市)税务机关自行确定。纳税人跨区域经营前,向机构所在地的税务机关填报"跨区域涉税事项报告表"。税务机关将跨区经营合同执行期限作为有效期限。合同延期的,纳税人可以向经营地或机构所在地的税务机关办理报验管理有效期限延期手续。纳税人首次在经营地办理涉税事宜时,向经营地的税务机关报验跨区域涉税事项。纳税人跨区域经营活动结束后,应当结清经营地税务机关的应纳税款以及其他涉税事项,向经营地的税务机关填报"经营地涉税事项反馈表"。经营地税务机关核对"经营地涉税事项反馈表"后,应及时将相关信息反馈给机构所在地税务机关。纳税人不需要另行向机构所在地税务机关反馈。

二、账证管理

(一) 涉税账簿的设置与保管

1. 涉税账簿的设置

从事生产、经营的纳税人应当自领取营业执照或者发生纳税义务之日起15日内,按规定设置账簿,企业涉税账簿一般按具体税种设置总账、明细账及有关辅助类账簿。"应交税费——应交增值税"明细账使用多栏式明细账页,其他税种明细账使用三栏式明细账页,总账使用总分类账页。扣缴义务人应当自税收法律、行政法规规定的扣缴义务发生之日起10日内,按照所代扣、代收的税种,分别设置代扣代缴、代收代缴税款账簿。同时,从事生产经营的纳税人应当自领取营业执照之日起15日内,将其财务、会计制度、会计处理办法及会计核算软件报送主管税务机关备案。

生产经营规模小而且确无建账能力的纳税人,可以聘请注册会计师或者经税务机关认可的财会人员代为建账和办理账务;聘请上述财会人员有实际困难的,报经县以上税务机关批准,可以按照税务机关的规定,建立收支凭证粘贴簿、进货销货登记簿或者使用税控装置。

2. 涉税账簿的保管

涉税账簿是纳税人记载、核算应纳税额,据以填报纳税申报表的主要数据来源,是纳税人正确履行纳税义务的基础环节,因此纳税人要按规定做好账簿的管理。会计凭证、账簿应保管30年,月度、季度财务会计报告和纳税申报表应保管10年,年度财务会计报告必须永久保管,不得伪造、变造或者擅自销毁账簿。

(二) 发票的管理

发票是指在购销商品、提供或者接受服务以及从事其他经营活动过程中,开具、收取的收款或付款凭证。发票是确定经济收支行为发生的证明文件,是财务收支的法定凭证和会计核算的原始凭证,也是税务稽查的重要依据。

国务院税务主管部门统一负责全国的发票管理工作。省、自治区、直辖市税务机关依据各自的职责,共同做好本行政区域内的发票管理工作。财政、审计、市场监督管理、公安等有关部门在各自的职责范围内,配合税务机关做好发票管理工作。发票的种类、联次、内容以及使用范围由国务院税务主管部门规定。发票的类型主要有增值税专用发票(含机动车销售统一发票)、增值税普通发票、特定范围继续使用的其他发票。

1. 发票的领购

增值税专用发票由国务院税务主管部门确定的企业印制；增值税专用发票以外的其他发票，按照国务院税务主管部门的规定，由省、自治区、直辖市税务机关确定的企业印制。禁止私自印制、伪造、变造发票。

纳税人在领取加载统一代码的营业执照后，可以向主管税务机关申请领购发票。其相关事项包括以下几点。

(1) 发票领购的程序和要求。申领发票的单位和个人应当提出购票申请，提供"一照一码"营业执照副本、经办人身份证明或者其他有关证明，以及发票专用章的印模，经主管税务机关审核后，准予申领发票。申领发票的单位和个人凭经办人身份证到主管税务机关的发票自助申领机器办理发票申领手续，或登录各省电子税务局网站或 App 应用软件，进行发票申领，选择发票邮寄，经主管税务机关审核通过后，由税务机关统一进行快递邮寄。

(2) 临时使用发票的领购。需要临时使用发票的单位和个人，凭购销商品、提供或者接受服务以及从事其他经营活动的书面证明、经办人身份证明，直接向经营地税务机关申请代开发票。依照税收法律、行政法规的规定应当缴纳税款的，税务机关应当先征收税款，再开具发票。税务机关根据发票管理的需要，可以按照国务院税务主管部门的规定委托其他单位代开发票。

(3) 临时到外地从事经营活动发票的领购。临时到本省、自治区、直辖市以外从事经营活动的单位和个人，应当在办妥跨区域涉税事项报验管理相关手续后，向经营地税务机关领购经营地的发票。临时在本省、自治区、直辖市以内跨市、县从事经营活动领购发票的办法，由省、自治区、直辖市税务机关确定。

(4) 领购发票的保全措施。税务机关对从外省、自治区、直辖市来本辖区从事临时经营活动的单位和个人领购发票的，可以要求其提供保证人或者根据所领购发票的票面限额以及数量缴纳不超过 1 万元的保证金，并令其限期缴销发票。按期缴销发票的，解除保证人的担保义务或者退还保证金；未按期缴销发票的，由保证人或者以保证金承担法律责任。

2. 发票的开具和使用

销售商品、提供服务以及从事其他经营活动的单位和个人，对外发生经营业务收取款项的，收款方应当向付款方如实开具发票；在特殊情况下，由付款方向收款方开具发票。开具发票时应遵守以下开具要求。

(1) 开具发票应当按照规定时限、顺序、逐栏、全部联次一次性如实开具，并加盖发票专用章。

(2) 购买商品、接受服务以及从事其他经营活动的单位和个人，应向收款方如实取得发票，不得要求变更品名和金额。不符合规定的发票，即未经税务机关监制，或填写项目不齐全，内容不真实，字迹不清楚，没有加盖发票专用章，伪造、作废以及其他不符合税务机关规定的发票，一律不得作为财务报销凭证。

(3) 未发生的经营业务一律不得开具发票，任何单位和个人不得有下列虚开发票的行为：

① 为他人、为自己开具与实际经营业务情况不符的发票；

② 让他人为自己开具与实际经营业务情况不符的发票；

③ 介绍他人开具与实际经营业务情况不符的发票。

(4) 开具发票后，如发生销货退回、开票有误、应税服务终止等情形，但不符合发票作废条件或者销货部分退回及发生销售折让，需开红字发票的，可以在开票系统中直接开具红字发票。

开具发票的使用范围一般限定在本省、自治区、直辖市。对根据税收管理需要需跨省、自治区、直辖市开具发票的，由国家税务总局确定。任何单位和个人未经批准，不得跨规定的使用区域携带、邮寄、运输空白发票，禁止携带、邮寄、运输空白发票出入境。

3. 发票的保管与缴销

开具发票的单位和个人应当按照税务机关的规定存放和保管发票，已经开具的发票存根联，应当保存 5 年。保存期满，报经税务机关查验后销毁。

开具发票的单位和个人应当建立发票使用登记制度，设置发票登记簿，并定期向主管税务机关报告发票使用情况。单位和个人应当在办理变更或者注销税务登记的同时，办理发票的变更、缴销手续，不得擅自损毁发票。

三、纳税申报

纳税申报是指纳税人、扣缴义务人为了履行纳税义务，按照税法规定的期限和内容，就涉税事项向税务机关出具书面报告的一种法定手续。纳税申报是纳税人依法履行纳税义务的一项法定手续，也是税务机关办理征收税款的法定程序。

(一) 纳税申报主体

凡是有纳税义务的单位和个人，不论当期是否有应纳税款，都应办理纳税申报；扣缴义务人在扣缴税款期间，无论有无代扣、代收税款，都必须在规定的期限内办理纳税申报；享受减税、免税的纳税人，在减免税期内，也应按规定的期限办理纳税申报。纳税人无论有无经营收入，是否亏损，是否正享受减税和免税，都应按规定程序在纳税申报期内办理纳税申报。

(二) 纳税申报方式

纳税申报方式是指纳税人和扣缴义务人在发生纳税义务和代扣代缴、代收代缴义务后，在其申报期限内，依照税收法律、行政法规的规定到指定税务机关进行申报纳税的形式。我国目前纳税申报方式主要有自行申报、邮寄申报、数据电文申报、委托申报、简易申报。

(三) 纳税申报内容

纳税人必须依照法律、行政法规规定或者税务机关依照法律、行政法规的规定确定的申报期限、申报内容如实办理纳税申报，报送纳税申报表、财务会计报表以及税务机关根据实际需要要求纳税人报送的其他纳税资料。其他纳税资料具体包括：

(1) 财务会计报表及其他说明材料；

(2) 与纳税有关的合同、协议书及凭证；

(3) 税控装置的电子报税资料；

(4) 跨区域涉税事项报告表和异地完税凭证；

(5) 境内或者境外公证机构出具的有关证明文件；

(6) 税务机关规定应当报送的其他有关证件资料。

(四) 纳税申报期限

纳税申报期限是指纳税人发生纳税义务后，纳税人、扣缴义务人按照法律、行政法规规定或税务机关依据法律、行政法规规定确定的应纳或应缴税款的期限。纳税申报期限是根据各个税种的特点确定的，各个税种的纳税期限因其征收对象、计税环节的不同而不尽相同；同一税种，也可以因为纳税人的生产经营情况不同、财务会计核算不同、应纳税额不同等因素，申报期限也不一样。纳税人的具体纳税期限，由主管税务机关按各税种的有关规定确定；不能按照固定期限纳税的，可以按次纳税。

纳税申报期限内遇有法定休假日的，申报期限依法须向后顺延。纳税人、扣缴义务人办理纳税申报期限的最后一日是法定休假日的，以休假日期满的次日为最后一日；在期限内有连续3日以上法定休假日的，按休假日天数顺延。

(五) 延期申报与零申报

1. 延期申报

纳税人、扣缴义务人按照规定的期限办理纳税申报或者报送代扣代缴、代收代缴税款报告表确有困难，需要延期的，应当在规定的期限内向税务机关提出书面延期申请，经税务机关核准，在核准的期限内办理。

纳税人、扣缴义务人因不可抗力，不能按期办理纳税申报或者报送代扣代缴、代收代缴税款报告表的，可以在规定的期限内向税务机关提出书面延期申请；纳税人、扣缴义务人在不可抗力情形消除后，应立即向税务机关报告。税务机关应查明事实，予以批准。

经核准延期办理前款规定的申报、报送事项的，应当在纳税期限内按照上期实际缴纳的税额或税务机关核定的税额预缴税款，并在核准的延期内办理税款结算。

2. 零申报

零申报是指纳税人在规定的纳税申报期内按照计税依据计算申报的应纳税额为零(企业所得税的纳税人在申报期内应纳税所得额为负数或零)。纳税人和扣缴义务人在有效期间内，没有取得应税收入或所得，没有应缴税款发生，或者已办理加载统一代码的营业执照但未开始经营或者开业期间没有经营收入的纳税人，除已办理停业审批手续的以外，必须按规定的纳税申报期限进行零申报。纳税人进行零申报，应在申报期内向主管税务机关正常报送纳税申报表及有关资料，并在纳税申报表上注明"零"或"无收入"字样。

四、税款缴纳

(一) 税款征收方式

税款征收方式是指税务机关根据各税种的不同特点和纳税人的具体情况而确定的计算、征收税款的形式。我国税款征收方式主要有查账征收、查定征收、查验征收和定期定额征收，具体见二维码1-8。

1-8　税款征收
方式

(二) 税款缴纳方式

税款缴纳是指纳税人、扣缴义务人在纳税申报后，依照法定的方式、期限将税款缴纳入库的过程。这是纳税人、扣缴义务人完全履行纳税义务的标志。纳税人、扣缴义务人必须依法按照规定的期限，缴纳或者解缴税款。税款缴纳方式主要有以下几种，纳税人应当按照主管税务机关确定的征收方式缴纳税款。

1. 纳税人直接向国库经收处缴纳

纳税人直接向国库经收处缴纳是指纳税人在进行纳税申报前，先向税务机关领取税票，自行填写，然后到国库经收处缴纳税款，以国库经收处的回执联和纳税申报等资料，向税务机关申报纳税。这种方式适用于在设有国库经收处的银行和其他金融机构开设账户，并且向税务机关申报的纳税人。

2. 税务机关自收税款并办理入库手续

税务机关自收税款并办理入库手续是指税务机关直接收取税款并办理入库手续的缴纳方式，适用于缴纳以下几种税款：

① 税务机关代开发票的纳税人缴纳的税款；

② 临时发生纳税义务，需向税务机关直接缴纳的税款；

③ 税务机关采取强制执行措施，以拍卖所得或变卖所得缴纳的税款。

3. 代扣代缴

代扣代缴是指按照税法规定，负有扣缴税款法定义务的单位和个人在向纳税人支付款项时，从所支付的款项中直接扣收税款并代为缴纳。这种方式适用于零星分期，不易控制的税源。

4. 代收代缴

代收代缴是指负有收缴义务的单位和个人，负责对纳税人应纳税款进行代收代缴的方式，即由与纳税人有经济业务往来的单位和个人向纳税人收取款项时依法收取税款并代为缴纳。这种方式适用于税收网络覆盖不到或难以控管的领域，如受托加工应缴消费税的消费品，应由受托方代收代缴消费税。

5. 委托代征

委托代征是指受托单位按照税务机关核发的代征证书的要求，以税务机关的名义向纳税人征收一些零散税款的方式。

6. 其他方式

随着现代技术的发展，不断出现了新的税款缴纳方式，如用 IC 卡纳税等，主要适用于采用电子方式办理税款缴纳的纳税人。

纳税人或扣缴义务人必须按法律、法规规定的期限缴纳税款，但有特殊困难不能按期缴纳税款的，按照《中华人民共和国税收征收管理法》的规定，可以申请延期缴纳税款。

纳税人申请延期缴纳税款应符合下列条件之一，并提供相应的证明材料：

(1) 水、火、风、雹、海潮、地震等自然灾害的灾情报告；

(2) 可供纳税的现金、支票以及其他财产遭受查封、冻结、偷盗、抢劫等意外事故，由法院或公安机关出具的执行通告或事故证明；

(3) 国家经济政策调整的依据；

(4) 货款拖欠情况说明，以及所有银行账号的银行对账单、资产负债表。

纳税人延期缴纳税款申报的操作程序为：

(1) 向主管税务机关填报"延期缴纳税款申请审批表"，进行书面申请；

(2) 主管税务机关审核无误后，必须经省(自治区、直辖市)税务机关批准，方可延期缴纳税款。

需要注意的是，延期期限最长不能超过 3 个月，且同一笔税款不得滚动审批。

(三) 税款的减免

按照税法规定，纳税人可以用书面形式向税务机关申请减税、免税，但减税、免税申请必须经过法律、行政法规规定的减免税审批机关审批，具体程序如下。

1. 纳税人申请

纳税人应向主管税务机关提出书面申请，并按规定报送有关资料。减免税的申请须经法律、行政法规规定的减免税审批机关审批。减免税审批是对纳税人提供的资料与减免税法定条件的相关性进行的审核，不改变纳税人的真实申报责任。纳税人在享受减免税待遇期间，仍应按规定办理纳税申报。减税、免税期满，纳税人应当自期满次日起恢复纳税。

2. 等待税务机关核准

税务机关收到纳税人的减免税申请后，应进行认真审核。税务机关受理或者不予受理减免税申请的，应当出具加盖本机关专用印章和注明日期的书面凭证。税务机关做出的减免税审批决定，应当自做出决定之日起 10 个工作日内向纳税人送达减免税审批书面决定。减免税批复未下达前，纳税人应按规定办理申报缴纳税款。

3. 纳税人领取减免税审批申请

纳税人享受减税、免税的条件发生变化时，应当自发生变化之日起 15 日内向税务机关报告，经税务机关审核后，停止其减税、免税；对不报告的，又不再符合减税、免税条件的，税务机关有权追回已减免的税款。

(四) 税款的退还

税款的退还前提是纳税人已经缴纳了超过应纳税额的税款。税务机关发现纳税人多缴税款的，应当自发现之日起 10 日内办理退还手续；纳税人自结算缴纳税款之日起 3 年内发现多缴税款的，可以向税务机关要求退还多缴的税款，税务机关应当自接到纳税人退还申请之日起 30 日内查实并办理退还手续，也可以按照纳税人的要求抵缴下期应纳税款。纳税人申请退税需报送的资料和证件主要有加载统一代码的营业执照副本、退税申请表一式三份，以及有关的税款缴纳凭证和纳税申报表。

(五) 税款的追征

纳税人未按照规定期限缴纳税款的，扣缴义务人未按照规定期限解缴税款的，税务机关除责令限期缴纳外，从滞纳税款之日起，按日加收滞纳税款 0.5‰的滞纳金。

因纳税人、扣缴义务人计算错误等失误，未缴或者少缴税款的，税务机关在 3 年内可以追征税款、滞纳金；有特殊困难的，追征期可以延长到 5 年。

因税务机关的责任，致使纳税人、扣缴义务人未缴或者少缴税款的，税务机关在 3 年内可以要求纳税人、扣缴义务人补缴税款。追征和补缴税款的期限，自纳税人、扣缴义务人应交未缴或者少缴税款之日起计算。

对逃税、抗税、骗税的，税务机关可以无限期追征其未缴或者少缴税款、滞纳金或者所骗的税款。

(六) 税收保全措施和税收强制执行措施

1. 税收保全措施

税务机关有根据认为从事生产经营的纳税人有逃避纳税义务行为的，可以在规定的纳税期之前，责令限期缴纳应纳税款；限期内发现纳税人有明显的转移、隐匿其应纳税的商品、货物以及其他财产或者应纳税收入的迹象的，税务机关可以责成纳税人提供纳税担保。如果纳税人不能提供纳税担保，经县以上税务局(分局)局长批准，税务机关可以采取下列税收保全措施：

(1) 书面通知纳税人开户银行或者其他金融机构冻结纳税人的金额相当于应纳税款的存款；
(2) 扣押、查封纳税人的价值相当于应纳税款的商品、货物或者其他财产。

纳税人在税法规定的限期内缴纳税款的，税务机关必须立即解除税收保全措施；限期期满仍未缴纳税款的，经县以上税务局(分局)局长批准，税务机关可以书面通知纳税人开户银行或者其他金融机构从其冻结的存款中扣缴税款，或依法拍卖或变卖所扣押、查封的商品、货物或其他财产，以拍卖或变卖所得抵缴税款。

2. 税收强制执行措施

从事生产经营的纳税人、扣缴义务人未按照规定的期限缴纳或者解缴税款，纳税担保人未按照规定的期限缴纳所担保的税款，由税务机关责令限期缴纳的，逾期仍未缴纳的，经县以上税务局(分局)局长批准，税务机关可以采取下列强制执行措施：

(1) 书面通知其开户银行或者其他金融机构从其存款中扣缴税款；

(2) 扣押、查封依法拍卖或者变卖其价值相当于应纳税款的货物或者其他财产，以拍卖或者变卖所得抵缴税款。

(七) 税务检查

按照税收征收管理法律制度规定，税务机关有权进行下列税务检查：

① 检查纳税人的账簿、记账凭证、报表和有关资料，检查扣缴义务人代扣代缴、代收代缴税款账簿、记账凭证和有关资料；

② 到纳税人的生产经营场所和货物存放地检查纳税人应纳税商品、货物或其他财产，检查扣缴义务人与代扣代缴、代收代缴税款有关的经营情况；

③ 责成纳税人、扣缴义务人提供与纳税或代扣代缴、代收代缴税款有关的问题和情况；

④ 询问纳税人、扣缴义务人与纳税或代扣代缴、代收代缴税款有关的问题和情况；

⑤ 到车站、码头、机场、邮政企业及其分支机构检查纳税人托运、邮寄应纳税商品、货物或其他财产的有关单据、凭证和有关资料；

⑥ 经县以上税务局(分局)局长批准，凭全国统一格式的检查存款账户许可证明，查询从事生产、经营纳税人、扣缴义务人在银行或其他金融机构的存款账户。

税务机关在调查税收违法案件时，经设区的市、自治州以上的税务局(分局)局长批准，可以查询涉嫌人员的储蓄存款。税务机关查询所获得的资料，不得用于税收以外的用途。

税务机关依法进行税务检查，有权向有关单位和个人调查纳税人、扣缴义务人和其他当事人与纳税或代扣代缴、代收代缴税款有关的情况，有关单位和个人有义务向税务机关提供有关资料及证明材料。税务机关调查税务案件时对与案件有关的情况和资料，可以记录、录音、录像、照相和复制。

税务机关派出人员进行税务检查时，应当出示税务检查证和税务检查通知书，并有责任为被检查人保守秘密；未出示税务检查证和税务通知书的，被检查人有权拒绝检查。纳税人、扣缴义务人必须接受税务机关依法进行的税务检查，如实反映情况，提供有关资料，不得拒绝、隐瞒。

 **任务实施**

根据【任务导入】情境资料和任务要求，任务实施如下。

【任务导入】中小张的做法是不正确的。

税收征收管理法律制度规定，从事生产、经营的纳税人应当自领取营业执照或者发生纳税义务之日起 15 日内，按规定设置账簿，并根据合法、有效凭证记账，进行核算。生产经营规模小而且确无建账能力的纳税人，可以聘请注册会计师或者经税务机关认可的财会人员代为建账和办理账务；聘请上述财会人员有实际困难的，报经县以上税务机关批准，可以按照税务机关的规定，建立收支凭证粘贴簿、进货销货登记簿或者使用税控装置。

税收征收管理法律制度规定，纳税人未按规定设置、保管账簿或保管记账凭证和有关资料的，由税务机关责令限期改正，可处 2 000 元以下的罚款，情节严重的，处 2 000 元以上 1 万元以下的罚款。

小张成立公司后，应该依法在规定时间内聘请会计人员建账、记账，从而向税务机关依法领用发票，只有依法办税，才能减少纳税风险，避免不必要的税务成本支出。

任务考核

一、单项选择题

1. "五证合一、一照一码"中的"码"是指( )。
   A. 统一社会信用代码   B. 纳税人识别号码
   C. 税务登记证号码   D. 组织机构代码

2. 从事生产经营的纳税人应当自领取加载统一代码的营业执照之日起( )内，按照国务院财政、税务主管部门的规定设置账簿，根据合法有效凭证记账，进行核算。
   A. 10 日   B. 15 日   C. 7 日   D. 30 日

3. 关于发票开具、使用和保管的下列表述中，正确的是( )。
   A. 销售货物开具发票时，可按付款方要求变更品名和金额
   B. 经单位财务负责人批准后，可拆本使用发票
   C. 已经开具的发票存根联保存期满后，开具发票的单位可直接销毁
   D. 收购单位向个人支付收购款项时，由付款方向收款方开具发票

4. 下列说法中正确的是( )。
   A. 纳税人在纳税申报期限内无论有无应纳税额都应办理纳税申报
   B. 纳税人在纳税申报期限内无应纳税额可不办理纳税申报
   C. 纳税人在享受减税待遇期间可不办理纳税申报
   D. 纳税人在享受免税待遇期间可不办理纳税申报

5. 某公司为大型国有企业，财务会计制度健全，能够如实核算和提供生产经营情况，并能正确计算应纳税款和如实履行纳税义务，其适用的税款征收方式是( )。
   A. 定期定额征收   B. 查账征收   C. 查定征收   D. 查验征收

二、多项选择题

1. 下列行为中，属于未按照规定使用发票的有( )。
   A. 扩大发票使用范围   B. 拆本使用发票
   C. 以其他凭证代替发票使用   D. 转借发票

2. 下列纳税申报方式中，符合规定的有( )。
   A. 甲企业在规定的申报期限内，自行到主管税务机关指定的办税服务大厅申报
   B. 经税务机关批准，丙企业以网络传输方式申报
   C. 经税务机关批准，乙企业使用统一的纳税申报专用信封，通过邮局交寄
   D. 实行定期定额缴纳税款的丁个体工商户，采用简易申报方式申报

3. 下列各项中，属于税收保全措施的有( )。
   A. 拍卖纳税人的价值相当于应纳税款的财产
   B. 责令纳税人提供纳税担保

C. 书面通知纳税人开户银行冻结纳税人的金额相当于应纳税款的存款

D. 扣押纳税人的价值相当于应纳税款的商品

4. 税务机关可以采取的强制执行措施主要有(　　)。

A. 书面通知纳税人开户银行冻结支付纳税人的金额相当于应纳税款的存款

B. 书面通知纳税人开户银行从其存款中扣缴税款

C. 扣押、查封纳税人的价值相当于应纳税款的商品、货物或者其他财产

D. 扣押、查封、拍卖其价值相当于应纳税款的商品、货物或者其他财产，以拍卖所得抵缴税款

5. 下列各项中，属于税务机关派出人员在税务检查中应履行的职责有(　　)。

A. 出示税务检查通知书　　　　　　　B. 出示税务机关组织机构代码证

C. 为被检查人保守秘密　　　　　　　D. 出示税务检查证

三、判断题

1. 企业办理涉税事宜时，在完成补充信息采集后，凭加载统一社会信用代码的营业执照可代替税务登记证使用。　　　　　　　　　　　　　　　　　　　　　　　　　　(　　)

2. 纳税人、扣缴义务人在申报期内如遇国庆、"五一"等节假日，应提前进行纳税申报。　　　　　　　　　　　　　　　　　　　　　　　　　　　　　　　　　　　(　　)

3. 对生产经营规模较小、产品零星、税源分散、会计账册不健全，但能控制原材料或进销货的小型厂矿和作坊，税务机关可以采用查账征收的方式征收税款。　　　　　(　　)

4. 经核准延期办理纳税申报、报送事项的，应当在纳税期内按照上期实际缴纳的税额或者税务机关核定的税额预缴税款，并在核准的延期内办理税款结算。　　　　　(　　)

5. 已开具的发票，税务机关有权调出查验；空白发票，税务机关无权调出查验。　(　　)

 **案例分析**

诚实依法纳税　避免纳税风险

2020 年 10 月 20 日，某区税务分局对本辖区纳税人进行纳税检查并发出检查通知，甲公司负责人以本公司将于 10 月 30 日迁往外地经营为由拒绝接受检查。税务人员认为该公司有逃避纳税的可能，于是在 10 月 21 日向该公司下达了限期缴纳税款通知书，责令其于 10 月 27 日前缴纳 10 月税款 160 000 元。10 月 23 日，甲公司开始租用车辆拉走部分货物，税务机关发现后于当日向其下达了提供纳税担保通知书，责令其于 10 月 24 日前提供纳税担保。甲公司以未到纳税期限为由拒绝提供纳税担保和缴纳税款，税务人员多次与其协商未果。10 月 28 日，税务人员在对甲公司催缴税款无效的情况下，经区税务分局局长的批准扣押了甲公司价值相当于应纳税款的部分货物。甲公司对该区分局采取的扣押公司货物的措施不服，认为法定的纳税期限为 11 月 15 日，在此期限之前税务机关不能扣押其价值相当于应纳税款的部分货物，并为此向上级税务机关申请复议。

思考：甲公司的想法对吗？为什么？

注：分析提示见二维码 1-9。

1-9 分析提示

 **项目小结**

本项目首先介绍了纳税基础知识，主要讲述了税收的概念及特点、税收法律制度体系、税收的分类、税制构成的基本要素等内容，这些内容是学习纳税实务的基础和前提。

　　涉税工作流程主要讲述了涉税登记、账证管理、纳税申报、税款缴纳等环节的基础知识和基本技能，为进一步学习各税种应纳税额的计算、涉税会计处理和纳税申报打下基础。

　　本项目内容结构如图1-2所示。

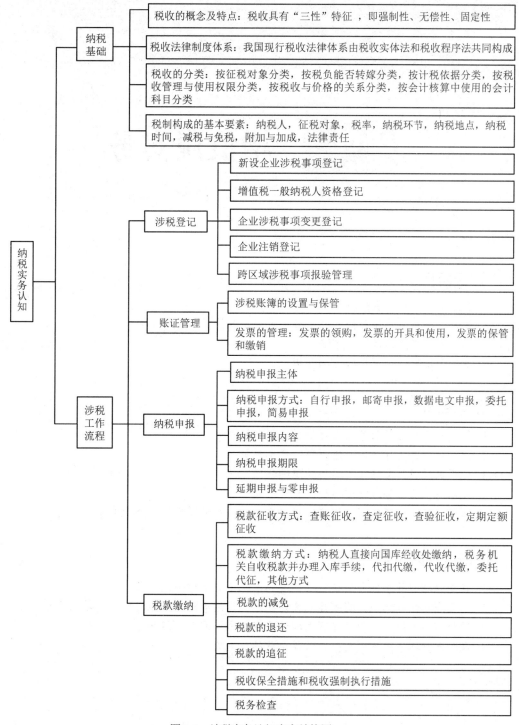

图1-2　纳税实务认知内容结构图

项目二 增值税实务

知识目标

1. 掌握增值税的基本法律知识
2. 掌握增值税应纳税额计算的一般计税方法和简易计税方法
3. 掌握增值税的会计核算方法
4. 掌握增值税纳税申报与缴纳知识

能力目标

1. 能判断哪些经济业务应当缴纳增值税
2. 能结合企业实际运用增值税税收优惠政策
3. 能根据经济业务计算增值税的应纳税额
4. 能根据经济业务进行增值税的会计处理
5. 能根据经济业务填写增值税纳税申报资料，并按规定进行纳税申报

思政目标

1. 在充分理解并掌握增值税征收制度的基础上办理增值税业务
2. 树立依法纳税意识，明确建立良好的纳税信用等级是企业发展的重要前提
3. 运用法治思维和法制手段解决增值税税务争议问题，维护企业正当权利
4. 及时履行增值税纳税义务，防范企业纳税风险

🔍 **法规导航**

2-1 中华人民共和国增值税暂行条例　　2-2 中华人民共和国增值税暂行条例实施细则　　2-3 营业税改征增值税试点实施办法　　2-4 营业税改征增值税试点有关事项的规定　　2-5 国家税务总局关于小规模纳税人免征增值税征管问题的公告

✏️ **项目情境**

通过项目一的学习,我们知道从事生产经营活动的纳税人在规定时间内办理了"多证合一、一照一码"的营业执照后,开始发生销售货物、劳务、服务、无形资产及不动产行为时,就会发生增值税纳税义务。我国的增值税针对不同应税行为适用几档不同的比例税率,准确判断应税行为类型是增值税税额计算的关键。你知道纷繁复杂的经济活动属于哪种应税行为,该按哪个税率计算纳税吗?

为了方便增值税的征收管理,增值税纳税人分为一般纳税人和小规模纳税人,你知道两种纳税人的划分方法吗?两种纳税人适用的计税方法又分别是怎样的呢?

准确计算出纳税人应缴增值税税额后,你会进行相应的会计处理,并准确填制增值税纳税申报表,完成向税务机关的纳税申报吗?

任务一　增值税基础认知

✏️ **任务导入**

兴盛商场为增值税一般纳税人,分设商品销售部、餐饮部和货运部(取得货物运输经营资质)。2020 年 7 月,商品销售部取得不含增值税销售额 100 万元,餐饮部取得不含增值税餐饮收入 60 万元,货运部取得不含增值税货物运输收入 40 万元。

任务要求:兴盛商场销售商品、提供餐饮服务和运输服务取得的收入应当如何进行税务处理?

✏️ **任务准备**

增值税是指对在我国境内销售货物,提供加工修理修配劳务,销售服务、无形资产或者不动产,以及进口货物的企业单位和个人,以其销售货物、劳务、服务、无形资产或者不动产的增值额和进口货物金额为计税依据而征收的一种流转税。

一、增值税纳税人的确定

在中华人民共和国境内销售货物、劳务、服务、无形资产或者不动产，以及进口货物的单位和个人，为增值税的纳税人。在境内销售货物、提供加工修理修配劳务是指销售货物的起运地或者所在地在境内，提供的应税劳务发生地在境内。关于"在境内"的规定，见二维码2-6。

2-6 关于"在境内"的规定

单位是指企业、行政单位、事业单位、军事单位、社会团体及其他单位；个人是指个体工商户和其他个人。

对于销售货物、提供加工修理修配劳务或者进口货物的行为，单位租赁或者承包给其他单位或者个人经营的，以承租人或者承包人为纳税人。

对于销售服务、无形资产或者不动产的行为，单位以承包、承租、挂靠方式经营的，承包人、承租人、挂靠人(以下统称承包人)以发包人、出租人、被挂靠人(以下统称发包人)名义对外经营并由发包人承担相关法律责任的，以该发包人为纳税人；否则，以承包人为纳税人。

建筑企业与发包方签订建筑合同后，以内部授权或者三方协议等方式，授权集团内其他纳税人(以下称"第三方")为发包方提供建筑服务，并由第三方直接与发包方结算工程款的，由第三方缴纳增值税并向发包方开具增值税专用发票，与发包方签订建筑合同的建筑企业则不缴纳增值税。发包方可凭实际提供建筑服务的纳税人开具的增值税专用发票抵扣进项税额。

境外的单位或者个人在境内提供加工修理修配劳务，在境内未设有经营机构的，以其境内代理人为增值税扣缴义务人；在境内没有代理人的，以购买方为增值税扣缴义务人。境外单位或者个人在境内销售服务、无形资产或者不动产，在境内未设有经营机构的，以购买方为增值税扣缴义务人。财政部和国家税务总局另有规定的除外。

增值税纳税人分为小规模纳税人和一般纳税人两类，并实行不同的征收和管理。

(一) 小规模纳税人和一般纳税人的判定标准

1. 小规模纳税人

小规模纳税人是指年销售额在规定标准以下，并且会计核算不健全，不能按规定报送有关税务资料的增值税纳税人。

根据规定，凡符合下列条件的视为小规模纳税人。

(1) 自2018年5月1日起,增值税小规模纳税人标准统一为年应征增值税销售额500万元及以下。

(2) 年应税销售额超过小规模纳税人标准的其他个人(指自然人)按小规模纳税人纳税(不属于一般纳税人)。

(3) 对于原增值税纳税人，超过小规模纳税人标准的非企业性单位、不经常发生应税行为的企业可选择按小规模纳税人纳税；对于"营改增"试点纳税人，年应税销售额超过小规模纳税人标准但不经常发生应税行为的单位和个体工商户可选择按照小规模纳税人纳税。

2. 一般纳税人

增值税纳税人(以下简称纳税人)年应税销售额超过财政部、国家税务总局规定的小规模纳税人标准的，除税法另有规定外，应当向其机构所在地主管税务机关办理一般纳税人登记。其中年应税销售额是指纳税人在连续不超过12个月或4个季度的经营期内累计应征增值税销售额，包括纳税申报销售额、稽查查补销售额、纳税评估调整销售额。

销售服务、无形资产或者不动产有扣除项目的纳税人，其应税行为年应税销售额按未扣除之前的销售额计算。纳税人偶然发生的销售无形资产、转让不动产的销售额，不计入应税行为年应税销售额。

年应税销售额未超过规定标准的纳税人，会计核算健全，能够提供准确税务资料的，可以向主管税务机关办理一般纳税人登记。

(二) 小规模纳税人和一般纳税人的征收管理

小规模纳税人实行简易计税方法，不得抵扣进项税额。

符合增值税一般纳税人条件的纳税人应当向主管税务机关办理登记，以取得法定资格，未办理一般纳税人登记手续的，应按销售额依照增值税税率计算应纳税额，不得抵扣进项税，也不得使用增值税专用发票。经税务机关审核登记的一般纳税人，可按规定领购和使用增值税专用发票，按《中华人民共和国增值税暂行条例》(以下简称《增值税暂行条例》)的规定计算缴纳增值税。

自 2020 年 2 月 1 日起，增值税小规模纳税人(其他个人除外)发生增值税应税行为，需开具增值税专用发票的，可以自愿使用增值税发票管理系统自行开具。选择自行开具增值税专用发票的小规模纳税人，税务机关不再为其代开增值税专用发票。

二、增值税征税范围的确定

(一) 征税范围的一般规定

1. 销售或进口货物

销售货物是指有偿转让货物的所有权。"有偿"是指从购买方取得货币、货物或者其他经济利益。"货物"是指有形动产，包括电力、热力、气体。

进口货物是指申报进入中国海关境内的货物。只要是报关进口的应税货物，均属于增值税的征税范围，除享受免税政策外，在进口环节缴纳增值税。

2. 提供加工或修理修配劳务

"加工"是指受托加工货物，即委托方提供原料及主要材料，受托方按照委托方的要求，制造货物并收取加工费的业务。"修理修配"是指受托方对损伤和丧失功能的货物进行修复，使其恢复原状和功能的业务。

3. 销售服务、无形资产或者不动产

"销售服务、无形资产或者不动产"是指有偿提供服务、有偿转让无形资产或者不动产，但属于下列非经营活动的情形除外：

① 行政单位收取的同时满足相关条件的政府性基金或者行政事业性收费；

② 单位或者个体工商户聘用的员工为本单位或者雇主提供取得工资的服务；

③ 单位或者个体工商户为聘用的员工提供服务；

④ 财政部和国家税务总局规定的其他情形。

(1) 销售服务是指提供交通运输服务、邮政服务、电信服务、建筑服务、金融服务、现代服务、生活服务，具体见二维码 2-7。

(2) 销售无形资产是指转让无形资产所有权或者使用权的业务活动。无形资产包括技术、商标、著作权、商誉、自然资源使用权和其他权益性无形资产。

(3) 销售不动产是指转让不动产所有权的业务活动。不动产包括建筑物、

2-7 关于"销售服务"的具体规定

构筑物等。

转让建筑物有限产权或者永久使用权的，转让在建的建筑物或者构筑物所有权的，以及转让建筑物或者构筑物时一并转让其所占土地的使用权的，按照销售不动产缴纳增值税。

(二) 属于征税范围的特殊行为

1. 视同销售行为

单位或个体经营者的下列行为，视同销售货物，征收增值税：

(1) 将货物交付其他单位或个人代销；

(2) 销售代销货物；

(3) 设有两个以上机构并实行统一核算的纳税人，将货物从一个机构移送到其他机构用于销售，但相关机构设在同一县(市)的除外；

(4) 将自产或委托加工的货物用于免税项目、简易计税项目；

(5) 将自产或委托加工的货物用于集体福利或个人消费；

(6) 将自产、委托加工或购进的货物作为投资，提供给其他单位或个体工商户；

(7) 将自产、委托加工或购进的货物分配给股东或投资者；

(8) 将自产、委托加工或购进的货物无偿赠送给其他单位或者个人；

(9) 向其他单位或者个人无偿提供服务、转让无形资产或者不动产，但用于公益事业或者以社会公众为对象的除外。

2. 混合销售行为

一项销售行为如果既涉及货物，又涉及服务，为混合销售。从事货物的生产、批发或者零售的单位和个体工商户的混合销售行为，按照销售货物缴纳增值税；其他单位和个体工商户的混合销售行为，按照销售服务缴纳增值税。从事货物的生产、批发或者零售的单位和个体工商户，包括以从事货物的生产、批发或者零售为主，并兼营销售服务的单位和个体工商户在内。

需要注意的是，纳税人销售活动板房、机器设备、钢结构件等自产货物的同时提供建筑、安装服务，不属于混合销售，应分别核算货物和建筑服务的销售额，分别适用不同的税率或者征收率。

3. 兼营行为

纳税人销售货物、加工修理修配劳务、服务、无形资产或者不动产适用不同税率或者征收率的，应当分别核算适用不同税率或者征收率的销售额，未分别核算销售额的，按照以下方法以高适用税率或者征收率：

(1) 兼有不同税率的销售货物、加工修理修配劳务、服务、无形资产或者不动产，从高适用税率。

(2) 兼有不同征收率的销售货物、加工修理修配劳务、服务、无形资产或者不动产，从高适用征收率。

(3) 兼有不同税率和征收率的销售货物、加工修理修配劳务、服务、无形资产或者不动产，从高适用税率。

纳税人兼营免税、减税项目应当分别核算免税、减税项目的销售额；未分别核算销售额的，不得免税、减税。

(三) 不征收增值税项目

根据《营业税改征增值税试点有关事项的规定》第二条，不征收增值税项目包括以下内容。

(1) 根据国家指令无偿提供的铁路运输服务、航空运输服务，属于《营业税改征增值税试点实施办法》第十四条规定的用于公益事业的服务。

(2) 存款利息。

(3) 被保险人获得的保险赔付。

(4) 房地产主管部门或者其指定机构、公积金管理中心、开发企业以及物业管理单位代收的住宅专项维修资金。

(5) 纳税人在资产重组过程中，通过合并、分立、出售、置换等方式，将全部或者部分实物资产以及与其相关联的债权、负债和劳动力一并转让给其他单位和个人，其中涉及的货物转让行为。

(6) 自2020年1月1日起，纳税人取得的财政补贴收入，与其销售货物、劳务、服务、无形资产、不动产的收入或者数量直接挂钩的，应按规定计算缴纳增值税；纳税人取得的其他情形的财政补贴收入，不属于增值税应税收入，不征收增值税。

《财政部 国家税务总局关于全面推开营业税改征增值税试点的通知》（财税〔2016〕36号）明确，纳税人在资产重组过程中，通过合并、分立、出售、置换等方式，将全部或者部分实物资产以及与其相关联的债权、负债和劳动力一并转让给其他单位和个人，不属于增值税征税范围，其中涉及的货物、不动产、土地使用权转让行为，不征收增值税。

三、增值税税率和征收率的判定

增值税一般纳税人在一般计税方法下适用三种情况的比例税率：第一种是基本税率；第二种是低税率；第三种是出口货物、劳务、服务或者无形资产适用的零税率。一般纳税人在特殊情况下采用简易计税方法适用征收率。小规模纳税人缴纳增值税采用简易计税方法适用征收率。自2019年4月1日起，增值税税率和征收率的具体适用范围如下。

(一) 基本税率

增值税的基本税率为13%，适用于纳税人销售或者进口货物(适用9%的低税率的除外)、提供加工修理修配劳务、提供有形动产租赁服务。

(二) 低税率

增值税的低税率分以下两档。

1. 低税率9%

(1) 一般纳税人销售或者进口下列货物，税率为9%。

这些货物包括：农产品(含粮食)、自来水、暖气、石油液化气、天然气、食用植物油、冷气、热水、煤气、居民用煤炭制品、食用盐、农机、饲料、农药、农膜、化肥、沼气、二甲醚、图书、报纸、杂志、音像制品、电子出版物。

(2) 一般纳税人提供交通运输、邮政、基础电信、建筑、不动产租赁服务，销售不动产，转让土地使用权，税率为9%。

2. 低税率6%

一般纳税人提供增值电信服务、金融服务、现代服务和生活服务，销售土地使用权以外的无形资产，税率为6%。

(三) 零税率

1. 货物或者劳务适用的零税率

纳税人出口货物或者劳务,适用增值税零税率,但是,国务院另有规定的除外。

2. 服务或者无形资产(统称为"跨境应税行为")适用的零税率

中华人民共和国境内(以下称境内)的单位和个人销售的下列服务或者无形资产,适用增值税零税率。

(1) 国际运输服务。

(2) 航天运输服务。

(3) 向境外单位提供的完全在境外消费的下列服务:研发服务,合同能源管理服务,设计服务,广播影视节目(作品)的制作和发行服务,软件服务,电路设计及测试服务,信息系统服务,业务流程管理服务,离岸服务外包业务,转让技术。

(4) 财政部和国家税务总局规定的其他服务。

(四) 征收率

我国增值税的法定征收率是 3%;一些特殊项目适用 3%减按 2%的征收率。全面"营改增"后的与不动产有关的特殊项目适用 5%的征收率;一些特殊项目适用 5%减按 1.5%的征收率。

2021 年 1 月 1 日至 12 月 31 日,除湖北省外的小规模纳税人适用 3%征收率的应税销售收入减按 1%征收率征收增值税;湖北省小规模纳税人 2021 年 1 月 1 日至 3 月 31 日继续执行免征增值税政策,2021 年 4 月 1 日至 12 月 31 日,与其他省份一样,适用 3%征收率的应税销售收入减按 1%征收率征收增值税。

(五) 增值税抵扣率(扣除率)

对企业从非增值税纳税人购进免税农产品,由于不能得到增值税专用发票,为了不增加企业的增值税税负,税法规定了按抵扣率计算进项税额。

增值税一般纳税人购进农产品,从按照简易计税方法依照 3%征收率计算缴纳增值税的小规模纳税人取得增值税专用发票的,以增值税专用发票上注明的金额和 9%的扣除率计算进项税额;取得(开具)农产品销售发票或收购发票的,以农产品销售发票或收购发票上注明的农产品买价和 9%的扣除率计算进项税额(营业税改征增值税试点期间,纳税人购进用于生产销售或委托加工 13%税率货物的农产品,按照 10%扣除率计算进项税额)。

四、增值税优惠政策的运用

增值税的免税、减税项目由国务院规定。任何地区、部门均不得规定免税、减税项目。纳税人兼营免税、减税项目的,应当分别核算免税、减税项目的销售额;未分别核算销售额的,不得免税、减税。纳税人发生应税行为适用免税、减税规定的,可以放弃免税、减税,依法缴纳增值税。放弃免税、减税后,36 个月内不得再申请免税、减税。纳税人发生应税销售行为同时适用免税和零税率规定的,纳税人可以选择适用免税或者零税率。我国现行的增值税税收优惠政策主要有以下几个。

(一)《增值税暂行条例》规定的增值税免税项目

《增值税暂行条例》规定的增值税免税项目具体如下。

(1) 农业生产者销售的自产农产品。

(2) 避孕药品和用具。

(3) 古旧图书。

(4) 直接用于科学研究、科学实验和教学的进口仪器、设备。

(5) 外国政府、国际组织无偿援助的进口物资和设备。

(6) 由残疾人组织直接进口供残疾人专用的物品。

(7) 个人销售自己使用过的物品。

(二) 财政部、国家税务总局规定的增值税减免有关规定

财政部、国家税务总局规定的增值税减免有关规定具体如下。

(1) 纳税人销售自产的资源综合利用产品和提供资源综合利用劳务,可享受增值税即征即退政策。

(2) 医疗卫生有如下的增值税优惠政策:

① 非营利性医疗机构自产自用的制剂免征增值税;

② 营利性医疗机构取得的收入,按规定征收各项税收,自执业登记起 3 年内对自产自用的制剂免征增值税;

③ 疾病控制机构和妇幼保健机构等的服务收入,按国家规定价格取得的卫生服务收入免征增值税;

④ 站供应给医疗机构的临床用血免征增值税;

⑤ 供应非临床用血可按简易计税方法计算应纳税额。

(3) 飞机修理,增值税实际税负超过 6%的部分即征即退。

(4) 增值税一般纳税人销售其自行开发生产的软件产品,按 13%税率征收增值税后,对其增值税实际税负超过 3%的部分实行即征即退政策。

(5) 对供热企业向居民个人供热而取得的采暖费收入继续免征增值税。

(6) 蔬菜流通环节有如下增值税免税政策:

① 对从事蔬菜批发、零售的纳税人销售的蔬菜免征增值税;

② 纳税人既销售蔬菜又销售其他增值税应税货物的,应分别核算蔬菜和其他增值税应税货物的销售额;未分别核算的,不得享受蔬菜增值税免税政策。

(7) 制种企业在生产经营模式下生产种子,属于农业生产者销售自产农产品,免征增值税。

(8) 自 2018 年 11 月 30 日至 2023 年 11 月 29 日,对经国务院批准对外开放的货物期货品种保税交割业务,暂免征收增值税。

(三) 营业税改增值税过渡期间增值税优惠政策

营业税改增值税过渡期间增值税优惠政策,可见二维码 2-8。

(四) 税额抵减

试点增值税纳税人在制度转换以后,初次购买增值税税控系统专用设备(包括分开票机)所支付的费用,可凭购买增值税税控系统专用设备取得的增值税专用发票,在增值税应纳税额中全额抵减(抵减额为价税合计额),不足抵减的可结转下期继续抵减。非初次购买所支付的费用由纳税人自行负担。

2-8 营业税改增值税过渡期间增值税优惠政策

增值税纳税人在制度转换以后,缴纳的技术维护费(不含补缴的转换日以前的技术维护费),可凭技术维护服务单位开具的技术维护费发票,在增值税应纳税额中全额抵减,不足抵减的可结转下期继续抵减。技术维护费按照价格主管部门核定的标准执行。

增值税一般纳税人支付的两项费用在增值税应纳税额中全额抵减的,其增值税专用发票不

作为增值税抵扣凭证，其进项税额不得从销项税额中抵扣。

(五) 增值税的起征点

纳税人发生应税行为的销售额未达到增值税起征点的，免征增值税；达到起征点的，全额计算缴纳增值税。增值税起征点的适用范围仅限于个人，不包括登记为一般纳税人的个体工商户。起征点的幅度规定如下：

(1) 按期纳税的，为月销售额 5 000～20 000 元(含本数)；

(2) 按次纳税的，为每次(日)销售额 300～500 元(含本数)。

自 2019 年 1 月 1 日至 2021 年 3 月 31 日，增值税小规模纳税人发生增值税应税销售行为，合计月销售额未超过 10 万元的，免征增值税。其中，以 1 个季度为 1 个纳税期限的增值税小规模纳税人，季度销售额未超过 30 万元的，免征增值税。自 2021 年 4 月 1 日至 2022 年 12 月 31 日，增值税小规模纳税人发生增值税应税销售行为，合计月销售额未超过 15 万元的，免征增值税。其中，以 1 个季度为 1 个纳税期限的增值税小规模纳税人，季度销售额未超过 45 万元的，免征增值税。

起征点的调整由财政部和国家税务总局规定。省、自治区、直辖市财政厅(局)和税务局应当在规定的幅度内，根据实际情况确定本地区适用的起征点，并报财政部和国家税务总局备案。

五、增值税专用发票的使用和管理

增值税专用发票是增值税一般纳税人销售货物、加工修理修配劳务、服务、无形资产或者不动产开具的发票，是作为一般纳税人的购买方支付增值税税额并可按照增值税有关规定据以抵扣进项税额的合法证明。一般纳税人应通过增值税防伪税控系统使用增值税专用发票。

(一) 增值税专用发票的申领和开具范围

1. 申领范围

自 2020 年 2 月 1 日起，全面推行小规模纳税人自行开具增值税专用发票之后，增值税一般纳税人和增值税小规模纳税人均可以申领和使用增值税专用发票。有下列情形之一的，不得使用增值税专用发票。

(1) 会计核算不健全，不能向税务机关准确提供增值税销项税额、进项税额、应纳税额数据及其他有关增值税税务资料的。

(2) 有《中华人民共和国税收征收管理法》规定的税收违法行为，拒不接受税务机关处理的。

(3) 有下列行为之一，经税务机关责令限期改正而仍未改正者：①虚开增值税专用发票；②私自印制增值税专用发票；③向税务机关以外的单位和个人买取增值税专用发票；④借用他人增值税专用发票；⑤未按规定开具增值税专用发票；⑥未按规定保管增值税专用发票和专用设备；⑦未按规定申请办理防伪税控系统变更发行；⑧未按规定接受税务机关检查。

有上列情形的，如已领取增值税专用发票，主管税务机关应暂扣其结存的增值税专用发票和税控专用设备。

2. 开具范围

纳税人发生应税销售行为，应当向索取增值税专用发票的购买方开具增值税专用发票，并在增值税专用发票上分别注明销售额和销项税额。

属于下列情形之一的，不得开具增值税专用发票：

(1) 向消费者个人销售货物、加工修理修配劳务、服务、无形资产或者不动产的；

(2) 发生应税销售行为适用免税规定的；

(3) 商业企业一般纳税人零售的烟、酒、食品、服装、鞋帽(不包括劳保专用部分)、化妆品等消费品的。

(二) 增值税专用发票的基本内容和开具要求

1. 增值税专用发票的联次及用途

专用发票由基本联次或者基本联次附加其他联次构成，分为三联版和六联版两种。基本联次为三联：记账联、抵扣联和发票联(见图2-1)。记账联，作为销售方核算销售收入和增值税销项税额的记账凭证；抵扣联，作为购买方报送主管税务机关认证和留存备查的扣税凭证；发票联，作为购买方核算采购成本和增值税进项税额的记账凭证。其他联次用途，由纳税人自行确定。

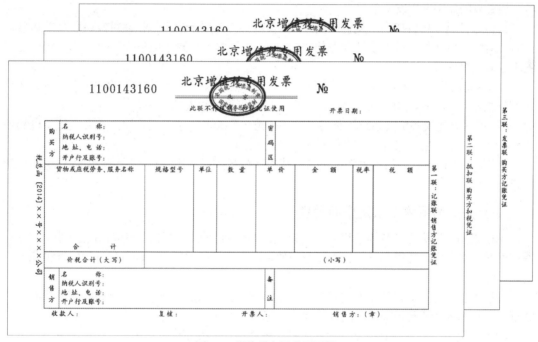

图2-1 增值税专用发票票样

2. 增值税专用发票的开具要求

增值税专用发票的开具要求如下：

(1) 项目齐全，与实际交易相符；

(2) 字迹清楚，不得压线、错格；

(3) 发票联和抵扣联加盖发票专用章；

(4) 按照增值税纳税义务发生时间开具。

不符合上列要求的增值税专用发票，购买方有权拒收。

(三) 增值税专用发票进项税额的抵扣时限

除国家税务总局另有规定的除外，自2020年3月1日起，取消扣税凭证的认证确认、稽核比对、申报抵扣的期限规定。一般纳税人对取得的增值税专用发票可以不再进行认证，通过增值税发票税控开票软件登录本省增值税发票查询平台，查询、选择用于申报抵扣、出口退税或者代办退税的增值税发票信息。

(四) 开具红字专用发票的处理

增值税一般纳税人开具增值税专用发票(以下简称"专用发票)后，发生销货退回、开票有误、应税服务中止等情形但不符合发票作废条件，或者因销货部分退回及发生销售折让，需要开具红字专用发票的，按以下方法处理。

(1) 购买方取得专用发票已用于申报抵扣的，购买方可在增值税发票管理新系统(以下简称"新系统")中填开并上传"开具红字增值税专用发票信息表"(以下简称"信息表")，在填开"信息表"时不填写相对应的蓝字专用发票信息，应暂依"信息表"所列增值税税额从当期进项税额中转出，待取得销售方开具的红字专用发票后，与"信息表"一并作为记账凭证。购买方取得专用发票未用于申报抵扣、但发票联或抵扣联无法退回的，购买方填开"信息表"时应填写相对应的蓝字专用发票信息。

销售方开具专用发票尚未交付购买方，以及购买方未用于申报抵扣并将发票联及抵扣联退回的，销售方可在新系统中填开并上传"信息表"。销售方填开"信息表"时应填写相对应的蓝字专用发票信息。

(2) 主管税务机关通过网络接收纳税人上传的"信息表"，系统自动校验通过后，生成带有"红字发票信息表编号"的"信息表"，并将信息同步至纳税人端系统中。

(3) 销售方凭税务机关系统校验通过的"信息表"开具红字专用发票，在新系统中以销项负数开具。红字专用发票应与"信息表"一一对应。

(4) 纳税人也可凭"信息表"电子信息或纸质资料到税务机关对"信息表"内容进行系统校验。

(五) 丢失增值税专用发票的处理

纳税人同时丢失已开具增值税专用发票或机动车销售统一发票的发票联和抵扣联，可凭加盖销售方发票专用章的相应发票记账联复印件，作为增值税进项税额的抵扣凭证、退税凭证或记账凭证。

纳税人丢失已开具增值税专用发票或机动车销售统一发票的抵扣联，可凭相应发票的发票联复印件，作为增值税进项税额的抵扣凭证或退税凭证。

纳税人丢失已开具增值税专用发票或机动车销售统一发票的发票联，可凭相应发票的抵扣联复印件作为记账凭证。

任务实施

根据【任务导入】情境资料和任务要求，任务实施如下。

【任务导入】中兴盛商场的商品销售、餐饮服务和货物运输服务并非捆绑发生，没有从属关系，也就是说，小张从兴盛商场买衣服，不在商场吃饭，也不需要运输；小王不在商场买任何东西，只在商场吃饭也是可以的，兴盛商场的商品销售、餐饮服务和货物运输服务属于兼营行为，企业应分别核算，分别按不同税率缴纳增值税：销售商品收入，应按销售货物13%税率(假设商场销售的货物均适用于此税率)计算申报缴纳增值税；餐饮服务收入，应按销售餐饮服务6%税率计算申报缴纳增值税；货物运输收入，应按销售交通运输服务9%税率计算申报缴纳增值税，这样对企业也更为有利。

任务考核

一、单项选择题

1. 现行增值税纳税人中所称中华人民共和国境内是指销售货物的(　　)在我国境内。
   A. 起运地　　　　　　B. 最终销售地　　　　C. 货物支付地　　　　D. 企业所在地

2. 根据增值税法律制度的规定,下列各项中应按照"销售建筑服务"税目计缴增值税的是(　　)。
   A. 平整土地　　　　　B. 出售住宅　　　　　C. 出租办公楼　　　　D. 转让土地使用权

3. 根据增值税法律制度的规定,下列行为中属于视同销售货物行为的是(　　)。
   A. 乙超市将外购的洗衣粉作为集体福利发给员工
   B. 甲商贸公司将外购的矿泉水用于交际应酬
   C. 丁服装厂将外购的面料用于生产服装
   D. 丙玩具厂将自产的玩具无偿赠送给福利院

4. 下列关于混合销售与兼营的说法中错误的是(　　)。
   A. 混合销售是指一项销售行为既涉及货物,又涉及服务
   B. 兼营是指纳税人的经营中包括销售货物、加工修理修配劳务以及销售服务、无形资产或者不动产
   C. 混合销售行为发生在一项销售行为中,兼营不发生在同一项销售行为中
   D. 兼营发生在一项销售行为中,混合销售行为不发生在同一项销售行为中

5. 纳税人销售的下列货物中,属于免征增值税的是(　　)。
   A. 销售农业机械　　　　　　　　　　B. 销售煤炭
   C. 销售日用百货　　　　　　　　　　D. 销售自产的农产品

二、多项选择题

1. 下列各项中,按照"销售货物"征收增值税的有(　　)。
   A. 销售电力　　　　　B. 销售热力　　　　　C. 销售天然气　　　　D. 销售商品房

2. 下列租赁行为,应当按照金融服务征收增值税的有(　　)。
   A. 有形动产经营租赁　　　　　　　　B. 有形动产融资性售后回租
   C. 不动产融资租赁　　　　　　　　　D. 不动产融资性售后回租

3. 下列各项中,不征收增值税的有(　　)。
   A. 公积金管理中心代收的住宅专项维修资金
   B. 被保险人获得的医疗保险赔付
   C. 保险人取得的财产保险费收入
   D. 物业管理单位收取的物业费

4. 根据增值税法律制度的规定,下列行为中属于视同销售服务或无形资产的有(　　)。
   A. 单位向客户无偿转让专利技术使用权
   B. 单位向客户无偿提供运输服务
   C. 单位向本单位员工无偿提供搬家服务
   D. 单位向本单位员工无偿提供房屋装饰

5. 一般纳税人有下列情形之一的,不得申领增值税专用发票(　　)。
   A. 会计核算不健全,不能向税务机关准确提供增值税销项税额、进项税额、应纳税额数据及其他有关增值税税务资料的

    B. 有《中华人民共和国税收征收管理法》规定的税收违法行为，拒不接受税务机关处理的

    C. 向税务机关以外的单位和个人买取增值税专用发票，经税务机关责令改正而仍未改正的

    D. 私自印制增值税专用发票，经税务机关责令改正而仍未改正的

三、判断题

1. 纳税人兼有不同税率的销售货物、加工修理修配劳务、服务、无形资产或者不动产，未分别核算销售额的，从高适用税率。　　　　　　　　　　　　　　　　（　　）

2. 凡报关进口的应税货物，均应缴纳增值税(享受免税政策的货物除外)。　（　　）

3. 以货币资金投资收取的固定利润或者保底利润，应按照"租赁服务"税目计缴增值税。　　　　　　　　　　　　　　　　　　　　　　　　　　　　　　　（　　）

4. 根据增值税法律制度的规定，卫星电视信号落地转接服务，属于增值电信服务。　　　　　　　　　　　　　　　　　　　　　　　　　　　　　　　　（　　）

5. 对已开具增值税专用发票的销售货物、加工修理修配劳务、服务、无形资产或者不动产，销售方要及时足额计入当期销售额计税。　　　　　　　　　　　（　　）

任务二　增值税的计算

任务导入

　　甲乳业有限责任公司(统一社会信用代码为 9123113272527312××)是一家以生产加工酸奶、奶酪、奶油等产品为主的企业。甲乳业有限责任公司按照企业会计准则进行会计核算，是增值税一般纳税人，产品适用增值税税率为 13%，按月缴纳增值税，存货采用实际成本计价，包装物单独核算。假设增值税专用发票取得当月，其通过增值税发票综合服务平台进行了用途确认。2020 年 9 月发生如下经济业务。

　　(1) 9 月 2 日购入原材料一批，取得增值税专用发票注明金额 600 000 元、税额 78 000 元；发生货物运费费用，取得增值税专用发票注明运输费 20 000 元、税额 1 800 元。购入原材料已验收入库，货款及运费以银行存款支付。

　　(2) 9 月 3 日，购入纸箱一批，取得普通发票注明的金额 5 150 元，该批包装物已验收入库并用银行存款支付。

　　(3) 9 月 5 日，外购产品包装机一台，取得增值税专用发票注明价款 120 000 元、税额 15 600 元；发生运输费用 4 500 元，取得运输费普通发票一张，食品包装机已投入使用，全部款项已用银行存款支付。

　　(4) 9 月 6 日，从农场收购生产产品用鲜牛奶一批，验货后直接全部投入生产，经税务机关批准的收购凭证上注明的价款为 50 000 元，该款项已用银行存款支付。

　　(5) 9 月 8 日，委托某加工厂加工酸奶包装瓶一批，加工用材料上月已发出，本月用银行存款支付加工费，取得增值税专用发票注明加工费 5 000 元、税额 450 元。

　　(6) 9 月 9 日，购入电动车 20 台奖励给公司先进个人，取得增值税专用发票注明价款 50 000

元，税额 6 500 元，价税合计为 56 500 元，该款项已用银行存款支付。

(7) 9 月 11 日，缴纳上月增值税 57 500 元。

(8) 9 月 12 日，销售多余的生产配料一批，开出 33 900 元的普通发票，该款项已收到并存入银行。

(9) 9 月 13 日，销售奶酪一批，开具增值税专用发票注明不含税销售额 500 000 元，款项已全部收到并存入银行。

(10) 9 月 14 日，销售奶油一批，开具增值税专用发票注明不含税销售额 400 000 元，款项已全部收到并存入银行。

(11) 9 月 15 日，从某大型超市处收到委托代销的代销清单，销售酸奶 40 件，每件 5 000 元，对方按不含税价款的 5% 收取手续费。开具增值税专用发票一张，货款已经结算并存入银行。

(12) 9 月 16 日，将一批奶油产品用于职工食堂使用，实际成本 6 000 元，未开具发票，税务机关认定计税价格为 6 600 元。

(13) 9 月 23 日，将一批酸奶产品无偿捐赠给某希望工程，实际成本 30 000 元，税务机关认定的计税价格为 35 000 元。

(14) 9 月 26 日，生产车间对外提供加工服务，收取含税劳务费 22 600 元，开具普通发票，款项已全部收到并存入银行。

(15) 月末盘存发现因管理不善，发生意外事故损失库存原材料 38 000 元，已抵扣税额 4 940 元，经批准作为营业外支出处理。

任务要求：计算甲乳业有限责任公司 2020 年 9 月应纳的增值税。

 任务准备

一、增值税一般计税方法下应纳税额的计算

一般计税方法，也就是国际上通行的购进扣税法。增值税一般纳税人在一般计税方法下的应纳税额等于本期销项税额减本期进项税额。应纳税额的计算公式为

$$当期应纳增值税税额＝当期销项税额－当期准予抵扣进项税额$$

(一) 销项税额的计算

销项税额是纳税人销售货物、加工修理修配劳务、服务、无形资产或者不动产，按照销售额和增值税税率计算并向购买方收取的增值税税额。销项税额的计算公式为

$$销项税额＝销售额×税率$$

正确计算与确认销售额是增值税一般纳税人计算销项税额的重要环节。

1. 一般销售方式下销售额的确定

销售额是指纳税人销售货物、加工修理修配劳务、服务、无形资产或者不动产时向购买方收取的全部价款和价外费用，但是不包括收取的销项税额，体现增值税为价外税性质。因此，销售额的确定主要是确定价款和价外费用。

价外费用是指价外收取的各种性质的收费，包括价外向购买方收取的手续费、补贴、基金、集资费、返还利润、奖励费、违约金、滞纳金、延期付款利息、赔偿金、代收款项、代垫款项、包装费、包装物租金、储备费、优质费、运输装卸费以及其他各种性质的价外收费。无论其会

计制度规定如何核算，均应并入销售额计算应纳税额，但下列项目不包括在内。

(1) 受托加工应征消费税的消费品所代收代缴的消费税。

(2) 同时符合以下条件代为收取的政府性基金或者行政事业性收费：①由国务院或者财政部批准设立的政府性基金，由国务院或者省级人民政府及其财政、价格主管部门批准设立的行政事业性收费；②收取时开具省级以上财政部门印制的财政票据；③所收款项全额上缴财政。

(3) 销售货物的同时代办保险等而向购买方收取的保险费，以及向购买方收取的代购买方缴纳的车辆购置税、车辆牌照费。

(4) 以委托方名义开具发票代委托方收取的款项。

一般情况下，价外费用本身都为含增值税的价外费用，在计算增值税销项税额时，需换算成不含增值税的价外费用。其换算公式为

$$不含税价外费用＝含税价外费用÷(1＋税率)$$

【例 2-1】某增值税一般纳税人提供咨询服务，取得不含税收入 318 万元，另收取奖励费 5.3 万元。已知咨询服务增值税税率为 6%，计算该业务的增值税销项税额。

增值税销项税额＝318×6%＋5.3÷(1＋6%)×6%＝19.08＋0.3＝19.38(万元)

销售额以人民币计算。如果纳税人以外币结算销售额的，应当以外币价格折合成人民币计算。其销售额的人民币折合率，可以选择销售额发生的当天或者当月 1 日的人民币汇率中间价。纳税人应事先确定采用何种折合率，确定后 1 年内不得变更。

另外，纳税人发生应税行为价格明显偏低或偏高且不具有商业目的的，或者有视同销售行为而无销售额的，主管税务机关有权按下列顺序确定销售额。

(1) 按纳税人最近时期同类货物、劳务、服务、无形资产或者不动产的平均价格确定。

(2) 按其他纳税人最近时期同类货物、劳务、服务、无形资产或者不动产的平均价格确定。

(3) 按组成计税价格确定。组成计税价格的计算公式为

$$组成计税价格＝成本×(1＋成本利润率)$$

属于应征消费税的货物，其组成计税价格应加计消费税税额。其组成计税价格的公式为

$$组成计税价格＝成本×(1＋成本利润率)÷(1－消费税比例税率)$$

成本利润率由国家税务总局规定。

【例 2-2】某服装厂为增值税一般纳税人，2020 年 2 月将 150 件新型羽绒服作为福利发给本厂职工，该新型羽绒服生产成本为 1 020 元／件，无同类销售价格。已知成本利润率为 10%，计算服装厂当月该业务的增值税销项税额。

增值税销项税额＝1 020×150×(1＋10%)×13%＝21 879(元)

2. 价款和税款合并收取情况下的销售额确定

纳税人在发生应税行为时收取的价款中不应包含增值税款，并在开具的增值税专用发票上分别注明价款和税款。实际工作中也存在一般纳税人不能开具专用发票的情形，纳税人会将价款和税款合并收取。对此，一般纳税人发生应税行为采用销售额和销项税额合并定价方法的，销售额的计算公式为

$$销售额＝含税销售额÷(1＋税率)$$

3. 特殊销售方式下销售额的确定

(1) 采用折扣、折让方式销售。纳税人采用的折扣方式一般有折扣销售、销售折扣和销售退回或折让三种形式。不同折扣方式下，其计税销售额有所差别。

① 折扣销售(商业折扣)。折扣销售是指销货方在销售货物时，因购货方购货数量较大或与销售方有特殊关系等原因而给予对方价格上的优惠(直接打折)。如果销售额和折扣额在同一张发票上的"金额"栏分别注明的，可按折扣后的销售额征收增值税。如果将折扣额另开发票，无论其在财务上如何处理，均不得从销售额中减除折扣额。另外，折扣销售仅限于货物价格的折扣，不包括实物折扣。实物折扣不能从货物销售额中减除，应按《中华人民共和国增值税暂行条例》"视同销售货物"中的"赠送他人"计征增值税。

② 销售折扣(现金折扣)。销售折扣是指销货方在销售货物或提供应税劳务后，为了鼓励购货方及早付款而给予购货方的一种折扣优待。销售折扣不得从销售额中减除，因为销售折扣发生在销货之后，是一种融资性质的理财费用。

③ 销售退回或折让。销售退回或折让是指货物售出后，由于品种、质量等原因购货方要求予以退货或要求销货方给予购货方的一种价格折让。由于是货物的品种和质量问题而引起的销售额减少，对手续完备的销售退回或折让而退还给购买方的增值税，可从发生销售退回或折让当期的销项税额中扣减。对于销售回扣，其实质是一种变相的商业贿赂，不得从销售额中减除。

④ 纳税人销售服务、无形资产或者不动产，将价款和折扣额在同一张发票上的"金额"栏分别注明的，纳税人可以按价款减除折扣额后的金额作为销售额计算缴纳增值税；如果没有在同一张发票上的"金额"栏分别注明的，纳税人不得按价款减除折扣额后的金额作为销售额，应按价款作为销售额计算缴纳增值税。

⑤ 纳税人销售服务、无形资产或者不动产，开具增值税专用发票后，发生开票有误或者销售折让、中止、退回等情形的，应当按照国家税务总局的规定开具红字增值税专用发票；未按照规定开具红字增值税专用发票的，不得扣减销项税额或者销售额。

(2) 采用以旧换新方式销售。以旧换新方式销售货物是指纳税人在销售过程中，折价收回同类旧货物，并以折价款部分冲减新货物价款的一种销售方式。采用以旧换新方式销售货物的(金银首饰除外)，应按新货物的同期销售价格确定销售额，不得扣减旧货物的收购价格，对有偿收回的旧货物，不得抵扣进项税额。金银首饰以旧换新业务，可按销售方实际收取的不含增值税的全部价款征收增值税。

【例2-3】某手机专卖店为增值税一般纳税人，2020年2月采取以旧换新方式销售某型号手机120部，该型号新手机的同期含税销售单价为3051元，旧手机的收购单价为216元。计算该手机专卖店该项业务的增值税销项税额。

增值税销项税额=3 051×120÷(1+13%)×13%=42 120(元)

(3) 采用还本销售方式销售。还本销售是指企业在销售货物后，到一定期限由销售方一次或分次退还给购货方全部或部分价款的一种销售方式，其实质是一种以提供货物换取还本不付息的融资行为。纳税人采取还本销售方式销售货物，其销售额应是货物的销售全价，不得从销售额中减除还本支出。

(4) 采用以物易物方式销售。以物易物是指购销双方不是以货币结算，而是以同等价款的货物相互结算，实现货物购销的一种方式。以物易物双方都应做购销处理，以各自发出的货物核算销售额并计算销项税额，以各自收到货物按规定核算购货额并计算进项。以物易物双方，如果未相互开具增值税专用发票，也应计算销项税额，但没有进项税额。如果双方相互开具了增值税专用发票，则双方既可计算销项税额，也可抵扣进项税额。

(5) 收取包装物租金、押金的计价。包装物租金作为价外费用，计入销售额计算销项税额；纳税人为销售货物而出租出借包装物所收取的押金，单独记账核算的，不计入销售额征税。但对逾期未收回包装物而不再退还的押金，应换算成不含税收入后计入销售额，按所包装货物的税率计算销项税额。另外，对销售除啤酒、黄酒以外的其他酒类产品，其包装物押金一律计入销售额，一并计税。

【例2-4】某酒厂为增值税一般纳税人，2020年2月销售啤酒取得含税价款226万元，另收取包装物租金1.13万元，包装物押金3.39万元，款项均已收到并存入银行。计算该项业务的增值税销项税额。

增值税销项税额=(226+1.13)÷(1+13%)×13%=26.13(万元)

(6) 直销企业增值税销售额的确定。如直销企业先将货物销售给直销员，直销员再将货物销售给消费者的，直销企业的销售额为其向直销员收取的全部价款和价外费用。直销员将货物销售给消费者时，应按照现行规定缴纳增值税；如直销企业通过直销员向消费者销售货物，直接向消费者收取货款，直销企业的销售额为其向消费者收取的全部价款和价外费用。

4. 部分营改增行业销售额的确定

(1) 贷款服务。以提供贷款服务取得的全部利息及利息性质的收入为销售额。

(2) 直接收费金融服务。以提供直接收费金融服务收取的手续费、佣金、酬金、管理费、服务费、经手费、开户费、过户费、结算费、转托管费等各类费用为销售额。

(3) 金融商品转让。按照卖出价扣除买入价后的余额为销售额。转让金融商品出现的正负差，按盈亏相抵后的余额为销售额。若相抵后出现负差，可结转下一纳税期与下期转让金融商品销售额相抵，但年末时仍出现负差的，不得转入下一个会计年度。金融商品转让不得开具增值税专用发票。

(4) 纳税人销售电信服务时，附带赠送用户识别卡、电信终端等货物或者电信服务的，应将其取得的全部价款和价外费用进行分别核算，按各自适用的税率计算缴纳增值税。

(5) 经纪代理服务。以取得的全部价款和价外费用，扣除向委托方收取并代为支付的政府性基金或者行政事业性收费后的余额为销售额。向委托方收取的政府性基金或行政事业性收费，不得开具增值税专用发票。

(6) 融资租赁和融资性售后回租业务。经批准提供融资租赁服务，以取得的全部价款和价外费用扣除支付的借款利息、发行债券利息和车辆购置税后的余额为销售额；提供融资性售后回租服务，以取得的全部价款和价外费用(不含本金)，扣除对外支付的借款利息、发行债券利息后的余额作为销售额。

(7) 航空运输企业的销售额。其不包括代收的机场建设费和代售其他航空运输企业客票而代收转付的价款。

(8) 提供客运场站服务。以其取得的全部价款和价外费用，扣除支付给承运方运费后的余额为销售额。

(9) 提供旅游服务。可以选择以取得的全部价款和价外费用，扣除向旅游服务购买方收取并支付给其他单位或者个人的住宿费、餐饮费、交通费、签证费、门票费和支付给其他接团旅游企业的旅游费用后的余额为销售额。选择该办法计算销售额的试点纳税人，向旅游服务购买方收取并支付的上述费用，不得开具增值税专用发票，可以开具普通发票。

(10) 提供建筑服务适用简易计税方法的。以取得的全部价款和价外费用扣除支付的分包款后的余额为销售额。

(11) 房地产开发企业中的一般纳税人销售其开发的房地产项目(选择简易计税方法的房地产老项目除外)，以取得的全部价款和价外费用，扣除受让土地时向政府部门支付的土地价款后的余额为销售额。

(12) 销售其 2016 年 4 月 30 日前取得(不含自建)不动产选择简易计税方法的,以取得的全部价款和价外费用减去该项不动产购置原价或者取得不动产时的作价后的余额为销售额;自建的不动产,以取得的全部价款和价外费用为销售额。

上述(5)~(12)项的规定从全部价款和价外费用中扣除的价款,应当取得符合法律、行政法规和国家税务总局规定的有效凭证,否则不得扣除。同时,纳税人取得的凭证属于增值税扣税凭证的,其进项税额不得从销项税额中抵扣。

(二) 进项税额的确定

进项税额是纳税人购进货物、加工修理修配劳务、服务、无形资产或者不动产所支付或者负担的增值税额。进项税额实际上是购货方支付给销货方的税额,对购货方来说是进项税额,而对于销货方来说,则是在价外收取的销项税额。

1. 准予从销项税额中抵扣的进项税额

对于增值税一般纳税人,下列进项税额准予从销项税额中抵扣。

(1) 从销售方取得的增值税专用发票(含税控机动车销售统一发票,下同)上注明的增值税税额。

(2) 从海关取得的海关进口增值税专用缴款书上注明的增值税税额。

(3) 购进农产品,取得一般纳税人开具的增值税专用发票或者海关进口增值税专用缴款书的,以增值税专用发票或海关进口增值税专用缴款书上注明的增值税税额为进项税额;从按照简易计税方法依照 3%征收率计算缴纳增值税的小规模纳税人取得增值税专用发票的,以增值税专用发票上注明的金额和9%的扣除率计算进项税额;取得(开具)农产品销售发票或收购发票的,以农产品收购发票或销售发票上注明的农产品买价和 9%的扣除率计算进项税额;纳税人购进用于生产或者委托加工 13%税率货物的农产品,按照 10%的扣除率计算进项税额。进项税额计算公式为

$$进项税额 = 买价 \times 扣除率$$

【例2-5】某大型水果超市为增值税一般纳税人,某日从果农手中收购一批橙子,农产品收购发票上注明的收购价款为 7 000 元,该超市对橙子做了清洗包装后,出售给了某企业,开具增值税专用发票上注明金额为 11 000 元。计算超市该项业务中准予抵扣的增值税进项税额。

准予抵扣的增值税进项税额 = 7 000×9% = 630(元)

(4) 纳税人购进国内旅客运输服务未取得增值税专用发票的,暂按照以下规定确定进项税额。

① 取得增值税电子普通发票的,为发票上注明的税额。

② 取得注明旅客身份信息的航空运输电子客票行程单的,其进项税额计算公式为

$$航空旅客运输进项税额 = (票价 + 燃油附加费) \div (1+9\%) \times 9\%$$

③ 取得注明旅客身份信息的铁路车票的,其进项税额计算公式为

$$铁路旅客运输进项税额 = 票面金额 \div (1+9\%) \times 9\%$$

④ 取得注明旅客身份信息的公路、水路等其他客票的,其进项税额计算公式为

$$公路、水路等其他旅客运输进项税额 = 票面金额 \div (1+3\%) \times 3\%$$

【例2-6】2020 年 2 月,甲公司员工李某出差乘坐飞机取得航空运输电子客票行程单上注明票价 3 210 元,燃油附加费 60 元;乘坐高铁取得铁路车票上注明的票价为 872 元,乘坐网约车,取得国内旅客运输服务的增值税电子普通发票上注明的金额为 200 元,税额为 6 元。计算甲公司上述业务中准予抵扣的增值税进项税额。

$$准予抵扣的增值税进项税额＝(3\ 210＋60)÷(1＋9\%)×9\%＋872÷(1＋9\%)×9\%＋6$$
$$＝270＋72＋6＝348(元)$$

(5) 自境外单位或者个人购进劳务、服务、无形资产或者境内不动产,从税务机关或者扣缴义务人取得的代扣代缴税款的完税凭证上注明的增值税税额。

(6) 自 2018 年 1 月 1 日起,纳税人租入固定资产、不动产,既用于一般计税方法计税项目,又用于简易计税方法计税项目、免征增值税项目、集体福利或者个人消费的,其进项税额准予从销项税额中全额抵扣。

【例2-7】某公司为增值税一般纳税人,2020 年 2 月生产新款式 A 型电冰箱,每台不含税销售单价 4 500 元。当月发生如下经济业务:

① 6 日,向某商城销售 A 型电冰箱 1 000 台,由于商场采购量大,给予其 10%的价格优惠,开具增值税专用发票并将销售额和折扣额在同一张发票的金额栏分别注明。

② 13 日,购进生产 A 型电冰箱用原材料一批,取得增值税专用发票上注明的价款为 850 000元,税额为 110 500 元。

③ 25 日,销售给外省某公司 500 台 A 型电冰箱。在销售过程中,接受某运输公司的运输服务,支付运费价税合计 1 635 元,取得增值税专用发票,注明运费金额 1 500 元,税额 135元,货款及运费均以银行存款支付。

计算该公司本月的增值税销项税额和准予抵扣的增值税进项税额。

$$增值税销项税额＝4\ 500×1\ 000×(1-10\%)×13\%＋4\ 500×500×13\%$$
$$＝526\ 500＋292\ 500＝819\ 000(元)$$

$$准予抵扣的增值税进项税额＝110\ 500＋135＝110\ 635(元)$$

2. 不得从销项税额中抵扣的进项税额

下列项目的进项税额不得从销项税额中抵扣。

(1) 纳税人购进货物、加工修理修配劳务、服务、无形资产或者不动产,取得的增值税扣税凭证不符合法律、行政法规或者国务院税务主管部门有关规定的,其进项税额不得从销项税额中抵扣。

增值税扣税凭证是指增值税专用发票、海关进口增值税专用缴款书、农产品收购发票或者销售发票(含农产品核定扣除的进项税额)、代扣代缴税收完税凭证和符合规定的国内旅客运输发票等。

纳税人凭完税凭证抵扣进项税额,应当具备书面合同、付款证明和境外单位的对账单或者发票。资料不全的,其进项税额不得从销项税额中抵扣。

(2) 其他不得从销项税额中抵扣进项税额的情形。

① 用于简易计税方法计税项目、免征增值税项目、集体福利或者个人消费的购进货物、加工修理修配劳务、服务、无形资产或者不动产。

② 非正常损失的购进货物,以及相关的加工修理修配劳务和交通运输服务。

③ 非正常损失的在产品、产成品所耗用的购进货物(不包括固定资产)、加工修理修配劳务和交通运输服务。

④ 非正常损失的不动产,以及该不动产所耗用的购进货物、设计服务和建筑服务。

⑤ 非正常损失的不动产在建工程所耗用的购进货物、设计服务和建筑服务。

纳税新建、改建、扩建、修缮、装饰不动产,均属于不动产在建工程。

非正常损失是指因管理不善造成货物被盗、丢失、霉烂变质,以及因违反法律法规造成的货物或者不动产被依法没收、销毁、拆除的情形。

⑥ 购进的贷款服务、餐饮服务、居民日常服务和娱乐服务。

⑦ 纳税人接受贷款服务向贷款方支付的与该笔贷款直接相关的投融资顾问费、手续费、咨询费等费用，其进项税额不得从销项税额中抵扣。

⑧ 财政部和国家税务总局规定的其他情形。

上述第④点、第⑤点所称货物，是指构成不动产实体的材料和设备，包括建筑装饰材料和给排水、采暖、卫生、通风、照明、通信、煤气、消防、中央空调、电梯、电气、智能化楼宇设备及配套设施。

固定资产是指使用期限超过 12 个月的机器、机械、运输工具以及其他与生产经营有关的设备、工具、器具等有形动产。

不动产、无形资产的具体范围，按照《销售服务、无形资产或者不动产注释》执行。

⑨ 使用一般计税方法的纳税人，兼营简易计税方法计税项目、免征增值税项目而无法划分不得抵扣的进项税额，其不得抵扣的进项税额计算公式为

$$\text{不得抵扣的进项税额} = \text{当期无法划分的全部进项税额} \times \text{当期兼营简易计税方法计税项目、免征增值税项目销售额合计} \div \text{当期全部销售额}$$

【例 2-8】某制药厂为增值税一般纳税人，2020 年 2 月取得销售抗生素药品含税收入 113 万元，取得销售免税药品收入 50 万元，当月购入生产用原料一批，取得增值税专用发票上注明税款 9 万元，抗生素药品与免税药品无法划分耗料情况。计算该制药厂当月销项税额和可以抵扣的增值税进项税额。

增值税销项税额＝113÷（1＋13%）×13%＝13（万元）

可以抵扣的增值税进项税额＝9－9×[50÷（100＋50）]＝9－3＝6（万元）

⑩ 已抵扣进项税额的购进货物（不含固定资产）、劳务、服务，发生上述第①～⑦规定情形的（简易计税方法计税项目、免征增值税项目除外），应当将该进项税额从当期进项税额中扣减（即进项税额转出）；无法确定该进项税额的，按照当期实际成本计算应扣减的进项税额。

【例 2-9】甲公司为增值税一般纳税人，2020 年 2 月外购一批装饰材料用于销售，取得增值税专用发票注明价款 80 万元，增值税 10.4 万元，当月依法抵扣了该进项税额。2020 年 9 月，甲公司将该批货物中的 50%用于职工浴室装修。计算甲公司应当转出的进项税额。

甲公司 9 月应当转出的进项税额＝10.4×50%＝5.2（万元）

⑪ 已抵扣进项税额的固定资产、无形资产或者不动产发生上述第①～⑦规定情形的，其不得抵扣的进项税额计算公式为

$$\text{不得抵扣的进项税额} = \text{固定资产、无形资产或者不动产净值} \times \text{适用税率}$$

或：　　　不得抵扣的进项税额＝已抵扣进项税额×固定资产、无形资产或者不动产净值率

固定资产、无形资产或者不动产净值率＝（净值÷原值）×100%

固定资产、无形资产或者不动产净值是指纳税人按照财务会计制度计提折旧或摊销后的余额。

【例 2-10】甲公司为增值税一般纳税人，2020 年 8 月将其作为固定资产核算的一批电脑当作福利发放给职工。该批电脑 2020 年 6 月购入时取得增值税专用发票并依法抵扣了相关进项税额，增值税专用发票上注明价款 10 万元，增值税税额为 1.3 万元。已知该批电脑已经计提符合规定的折旧额 1 万元。计算甲公司 8 月应转出的进项税额。

甲公司 8 月应转出的进项税额＝（10－1）×13%＝1.17（万元）

⑫ 纳税人适用一般计税方法计税的，因销售折让、中止或者退回而退还给购买方的增值税税额，应当从当期的销项税额中扣减；因销售折让、中止或者退回而收回的增值税税额，应

当从当期的进项税额中扣减。

3. 转增进项税额的规定

不得抵扣且未抵扣进项税额的固定资产、无形资产、不动产，发生用途改变，用于允许抵扣进项税额的应税项目，可在改变用途的次月按照下列公式，依据合法有效的增值税扣税凭证，计算可以抵扣的进项税额，为

可抵扣的进项税额＝固定资产、无形资产、不动产净值÷(1＋适用税率)×适用税率

或：　　可抵扣的进项税额＝增值税扣税凭证注明或计算的进项税额×净值率

净值率＝(净值÷原值)×100%

【例2-11】 甲公司为增值税一般纳税人，2020年2月将职工健身房里的一批电脑改用于生产车间，该批电脑购进时取得了增值税专用发票，发票上注明价款为20万元，增值税税额为2.6万元。已知，截至2020年2月，甲公司为该批电脑计提了符合规定的折旧额为2.26万元。计算甲公司该业务可以抵扣的增值税进项税额。

甲公司将用于不得抵扣用途(职工福利)的外购电脑改为可以抵扣用途(生产车间)，甲公司应在改变用途的次月(3月)就上述业务做可以抵扣的增值税进项税额＝(22.6-2.26)÷(1＋13%)×13%＝2.34(万元)。

4. 进项税额结转抵扣、留抵税额等情况的处理

(1) 纳税人在计算应纳税额时，如果出现当期销项税额小于当期进项税额不足抵扣的情况，当期进项税额不足抵扣的部分可以结转下期继续抵扣。

(2) 增值税一般纳税人(以下称原纳税人)在资产重组中将全部资产、负债、劳动力一并转让给其他增值税一般纳税人(以下称新纳税人)，并按程序办理注销税务登记的，其在办理注销税务登记前尚未抵扣的进项税额可以结转至新纳税人处继续抵扣。

(3) 加计抵减。

自2019年4月1日至2021年12月31日，允许生产、生活性服务业纳税人按照当期可抵扣进项税额加计10%，抵减应纳税额(其中，自2019年10月1日至2021年12月31日，生活性服务业纳税人可加计15%抵减应纳税额)。生产、生活性服务业纳税人是指提供邮政服务、电信服务、现代服务、生活服务取得的销售额占全部销售额的比重超过50%的纳税人。

① 纳税人应按照当期可抵扣进项税额的10%(生活性服务业按15%)计提当期加计抵减额。按照现行规定不得从销项税额中抵扣的进项税额，不得计提加计抵减额。已计提加计抵减额的进项税额，按规定做进项税额转出的，应在进项税额转出当期，相应调减加计抵减额。计算公式为

当期计提加计抵减额＝当期可抵扣进项税额×10%(或15%)

$$当期可抵减加计抵减额＝上期末加计抵减额余额＋当期计提加计抵减额－当期调减加计抵减额$$

② 纳税人应按照现行规定计算一般计税方法下抵减前的应纳税额后，区分以下情形加计抵减：抵减前的应纳税额等于零的，当期可抵减加计抵减额全部结转下期抵减；抵减前的应纳税额大于零，且大于当期可抵减加计抵减额的，当期可抵减加计抵减额全额从抵减前的应纳税额中抵减；抵减前的应纳税额大于零，且小于或等于当期可抵减加计抵减额的，以当期可抵减加计抵减额抵减应纳税额至零，未抵减完的当期可抵减加计抵减额，结转下期继续抵减。

③ 纳税人出口货物劳务、发生跨境应税行为不适用加计抵减政策，其对应的进项税额不得计提加计抵减额。纳税人兼营出口货物劳务、发生跨境应税行为且无法划分不得计提加计抵

减额的进项税额，计算公式为

$$\begin{array}{l}\text{不得计提加计抵} \\ \text{减额的进项税额}\end{array} = \begin{array}{l}\text{当期无法划分} \\ \text{的全部进项税}\end{array} \times \begin{array}{l}\text{当期出口货物劳务和发生} \\ \text{跨境应税行为的销售额}\end{array} \div \begin{array}{l}\text{当期全部} \\ \text{销售额}\end{array}$$

二、增值税简易计税方法下应纳税额的计算

简易计税方法的应纳税额是指按照销售额和增值税征收率计算的增值税税额，不得抵扣进项税额。其计算公式为

$$\text{应纳税额} = \text{销售额} \times \text{征收率}$$

简易计税方法下的销售额与一般计税方法下的销售额的内容是一致的，都是销售货物、劳务、服务、无形资产或者不动产向购买方收取的全部价款和价外费用，且不包括从购买方收取的增值税税额。

我国增值税的法定征收率是 3%，一些特殊项目适用 3% 减按 2% 的征收率。全面"营改增"后的与不动产有关的特殊项目适用 5% 的征收率，一些特殊项目适用 5% 减按 1.5% 的征收率。

(一) 增值税一般纳税人按照简易计税方法适用征收率的情况

1. 增值税一般纳税人销售货物或者劳务按照简易计税方法适用征收率的情况

(1) 暂按简易计税方法依照 3% 的征收率。从 2014 年 7 月 1 日起，增值税一般纳税人销售下列货物，暂按简易办法依照 3% 的征收率征收增值税：

① 寄售商店代销寄售物品；

② 典当业销售死当物品；

③ 经国务院或其授权机关批准认定的免税商店零售免税货物。

(2) 按照简易计税方法依照 3% 征收率减按 2% 征收。

① 一般纳税人销售自己使用过的不得抵扣且未抵扣进项税额的固定资产，按照简易计税方法依照 3% 征收率减按 2% 征收增值税。上述业务应当开具增值税普通发票，不得开具增值税专用发票。

② 增值税一般纳税人(一般指旧货经营单位)销售旧货，按照简易办法依照 3% 征收率减按 2% 征收增值税，且应该开具增值税普通发票，不得开具增值税专用发票。

自 2020 年 5 月 1 日至 2023 年 12 月 31 日，从事二手车经销的纳税人销售其收购的二手车，由原按照简易办法依 3% 征收率减按 2% 征收增值税，改为减按 0.5% 征收增值税。

一般纳税人销售自己使用过的物品或旧货税务处理规定，如表 2-1 所示。

表 2-1 一般纳税人销售自己使用过的物品或旧货税务处理规定

销售对象的具体情形		计税公式
销售自己使用过的物品	固定资产(动产) 按规定不得抵扣且未抵扣进项税额	应纳税额=含税销售额÷(1+3%)×2%
	固定资产(动产) 按规定可以抵扣进项税额	销项税额=含税销售额÷(1+适用税率13%或9%)×适用税率13%或9%
	固定资产以外的其他物品	
销售旧货(他人用的)	一般情况下的销售旧货	应纳税额=含税销售额÷(1+3%)×2%
	从事二手车经销的纳税人销售其收购的二手车	应纳税额=含税销售额÷(1+0.5%)×0.5%

【例 2-12】甲公司为增值税一般纳税人，主营二手电脑交易。2020 年 5 月取得含税销售额 309 万元；除上述收入外，该企业当月又将本企业 2008 年 7 月购入并自用的一辆汽车和 2011

年 8 月购入并自用的一辆汽车分别以 10.3 和 11.3 万元的含税价格出售。假设甲公司本月无其他业务，且可抵扣的进项税额为 0，以上款项均已收到并存入银行。计算甲公司 2020 年 5 月应纳的增值税税额。

销售二手电脑业务应纳的增值税税额=309÷(1+3%)×2%=6(万元)

销售 2008 年 7 月购入并自用的一辆汽车应纳增值税税额=10.3÷(1+3%)×2%=0.2(万元)

销售 2011 年 8 月购入并自用的一辆汽车应纳增值税税额=11.3÷(1+13%)×13%=1.3(万元)

甲公司 2020 年 5 月应纳增值税税额=6+0.2+(1.3-0)=7.5(万元)

(3) 从 2014 年 7 月 1 日起，一般纳税人销售自产的下列货物，可选择按简易办法依 3%的征收率征收增值税：

① 县级及县级以下小型水力发电单位生产的电力；

② 建筑用和生产建筑材料所用的砂、土、石料；

③ 以自己采掘的砂、土、石料或其他矿物连续生产的砖、瓦、石灰(不含黏土实心砖、瓦)；

④ 微生物、微生物代谢产物、动物毒素、人或动物的血液或组织制成的生物制品；

⑤ 自来水；

⑥ 商品混凝土(仅限于以水泥为原料生产的水泥混凝土)。

增值税一般纳税人选择简易计税方法计算缴纳增值税后，36 个月内不得变更。

2. 一般纳税人按照销售服务、无形资产或者不动产简易计税方法适用征收率的情况

(1) 应税服务。

2016 年 5 月 1 日起，一般纳税人发生下列特定应税服可以选择简易计税方法按 3%计税，但一经选择，36 个月内不得变更：

① 公共交通运输服务；

② 经认定的动漫企业为开发动漫产品提供的动漫脚本编撰、形象设计、背景设计、动画设计、分镜、动画制作、摄制、描线、上色、画面合成、配音配乐、音效合成、剪辑、字幕制作、压缩转码服务，以及在境内转让动漫版权；

③ 电影放映服务、仓储服务、装卸搬运服务、收派服务和文化体育服务；

④ 以纳入营改增试点之日前取得的有形动产为标的物提供的经营租赁服务；

⑤ 在纳入营改增试点之日前签订的尚未执行完毕的有形动产租赁合同；

⑥ 以清包工方式提供的建筑服务；

⑦ 为甲供工程提供的建筑服务；

⑧ 为建筑工程老项目提供的建筑服务。建筑工程老项目是指合同注明的开工日期在 2016 年 4 月 30 日前的建筑工程项目。

一般纳税人提供劳务派遣服务，可以以取得的全部价款和价外费用为销售额，按照一般计税方法计算缴纳增值税；也可以选择差额纳税，以取得的全部价款和价外费用，扣除代用工单位支付给劳务派遣员工的工资、福利和为其办理社会保险及住房公积金后的余额为销售额，按照简易计税方法依照 5%的征收率计算缴纳增值税。

【例 2-13】甲劳务派遣公司为增值税一般纳税人，2020 年 6 月取得营业额 212 万元，同时代用工单位支付给劳务派遣员工的工资、福利和为其办理社会保险及住房公积金为 107 万元，无其他收入或支出。计算甲劳务派遣公司 6 月应纳的增值税税额。

如果甲劳务派遣公司选择一般计税方法，应税服务适用增值税税率为 6%，6 月应纳增值税税额=212÷(1+6%)×6%=12(万元)。

如果甲劳务派遣公司选择简易计税方法，应税服务适用增值税征收率为 5%，6 月应纳增值税税额＝(212-107)÷(1＋5%)×5%＝5(万元)。

(2) 销售或出租不动产。2016 年 5 月 1 日起，一般纳税人发生下列特定应税行为，可以选择简易计税方法按 5%计税，但一经选择，36 个月内不得变更：

① 销售其 2016 年 4 月 30 日前取得或者自建的不动产；

② 房地产开发企业销售自行开发的房地产老项目；

③ 出租其 2016 年 4 月 30 日前取得的不动产。

公路经营企业中的一般纳税人收取试点前开工的高速公路的车辆通行费，可依照 5%的征收率减按 3%征收。

纳税人在不动产所在地按 5%预缴税款后，向机构所在地主管税务机关进行纳税申报。

【例 2-14】甲公司为增值税一般纳税人，主要从事洗衣机生产和销售。2020 年 2 月将其于 2015 年 1 月 1 日自建的办公楼对外转让，取得全部含税转让价为 5 250 万元。假设甲公司出售办公楼业务选择简易办法计税，征收率为 5%。计算甲公司该项出售办公楼业务应纳增值税税额。

甲公司将 2015 年 1 月 1 日自建的办公楼对外转让业务应纳增值税税额＝5 250÷(1＋5%)×5%＝250(万元)

(二) 增值税小规模纳税人按照简易计税方法的情况

增值税小规模纳税人销售货物、提供加工修理修配劳务、销售服务、无形资产或者不动产，按照取得的销售额和增值税的征收率计算应纳的增值税税额，但不得抵扣进项税额。其中销售额为对外销售货物、提供加工修理修配劳务、销售服务、无形资产或者不动产时，向对方收取的全部价款和价外费用。具体的确定标准与增值税一般纳税人的销售额相同。增值税小规模纳税人按征收率征收。增值税小规模纳税人因销售退回或销售折让而退还给购买方的销售额，应从发生销货退回或折让当期的销售额中扣减。对于"营改增"增值税小规模纳税人来说，其纳税人适用简易计税方法计税的，因销售折让、中止或者退回而退还给购买方的销售额，应当从当期销售额中扣减，扣减当期销售额后仍有余额造成多缴的税款，可以从以后的应纳税额中扣减。

增值税小规模纳税人销售货物、提供加工修理修配劳务、销售服务、无形资产或者不动产，向对方收取的款项往往包含了增值税，因此，在计算应纳增值税税额时，需将含税销售额换算成不含税销售额，具体计算公式为

$$销售额＝含税销售额÷(1＋征收率)$$

【例 2-15】某企业为增值税小规模纳税人，主要从事汽车修理和装潢业务。2019 年第三季度取得汽车修理业务含税收入 206 000 元，取得销售汽车装饰用品含税销售额 164 800 元；购进修理用配件一批，取得普通发票，支付价款 61 800 元。计算该企业第三季度应缴纳的增值税税额。

应纳增值税税额＝[(206 000＋164 800)÷(1＋3%)]×3%＝10 800(元)

1. 增值税小规模纳税人销售货物或者劳务按照简易计税方法适用征收率的特殊规定

小规模纳税人(除其他个人外)销售使用过的固定资产、旧货等，按 3%征收率减按 2%征收率征收增值税。其应纳税额的计算公式为

$$应纳税额＝含税销售额÷(1＋3%)×2%$$

2. 增值税小规模纳税人销售服务、无形资产或者不动产按照简易计税方法适用征收率的特殊规定

(1) 小规模纳税人跨县(市)提供建筑服务，应以取得的全部价款和价外费用扣除支付的分

包款后的余额为销售额，按照 3%的征收率计算应纳税额。

(2) 小规模纳税人转让不动产，按 5%征收率计算应纳税额。

① 小规模纳税人(不含个体工商户销售购买的住房和其他个人销售不动产)转让其取得(不含自建)的不动产，以取得的全部价款和价外费用扣除不动产购置原价或者取得不动产时的作价后的余额为销售额，按照 5%的征收率计算应纳税额；小规模纳税人转让其自建的不动产，以取得的全部价款和价外费用为销售额，按照 5%的征收率计算应纳税额。

② 房地产开发企业中的小规模纳税人采取预收款方式销售自行开发的房地产项目，应在收到预收款时按照 3%的预征率预缴增值税。小规模纳税人销售自行开发的房地产项目应按照《营业税改征增值税试点实施办法》规定的纳税义务发生时间，以当期销售额和 5%的征收率计算当期应纳税额，抵减已预缴税款后，向主管税务机关申报纳税。未抵减完的预缴税款可以结转下期继续抵减。

(3) 个人销售其购买的住房。个人将购买住房对外销售的税务处理规定如表 2-2 所示。

表 2-2 个人将购买住房对外销售的税务处理规定

地区	购置时间	住房性质	税务处理
北京市、上海市、广州市、深圳市	个人将购买不足 2 年的住房对外销售的	不必区分住房性质	按 5%征收率全额缴纳增值税
	个人将购买 2 年以上(含 2 年)的住房对外销售	非普通住房	以销售收入减去购买住房价款后的差额，按照 5%征收率缴纳增值税
		普通住房	免征增值税
其他城市	个人将购买不足 2 年的住房对外销售的	不必区分住房性质	按 5%征收率全额缴纳增值税
	个人将购买 2 年以上(含 2 年)的住房对外销售	不必区分住房性质	免征增值税

(4) 小规模纳税人出租不动产，按照以下规定缴纳增值税。

① 单位和个体工商户出租不动产(不含个体工商户出租住房)，按照 5%的征收率计算应纳税额。个体工商户出租住房，按照 5%的征收率减按 1.5%计算应纳税额。

② 其他个人出租不动产(不含住房)，按照 5%的征收率计算应纳税额。其他个人出租住房，按照 5%的征收率减按 1.5%计算应纳税额。

三、进口货物应纳税额的计算

无论是一般纳税人还是小规模纳税人，申报进口货物都应缴纳增值税，均需按照组成计税价格和规定的税率计算增值税税额。其计算公式为

$$应纳税额＝组成计税价格×税率$$

组成计税价格有以下两种情况。

(1) 进口货物只征收增值税的，其组成计税价格为

$$组成计税价格＝关税完税价格＋关税＝关税完税价格×(1＋关税税率)$$

(2) 进口货物同时征收消费税的，其组成计税价格为

$$组成计税价格＝关税完税价格＋关税＋消费税$$

根据《中华人民共和国海关法》和《中华人民共和国进出口关税条例》规定，一般贸易项下进口货物的关税完税价格以海关审定的成交价格为基础的到岸价格作为完税价格。到岸价格是指货价加上货物运抵我国关境内输入地点起卸前的包装费、运费、保险费和其他劳务费等费用构成的一种价格。

【例2-16】某进出口公司为增值税一般纳税人，2020年2月报关进口五金建材一批，支付国外的买价180万元，支付该批货物运抵我国海关输入地点起卸前的运费14万元、装卸费6万元，进口关税税率为20%，增值税税率为13%。已交纳进口关税和海关代征的增值税已取得增值税完税凭证。该批进口五金建材当月以不含税售价350万元全部售出。计算该公司当月进口环节和销售环节应缴纳的增值税税额。

进口环节应纳增值税税额(进项税额)=(180+14+6)×(1+20%)×13%=31.2(万元)

国内销售环节应纳增值税税额=350×13%-31.2=45.5-31.2=14.3(万元)

四、扣缴义务人应扣缴税额的计算

境外单位或者个人在境内销售服务、无形资产或者不动产，在境内未设有经营机构的，扣缴义务人计算应扣缴税额的计算公式为

$$应扣缴增值税税额=购买方支付的价款÷(1+税率)×税率$$

任务实施

根据【任务导入】情境资料和任务要求，任务实施如下。

第一步：甲乳业有限责任公司2020年9月进项税额分析和计算过程如下。

(1) 2020年9月2日，购入原材料时取得一般纳税人开具的增值税专用发票，且已确认，可以按照增值税专用发票上注明的增值税税额做进项税额抵扣；购入原材料时，发生运输费用取得一般纳税人开具的增值税专用发票，且已确认，可以按照增值税专用发票上注明的增值税税额做进项税额抵扣，则允计抵扣的进项税额=78 000+1 800=79 800(元)。

(2) 2020年9月3日，购进包装物取得普通发票，其进项税额不得抵扣。

(3) 2020年9月5日，购入生产经营用固定资产取得增值税专用发票，且已确认，可以按照增值税专用发票上注明的增值税税额做进项税额抵扣。但是，所支付的运费取得的是普通发票，不得抵扣进项税额，则允计抵扣的进项税额=15 600(元)。

(4) 2020年9月6日，从农场收购农产品，取得经税务机关批准的收购凭证，生产领用用于加工13%税率货物时，按农产品买价和10%的扣除率计算进项税额，则允计抵扣的进项税额=50 000×10%=5 000(元)。

(5) 2020年9月8日，接受加工劳务，取得增值税专用发票，且已确认，其进项税额允许抵扣，则允计抵扣的进项税额=450(元)。

(6) 2020年9月9日，购进公司固定资产用于个人消费，其进项税额不得抵扣。

第二步：甲乳业有限责任2020年9月销项税额分析和计算过程如下。

(1) 2020年9月12日，销售货物开具普通发票，其销售额为含税销售额，则增值税销项税额=33 900÷(1+13%)×13%=3 900(元)。

(2) 2020年9月13日，销售货物开具增值税专用发票，其销售额为不含税销售额，则增值税销项税额=500 000×13%=65 000(元)。

(3) 2020年9月14日，销售货物开具增值税专用发票，其销售额为不含税销售额，则增

值税销项税额＝400 000×13%＝52 000(元)。

(4) 2020年9月15日，委托其他纳税人代销货物，于收到代销清单的当天确定销售额，则增值税销项税额＝40×5 000×13%＝26 000(元)。

(5) 2020年9月16日，以自产的货物用于集体福利为视同销售货物行为，按增值税税收法律制度规定应当计算缴纳增值税，并应按税务机关认定的计税价格计算，则增值税销项税额＝6 600×13%＝858(元)。

(6) 2020年9月23日，以自产的货物无偿赠送他人为视同销售货物行为，按增值税税收法律制度规定应当计算缴纳增值税，并应按税务机关认定的计税价格计算，则增值税销项税额＝35 000×13%＝4 550(元)。

(7) 2020年9月26日，提供应税劳务，开具普通发票，其销售额为含税销售额，则增值税销项税额＝22 600÷(1＋13%)×13%＝2 600(元)。

(8) 月末，发现购进货物发生非正常损失，应当将该项购进货物的进项税额从当期进项税额中扣减，则进项税额转出＝4 940(元)。

第三步：甲公司2020年9月应纳税额分析和计算过程如下。

本月允许抵扣的进项税额合计＝79 800＋15 600＋5 000＋450＝100 850(元)

本月销项税额合计＝3 900＋65 000＋52 000＋26 000＋858＋4 550＋2 600＝154 908(元)

本月进项税额转出＝4 940(元)

本月应纳增值税税额＝154 908－(100 850－4 940)＝154 908－95 910＝58 998(元)

 任务考核

一、单项选择题

1. 根据增值税法律制度的规定，下列各项中应并入销售额计算销项税额的是(　　)。
   A. 以委托方名义开具发票代委托方收取的款项
   B. 销售货物向购买方收取的价款之外的手续费
   C. 受托加工应征消费税的消费品所代收代缴的消费税
   D. 销售货物的同时代办保险而向购买方收取的保险费

2. 甲商场为增值税一般纳税人，本月售出A产品100套，合计含税售价为10 735元；为回馈老客户，当月又无偿赠送B产品80套，B产品在甲商场正常的零售单价为56.5元/套。有关甲商场上述业务的销项税额，下列计算列式正确的是(　　)。
   A. 10 735×13%　　　　　　　　　B. 10 735÷(1＋13%)×13%
   C. (10 735＋56.5×80)×13%　　　　D. (10 735＋56.5×80)÷(1＋13%)×13%

3. 增值税一般纳税人销售货物或者应税劳务，采用销售额和销项税额合并定价方法的，其计算销售额的公式是(　　)。
   A. 销售额＝含税销售额÷(1＋税率)　　B. 销售额＝不含税销售额÷(1＋税率)
   C. 销售额＝不含税销售额÷(1－税率)　　D. 销售额＝含税销售额÷(1－税率)

4. 甲首饰店为增值税一般纳税人。2020年6月采取"以旧换新"方式销售一批金项链。该批金项链含增值税价款为135 600元，换回的旧项链作价124 300元，甲首饰店实际收取差价款11 300元。甲首饰店当月该笔业务增值税销项税额的下列计算中，正确的是(　　)。
   A. 135 600÷(1＋13%)×13%＝15 600(元)
   B. 124 300÷(1＋13%)×13%＝14 300(元)
   C. 135 600×13%＝17 628(元)

D. 11 300÷(1+13%)×13%＝1 300(元)

5. 甲企业为增值税一般纳税人，2020 年 8 月销售空调取得含增值税价款 610.2 万元，另收取包装物押金 5.65 万元，约定 3 个月内返还，当月确认逾期不予退还的包装物押金为 11.3 万元。计算甲企业当月上述业务增值税销项税额的下列算式中，正确的是(   )。

A. (610.2＋11.3)÷(1+13%)×13%＝71.5(万元)

B. (610.2＋5.65＋11.3)÷(1+13%)×13%＝72.15(万元)

C. (610.2＋5.65＋11.3)×13%＝81.5295(万元)

D. (610.2＋11.3)×13%＝80.795(万元)

6. 甲商业银行 W 分行为增值税一般纳税人，2020 年 8 月销售一批债券，卖出价 805.6 万元，该批债券买入价 795 万元，除此之外无其他金融商品买卖业务，上一纳税期金融商品买卖销售额为正差且已纳税。已知金融服务适用增值税税率为 6%。W 分行该笔业务增值税的销项税额的下列计算列式，正确的是(   )。

A. 805.6×6%＝48.34(万元)

B. (805.6−795)×(1+6%)×6%＝0.67(万元)

C. (805.6−795)×6%＝0.64(万元)

D. (805.6−795)÷(1+6%)×6%＝0.6(万元)

7. 根据增值税法律制度的规定，选择差额计税的旅游公司发生的下列支出中，在确定增值税销售额时可以扣除的是(   )。

A. 支付的广告制作费   B. 替旅游者支付的酒店住宿费

C. 支付的导游工资   D. 支付的办公室租金

8. 根据增值税法律制度的规定，下列各项中进项税额可以抵扣的是(   )。

A. 甲公司管理不善导致的原材料被盗

B. 乙公司取得销售二手车并委托 M 公司提供运输，取得的增值税专用发票

C. 丙公司接受 A 银行的贷款服务

D. 丁公司将外购的房屋一部分用于生产经营，一部分作为集体宿舍，以福利方式供员工居住

9. 甲公司是专门从事认证服务的增值税一般纳税人，2020 年 9 月取得认证服务收入，开具防伪税控增值税专用发票，价税合计为 106 万元；购进一台经营用设备，取得防伪税控增值税专用发票，注明金额 20 万元、税额 3.2 万元；接受其他单位提供的设计服务，取得防伪税控增值税专用发票，注明金额 5 万元、税额 0.3 万元。有关甲公司本月应缴纳的增值税，下列计算列式正确的是(   )。

A. 106÷(1+6%)×6%-3.2-0.3   B. 106×6%-3.2-0.3

C. 106÷(1+6%)×6%-3.2   D. 106×6%-3.2

10. 甲公司为增值税一般纳税人，2020 年 9 月进口货物一批，海关审定的关税完税价格为 116 万元。已知增值税税率为 13%，关税税率为 10%。计算甲公司当月该笔业务应缴纳增值税税额的下列算式中，正确的是(   )。

A. 116×(1+10%)÷(1+13%)×13%＝14.68(万元)

B. 116÷(1+13%)×13%＝13.35(万元)

C. 116×(1+10%)×13%＝16.59(万元)

D. 116×13%＝15.08(万元)

二、多项选择题

1. 根据增值税法律制度的规定，纳税人销售货物向购买方收取的下列款项中，属于价外费用的有(   )。

    A. 延期付款利息   B. 赔偿金   C. 手续费   D. 包装物租金

2. 纳税人视同销售的销售额按下列方法顺序确定有(   )。

    A. 当月同类货物的最高销售价格

    B. 纳税人最近时期同类货物的平均销售价格

    C. 其他纳税人最近时期同类货物的平均销售价格

    D. 组成计税价格

3. 增值税相关法律规定，对销售除(   )以外的其他酒类产品而收取的包装物押金，无论是否返还、会计上如何核算，均应并入当期销售额计征增值税。

    A. 啤酒   B. 黄酒

    C. 白酒   D. 药酒

4. 下列有关直销企业增值税销售额确定的表述中，正确的有(   )。

    A. 直销企业销售货物，一律按消费者支付的全部价款和价外费用确定增值税销售额

    B. 直销企业销售货物，一律按直销员向直销企业返回的全部款项确定增值税销售额

    C. 直销企业先将货物销售给直销员，直销员再将货物销售给消费者，直销企业的销售额为其向直销员收取的全部价款和价外费用

    D. 直销企业通过直销员向消费者销售货物，直接向消费者收取货款，直销企业的销售额为其向消费者收取的全部价款和价外费用

5. 下列关于增值税计税销售额的表述中，正确的有(   )。

    A. 金融企业转让金融商品，按照卖出价扣除买入价后的余额为销售额

    B. 银行提供贷款服务，以提供贷款服务取得的全部利息及利息性质的收入为销售额

    C. 建筑企业提供建筑服务适用一般计税方法的，以取得的全部价款和价外费用扣除支付的分包款后的余额为销售额

    D. 房地产开发企业销售其开发的房地产项目，适用一般计税方法的，以取得的全部价款和价外费用，扣除受让土地时向政府部门支付的土地价款后的余额为销售额

6. 甲公司为增值税一般纳税人，本月进口产品 20 万元，取得进口增值税专用缴款书上注明的增值税额为 3.2 万元；发生运输费用，取得增值税普通发票上注明的价税合计金额为 2 200元；向农业生产者购入免税农产品 3 万元，经简单加工后用于直接销售；购入原材料 30 万元，增值税专用发票上注明的增值税额为 4.8 万元。则下列关于准予抵扣的进项税额中，说法正确的有(   )。

    A. 进口产品准予抵扣的进项税额为 3.2 万元

    B. 运输费用准予抵扣的进项税额为 200 元

    C. 购入免税农产品准予抵扣的进项税额为 2 700 元

    D. 购入原材料准予抵扣的进项税额为 4.8 万元

7. 甲企业购进国内旅客运输服务，取得了下列凭证，其中属于可以抵扣进项税额的合法扣税凭证的有(   )。

    A. 未注明旅客身份信息的增值税电子普通发票

    B. 未注明旅客身份信息的航空运输电子客票行程单

    C. 注明旅客身份信息的铁路车票

D. 注明旅客身份信息的水路客票

8. 甲食品厂 2020 年 9 月将职工食堂专用的一台设备改用于生产车间生产食品。甲食品厂针对上述业务做出的下列处理中，不符合增值税法律制度规定的是( )。

    A. 凭该设备购进时取得的增值税专用发票，在 2020 年 9 月做转增进项税额处理

    B. 凭该设备购进时取得的增值税普通发票，在 2020 年 9 月做转增进项税额处理

    C. 凭该设备购进时取得的增值税专用发票，在 2020 年 10 月做转增进项税额处理

    D. 凭该设备购进时取得的增值税普通发票，在 2020 年 10 月做转增进项税额处理

9. 甲公司和乙公司均为增值税一般纳税人，甲公司本月外购一批货物支付货款 5 000 元，取得增值税专用发票，委托乙公司加工，支付加工费(含税)1 130 元，并取得乙公司开具的增值税专用发票。货物加工完毕收回后，甲公司将这批货物直接对外销售，开出的增值税专用发票上注明的价款为 8 000 元。已知适用的增值税税率为 13%。根据以上所述，以下说法中正确的有( )。

    A. 甲公司对外销售时应纳增值税 260 元

    B. 乙公司受托加工业务应纳增值税 130 元

    C. 甲公司应当缴纳增值税 480 元

    D. 乙公司无须缴纳增值税

10. 根据增值税法律制度的规定，下列各项中符合条件的一般纳税人，可以选择简易计税方式的有( )。

    A. 装卸搬运服务   B. 公共交通运输服务

    C. 文化体育服务   D. 电影放映服务

三、判断题

1. 增值税的计税依据是不含增值税的价格，它的最终承担者是经营者。   ( )

2. 增值税纳税人按人民币以外的货币结算销售额的，其销售额的人民币折合率可以选择销售额发生的当天或者当月 1 日的人民币汇率中间价。   ( )

3. 纳税人采取以旧换新方式销售金银首饰以外的其他货物，应按照其实际收取的不含增值税的全部价款征收增值税。   ( )

4. 采取还本销售方式销售货物，其销售额就是货物的销售价格，不得从销售额中减除还本支出。   ( )

5. 以物易物交易事项应分别开具合法的票据，如收到的货物不能取得增值税专用发票或其他合法凭证，其进项税额不得抵扣。   ( )

6. 航空运输企业的增值税销售额包括代收的机场建设费(民航发展基金)和代售其他航空运输企业客票而代收转付的价款。   ( )

7. 已抵扣进项税额的购进货物，如果因自然灾害而造成损失，应将损失货物的进项税额从当期发生的进项税额中扣减。   ( )

8. 小规模纳税人提供的适用简易计税方法计税的应税服务，因服务中止或者折让而退还给接受方的销售额，应当从当期销售额中扣减。   ( )

9. 小规模纳税人，转让其取得的不动产，按照 3%的征收率征收增值税。   ( )

10. 纳税人进口应纳消费税的货物时，在计算增值税的计税价格中既不包括进口时应缴纳的消费税，也不包括进口时应缴纳的增值税。   ( )

任务三 增值税的会计核算

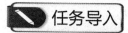 任务导入

接本项目任务二中【任务导入】中的情境资料，完成下面任务要求。

任务要求：对甲乳业有限责任公司 2020 年 9 月涉税经济业务进行相应的会计处理。

任务准备

一、增值税会计科目的设置

（一）一般纳税人会计科目的设置

一般纳税人应在"应交税费"科目下设置"应交增值税""未交增值税""预交增值税""待抵扣进项税额""待转销项税额""增值税留抵税额""简易计税""转让金融商品应交增值税""代扣代缴增值税"等二级科目进行核算。

1. "应交税费——应交增值税"科目

一般纳税人应在"应交税费——应交增值税"二级明细账户内设置"进项税额""销项税额抵减""已交税金""减免税款""出口抵减内销产品应纳税额""转出未交增值税""销项税额""出口退税""进项税额转出""转出多交增值税"等明细专栏，并按规定进行核算。账户结构如图 2-2 所示。

进项税额	销项税额
销项税额抵减	出口退税
已交税金	进项税额转出
减免税款	转出多交增值税
出口抵减内销产品应纳税额	
转出未交增值税	
留抵税额	

图 2-2 应交税费——应交增值税

(1)"进项税额"专栏，记录一般纳税人购进货物、加工修理修配劳务、服务、无形资产或不动产而支付或负担的、准予从当期销项税额中抵扣的增值税税额。企业购入货物、加工修理修配劳务、服务、无形资产或不动产而支付的进项税额，用蓝字登记；退回所购货物应冲销的进项税额，用红字登记。

(2)"销项税额抵减"专栏，记录一般纳税人按照现行增值税制度规定因扣减销售额而减少的销项税额。主要登记营改增纳税人进行差额计算增值税时因扣减销售额而减少的销项税额。

(3)"已交税金"专栏，记录一般纳税人当月已缴纳的应交增值税税额。企业已缴纳的增值税税额用蓝字登记；退回多缴的增值税税额用红字登记。

(4)"减免税款"专栏，记录一般纳税人按现行增值税制度规定准予减免的增值税税额。

(5)"出口抵减内销产品应纳税额"专栏，记录实行"免、抵、退"办法的一般纳税人按规

定计算的出口货物的进项税额抵减内销产品的应纳税额。

(6)"转出未交增值税"专栏,记录一般纳税人当月发生的应交未交增值税税额在月末转入"未交增值税"明细科目贷方的税额。

(7)"销项税额"专栏,记录一般纳税人销售货物、加工修理修配劳务、服务、无形资产或不动产应收取的增值税税额。企业销售货物、加工修理修配劳务、服务、无形资产或不动产应收取的销项税额,用蓝字登记;退回销售货物应冲销的销项税额,用红字登记。

(8)"出口退税"专栏,记录一般纳税人出口货物、加工修理修配劳务、服务、无形资产按规定退回的增值税税额。出口货物退回的增值税税额,用蓝字登记;出口货物办理退税后发生退货或者退关而补缴已退的税款,用红字登记。

(9)"进项税额转出"专栏,记录一般纳税人购进货物、加工修理修配劳务、服务、无形资产或不动产等发生非正常损失以及其他原因而不应从销项税额中抵扣,按规定转出的进项税额。

(10)"转出多交增值税"专栏,记录一般纳税人当月多缴的增值税税额在月末转入"未交增值税"明细科目借方的税额。

2."应交税费——未交增值税"科目

"应交税费——未交增值税"科目核算一般纳税人月份终了从"应交增值税"或"预交增值税"明细科目转入当月应交未交、多交或预缴的增值税税额,以及当月缴纳以前期间未交的增值税税额。

3."应交税费——预交增值税"科目

"应交税费——预交增值税"科目核算一般纳税人转让不动产、提供不动产经营租赁服务、提供建筑服务、采用预收款方式销售自行开发的房地产项目等,以及其他按现行增值税制度规定应预缴的增值税税额。

4."应交税费——待抵扣进项税额"科目

"应交税费——待抵扣进项税额"明细科目核算一般纳税人已取得增值税扣税凭证并经税务机关认证,按照现行增值税制度规定准予以后期间从销项税额中抵扣的进项税额。

5."应交税费——待转销项税额"科目

"应交税费——待转销项税额"科目核算一般纳税人销售货物、加工修理修配劳务、服务、无形资产或不动产,已确认相关收入(或利得)但尚未发生增值税纳税义务而需于以后期间确认为销项税额的增值税税额。

6."应交税费——增值税留抵税额"科目

"应交税费——增值税留抵税额"科目核算兼有销售服务、无形资产或者不动产的原增值税一般纳税人,截至纳入营改增试点之日前的增值税期末留抵税额按照现行增值税制度规定不得从销售服务、无形资产或不动产的销项税额中抵扣的增值税留抵税额。

"应交税费——增值税留抵税额"账户期末余额应根据其流动性在资产负债表中的"其他流动资产"项目或"其他非流动资产"项目列示。

7."应交税费——简易计税"科目

"应交税费——简易计税"科目核算一般纳税人采用简易计税方法发生的增值税计提、扣减、预缴、缴纳等业务。

8."应交税费——转让金融商品应交增值税"科目

"应交税费——转让金融商品应交增值税"科目核算增值税纳税人转让金融商品发生的

增值税税额。

9. "应交税费——代扣代缴增值税"科目

"应交税费——代扣代缴增值税"科目核算纳税人购进在境内未设经营机构的境外单位或个人在境内的应税行为代扣代缴的增值税税额。

(二) 小规模纳税人会计科目的设置

小规模纳税人只需在"应交税费"科目下设置"应交增值税"二级明细科目,不需要设置上述专栏及除"转让金融商品应交增值税""代扣代交增值税"外的明细科目。由于小规模纳税人采用简易计税方法计算增值税应纳税额,不实行进项税额抵扣制度,因此可设置"应交税费——应交增值税"三栏式账户进行核算,其贷方发生额反映企业销售货物、劳务、服务、不动产或无形资产应缴纳的增值税税额;借方发生额反映企业已缴纳的增值税税额;期末贷方余额反映企业应交未交的增值税税额;期末借方余额反映企业多交的增值税税额。

二、一般纳税人增值税的会计核算

(一) 一般纳税人进项税额的会计核算

1. 可抵扣进项税额的核算

(1) 一般购进业务进项税额的核算。

一般纳税人购进货物、加工修理修配劳务、服务、无形资产或不动产,按应计入相关成本费用或资产的金额,借记"在途物资""原材料""库存商品""生产成本""无形资产""固定资产""管理费用"等科目;按可抵扣增值税税额,借记"应交税费——应交增值税(进项税额)"科目;按应付或实际支付的金额,贷记"应付账款""应付票据""银行存款"等科目。发生购货退回的,做相反的会计处理。

【例 2-17】甲公司购进一批原材料已验收入库,取得增值税专用发票,发票上注明价款200 000 元,税款 26 000 元;支付运费取得增值税专用发票,注明运输费 4 000 元,税款 360元;支付装卸费取得增值税专用发票,注明装卸费 2 000 元,税款 120 元。全部款项已用银行存款支付。请进行相关会计处理。

该公司会计处理如下:

增值税进项税额=26 000+360+120=26 480(元)

借:原材料   206 000

  应交税费——应交增值税(进项税额)   26 480

    贷:银行存款   232 480

(2) 购入免税农产品进项税额的核算。

企业购进免税农产品,按买价的 9%计算准予抵扣的进项税额,但购进用于生产销售或委托受托加工 13%税率货物的农产品(即深加工农产品),按 10%扣除率计算准予抵扣的进项税额,借记"应交税费——应交增值税(进项税额)"科目;按买价扣除相应的进项税额后的余额,借记"材料采购""原材料""库存商品"等科目;按应付或实际支付的价款,贷记"应付账款""应付票据""银行存款"等科目。

【例 2-18】甲食品公司为增值税一般纳税人,从事食品生产和加工业务,2020 年 2 月 5 日收购一批粮食用于生产 13%税率的货物,开出农产品收购凭证,凭证上注明买价 100 000 元。全部款项已用银行存款支付,粮食已入库。请进行相关会计处理。

该公司会计处理如下：

增值税进项税额＝100 000×10%＝10 000(元)

借：原材料	90 000
应交税费——应交增值税(进项税额)	10 000
贷：银行存款	100 000

(3) 接受投资转入的核算。

一般纳税人接受投资方投资转入的货物，按照专用发票上列明的税额借记"应交税费——应交增值税(进项税额)"科目；按双方确认的投资货物的价值，借记"原材料""库存商品""固定资产"等科目；按不含税价和增值税税额，贷记"实收资本""股本"等科目。

【例2-19】甲公司接受乙公司实物投资，乙公司将价值180万元的原材料作价投资，双方以该批材料的成本加税金208.6万元作为投资价值。投资方乙公司开具了增值税专用发票。该批材料的市场价格为220万元，双方均采用实际成本进行核算。请进行相关会计处理。

甲公司会计处理如下：

增值税进项税额＝220 000×13%＝286 000(元)

借：原材料	1 800 000
应交税费——应交增值税(进项税额)	286 000
贷：实收资本	2 086 000

(4) 接受捐赠的核算。

一般纳税人接受捐赠的货物，按专用发票上注明的增值税税额，借记"应交税费——应交增值税(进项税额)"科目；按捐赠货物确认价值，借记"原材料""固定资产"等科目；按照货物价值和增值税税额合计数，贷记"营业外收入"科目。

【例2-20】甲公司接受某基金会捐赠环保材料一批，增值税专用发票注明价款60 000元，税款7 800元，该批材料已经运达。请进行相关会计处理。

该公司会计处理如下：

借：原材料	60 000
应交税费——应交增值税(进项税额)	7 800
贷：营业外收入	67 800

(5) 接受应税劳务的核算。

一般纳税人接受加工、修理修配劳务，按专用发票上注明的增值税税额，借记"应交税费——应交增值税(进项税额)"科目；按专用发票上注明的加工、修理修配等费用，借记"委托加工物资"等科目；按实付或应付金额，贷记"银行存款""应付账款"等科目。

【例2-21】甲公司委托丙公司加工材料一批，取得丙公司开具的增值税专用发票，增值税专用发票上注明加工费50 000元，税款6 500元，甲公司用银行存款支付加工费和增值税，材料加工完成后验收入库。请进行相关会计处理。

甲公司会计处理如下：

借：委托加工物资	50 000
应交税费——应交增值税(进项税额)	6 500
贷：银行存款	56 500

(6) 进口货物或应税服务的核算。

一般纳税人进口货物或接受境外单位或者个人提供的应税服务，按照海关进口增值税专用缴款书上注明的增值税税额，借记"应交税费——应交增值税(进项税额)"科目；按进口货物或服务应计入成本的金额，借记"材料采购""工程物资"等科目；按实付或应付金额，贷记"银行存款""应付账款"等科目。

【例 2-22】某进口公司从丁公司进口货物一批(非应税消费品)，关税完税价格折合人民币80 000 元，该批货物适用的关税税率为 15%，增值税税率为 13%。货物已验收入库，货款已用银行存款支付。请进行相关会计处理。

该公司会计处理如下：

应纳关税税额＝80 000×15%＝12 000(元)

应纳增值税税额＝(80 000+12 000)×13%＝11 960(元)

借：原材料   92 000

    应交税费——应交增值税(进项税额)   11 960

    贷：银行存款   103 960

(7) 货物等已验收入库但尚未取得增值税扣税凭证的核算。

一般纳税人购进的货物等已到达并验收入库，但尚未收到增值税扣税凭证并未付款的，应在月末按货物清单或相关合同协议上的价格暂估入账，不需要将增值税的进项税额暂估入账。一般纳税人购进劳务、服务等但尚未取得增值税扣税凭证的，比照处理。下月初，用红字冲销原暂估入账金额，待取得相关增值税扣税凭证按应计入相关成本费用或资产的金额，借记"原材料""库存商品""固定资产""无形资产"等科目；按可抵扣的增值税税额，借记"应交税费——应交增值税(进项税额)"科目；按应付金额，贷记"应付账款"等科目。

2. 不得抵扣进项税额的核算

(1) 取得普通发票的购进货物的核算。

一般纳税人在购入货物时(不包括购进免税农产品)，只取得普通发票的，应按发票累计全部价款入账，不得将增值税分离出来进行抵扣处理。在进行会计处理时，借记"原材料""制造费用""管理费用""其他业务成本"等科目；贷记"应付账款""应付票据""银行存款"等科目。

(2) 购入用于集体福利等项目的货物或劳务的核算。

企业购入货物及接受应税劳务直接用于职工集体福利等，按其专用发票上注明的增值税税额，计入购入货物及接受劳务成本，借记"应付职工薪酬"等科目，贷记"银行存款"等科目。需要注意，纳税人购进用于交际应酬的货物同样不允许抵扣进项税额。

(3) 购进货物过程中发生非正常损失的核算。

企业在货物购进过程中，如果因管理不善造成货物被盗或发生霉烂、变质以及因违反法律法规造成货物或者不动产被依法没收、销毁、拆除而产生的损失，称为非正常损失，其进项税额不得抵扣。

3. 进项税额转出的核算

因改变用途或发生非正常损失等原因，原已计入进项税额，但按现行增值税制度规定不得从销项税额中抵扣的，其进项税额应相应转入有关科目，借记"在建工程""待处理财产损溢""应付职工薪酬""固定资产""无形资产"等科目，贷记"应交税费——应交增值税(进项税额转出)"科目。

(1) 一般货物等改变用途的核算。

纳税人外购货物用于生产产品，所支付的增值税税款作为进项税额允许抵扣，但是在生产过程中，如果企业将外购货物改变用途，其相应的增值税税款需要从当期的进项税额中转出。其转出金额应贷记"应交税费——应交增值税(进项税额转出)"科目，同时借记"在建工程""应付职工薪酬"等科目。

【例2-23】甲公司2020年6月购进钢材一批，购买时抵扣进项税额65 000元，款已付、钢材验收入库并做会计处理。同年8月，因职工食堂扩建需要，公司从仓库领用钢材一批，价值80 000元。请进行相关会计处理。

该公司会计处理如下：

8月应转出的进项税额＝80 000×13%＝10 400(元)

借：在建工程　　　　　　　　　　　　　　　90 400

　　贷：原材料——钢材　　　　　　　　　　　80 000

　　　　应交税费——应交增值税(进项税额转出)　10 400

(2) 已抵扣进项税额的固定资产转变为不得抵扣的情形的核算。

已抵扣进项税额的固定资产改变用途或者发生非正常损失，转用于简易计税方法计税项目、免征增值税项目、集体福利或者个人消费的，需要转出相应的进项税额。不得抵扣的进项税额计算公式为

不得抵扣的进项税额＝固定资产、无形资产或者不动产净值×适用税率

或：　　不得抵扣的进项税额＝已抵扣进项税额×固定资产、无形资产或者不动产净值率

固定资产、无形资产或者不动产净值率＝(净值÷原值)×100%

【例2-24】接【例2-10】，进行相关会计处理。

该公司会计处理如下：

甲公司8月应转出的进项税额＝(10-1)×13%＝1.17(万元)

借：应付职工薪酬　　　　　　　　　　　　　101 700

　　贷：固定资产——电脑　　　　　　　　　　90 000

　　　　应交税费——应交增值税(进项税额转出)　11 700

(3) 发生非正常损失的核算。

发生非正常损失不得抵扣进项税额时，按照非正常损失的货物、在产品、产成品的实际成本及所负担的税款，借记"待处理财产损溢——待处理流动资产损溢"科目；按实际损失的外购货物、在产品、产成品成本分别贷记"原材料""生产成本""库存商品"等科目；按计算出的应转出进项税额数，贷记"应交税费——应交增值税(进项税额转出)"科目。

【例2-25】甲食品加工公司2月购进一批原材料，取得增值税专用发票，发票上注明不含税金额30 000元。7月由于管理不善造成该批原材料发生霉烂变质，无法再生产加工食品，转作待处理财产损溢。该批原材料适用的增值税税率9%。请进行相关会计处理。

该公司会计处理如下：

7月应转出的进项税额＝30 000×9%＝2 700(元)

借：待处理财产损溢——待处理流动资产损溢　　32 700

　　贷：原材料　　　　　　　　　　　　　　　30 000

　　　　应交税费——应交增值税(进项税额转出)　2 700

(二) 一般纳税人销项税额的会计核算

1. 销售业务的核算

企业销售货物、加工修理修配劳务、服务、无形资产或不动产，应当按应收或已收的金额，借记"应收账款""应收票据""银行存款"等科目；按取得的收入金额，贷记"主营业务收入""其他业务收入""固定资产清理""工程结算"等科目；按现行增值税制度规定计算的销项税额(或采用简易计税办法计算的应纳增值税额)，贷记"应交税费——应交增值税(销项税额)"或

"应交税费—简易计税"科目。发生销售退回的，做相反的会计处理。

按照国家统一的会计制度确认收入或利得的时点早于按照增值税制度确认增值税纳税义务发生时点的，应将相关销项税额记入"应交税费——待转销项税额"科目，待实际发生纳税义务时再转入"应交税费——应交增值税(销项税额)"或"应交税费——简易计税"科目。

按照增值税制度确认增值税纳税义务发生时点早于按照国家统一的会计制度确认收入或利得的时点的，应按应纳增值税额，借记"应收账款"科目，贷记"应交税费——应交增值税(销项税额)"或"应交税费——简易计税"科目。按照国家统一的会计制度确认收入或利得时，应按扣除增值税销项税额后的金额确认收入。

【例 2-26】 甲公司当月销售自产货物一批，开具增值税专用发票上注明的价款为 700 000 元，增值税税额 91 000 元。销售款已收到。请进行相关会计处理。

该公司会计处理如下：

借：银行存款   791 000
  贷：主营业务收入   700 000
    应交税费——应交增值税(销项税额)   91 000

2. 出口货物的核算

企业出口适用零税率的货物，不计算销售收入应缴纳的增值税。应借记"银行存款""应收账款"等科目，贷记"主营业务收入"等科目。

3. 视同销售业务的核算

企业发生增值税法律制度中的视同销售行为，应当按照企业会计准则或制度的相关规定进行相应的会计处理，并按照现行增值税相关规定计算的销项税额(或采用简易计税办法计算的应纳增值税税额)，借记"应付职工薪酬""利润分配"等科目，贷记"应交税费——应交增值税(销项税额)或"应交税费——简易计税"科目。

(1) 委托代销商品与受托代销商品业务。

商品流通企业中常见的委托代销和受托代销均属于增值税视同销售业务，委托代销业务又可分为视同买断方式和收取手续费方式。增值税法律制度规定，委托代销业务中，一般以收到代销清单为纳税义务发生时间。在视同买断方式委托代销中需要分清不同情况，如果委托代销协议已经明确无论商品是否卖出、是否获利，均与委托方无关，这种委托代销与直接销售实质相同，会计处理同直接销售。如果代销协议规定对受托方没有售出的商品可以退回，或受托方代销商品出现亏损，可要求委托方补偿。这种情况与收取手续费方式代销时一样，均在收到代销清单时确认收入和计提增值税销项税额，借记"应收账款"科目，贷记"主营业务收入"和"应交税费——应交增值税(销项税额)"科目。委托方支付手续费时，借记"销售费用"科目，贷记"应收账款"科目。

【例 2-27】 甲商场收到某百货商店代销洗衣机的代销清单，列明销售洗衣机 200 台，每台不含税售价 1 300 元，价款 260 000 元，销项税额 33 800 元，按不含税代销价的 5%结算代销手续费，款项已经收到。请甲商场进行相关会计处理。

甲商场会计处理如下：

借：银行存款   280 800
  销售费用   13 000
  贷：主营业务收入   260 000
    应交税费——应交增值税(销项税额)   33 800

(2) 设有两个以上机构并实行统一核算的纳税人,将货物从一个机构移送其他机构用于销售,但相关机构设在同一县(市)的除外。按照增值税法律制度规定,发货方在移送货物时应按视同销售的规定确认销项税额,而收货方在对外销售时同样应确认销项税额,只不过在货物移送时,发货方可以向收货方开具增值税专用发票,收货方可以将其作为抵扣凭据。由于这些机构在会计上作为一个会计主体统一核算,机构之间的货物移送从会计视角来看并不满足收入确认的条件,货物移送时,会计可不确认收入;在确认销项税额、进项税额的同时记入"内部往来"科目;对外销售时,确认收入并重新确认销项税额。会计处理如下:

① 发货方移送货物时:

借:内部往来

　　贷:应交税费——应交增值税(销项税额)

② 收货方可抵扣进项税额时:

借:应交税费——应交增值税(进项税额)

　　贷:内部往来

③ 收货方对外销售时:

借:银行存款

　　贷:主营业务收入

　　　　应交税费——应交增值税(销项税额)

(3) 企业将自产、委托加工的货物用于集体福利、个人消费等,应视同销售货物计算应交增值税税额,借记"固定资产""在建工程""管理费用""应付职工薪酬"等科目,贷记"应交税费——应交增值税(销项税额)"科目。

【例2-28】甲公司将自己生产的某产品一批作为实物奖金发放给公司职工使用,实际成本80 000元,税务机关确认的计税价格102 000元,未开具发票,适用的增值税税率为13%。请进行相关会计处理。

该公司会计处理如下。

① 确认收入时:

销项税额＝102 000×13%＝13 260(元)

借:应付职工薪酬——非货币性福利　　　115 260

　　贷:主营业务收入　　　　　　　　　　102 000

　　　　应交税费——应交增值税(销项税额)　 13 260

② 结转销售成本时:

借:主营业务成本　　　　　　　　　　　80 000

　　贷:库存商品　　　　　　　　　　　　80 000

(4) 企业将自产、委托加工或购买的货物作为投资,提供给其他单位或个体经营者,应视同销售货物计算应交增值税税额,借记"长期股权投资"科目,贷记"主营业务收入"和"应交税费——应交增值税(销项税额)"科目。

(5) 将自产、委托加工或者购进的货物分配给股东或者投资者,这种情况的实质是以货物抵偿了应付股利,货物所有权转移,企业债务减少,会计核算应确认收入,应借记"应付股利""利润分配"等科目,贷记"主营业务收入"和"应交税费——应交增值税(销项税额)"科目。

(6) 企业将自产、委托加工或购买的货物无偿赠送他人,应视同销售货物计算应交增值税,借记"营业外支出"等科目,贷记"应交税费——应交增值税(销项税额)"科目。虽然货物所有权转移,但会计上不确认收入,应同时贷记"库存商品""原材料"等科目。

【例2-29】某机械公司将自产设备5台无偿赠送给灾区救灾使用,该批设备实际成本为200 000元,税务机关认定计税价格为260 000元,开具增值税专用发票。请进行相关会计处理。

该公司会计处理如下:

销项税额=260 000×13%=33 800(元)

借:营业外支出　　　　　　　　　　　　　　233 800

　　贷:库存商品　　　　　　　　　　　　　　200 000

　　　　应交税费——应交增值税(销项税额)　　33 800

4. 以旧换新方式销售货物的核算

(1) 一般商品以旧换新业务的核算。

采取以旧换新方式销售货物的,应按新货物的同期销售价格确定销售额,不得冲减旧货物的收购价格。按实际收到的价款,借记"银行存款"等科目;按回收旧货物的抵偿价值,借记"库存商品""原材料"等科目;按新货物的同期销售价格和计算的增值税税额,贷记"主营业务收入"和"应交税费——应交增值税(销项税额)"科目。

(2) 金银首饰以旧换新业务的核算。

金银首饰以旧换新业务,按销售方实际收取的不含增值税的全部价款计缴增值税。按实际收到的价款,借记"银行存款"等科目;按回收旧货物的抵偿价值,借记"库存商品""原材料"等科目;按实际收取的不含增值税价款和旧物抵偿价值之和,贷记"主营业务收入"科目;按实际收取的不含增值税的价款计算的增值税税额,贷记"应交税费——应交增值税(销项税额)"科目。

【例2-30】接【例2-3】,进行相关会计处理。

该公司会计处理如下:

借:银行存款　　　　　　　　　　　　　　340 200

　　库存商品　　　　　　　　　　　　　　 25 920

　　贷:主营业务收入　　　　　　　　　　　324 000

　　　　应交税费——应交增值税(销项税额)　 42 120

5. 以物易物方式销售货物的核算

在财务会计中,以物易物方式销售货物的业务属非货币性资产交换业务。按增值税法律制度的有关规定,对于以物易物,双方都要做购销处理,以各自发出的货物核定销售额并计算销项税额,以各自收到的货物核定购货额,并依据对方开具的增值税发票抵扣进项税额。

当企业发生以物易物方式销售业务时,如果各项资产符合条件都按照公允价值计量,则以换出资产的公允价值加上应支付的相关税费(发生补价的,再加上支付的补价或减去收到的补价)作为换入资产的入账价值,借记"原材料""库存商品"等科目;按可抵扣的增值税进项税额,借记"应交税费——应交增值税(进项税额)"科目;按换出资产已提的跌价准备,借记"存货跌价准备"等科目。若换出资产为存货,应当作销售处理,按其公允价值确认商品销售收入,贷记"主营业务收入"科目;按应支付的销项税额贷记"应交税费——应交增值税(销项税额)"科目;同时结转存货销售成本和已提存货跌价准备。换出资产为固定资产、无形资产的,按资产的账面价值(或余额),贷记"固定资产清理""无形资产"等科目;按换入资产公允价值和换出资产账面价值的差额,记入"营业外收入"或"营业外支出"科目。换出资产为长期股权投资、可供出售金融资产的,按资产的账面余额,贷记"长期股权投资"科目;按换入资产公允价值和换出资产账面价值的差额,记入"投资收益"科目。

【例2-31】甲公司以自产的10台设备与钢材厂生产的钢材互换,已知每台设备不含税价格为40万元,从钢厂换回的钢材已入库,对方开来的增值税专用发票上注明钢材价款320万元,增值税为41.6万元,甲公司收到对方支付的补价90.4万元。请甲公司进行相关的会计处理。

甲公司会计处理如下:

借:原材料——钢材 3 200 000

　　应交税费——应交增值税(进项税额) 416 000

　　银行存款 904 000

　　贷:主营业务收入 4 000 000

　　　　应交税费——应交增值税(销项税额) 520 000

6. 收取包装物租金、押金业务的核算

(1) 出租包装物租金的核算。包装物租金是企业为销售产品而出租、出借包装物所收取的租金。包装物租金属于价外费用,应计入销售额中计算增值税。收取包装物租金时,借记"银行存款"等科目,贷记"主营业务收入""其他业务收入"和"应交税费——应交增值税(销项税额)"科目。

(2) 包装物押金的核算。对于企业收取的包装物押金应分不同情况进行处理。一般销售货物收取押金时,不需要缴纳增值税,但是对于企业逾期未退还的包装物押金,则需按规定缴纳增值税,借记"其他应付款"科目,贷记"应交税费——应交增值税(销项税额)"科目。对销售除啤酒、黄酒外的其他酒类产品而收取的包装物押金,无论是否返还以及会计上如何核算,均应并入当期销售额征税。

【例2-32】接【例2-4】,进行相关的会计处理。

该公司会计处理如下:

借:银行存款 2 305 200

　　贷:主营业务收入 2 000 000

　　　　其他业务收入 10 000

　　　　应交税费——应交增值税(销项税额) 261 300

　　　　其他应付款 33 900

7. 处置固定资产(不含不动产)的核算

企业将固定资产出售时应计提增值税销项税额(简易计税时计提增值税税额),借记"固定资产清理"科目,贷记"应交税费——应交增值税(销项税额)"科目(或"应交税费——简易计税"科目)。因出售、转让等原因产生的固定资产处置利得或损失应计入资产处置损益。产生处置净损失的,借记"资产处置损益"科目,贷记"固定资产清理"科目;如为净收益,借记"固定资产清理"科目,贷记"资产处置损益"科目。因已丧失使用功能或因自然灾害发生的毁损等原因而报废清理产生的利得或损失应计入营业外收入或营业外支出。属于生产经营期间正常报废清理产生的处理净损失,借记"营业外支出——非流动资产处置损失"科目,贷记"固定资产清理"科目;属于生产经营期间由于自然灾害等非正常原因造成的,借记"营业外支出——非常损失"科目,贷记"固定资产清理"科目;如为净收益,借记"固定资产清理"科目,贷记"营业外收入"科目。

【例2-33】甲公司为增值税一般纳税人,2020年7月转让当年1月购入的生产用固定资产,原值200 000元,已提折旧8 000元,含税转让价56 500元。转让2008年7月购进的生产用固

定资产，原值100 000元，已提折旧60 000元，含税转让价为51 500元。各款项均已收到并存入银行。请进行相关的会计处理。

甲公司会计处理如下：

① 转让2020年1月购入固定资产时：

借：固定资产清理		192 000
累计折旧		8 000
贷：固定资产		200 000

借：银行存款		56 500
贷：固定资产清理		50 000
应交税费——应交增值税(销项税额)[56 500÷(1＋13%)×13%]		6 500

借：资产处置损益——处置固定资产损失		142 000
贷：固定资产清理		142 000

② 转让2008年7月购入固定资产时：

借：固定资产清理		40 000
累计折旧		60 000
贷：固定资产		100 000

借：银行存款		51 500
贷：固定资产清理		50 500
应交税费——简易计税[51 500÷(1＋3%)×2%]		1 000

借：固定资产清理		10 500
贷：资产处置损益——处置固定资产利得		10 500

8. 转让不动产的核算

转让不动产要区分不动产的来源是自建还是取得，根据来源不同，计算增值税的方法也不一样；取得的不动产也要区分营改增前取得和营改增后取得，处理方式也不一样。转让不动产的相关会计处理如下。

① 处置清理时：

借：固定资产清理

　　累计折旧

　　固定资产减值准备

　　贷：固定资产

② 支付清理费用时：

借：固定资产清理

　　贷：银行存款

③ 取得转让收入和计提增值税时：

借：银行存款

　　贷：固定资产清理

　　　　应交税费——应交增值税(销项税额)

　　　　(或：应交税费——简易计税)

④ 预缴增值税时：

向不动产所在地主管税务机关按5%预缴增值税。

转让取得不动产：预缴增值税＝(全部价款和价外费用-原值或作价)÷(1＋5%)×5%。

转让自建不动产：预缴增值税＝全部价款和价外费用÷(1＋5%)×5%。

借：应交税费——预交增值税

 贷：银行存款

⑤ 结转净损益时：

借：固定资产清理

 贷：资产处置损益——处置固定资产利得

或：

借：资产处置损益——处置固定资产损失

 贷：固定资产清理

(三) 增值税月末结转及缴纳的会计核算

1. 月末转出多交增值税和未交增值税的核算

月度终了，企业应当将当月应交未交或多交的增值税自"应交增值税"明细科目转入"未交增值税"明细科目。对于当月应交未交的增值税，借记"应交税费——应交增值税(转出未交增值税)"科目，贷记"应交税费——未交增值税"科目；对于当月多交的增值税，借记"应交税费——未交增值税"科目，贷记"应交税费——应交增值税(转出多交增值税)"科目。

2. 缴纳以前期间未交增值税的核算

企业缴纳以前期间未交的增值税，借记"应交税费——未交增值税"科目，贷记"银行存款"科目。

3. 缴纳当月应交增值税的核算

企业缴纳当月应交的增值税，借记"应交税费——应交增值税(已交税金)"科目，贷记"银行存款"科目。

4. 预缴增值税的核算

企业预缴增值税时，借记"应交税费——预交增值税"科目，贷记"银行存款"科目。月末，企业应将"预交增值税"明细科目余额转入"未交增值税"明细科目，借记"应交税费——未交增值税"科目，贷记"应交税费——预交增值税"科目。房地产开发企业等在预缴增值税后，应直至纳税义务发生时方可从"应交税费——预交增值税"科目结转至"应交税费——未交增值税"科目。

5. 减免增值税的核算

对于当期直接减免的增值税，借记"应交税费——应交增值税(减免税款)"科目，贷记相关损益类科目。

(四) 购买方作为扣缴义务人的会计核算

境外单位或个人在境内发生应税行为，在境内未设有经营机构的，以购买方为增值税扣缴义务人。境内一般纳税人购进服务、无形资产或不动产，按应计入相关成本费用或资产的金额，借记"生产成本""无形资产""固定资产""管理费用"等科目，按可抵扣的增值税税额，借记"应交税费——应交增值税(进项税额)"科目，按应付或实际支付的金额，贷记"应付账款"等科目，按应代扣代缴的增值税税额，贷记"应交税费——代扣代缴增值税"科目。实际缴纳代扣代缴增值税时，按代扣代缴的增值税税额，借记"应交税费——代扣代缴增值税"科目，贷记"银行存款"科目。

三、小规模纳税人增值税的会计核算

小规模纳税人不实行进项税额抵扣制度,其采购货物或者接受应税劳务,无论是取得增值税专用发票还是普通发票,所支付的税款均需直接计入所采购货物或接受应税劳务的成本。小规模纳税人只需在"应交税费"科目下设置"应交增值税"明细科目,通过"应交税费——应交增值税"三栏式账户进行增值税的核算,不需要在"应交增值税"明细账下再设专栏。

(一) 购进业务的核算

用简易办法计算应纳增值税的小规模纳税人,购进货物、接受劳务、服务、无形资产或者不动产时,不论是否取得增值税专用发票,其支付给销售方的增值税税额都不得抵扣,而应计入购进货物或接受劳务的成本。按支付的全部价款和税款,借记"在途物资""原材料""库存商品""固定资产""管理费用""主营业务成本""制造费用"等科目,贷记"银行存款""应付账款"等科目。

(二) 销售业务的核算

小规模纳税人销售货物时,按已收或应收的金额,借记"银行存款""应收账款""应收票据"等科目;按取得的收入金额,贷记"主营业务收入""其他业务收入"等科目;按增值税法律制度规定计算的应纳增值税税额,贷记"应交税费——应交增值税"科目。

企业发生视同销售行为,应当按照企业会计准则或制度的相关规定进行相应的会计处理,并按采用简易计税办法计算的应纳增值税税额,借记"应付职工薪酬""利润分配"等科目,贷记"应交税费——应交增值税"科目。

(三) 交纳增值税的核算

小规模纳税人当期缴纳增值税时,借记"应交税费——应交增值税"科目,贷记"银行存款"科目。

【例2-34】接【例2-15】,进行相关的会计处理。

该企业会计处理如下:

① 取得收入时:

借: 银行存款　　　　　　　　　　　　　　370 800
　　贷: 主营业务收入　　　　　　　　　　　360 000
　　　　应交税费——应交增值税　　　　　　 10 800

② 购进修理用配件时:

借: 库存商品　　　　　　　　　　　　　　 61 800
　　贷: 银行存款　　　　　　　　　　　　　 61 800

③ 缴纳增值税时:

借: 应交税费——应交增值税　　　　　　　 10 800
　　贷: 银行存款　　　　　　　　　　　　　 10 800

四、初次购买增值税税控系统专用设备和技术维护费用抵减税额的会计核算

按增值税法律制度规定,企业初次购买增值税税控系统专用设备支付的费用以及缴纳的技

术维护费允许在增值税应纳税额中全额抵减的，按规定抵减的增值税应纳税额，借记"应交税费——应交增值税(减免税款)"科目(小规模纳税人应借记"应交税费——应交增值税"科目)，贷记"管理费用"等科目。

任务实施

根据【任务导入】情境资料和任务要求，通过如下操作步骤进行任务实施。

第一步：根据 2020 年 9 月发生的经济业务，进行相应的会计处理。

该公司做出如下会计处理。

(1) 2020 年 9 月 2 日购入原材料时：

借：原材料	620 000
应交税费——应交增值税(进项税额)	79 800
贷：银行存款	699 800

(2) 2020 年 9 月 3 日购进包装物时：

借：周转材料——包装物	5 150
贷：银行存款	5 150

(3) 2020 年 9 月 5 日购入产品包装机时：

借：固定资产——在用产品包装机	124 500
应交税费——应交增值税(进项税额)	15 600
贷：银行存款	140 100

(4) 2020 年 9 月 6 日收购鲜奶时：

借：原材料——鲜牛奶	45 000
应交税费——应交增值税(进项税额)	5 000
贷：银行存款	50 000

(5) 2020 年 9 月 8 日支付加工费时：

借：委托加工物资	5 000
应交税费——应交增值税(进项税额)	450
贷：银行存款	5 450

(6) 2020 年 9 月 9 日购进固定资产时：

借：固定资产	56 500
贷：银行存款	56 500

(7) 2020 年 9 月 11 日缴纳上月应纳增值税时：

借：应交税费——未交增值税	57 500
贷：银行存款	57 500

(8) 2020 年 9 月 12 日销售多余生产配料时：

借：银行存款	33 900
贷：其他业务收入	30 000
应交税费——应交增值税(销项税额)	3 900

(9) 2020 年 9 月 13 日销售奶酪时：

借：银行存款	565 000
贷：主营业务收入——奶酪	500 000
应交税费——应交增值税(销项税额)	65 000

(10) 2020 年 9 月 14 日销售奶油时:

借:银行存款	452 000	
贷:主营业务收入——奶油		400 000
应交税费——应交增值税(销项税额)		52 000

(11) 2020 年 9 月 15 日收到代销清单时:

借:银行存款	216 000	
销售费用	10 000	
贷:主营业务收入——酸奶		200 000
应交税费——应交增值税(销项税额)		26 000

(12) 2020 年 9 月 16 日将奶油产品用于职工食堂时:

借:应付职工薪酬	6 858	
贷:库存商品——奶油		6 000
应交税费——应交增值税(销项税额)		858

(13) 2020 年 9 月 23 日将酸奶产品对外捐赠时:

借:营业外支出	34 550	
贷:库存商品——酸奶		30 000
应交税费——应交增值税(销项税额)		4 550

(14) 2020 年 9 月 26 日对外提供加工劳务时:

借:银行存款	22 600	
贷:其他业务收入		20 000
应交税费——应交增值税(销项税额)		2 600

(15) 月末库存原材料发生非正常损失时:

借:待处理财产损溢——待处理流动资产损溢	42 940	
贷:原材料		38 000
应交税费——应交增值税(进项税额转出)		4 940
借:营业外支出	42 940	
贷:待处理财产损溢——待处理流动资产损溢		42 940

第二步:做出月末结转增值税的会计处理。

月末结转本月应交未交增值税时:

借:应交税费——应交增值税(转出未交增值税)	58 998	
贷:应交税费——未交增值税		58 998

第三步:做出下月缴纳增值税的会计处理。

下月实际缴纳增值税时:

借:应交税费——未交增值税	58 998	
贷:银行存款		58 998

 任务考核

一、单项选择题

1. 企业缴纳当月的增值税应通过( )科目核算。

　　A. "应交税费——应交增值税(销项税额)"

　　B. "应交税费——应交增值税(已交税金)"

  C. "应交税费——应交增值税(进项税额)"

  D. "应交税费——未交增值税"

  2. 企业将自产的货物无偿赠送他人,应视同销售货物计算应缴增值税,借记"营业外支出"科目,贷记"库存商品"和(　　)科目。

  A. "应交税费——应交增值税(销项税额)"

  B. "应交税费——应交增值税(进项税额转出)"

  C. "应交税费——应交增值税(进项税额)"

  D. "应交税费——应交增值税(已交税金)"

  3. 企业接受修理修配劳务,应根据增值税专用发票上注明的修理修配费用,借记"制造费用""管理费用"等科目,按专用发票上注明的进项税额,借记(　　),贷记"银行存款"等科目。

  A. "应交税费——应交增值税(进项税额)"

  B. "应交税费——应交增值税(进项税额转出)"

  C. "应交税费——应交增值税(销项税额)"

  D. "应交税费——应交增值税"

  4. 甲工厂委托乙木器加工厂加工产品包装用木箱,发出材料价值15 000元,支付加工费3 500元和增值税455元,增值税税率为13%。甲工厂支付加工费和增值税额时,正确的会计处理为(　　)。

  A. 借: 委托加工物资   3 500

     应交税费——应交增值税(进项税额) 455

      贷: 银行存款   3 955

  B. 借: 在途物资   3 500

     应交税费——应交增值税(进项税额) 455

      贷: 银行存款   3 955

  C. 借: 周转材料   3 500

     应交税费——应交增值税(进项税额) 455

      贷: 银行存款   3 955

  D. 借: 委托加工物资   3 955

      贷: 应交税费——应交增值税(进项税额转出) 455

        银行存款   3 500

  5. 小规模纳税人在购进货物时不论收到普通发票还是增值税专用发票,其会计处理均为(　　)。

  A. 借: 原材料等

     应交税费——应交增值税(进项税额)

      贷: 银行存款等

  B. 借: 原材料等

      贷: 银行存款等

  C. 借: 原材料等

     应交税费——应交增值税

      贷: 银行存款等

  D. 借: 原材料等

      贷: 银行存款等

        应交税费——应交增值税(进项税额转出)

二、多项选择题

1. "应交税费——应交增值税"科目下设三级明细科目,其中属于贷方核算的三级科目有( )。

    A. "应交税费——应交增值税(进项税额转出)"

    B. "应交税费——应交增值税(转出未交增值税)"

    C. "应交税费——应交增值税(出口退税)"

    D. "应交税费——应交增值税(营改增抵减的销项税额)"

2. 应在"应交税费——应交增值税"科目借方反映的有( )。

    A. "出口退税"   B. "进项税额"

    C. "转出多交增值税"   D. "减免税款"

3. 下列经济业务发生后,需要通过"应交税费——应交增值税(进项税额转出)"科目进行会计处理的有( )。

    A. 外购货物用于集体福利   B. 外购货物用于无偿赠送他人

    C. 外购货物用于简易计税项目   D. 自产商品用于对外投资

4. 有关视同销售行为,下列会计处理中正确的有( )。

    A. 企业将自产或委托加工的货物用于职工集体福利时,其会计处理为

        借:应付职工薪酬

           贷:库存商品等

              应交税费——应交增值税(销项税额)

    B. 企业将自产、委托加工或购买的货物作为投资时,其会计处理为

        借:长期股权投资等

           贷:库存商品等

              应交税费——应交增值税(销项税额)

    C. 企业将自产、委托加工或购买的货物分配给股东时,其会计处理为

        借:应付股利等

           贷:主营业务收入

              应交税费——应交增值税(销项税额)

    D. 企业将自产、委托加工或购买的货物分配给个人用于消费时,其会计处理为

        借:应付职工薪酬

           贷:主营业务收入

              应交税费——应交增值税(销项税额)

5. 大明公司 2020 年 5 月销售产品一批(包装物未作价),另收取包装物押金 3 390 元,包装物回收期为 2 个月,款项均为银行存款收讫。7 月收回包装物价值 2 260 元,剩下的押金逾期没收,增值税税率为 13%。其会计处理为( )。

    A. 借:其他应收款   1 130

          贷:营业外收入   1 000

             应交税费——应交增值税(销项税额)   130

    B. 借:银行存款   3 390

          贷:其他应付款   3 390

    C. 借:其他应付款   1 130

          贷:其他业务收入   1 000

             应交税费——应交增值税(销项税额)   130

D. 借：其他应付款　　　　　　　　　　　　　　　　　2 260
　　　贷：银行存款　　　　　　　　　　　　　　　　　　2 260

三、判断题

1. "应交税费——应交增值税(减免税款)"科目用来记录一般纳税人按增值税法律制度规定准予减免的增值税税额。　　　　　　　　　　　　　　　　　　　　　　（　　）

2. 企业销售货物后，若发生销货退回或销售折让，应记入"应交税费——应交增值税(销项税额)"科目的借方。　　　　　　　　　　　　　　　　　　　　　　　　　（　　）

3. 包装物随同产品销售单独计价时，销售额应记入"主营业务收入"科目，并计算缴纳增值税。　　　　　　　　　　　　　　　　　　　　　　　　　　　　　　　　（　　）

4. 销售折扣在购货方实际付现时才能确认，现金折扣不能冲减销售额，也不能抵减销项税额，而只能作为一种理财行为计入财务费用。　　　　　　　　　　　　　　　（　　）

5. 小规模纳税人只需设置"应交税费——应交增值税"二级账户，采用三栏式账页。（　　）

四、会计核算实务题

乙汽车制造公司(统一社会信用代码为9127536825324293××)为增值税一般纳税人，主营业务是生产销售小汽车。2020年4月尚未抵扣完的进项税额为6 900元。该企业2020年5月有关生产经营业务如下：

(1) 以交款提货方式销售A型小汽车10辆，每辆不含税售价16万元，开具增值税专用发票注明应收价款160万元，款项全部收回。

(2) 销售B型小汽车30辆，每辆不含税售价10万元，开具了增值税专用发票注明价款300万元，增值税39万元。

(3) 企业将某单位逾期未退还包装物押金4.52万元转作其他业务收入。

(4) 购进机械设备，取得增值税专用发票注明价款20万元、进项税额2.6万元，支付运费取得增值税专用发票，注明运输费4万元，税款0.36万元，款项已付，该设备当月投入使用。

(5) 当月购进原材料，取得增值税专用发票注明金额400万元、进项税额52万元，支付购进原材料运费取得增值税专用发票，注明运输费8万元，税款0.72万元；支付装卸费取得增值税专用发票，注明装卸费3万元，税款0.18万元。货款已支付，材料已验收入库。

(6) 企业以商业汇票方式购入包装物一批，取得增值税专用发票注明价款为5万元，进项税额0.65万元。

(7) 企业因材料质量问题将上月所购材料退还给供货方，收回价款4万元，增值税额为0.52万元。

(8) 委托一企业加工一批材料，发出原材料成本150万元，取得增值税专用发票，支付加工费8万元(不含税)，材料加工完工后验收入库。

(9) 企业将购进的材料转用于企业职工集体福利。按企业材料成本计算方法确定，该材料成本为30万元，其进项税额为3.9万元。

(10) 当月因管理不善，发生意外事故损失库存原材料金额20万元，经批准，计入营业外支出。

假设增值税专用发票在取得当月通过增值税发票综合服务平台进行了用途确认。

要求：

1. 根据上述业务，逐笔计算增值税销项税额、进项税额，并做出相应的会计处理。

2. 计算乙汽车制造公司5月应纳的增值税税额。

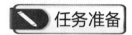

任务四　增值税的纳税申报与缴纳

任务导入

接本项目任务二中【任务导入】中的情境资料以及结合任务二、任务三中【任务实施】的操作内容，完成下面任务要求。

任务要求： 甲乳业有限责任公司于 2020 年 10 月 12 日进行纳税申报，填写一般纳税人增值税纳税申报表及其相关附表。

任务准备

一、增值税的征收管理

(一) 纳税义务发生时间

1. 增值税的纳税义务发生时间的基本规定

(1) 销售货物、劳务、服务、无形资产或者不动产，其增值税纳税义务发生时间为收讫销售款项或者取得索取销售款项凭据的当天，先开具发票的，为开具发票的当天。

(2) 进口货物，其增值税纳税义务发生时间为报关进口的当天。

(3) 增值税扣缴义务发生时间为纳税人增值税纳税义务发生的当天。

2. 增值税的纳税义务发生时间的具体规定

(1) 采取直接收款方式销售货物的，不论货物是否发出，其增值税纳税义务发生时间均为收到销售款项或取得索取销售款项凭据的当天。销售应税劳务，其增值税纳税义务发生时间为提供劳务的同时收讫销售款项或者取得索取销售款项凭据的当天。

(2) 采取托收承付和委托银行收款方式销售货物的，其增值税纳税义务发生时间为发出货物并办妥手续的当天。

(3) 采取赊销和分期收款方式销售货物的，其增值税纳税义务发生时间为书面约定的收款日期的当天，无书面合同的或者书面合同没有约定收款日期的，为货物发出的当天。

(4) 采取预收货款方式销售货物的，其增值税纳税义务发生时间为货物发出的当天，生产销售生产工期超过12个月的大型机械设备、船舶、飞机等货物，为收到预收款或者书面合同约定的收款日期的当天。

纳税人提供租赁服务采取预收款方式的，其增值税纳税义务发生时间为收到预收款的当天。

(5) 委托其他纳税人代销货物的，其增值税纳税义务发生时间为收到代销单位的代销清单或者收到全部或者部分货款的当天；未收到代销清单及货款的，为发出代销货物满 180 天的当天。

(6) 纳税人发生视同销售货物行为(不包括代销行为)，其增值税纳税义务发生时间为货物移送的当天。纳税人发生视同销售服务、无形资产或者不动产行为的，其增值税纳税义务发生时间为销售服务、无形资产或者不动产权属变更的当天。

(7) 纳税人从事金融商品转让的，其增值税纳税义务发生时间为金融商品所有权转移的当天。

(二) 纳税期限

增值税的纳税期限分为 1 日、3 日、5 日、10 日、15 日、1 个月或者 1 个季度。纳税人的具体纳税期限，由主管税务机关根据纳税人应纳税额的大小分别核定。以 1 个季度为纳税期限的规定适用于小规模纳税人、银行、财务公司、信托投资公司、信用社，以及财政部和国家税务总局规定的其他纳税人。按固定期限纳税的小规模纳税人可以选择以 1 个月或 1 个季度为纳税期限，一经选择，一个会计年度内不得变更。不能按照固定期限纳税的，可以按次纳税。

纳税人以 1 个月或者 1 个季度为一个纳税期的，自期满之日起 15 日内申报纳税；以 1 日、3 日、5 日、10 日或者 15 日为一个纳税期的，自期满之日起 5 日内预缴税款，于次月 1 日起 15 日内申报纳税并结清上月应纳税款。

扣缴义务人解缴税款的期限，按照上述规定执行。

(三) 纳税地点

(1) 固定业户应当向其机构所在地主管税务机关申报纳税。总机构和分支机构不在同一县(市)的，应当分别向各自所在地主管税务机关申报纳税；经国务院财政、税务主管部门或者其授权的财政、税务机关批准，可以由总机构汇总向总机构所在地主管税务机关申报纳税。

固定业户到外县(市)销售货物或者劳务，应当向其机构所在地的主管税务机关报告外出经营事项，并向其机构所在地的主管税务机关申报纳税；未报告的，应当向销售地或者劳务发生地的主管税务机关申报纳税；未向销售地或者劳务发生地的主管税务机关申报纳税的，由其机构所在地的主管税务机关补征税款。

(2) 非固定业户销售货物或者应税劳务，应当向其销售地或者劳务发生地的主管税务机关申报纳税；未向销售地或者劳务发生地的主管税务机关申报纳税的，由其机构所在地或者居住地主管税务机关补征税款。

(3) 进口货物，应当向报关地海关申报纳税。

(4) 扣缴义务人应当向其机构所在地或者居住地的主管税务机关申报缴纳其扣缴的税款。

二、增值税的纳税申报实务

(一) 一般纳税人的纳税申报资料

一般纳税人纳税申报，必须实行电子信息采集。纳税申报资料包括纳税申报表及其附列资料和纳税申报其他资料。需要申报的纳税申报资料如下。

(1) 一般纳税人纳税申报表及其附列资料包括如下内容。

① "增值税及附加税费申报表(一般纳税人适用)" (见表 2-5)。

② "增值税及附加税费申报表附列资料(一)(本期销售情况明细)" (见表 2-3)。

③ "增值税及附加税费申报表附列资料(二)(本期进项税额明细)" (见表 2-4)。

④ "增值税及附加税费申报表附列资料(三)(服务、不动产和无形资产扣除项目明细)"(略)。

一般纳税人销售服务、不动产和无形资产，在确定服务、不动产和无形资产销售额时，按照有关规定可以从取得的全部价款和价外费用中扣除价款的，需填报 "增值税及附加税费申报表附列资料(三)"，其他情况不填写附列资料。

⑤ "增值税及附加税费申报表附列资料(四)(税额抵减情况表)" (略)。

⑥ "增值税及附加税费申报表附列资料(五)(附加税费情况表)" (略)。

⑦ "增值税减免税申报明细表" (略)。

表2-3 增值税及附加税费申报表附列资料(一)(本期销售情况明细)

税款所属时间: 2020年09月01日至2020年09月30日

纳税人名称: 甲乳业有限责任公司

金额单位: 元至角分

项目及栏次			开具增值税专用发票		开具其他发票		未开具发票		纳税检查调整		合计		价税合计	服务、不动产和无形资产扣除项目本期实际扣除金额	扣除后	
			销售额	销项(应纳)税额	销售额	销项(应纳)税额	销售额	销项(应纳)税额	销售额	销项(应纳)税额	销售额	销项(应纳)税额	价税合计		含税(免税)销售额	销项(应纳)税额
			1	2	3	4	5	6	7	8	9=1+3+5+7	10=2+4+6+8	11=9+10	12	13=11-12	14=13÷(100%+税率或征收率)×税率或征收率
一般计税方法计税	全部征税项目	13%税率的货物及加工修理修配劳务 1	1 100 000	143 000	50 000	6 500	41 600	5 408			1 191 600	154 908				
		13%税率的服务、不动产和无形资产 2														
		9%税率的货物及加工修理修配劳务 3														
		9%税率的服务、不动产和无形资产 4														
		6%税率 5														
	其中:即征即退项目	即征即退货物及加工修理修配劳务 6	—	—	—	—	—	—	—	—			—	—	—	—
		即征即退服务、不动产和无形资产 7	—	—	—	—	—	—	—	—			—	—	—	—

（续表）

项目及栏次	栏次	开具增值税专用发票·销售额	开具增值税专用发票·销项(应纳)税额	开具其他发票·销售额	开具其他发票·销项(应纳)税额	未开具发票·销售额	未开具发票·销项(应纳)税额	纳税检查调整·销售额	纳税检查调整·销项(应纳)税额	合计·销售额	合计·销项(应纳)税额	合计·价税合计	服务、不动产和无形资产扣除项目本期实际扣除金额	扣除后·含税(免税)销售额	扣除后·销项(应纳)税额
		1	2	3	4	5	6	7	8	9=1+3+5+7	10=2+4+6+8	11=9+10	12	13=11-12	14=13÷(100%+税率或征收率)×税率或征收率
二、简易计税方法计税 全部征税项目　6%征收率	8							—	—			—	—	—	—
5%征收率的货物及加工修理修配劳务	9a							—	—			—	—	—	—
5%征收率的服务、不动产和无形资产	9b							—	—			—	—	—	—
4%征收率	10							—	—			—	—	—	—
3%征收率的货物及加工修理修配劳务	11							—	—			—	—	—	—
3%征收率的服务、不动产和无形资产	12							—	—			—	—	—	—
预征率 %	13a							—	—			—	—	—	—

（续表）

项目及栏次		开具增值税专用发票		开具其他发票		未开具发票		纳税检查调整		合计			服务、不动产和无形资产扣除项目本期实际扣除金额	扣除后	
		销售额	销项(应纳)税额	销售额	销项(应纳)税额	销售额	销项(应纳)税额	销售额	销项(应纳)税额	销售额	销项(应纳)税额	价税合计		含税(免税)销售额	销项(应纳)税额
栏次		1	2	3	4	5	6	7	8	9=1+3+5+7	10=2+4+6+8	11=9+10	12	13=11-12	14=13÷(100%+税率或征收率)×税率或征收率
二、简易计税方法计税	全部征税项目　预征率＿＿%	13b													
	预征率＿＿%	13c													
	即征即退货物及加工修理修配劳务	14										—	—	—	—
其中：即征即退项目	即征即退服务、不动产和无形资产	15										—	—	—	—
三、免抵退税	货物及加工修理修配劳务	16		—		—		—		—		—	—	—	—
	服务、不动产和无形资产	17		—		—		—		—		—	—	—	—
四、免税	货物及加工修理修配劳务	18		—		—		—		—		—	—	—	—
	服务、不动产和无形资产	19		—		—		—		—		—	—	—	—

(2) 纳税申报其他资料包括如下内容。

① 已开具的税控"机动车销售统一发票"和普通发票的存根联。

② 符合抵扣条件且在本期申报抵扣的防伪税控"增值税专用发票"、税控"机动车销售统一发票"的抵扣联。

③ 符合抵扣条件且在本期申报抵扣的海关进口增值税专用缴款书、购进农产品取得的普通发票。

④ 符合抵扣条件且在本期申报抵扣的中华人民共和国税收完税证及其清单、书面合同、付款证明和境外单位的对账单或者发票。

⑤ 已开具的农产品收购凭证的存根联或报查联。

⑥ 纳税人销售服务、不动产和无形资产，在确定服务、不动产和无形资产销售额时，按照有关规定从取得的全部价款和价外费用中扣除价款的合法凭证及其清单。

(二) 小规模纳税人的纳税申报资料

小规模纳税人进行纳税申报时，应填报"增值税及附加税费申报表(小规模纳税人适用)附列资料"(略)、"增值税及附加税费申报表(小规模纳税人适用)"(见表 2-6)。

▲ 任务实施

根据【任务导入】情境资料和任务要求，通过如下操作步骤进行任务实施。

第一步：申报期内，根据"应交税费——应交增值税"明细账，填写增值税及附加税费申报表附列资料(一)(本期销售情况明细)(见表 2-3)和增值税及附加税费申报表附列资料(二)(本期进项税额明细)(见表 2-4)。

表 2-4　增值税及附加税费申报表附列资料(二)(本期进项税额明细)

税款所属时间：2020 年 09 月 01 日至 2020 年 09 月 30 日

纳税人名称：甲乳业有限责任公司　　　　　　　　　　　　　　　　　　　　　　金额单位：元至角分

一、申报抵扣的进项税额				
项　目	栏　次	份数	金　额	税　额
(一) 认证相符的增值税专用发票	1=2+3	4	745 000	95 850
其中：本期认证相符且本期申报抵扣	2	4	745 000	95 850
前期认证相符且本期申报抵扣	3			
(二) 其他扣税凭证	4=5+6+7+8a+8b	1	50 000	5 000
其中：海关进口增值税专用缴款书	5			
农产品收购发票或者销售发票	6	1	50 000	4 500
代扣代缴税收缴款凭证	7			—
加计扣除农产品进项税额	8a	—	—	500
其他	8b			
(三) 本期用于购建不动产的扣税凭证	9			
(四) 本期用于抵扣的旅客运输服务扣税凭证	10			
(五) 外贸企业进项税额抵扣证明	11	—	—	—
当期申报抵扣进项税额合计	12=1+4+11	5	795 000	100 850

(续表)

二、进项税额转出额		
项　目	栏　次	税　额
本期进项税额转出额	13=14 至 23 之和	4 940
其中：免税项目用	14	
集体福利、个人消费	15	
非正常损失	16	4 940
简易计税方法征税项目用	17	
免抵退税办法不得抵扣的进项税额	18	
纳税检查调减进项税额	19	
红字专用发票信息表注明的进项税额	20	
上期留抵税额抵减欠税	21	
上期留抵税额退税	22	
其他应作进项税额转出的情形	23	

三、待抵扣进项税额				
项　目	栏　次	份数	金　额	税　额
(一) 认证相符的增值税专用发票	24	—	—	—
期初已认证相符但未申报抵扣	25			
本期认证相符且本期未申报抵扣	26			
期末已认证相符但未申报抵扣	27			
其中：按照税法规定不允许抵扣	28			
(二) 其他扣税凭证	29=30 至 33 之和			
其中：海关进口增值税专用缴款书	30			
农产品收购发票或者销售发票	31			
代扣代缴税收缴款凭证	32	—		
其他	33			
	34			

四、其他				
项　目	栏　次	份数	金　额	税　额
本期认证相符的增值税专用发票	35	5	79 500	100 850
代扣代缴税额	36	—	—	

表 2-5 增值税及附加税费申报表(一般纳税人适用)

根据国家税收法律法规及增值税相关规定制定本表。纳税人不论有无销售额,均应按税务机关核定的纳税期限填写本表,并向当地税务机关申报。

税款所属时间:2020 年 09 月 01 日至 2020 年 09 月 30 日　　填表日期:2020 年 10 月 12 日　　金额单位:元至角分

纳税人识别号		9	1	2	3	1	1	3	2	7	2	5	2	7	3	1	2	×	×		所属行业: ****				
纳税人名称		甲乳业有限责任公司				法定代表人姓名			***			注册地址			****					生产经营地址			****		
开户银行及账号				*****			登记注册类型					*****						电话号码			****				

项　　目		栏　　次	一般项目		即征即退项目	
			本月数	本年累计	本月数	本年累计
销售额	(一) 按适用税率计税销售额	1	1 191 600			
	其中: 应税货物销售额	2	1 171 600			
	应税劳务销售额	3	20 000			
	纳税检查调整的销售额	4				
	(二) 按简易办法计税销售额	5				
	其中: 纳税检查调整的销售额	6				
	(三) 免、抵、退办法出口销售额	7			—	—
	(四) 免税销售额	8			—	—
	其中: 免税货物销售额	9			—	—
	免税劳务销售额	10			—	—
税款计算	销项税额	11	154 908			
	进项税额	12	100 850			
	上期留抵税额	13	—			
	进项税额转出	14	4 940			
	免、抵、退应退税额	15				
	按适用税率计算的纳税检查应补缴税额	16				
	应抵扣税额合计	17=12+13-14-15+16	95 910	—		—
	实际抵扣税额	18(如 17<11, 则为 17, 否则为 11)	95 910			
	应纳税额	19=11-18	58 998			
	期末留抵税额	20=17-18	—		—	
	简易计税办法计算的应纳税额	21				
	按简易计税办法计算的纳税检查应补缴税额	22			—	
	应纳税额减征额	23				
	应纳税额合计	24=19+21-23	58 998			

(续表)

项　目	栏　次	一般项目		即征即退项目	
		本月数	本年累计	本月数	本年累计
税款缴纳	期初未缴税额(多缴为负数)	25	57 500			
	实收出口开具专用缴款书退税额	26		—		—
	本期已缴税额	27=28+29+30+31	57 500			
	①分次预缴税额	28		—		—
	②出口开具专用缴款书预缴税额	29		—		—
	③本期缴纳上期应纳税额	30				
	④本期缴纳欠缴税额	31				
	期末未缴税额(多缴为负数)	32=24+25+26-27	58 998			
	其中:欠缴税额(≥0)	33=25+26-27		—		—
	本期应补(退)税额	34=24-28-29	58 998	—		—
	即征即退实际退税额	35	—			
	期初未缴查补税额	36		—		—
	本期入库查补税额	37		—		—
	期末未缴查补税额	38=16+22+36-37		—		—
附加税费	城市维护建设税本期应补(退)税额	39				
	教育费附加本期应补(退)费额	40				
	地方教育附加本期应补(退)费额	41				

声明:此表是根据国家税收法律法规及相关规定填写的,本人(单位)对填报内容(及附带资料)的真实性、可靠性、完整性负责。

纳税人:甲乳业有限责任公司 (签章)　　2020 年 10 月 12 日

经办人: 经办人身份证号: 代理机构签章: 代理机构统一社会信用代码:	受理人: 受理税务机关(章):　　受理日期:　　年　月　日

表2-6 增值税及附加税费申报表(小规模纳税人适用)

纳税人识别号(统一社会信用代码):

纳税人名称: 金额单位:元至角分

税款所属时间: 年 月 日至 年 月 日 填表日期: 年 月 日

	项　目	栏次	本 期 数		本 年 累 计	
			货物及劳务	服务、不动产和无形资产	货物及劳务	服务、不动产和无形资产
一、计税依据	(一)应征增值税不含税销售额(3%征收率)	1				
	税务机关代开的增值税专用发票不含税销售额	2				
	税控器具开具的普通发票不含税销售额	3				
	(二)应征增值税不含税销售额(5%征收率)	4	—		—	
	税务机关代开的增值税专用发票不含税销售额	5	—		—	
	税控器具开具的普通发票不含税销售额	6	—		—	
	(三)销售使用过的应税固定资产不含税销售额	7(7≥8)		—		—
	其中:税控器具开具的普通发票不含税销售额	8		—		—
	(四)免税销售额	9=10+11+12				
	其中:小微企业免税销售额	10				
	未达起征点销售额	11				
	其他免税销售额	12				
	(五)出口免税销售额	13(13≥14)				
	其中:税控器具开具的普通发票销售额	14				
二、税款计算	本期应纳税额	15				
	本期应纳税额减征额	16				
	本期免税额	17				
	其中:小微企业免税销售额	18				
	未达起征点销售额	19				
	应纳税额合计	20=15-16				
	本期预缴税额	21			—	—
	本期应补(退)税额	22=20-21			—	—
三、附加税费	城市维护建设税本期应补(退)税额	23				
	教育费附加本期应补(退)费额	24				
	地方教育附加本期应补(退)费额	25				

声明:此表是根据国家税收法律法规及相关规定填写的,本人(单位)对填报内容(及附带资料)的真实性、可靠性、完整性负责。

纳税人:(签章) 年 月 日

经办人:
经办人身份证号:
代理机构签章:
代理机构统一社会信用代码:

受理人:
受理税务机关(章): 受理日期: 年 月 日

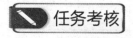

任务实施

根据【任务导入】情境资料和任务要求，通过如下操作步骤进行任务实施。

第一步：申报期内，根据"应交税费——应交增值税"明细账，填写增值税及附加税费申报表附列资料(一)(本期销售情况明细)(见表2-3)和增值税及附加税费申报表附列资料(二)(本期进项税额明细)(见表2-4)。

在表2-3增值税及附加税费申报表附列资料(一)(本期销售情况明细)中：

第1栏次中第1列的销售额＝500 000＋400 000＋200 000＝1 100 000(元)

第1栏次中第2列的销项税额＝65 000＋52 000＋26 000＝143 000(元)

第1栏次中第3列的销售额＝30 000＋20 000＝50 000(元)

第1栏次中第4列的销项税额＝3 900＋2 600＝6 500(元)

第1栏次中第5列的销售额＝6 600＋35 000＝41 600(元)

第1栏次中第6列的销项税额＝858＋4 550＝5 408(元)

第1栏次中第9列的销售额＝1 100 000＋50 000＋41 600＝1 191 600(元)

第1栏次中第10列的销项税额＝143 000＋6 500＋5 408＝154 908(元)

在表2-4增值税及附加税费申报表附列资料(二)(本期进项税额明细)中：

第1栏次的金额＝745 000(元)，税额＝95 850(元)

第2栏次的金额＝620 000＋120 000＋5 000＝745 000(元)，税额＝79 800＋15 600＋450＝95 850(元)

第4栏次的金额＝50 000(元)，税额＝5 000(元)

第6栏次的金额＝50 000(元)，税额＝4 500(元)

第8a栏次的税额＝500(元)

第12栏次的金额＝745 000＋50 000＝795 000(元)，税额＝95 850＋4 500＋500＝100 850(元)

第13栏次的税额＝4 940(元)

第16栏次的税额＝4 940(元)

第35栏次的金额＝795 000(元)，税额＝100 850(元)

第二步：根据"应交税费——应交增值税"明细账，增值税及附加税费申报表附列资料(一)和增值税及附加税费申报表附列资料(二)(本期进项税额明细)，填写"增值税及附加税费申报表(一般纳税人适用)"(见表2-5)。(网上申报时，在填完附表后，主表大部分数据会自动生成。)

任务考核

一、单项选择题

1. 2020年8月甲企业采用直接收款方式销售货物给乙公司，9日签订合同，15日开具发票，20日发出货物，28日收到货款。甲企业该笔业务的增值税纳税义务发生时间为(   )。

A. 8月9日　　　　B. 8月15日　　　　C. 8月20日　　　　D. 8月28日

2. 根据增值税法律制度的规定，下列关于增值税纳税义务发生时间的表述中，不正确的是(   )。

    A. 纳税人发生应税行为先开具发票的，为开具发票的当天

    B. 纳税人发生视同销售无形资产的，为无形资产转让完成的当天

    C. 纳税人提供租赁服务采取预收款方式的，为租期届满的当天

    D. 纳税人从事金融商品转让的，为金融商品所有权转移的当天

3. 进口货物的增值税由(   )征收。

    A. 进口地税务机关   B. 海关

    C. 交货地税务机关   D. 进口方所在地税务机关

4. 下列增值税纳税人中，以 1 个月为纳税期限的是(   )。

    A. 商业银行   B. 财务公司   C. 信托投资公司   D. 保险公司

5. 李某户籍所在地在 Q 市，居住地在 L 市，工作单位在 M 市。2020 年 9 月李某将位于 N 市的住房出售，则出售该住房增值税的纳税地点是(   )。

    A. Q 市税务机关   B. L 市税务机关   C. M 市税务机关   D. N 市税务机关

二、多项选择题

1. 根据增值税法律制度的规定，下列有关增值税纳税义务发生时间的表述中，正确的有(   )。

    A. 纳税人采取托收承付方式销售货物的，为发出货物并办妥托收手续的当天

    B. 纳税人采取赊销和分期收款方式销售货物的，为货物发出的当天

    C. 纳税人采取预收货款方式销售货物的，为收到预收款的当天

    D. 纳税人发生视同销售货物行为(委托他人代销、销售代销货物除外)，为货物移送的当天

2. 下列关于纳税义务发生时间的表述中，正确的有(   )。

    A. 委托其他纳税人代销货物，其纳税义务发生时间为收到代销款的当天

    B. 销售应税劳务的，其纳税义务发生时间为提供劳务同时收讫销售款或取得索取销售款凭据的当天

    C. 企业采取分期收款方式销售货物的，其纳税义务的发生时间为书面合同规定的收款日期

    D. 先开具发票的，其纳税义务的发生时间为开具发票的当天

3. 下列关于增值税纳税地点的表述中，正确的有(   )。

    A. 进口货物应当由进口人或者代理人向报送地海关申报纳税

    B. 固定业户应当向其机构所在地主管税务机关申报纳税

    C. 固定业户跨县(市)提供建筑服务或者销售取得的不动产，应按规定在建筑服务发生或不动产所在地预缴税款后，向机构所在地主管税务机关进行纳税申报

    D. 非固定业户销售货物或者应税劳务，应当向销售地或应税劳务地主管税务机关申请纳税

4. 根据增值税法律制度的规定，下列关于固定业户纳税地点的表述中，不正确的有(   )。

    A. 销售商标使用权，应当向商标使用权购买方所在地税务机关申报纳税

    B. 销售采矿权，应当向矿产所在地税务机关申报纳税

    C. 销售设计服务，应当向设计服务发生地税务机关申报纳税

D. 销售广告服务，应当向机构所在地税务机关申报纳税

5. 增值税一般纳税人采用的增值税纳税申报表主表的附表包括( )。

A. 本期销售情况明细表　　　　　B. 本期进项税额情况明细表

C. 资产负债表　　　　　　　　　D. 利润表

三、判断题

1. 进口货物纳税义务发生的时间为报关进口后 15 天。　　　　　　　　　　( )

2. 委托其他纳税人代销货物，为收到代销单位的代销清单或者收到全部或者部分货款的当天。未收到代销清单及货款的，为发出代销货物满 180 天的当天。　　( )

3. 根据增值税法律制度的规定，采取直接收款方式销售货物，不论货物是否发出，均在收到销售款或者取得索取销售款凭据的当天确认发生增值税纳税义务。　　( )

4. 增值税纳税人以 1 个月或者 1 个季度为 1 个纳税期,自期满之日起 30 日内申报纳税。

　　　　　　　　　　　　　　　　　　　　　　　　　　　　　　　　　　( )

5. 银行增值税的纳税期限为 1 个月。　　　　　　　　　　　　　　　　　( )

四、纳税申报操作题

根据本项目任务三【任务考核】中的会计核算实务题中经济业务资料及相关内容，完成下面要求。

要求：乙汽车制造公司于 2020 年 6 月 12 日进行增值税纳税申报，填写一般纳税人增值税及附加税费申报表及其相关附表。

 案例分析

献爱心来赠送，增值税别忘缴

炎炎夏日，某饮料公司老板张先生看到在烈日下工作的环卫工人非常辛苦，便让会计小王给环卫单位送去了一车自己公司生产的凉茶，以表爱心。"工厂效益好了也要回馈社会嘛。"张先生说。事后，小王提醒张先生，赠送给环卫公司的饮料也要缴税。张老板则认为，这是回馈社会的公益之举，是无偿赠送的，怎么还要缴税？

思考：你认同饮料公司张老板的想法吗？

注：分析提示见二维码 2-9。

2-9 分析提示

 项目小结

本项目主要介绍了我国现行增值税的纳税人、征税范围和税率；一般纳税人和小规模纳税人应纳税额的计算；一般纳税人增值税销项税额、进项税额、进项税额转出的计算及其相关涉税会计处理；一般纳税人和小规模纳税人增值税的纳税申报。本项目涉及的内容多，应纳税额计算比较复杂，应该在理解的基础上边学边做。

本项目内容结构如图 2-3 所示。

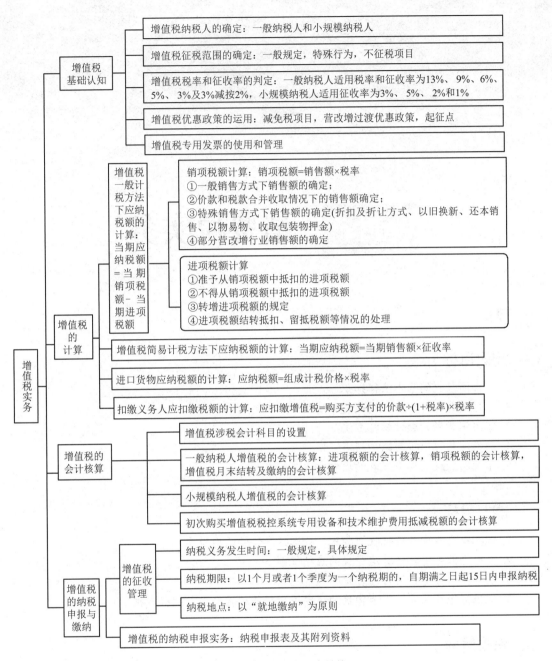

图 2-3 增值税实务内容结构

项目三　消费税实务

🔍 知识目标

1. 掌握消费税的基本法律知识
2. 掌握消费税计税依据的确定方法
3. 掌握消费税的会计核算方法
4. 熟悉消费税申报与缴纳规定
5. 掌握消费税纳税申报表的填制方法

🔍 能力目标

1. 能判断哪些项目应征收消费税，会选择具体的适用税率
2. 能根据业务资料计算消费税的应纳税额
3. 能根据业务资料进行消费税的会计处理
4. 能根据经济业务填写消费税纳税申报资料并按规定进行纳税申报

🔍 思政目标

1. 正确认识消费税，树立正确的消费观念
2. 及时履行消费税纳税义务，防范纳税风险
3. 能够理解消费税对经济发展、环境保护、个人消费的调节作用

🔍 **法规导航**

3-1 中华人民共和国消费
税暂行条例

3-2 中华人民共和国消费
税暂行条例实施细则

3-3 国家税务总局关于卷
烟消费税计税价格核定管
理有关问题的公告

✎ **项目情境**

通过项目二关于增值税实务的学习，我们知道纳税人发生销售货物、劳务、服务、无形资产及不动产的行为需要缴纳增值税。你知道在流转环节，纳税人还需要缴纳什么税吗？

在普遍征收增值税的基础上，纳税人生产并销售、委托加工、进口应税消费品时，还应缴纳消费税。你知道消费税的税目是如何列举的吗？

纳税人销售的应税消费品可能是卷烟，也可能是啤酒、高档化妆品等，不同税目、不同来源的应税消费品，其应纳税额的计算办法各不相同。你会选择相应的计算办法计算纳税人应缴纳的消费税税额吗？如果是用外购已税消费品或委托加工应税消费品连续生产应税消费品，你还能准确计算消费税应纳税额吗？

准确计算出消费税应纳税额后，你会进行相应的会计处理并准确填制消费税纳税申报表，完成向税务机关进行纳税申报的工作吗？

任务一 消费税基础认知

✎ **任务导入**

某珠宝饰品制造公司(中国人民银行批准的金银首饰经营单位)为增值税一般纳税人，从事金银首饰加工生产和销售业务。2020年7月发生如下经营业务：

(1) 向某大型商场(金银首饰经营单位)销售白金项链100枚；同时向该商场销售自产包金项链10条、镀金项链10条；

(2) 向消费者销售自产纯金项链150条；

(3) 向消费者销售自产玉手镯30个、玛瑙吊坠20个。

任务要求：判断上述经济业务中，哪些行为需要征收消费税？各采用什么样的税率？

✎ **任务准备**

消费税是指对在我国境内从事生产、委托加工和进口应税消费品(属于应当征收消费税的消费品，以下简称应税消费品)的单位和个人，就其应税消费品的销售额或销售数量征收的一种税。在我国的税制结构体系中，消费税是与增值税配套的一个税种。它是在普遍征收增值税的基础上，根据国家产业政策的要求，选择少数消费品再征一道特殊的流转税，目的是引导消费和生产结构，调节收入分配，增加财政收入。消费税具有以特定消费品为课税对象、征税环节单一、计税方法灵活、实行价内征收等特点。增值税和消费税，一个是价外税，一个是价内税，两者的征税环节不一样，计税依据也不完全相同。

一、消费税纳税人的确定

消费税的纳税人是指在中华人民共和国境内生产、委托加工和进口应税消费品的单位和个人。境内是指生产、委托加工和进口应税消费品的起运地或所在地在中国境内。单位是指企业、行政单位、事业单位、军事单位、社会团体和其他单位。个人是指个体工商户及其他个人。

二、消费税征税范围的确定

消费税征税范围主要包括烟、酒、高档化妆品、贵重首饰及珠宝玉石、鞭炮焰火、成品油、摩托车、小汽车、高尔夫球及球具、高档手表、游艇、木制一次性筷子、实木地板、电池、涂料共 15 个税目，有的税目还进一步划分为若干子目。

消费税征税范围的具体规定，可见二维码 3-4。

3-4 消费税征税
范围具体规定

三、消费税税率的判定

消费税实行从价定率的比例税率、从量定额的定额税率和从量定额与从价定率相结合的复合计税三种形式，共设置了 20 余档不同的税率(税额)。多数消费品采用比例税率，最高税率为 56%，最低税率为 1%；对成品油和黄酒、啤酒等实行定额税率；对卷烟、粮食白酒、薯类白酒实行从量定额与从价定率相结合计算应纳税额的复合计税方法。现行消费税税目税率(税额)如表 3-1 所示。

表 3-1 消费税税目(税率)表

税目	税率(税额)
一、烟	
(一) 卷烟	
1. 甲类卷烟：每标准条(200 支，下同)调拨价在 70 元(含 70 元，不含增值税，下同)以上(生产环节)	56%加 150 元/箱(0.003 元/支；0.6 元/条) 1 箱=50 000 支(下同)
2. 乙类卷烟：每标准条调拨价在 70 元以下(生产环节)	36%加 150 元/箱(0.003 元/支；0.6 元/条)
3. 卷烟(批发环节)	11%加 0.005 元/支
(二) 雪茄烟(生产环节)	36%
(三) 烟丝(生产环节)	30%
二、酒	
(一) 白酒	20%加 0.5/500 克
(二) 黄酒	240 元/吨
(三) 啤酒	
1. 甲类啤酒：每吨出厂价(含包装物及包装物押金，下同) 在 3 000 元以上的(含 3 000 元，不含增值税，下同)	250 元/吨
2. 乙类啤酒：每吨出厂价在 3 000 元以下的	220 元/吨

(续表)

税目	税率(税额)
(四) 其他酒	10%
三、高档化妆品	15%
四、贵重首饰及珠宝玉石	
(一) 金银首饰、铂金首饰和钻石及钻石饰品(零售环节)	5%
(二) 其他贵重首饰及珠宝玉石(生产环节)	10%
五、鞭炮、焰火	15%
六、成品油	
(一) 汽油	1.52 元/升
(二) 柴油	1.20 元/升
(三) 航空煤油(暂缓征)	1.20 元/升
(四) 石脑油	1.52 元/升
(五) 溶剂油	1.52 元/升
(六) 润滑油	1.52 元/升
(七) 燃料油	1.20 元/升
七、摩托车	
(一) 气缸容量(排气量，下同)在 250 毫升的	3%
(二) 气缸容量在 250 毫升以上的	10%
八、小汽车	
(一) 乘用车(生产、进口环节)	
1. 气缸容量(排气量，下同)在 1.0 升(含 1.0 升)以下的	1%
2. 气缸容量在 1.0 升以上至 1.5 升(含 1.5 升)的	3%
3. 气缸容量在 1.5 升以上至 2.0 升(含 2.0 升)的	5%
4. 气缸容量在 2.0 升以上至 2.5 升(含 2.5 升)的	9%
5. 气缸容量在 2.5 升以上至 3.0 升(含 3.0 升)的	12%
6. 气缸容量在 3.0 升以上至 4.0 升(含 4.0 升)的	25%
7. 气缸容量在 4.0 升以上的	40%
(二) 中轻型商用客车(生产、进口环节)	5%
(三) 超豪华小汽车(零售环节加征)	10%
九、高尔夫球及球具	10%
十、高档手表	20%
十一、游艇	10%
十二、木制一次性筷子	5%
十三、实木地板	5%
十四、电池	4%
十五、涂料	4%

在消费税税率运用中应注意以下几个具体问题。

(1) 对兼营不同税率的应税消费品适用税目、税率的规定。对纳税人兼营不同税率的应税消费品，应当分别核算其销售额或销售数量。未分别核算销售额或销售数量的，或者将不同税率的应税消费品组成成套消费品销售的，从高适用税率。

(2) 对卷烟适用税目、税率的具体规定。对白包卷烟、手工卷烟、自产自用没有同牌号规格调拨价格的卷烟、委托加工没有同牌号规格调拨价格的卷烟、未经国务院批准纳入计划的企业和个人生产的卷烟，除定额税率征收外，一律按56%的比例税率征收。

(3) 消费税税目、税率(税额)的调整由国务院确定，地方无权调整。

任务实施

根据【任务导入】情境资料和任务要求，任务实施如下。

在【任务导入】中，某珠宝饰品制造公司发生下列业务。

(1) 向大型商场销售白金项链时，由于金银首饰在零售环节征收消费税，该珠宝饰品制造公司不征收消费税，由大型商场在出售时征收消费税，税率为5%；向大型商场销售自产包金项链和镀金项链时，要征收消费税，因为包金项链、镀金项链在生产环节征收消费税，税率为10%。

(2) 向消费者销售自产纯金项链，由于是向消费者销售，属于零售环节，要征收消费税，税率为5%。

(3) 向消费者销售自产玉手镯和玛瑙吊坠，要征收消费税，其他贵重首饰及珠宝玉石在生产环节征税，税率为10%。

任务考核

一、单项选择题

1. 根据消费税法律制度的规定，下列各项中不属于消费税纳税人的是(   )。
   A. 金首饰零售商　　　　　　　　B. 高档化妆品进口商
   C. 涂料生产商　　　　　　　　　D. 鞭炮批发商
2. 根据消费税法律制度的规定，下列行为中应缴纳消费税的是(   )。
   A. 卷烟厂销售自产的卷烟　　　　B. 汽车厂销售自产的载货汽车
   C. 外贸公司进口高档电器产品　　D. 银行销售金银纪念币
3. 根据消费税法律制度的规定，下列应税消费品中在零售环节加征消费税的是(   )。
   A. 高档化妆品　　　　　　　　　B. 鞭炮、焰火
   C. 超豪华小汽车　　　　　　　　D. 成品油
4. 纳税人将应税消费品与非应税消费品以及适用税率不同的应税消费品组成成套消费品销售的，应按(   )。
   A. 应税消费品的平均税率计征　　B. 应税消费品的最高税率计征
   C. 应税消费品的不同税率分别计征　D. 应税消费品的最低税率计征
5. 对外销售的下列成品油中，目前暂缓征收消费税的是(   )。
   A. 航空煤油　　　B. 溶剂油　　　　C. 润滑油　　　　D. 燃料油

二、多项选择题

1. 下列行为中，既缴纳增值税又缴纳消费税的有(   )。
   A. 酒厂将自产的白酒赠送给协作单位
   B. 卷烟厂将自产的烟丝移送用于生产卷烟
   C. 地板厂将生产的新型实木地板奖励给有突出贡献的职工

　　　　D. 汽车厂将自产的应税小汽车赞助给某艺术节组委会

2. 根据消费税法律制度的规定，下列各项中征收消费税的有(　　)。

　　A. 晾晒烟叶　　　　B. 批发烟叶　　　C. 生产烟丝　　　D. 生产卷烟

3. 下列在零售环节征收消费税的有(　　)。

　　A. 金银首饰　　　　B. 珍珠　　　　　C. 铂金首饰　　　D. 钻石首饰

4. 根据消费税法律制度的规定，下列各项中，应按照"高档化妆品"税目计缴消费税的有(　　)。

　　A. 高档护肤类化妆品　　　　　　　B. 成套化妆品

　　C. 高档修饰类化妆品　　　　　　　D. 高档美容类化妆品

5. 我国现行的消费税税率主要有(　　)。

　　A. 比例税率　　　　B. 平均税率　　　C. 定额税率　　　D. 累进税率

三、判断题

1. 消费税属于流转税、价内税。　　　　　　　　　　　　　　　　　　(　　)

2. 征收消费税的应税消费品一般均应征收增值税。　　　　　　　　　　(　　)

3. 企业加工生产的宝石坯不属于消费税的征税范围。　　　　　　　　　(　　)

4. 销售啤酒时收取的包装物押金不计入啤酒的出厂价中。　　　　　　　(　　)

5. 纳税人兼营不同税率的应税消费品(即生产销售两种税率以上的应税消费品时)应当分别核算不同税率应税消费品的销售额或销售数量，未分别核算的，按最高税率征税。　　(　　)

任务二　消费税的计算与会计核算

✎ 任务导入

　　甲化妆品有限责任公司为增值税一般纳税人，主要从事化妆品的生产和销售业务，销售高档化妆品增值税税率为 13%，消费税税率为 15%，关税税率为 5%，取得的扣税凭证均符合抵扣规定。2020 年 8 月发生如下经济业务：

　　(1) 甲化妆品有限责任公司于 8 月 3 日缴纳了上月应交未交的消费税 730 000 元；

　　(2) 8 月 7 日，销售自产高档美容类化妆品，开具增值税专用发票注明不含税销售额 3 000 000 元、增值税税额 390 000 元，另收取包装费 1.13 万元，款项均已收并存入银行；

　　(3) 8 月 8 日，购入高档保湿精华一批，取得增值税专用发票注明金额 600 000 元，货款已用银行存款支付，材料已验收入库；

　　(4) 8 月 10 日，领用本月购入的高档保湿精华，其中的 40% 用于生产高档保湿粉底液并全部销售，取得不含增值税销售额 2 000 000 元；

　　(5) 8 月 12 日，将 100 套自产高档口红礼盒无偿赠送给某单位，当月同类化妆品不含增值税单价 1 500 元/套，该批高档口红礼盒成本为 105 000 元；

　　(6) 8 月 16 日，将 80 套自产成套化妆品抵偿乙公司货款 180 000 元，不足或多余部分不再结算，该批成套化妆品本月每套售价在 1 800～2 200 元浮动，平均售价 2 000 元；

　　(7) 8 月 18 日，受托为丙公司加工一批高档香水，收取加工费开具增值税专用发票，注明金额 30 000 元、税额 3 900 元，丙公司提供材料成本 140 000 元，甲化妆品有限责任公司无同类化妆品销售价格，并按规定代收代缴消费税，款项均已收并存入银行；

（8）8月25日，进口一批成套化妆品，海关审定关税完税价格85 000元，取得海关进口增值税专用缴款书，各种款项已用银行存款支付。

任务要求：

1. 根据甲化妆品有限责任公司2020年8月的有关业务资料，做出相应的会计处理。

2. 计算甲化妆品有限责任公司2020年8月应纳消费税和代收代缴的消费税。

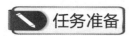 **任务准备**

一、消费税应纳税额的计算

（一）直接对外销售应税消费品应纳税额的计算

按照消费税法律制度规定，直接对外销售应税消费品消费税应纳税额的计算方法分为从价定率方法、从量定额方法和复合计税方法；计税依据包括销售额和销售数量。

1. 从价定率方法

消费税是价内税，即以含消费税的价格作为计税价格，应纳税额的计算取决于应税消费品的销售额和适用税率两个因素。其计算公式为

$$应纳税额＝当期应税消费品的计税销售额×比例税率$$

（1）计税销售额的一般规定。应税消费品的销售额包括销售应税消费品从购买方收取的全部价款和价外费用。价外费用是指价外向购买方收取的基金、集资款、返还利润、补贴、违约金（延期付款利息）、手续费、包装费、储备费、优质费、运输装卸费、品牌使用费、代收款项、代垫款项以及其他各种性质的价外收费。但是，下列款项不属于价外费用。

① 同时符合以下条件的代垫运输费用：承运部门的运输费用发票开具给购买方的；纳税人将该发票转交给购买方的。

② 同时符合以下条件代为收取的政府性基金或者行政事业性收费：由国务院或者财政部批准设立的政府性基金，由国务院或者省级人民政府及其财政、价格主管部门批准设立的行政事业性收费；收取时开具省级以上财政部门印制的财政票据；所收款项全额上缴财政。

除此之外，其他价外费用，无论是否属于纳税人的收入，均应并入销售额计算纳税。

销售额不包括应向购买方收取的增值税税额。如果纳税人应税消费品的销售额中未扣除增值税税额或者因不得开具增值税专用发票而发生价款和增值税税额合并收取的，在计算消费税时，应当换算为不含增值税税额的销售额。其计算公式为

$$应税消费品的销售额＝含增值税的销售额÷(1＋增值税税率或征收率)$$

（2）计税销售额的特殊规定。计税销售额有如下几个方面的特殊规定。

① 包装物及押金的计税销售额。应税消费品随同包装物一起销售的，无论包装物是否单独计价，也无论在会计上如何核算，包装物售价均应并入应税消费品的销售额中征收消费税。如果包装物不作价随同产品销售，而是收取押金，此项押金不并入应税消费品的销售额中纳税。但对因逾期未收回的包装物不再退还的和已收取1年以上的押金，应并入应税消费品的销售额，按照应税消费品的适用税率缴纳消费税；对既作价随同应税消费品销售，又另外收取押金的包装物的押金，凡纳税人在规定的期限内不予退还的，均应并入应税消费品的销售额，按照应税消费

品的适用税率缴纳消费税。对酒类产品生产企业销售酒类产品(从价定率办法征收的)而收取的包装物押金,无论押金是否返还与会计上如何核算,均需并入酒类产品销售额中,依酒类产品的适用税率征收消费税。但是,以上规定不适用于实行从量定额征收消费税的啤酒和黄酒产品。

② 纳税人兼营不同税率的应税消费品,应当分别核算不同税率应税消费品的销售额、销售数量。未分别核算销售额、销售数量,或者将不同税率的应税消费品组成成套消费品销售的,从高适用税率。

③ 纳税人通过自设非独立核算门市部销售自产消费品,应按照门市部对外销售额征收消费税。

④ 纳税人用于换取生产资料和消费资料、投资入股和抵偿债务等方面的应税消费品,应当以纳税人同类应税消费品的最高销售价格作为计算消费税的依据,而其增值税的计算依据是平均销售价格。

⑤ 纳税人销售的应税消费品,以人民币计算销售额。以人民币以外的货币结算销售额的,其销售额的人民币折合率可以选择销售额发生的当天或者当月1日的人民币汇率中间价。

【例3-1】某化妆品生产企业为增值税一般纳税人,4月5日,向某大型商场销售化妆品一批,开具增值税专用发票,取得不含增值税销售额60万元,增值税额7.8万元;向某单位销售化妆品一批,开具普通发票,价税合计9.04万元;没收未退还的包装物押金2.26万元。上述款项均已收到并存入银行。已知化妆品适用的增值税税率为13%,化妆品适用的消费税税率为15%。计算该企业4月的增值税销项税额和应纳的消费税税额。

计税依据$=60+9.04\div(1+13\%)+2.26\div(1+13\%)=60+8+2=70$(万元)

增值税销项税额$=70\times13\%=9.1$(万元)

应纳消费税税额$=70\times15\%=10.5$(万元)

2. 从量定额方法

按从量定额方法计算消费税,应纳税额的计算取决于应税消费品的数量和单位税额两个因素。其计算公式为

$$应纳税额=应税消费品的数量\times定额税率$$

(1) 应税消费品数量的确定。根据应税消费品的应税行为,应税消费品的数量有如下具体规定:

① 销售应税消费品的,为应税消费品的销售数量。纳税人通过自设的非独立核算门市部销售自产应税消费品的,应当按照门市部对外销售数量征收消费税。

② 自产自用应税消费品的(用于连续生产应税消费品的除外),为应税消费品的移送使用数量。

③ 委托加工应税消费品的,为纳税人收回的应税消费品数量。

④ 进口的应税消费品,为海关核定的应税消费品进口征税数量。

(2) 计量单位的换算标准。按照《中华人民共和国消费税暂行条例》(以下简称《消费税暂行条例》)的规定对黄酒、啤酒、成品油等应税消费品采取从量定额办法计算应纳税额。其计量单位的换算标准,如表3-2所示。

表3-2 应税消费品计量单位的换算

项目	换算标准	项目	换算标准
啤酒	1吨=988升	黄酒	1吨=962升
汽油	1吨=1 388升	柴油	1吨=1 176升
石脑油	1吨=1 385升	溶剂油	1吨=1 282升

(续表)

项目	换算标准	项目	换算标准
润滑油	1 吨=1 126 升	燃料油	1 吨=1 015 升
航空煤油	1 吨=1 246 升		

【例 3-2】某啤酒厂 5 月销售啤酒 1 000 吨，每吨出厂价格 2 800 元(不含增值税)，款项收到并存入银行。已知啤酒每吨出厂价(含包装物及包装物押金)在 3 000 元以下的(不含增值税)，适用的税率为 220 元/吨。计算该企业 5 月增值税销项税额和应纳的消费税税额。

增值税销项税额＝2 800×1 000×13%＝364 000(元)

应纳消费税税额＝1 000×220＝220 000(元)

3. 复合计税方法

现行消费税征收范围中，只有卷烟、白酒采用复合计税方法。其计算公式为

应纳税额＝应税消费品的销售额×比例税率＋应税消费品的销售数量×定额税率

粮食白酒、薯类白酒的计税依据与前面从价定率、从量定额相同，卷烟的计税依据有以下几点特殊规定。

(1) 纳税人销售的卷烟因放开销售价格而经常发生价格上下浮动的，应以该牌号及规格卷烟销售当月的加权平均价格确定征收类别和适用税率，但销售的卷烟有下列情况之一者，不得列入加权平均计算：

① 销售价格明显偏低而无正当理由的；

② 无销售价格的。

(2) 实际销售价格高于计税价格和核定价格的卷烟，按实际销售价格征收消费税；实际销售价格低于计税价格和核定价格的卷烟，按计税价格或核定价格征收消费税。

【例 3-3】某白酒生产企业 4 月销售粮食白酒 200 吨，取得不含增值税的销售额 300 万元，款项收到后存入银行。已知白酒适用的消费税税率为：比例税率为 20%，定额税率为 0.5 元/500克。计算该企业 4 月增值税销项税额和应纳的消费税税额。

增值税销项税额＝300×13%＝39(万元)

应纳消费税税额＝300×20%＋200×2 000×0.5÷10 000＝60＋20＝80(万元)

(二) 外购应税消费品已纳消费税扣除的计算

由于某些应税消费品是用外购已缴纳消费税的应税消费品连续生产出来的，在对这些连续生产出来的应税消费品计算征税时，现行税法规定应按当期生产领用数量计算准予扣除外购的应税消费品已纳的消费税税额。外购已纳税额，含进口环节已缴纳的消费税税款。

(1) 应税消费品已纳税款的扣除范围。具体包括：

① 外购已税烟丝为原料生产的卷烟；

② 外购已税高档化妆品为原料生产的高档化妆品；

③ 外购已税珠宝玉石为原料生产的贵重首饰及珠宝玉石；

④ 外购已税鞭炮、焰火为原料生产的鞭炮、焰火；

⑤ 外购已税汽油、柴油、石脑油、燃料油、润滑油为原料生产的应税成品油；

⑥ 外购已税杆头、杆身和握把为原料生产的高尔夫球杆；

⑦ 外购已税木制一次性筷子为原料生产的木制一次性筷子；

⑧ 外购已税实木地板为原料生产的实木地板。

自 2015 年 5 月 1 日起，从葡萄酒生产企业购进、进口葡萄酒连续生产应税葡萄酒的，准予从葡萄酒消费税应纳税额中扣除所耗用应税葡萄酒已纳消费税税款。

(2) 准予扣除外购应税消费品已纳税额的计算。上述当期准予扣除的外购应税消费税税款的计算公式为

$$当期准予扣除的外购应税消费品的已纳税款 = 当期准予扣除的外购应税消费品的买价或数量 \times 外购应税消费品适用的比例税率或定额税率$$

$$当期准予扣除的外购应税消费品的买价或数量 = 期初库存的外购应税消费品的买价或数量 + 当期购进的外购应税消费品的买价或数量 - 期末库存的外购应税消费品的买价或数量$$

外购应税消费品的买价是指购货发票上注明的销售额(不含增值税)。另外，纳税人用外购已税珠宝玉石生产的改在零售环节征收消费税的金银首饰、钻石首饰、铂金首饰，在计税时一律不得扣除外购已税珠宝玉石的已纳消费税税款。

【例3-4】甲卷烟厂4月外购烟丝价款为100 000元，月初库存外购已税烟丝为75 000元，月末库存外购已税烟丝为35 000元；当月以外购烟丝生产乙类卷烟的销售量为30个标准箱，共计300 000元(不含增值税)。已知：烟丝适用的消费税税率为30%；乙类卷烟适用的消费税税率为比例税率36%，定额税率为150元/箱。计算该企业4月应纳的消费税税额。

当月准予扣除的外购烟丝买价＝75 000＋100 000−35 000＝140 000(万元)

当月准予扣除的外购烟丝已纳税额＝140 000×30%＝42 000(元)

当月销售卷烟应纳消费税税额＝300 000×36%＋30×150−42 000

＝108 000＋4 500−42 000＝70 500(元)

(三) 自产自用应税消费品应纳税额的计算

1. 自产自用应税消费品的确定

所谓自产自用是指纳税人生产应税消费品后，不是直接用于对外销售，而是用于自己连续生产应税消费品或用于其他方面。如果纳税人用于连续生产应税消费品的，在自产自用环节不缴纳消费税；如果纳税人用于其他方面的，一律于移送使用时，按视同销售依法缴纳消费税。用于其他方面是指用于本企业连续生产非应税消费品、在建工程、管理部门、非生产机构、提供劳务，以及用于馈赠、赞助、集资、广告、样品、职工福利、奖励等方面。

2. 自产自用应税消费品计税依据的确定

根据《消费税暂行条例》的规定，纳税人自产自用的应税消费品，凡用于其他方面应当纳税的，其销售额的计算顺序如下。

(1) 按照纳税人生产的当月同类消费品的销售价格计算纳税。

(2) 如果当月同类消费品各期销售价格高低不同，应按销售数量加权平均计算，但销售的应税消费品有下列情况之一的，不得列入加权平均计算：

① 销售价格明显偏低又无正当理由的；

② 无销售价格的。

(3) 如果当月无销售或者当月未完结，应按照同类消费品上月或最近月份的销售价格计算纳税。

(4) 没有同类消费品销售价格的，按照组成计税价格计算纳税。

实行从价定率方法计算纳税的组成计税价格计算公式为

$$组成计税价格＝(成本＋利润)÷(1−比例税率)$$

$$＝成本×(1＋成本利润率)÷(1−比例税率)$$

实行复合计税办法计算纳税的组成计税价格计算公式为

$$组成计税价格＝(成本＋利润＋自产自用数量×定额税率)÷(1−比例税率)$$

$$=[成本×(1＋成本利润率)＋自产自用数量×定额税率]÷(1-比例税率)$$

式中：成本是指应税消费品的产品生产成本；利润是指根据应税消费品的全国平均成本利润率计算的利润。全国平均成本利润率由国家税务总局确定。应税消费品的全国平均成本利润率，如表 3-3 所示。

表 3-3　应税消费品的全国平均成本利润率

消费品	全国平均成本利润率	消费品	全国平均成本利润率
甲类卷烟	10%	摩托车	6%
乙类卷烟	5%	高尔夫球及球具	10%
雪茄烟	5%	高档手表	20%
烟丝	5%	游艇	10%
粮食白酒	10%	木质一次性筷子	5%
薯类白酒	5%	实木地板	5%
其他酒	5%	乘用车	8%
高档化妆品	5%	中轻型商用客车	5%
鞭炮、焰火	5%	电池	4%
贵重首饰及珠宝玉石	6%	涂料	7%

3. 自产自用应税消费品应纳税额的计算

(1) 实行从价定率方法计算纳税的应税消费品应纳税额的计算公式为

应纳税额＝自产自用同类应税消费品销售额或组成计税价格×比例税率

(2) 实行从量定额方法征税的应税消费品应纳税额的计算公式为

应纳税额＝应税消费品移送使用数量×定额税率

(3) 按照复合计税方法征税的应税消费品应纳税额的计算公式为

$$应纳税额 = \frac{自产自用同类应税消费品销售额}{或组成计税价格}×比例税率＋应税消费品移送使用数量×定额税率$$

【例 3-5】 某企业 4 月 10 日将一批自产的葡萄酒作为福利发放给员工，该批葡萄酒的生产成本为 150 000 元，无同类葡萄酒销售价格。已知，葡萄酒适用的消费税税率为 10%，成本利润率为 5%，增值税税率为 13%。计算该企业增值税销项税额和应纳的消费税税额。

组成计税价格＝150 000×(1＋5%)÷(1-10%)＝175 000 (元)

增值税销项税额＝175 000×13%＝22 750 (元)

应纳消费税税额＝175 000×10%＝17 500 (元)

(四) 委托加工应税消费品应纳税额的计算

1. 委托加工应税消费品的确定

委托加工应税消费品是指由委托方提供原料和主要材料，受托方只收取加工费和代垫部分辅助材料加工的应税消费品。对于由受托方提供原材料生产的应税消费品，或者受托方先将原材料卖给委托方，然后再接受加工的应税消费品，以及由受托方以委托方名义购进原材料生产的应税消费品，不论在财务上是否做销售处理，都不得作为委托加工应税消费品，而应当按照销售自制应税消费品缴纳消费税。

委托加工的应税消费品，除受托方为个人外，由受托方在向委托方交货时代收代缴消费税。

委托加工的应税消费品，委托方用于连续生产应税消费品的，所纳税款准予按规定抵扣。委托方将收回的应税消费品，以不高于受托方的计税价格出售的，为直接出售，不再缴纳消费税；委托方以高于受托方的计税价格出售的，不属于直接出售，需按照规定申报缴纳消费税，在计税时准予扣除受托方已代收代缴的消费税。纳税人委托个人加工应税消费品，由委托方在收回加工应税消费品后向所在地主管税务机关缴纳消费税。

2. 委托加工应税消费品计税依据的确定

委托加工的应税消费品，按照受托方同类消费品的销售价格计算纳税，同类消费品的销售价格是指受托方当月销售的同类消费品的销售价格；如果当月同类消费品各期销售价格高低不同，应按销售数量加权平均计算。但销售的应税消费品有下列情况之一的，不得列入加权平均计算：

① 销售价格明显偏低又无正当理由的；

② 无销售价格的。

如果当月无销售或者当月未完结，应按照同类消费品上月或最近月份的销售价格计算纳税。没有同类消费品销售价格的，按照组成计税价格计算纳税。

实行从价定率办法计算纳税的组成计税价格计算公式为

$$组成计税价格＝(材料成本＋加工费)÷(1-比例税率)$$

实行复合计税办法计算纳税的组成计税价格计算公式为

$$组成计税价格＝(材料成本＋加工费＋委托加工数量×定额税率)÷(1-比例税率)$$

上述公式中，材料成本是指委托方所提供加工材料的实际成本。委托加工应税消费品的纳税人，必须在委托加工合同上如实注明(或以其他方式提供)材料成本，凡未提供材料成本的，受托方所在地主管税务机关有权核定其材料成本。加工费是指受托方加工应税消费品向委托方所收取的全部费用(包括代垫辅助材料的实际成本，不包括增值税税款)。

3. 委托加工应税消费品应纳税额的计算

(1) 实行从价定率方法计算纳税的应税消费品应纳税额的计算公式为

$$应纳税额＝委托加工同类应税消费品销售额或组成计税价格×比例税率$$

(2) 实行从量定额方法征税的应税消费品应纳税额的计算公式为

$$应纳税额＝委托加工数量×定额税率$$

(3) 按照复合计税方法征税的应税消费品应纳税额的计算公式为

$$应纳税额＝\begin{matrix}委托加工同类应税消费品销售额\\或组成计税价格\end{matrix}×比例税率＋委托加工数量×定额税率$$

4. 委托加工收回的应纳消费品已纳税款的扣除

纳税人委托加工的应税消费品已由受托方代收代缴消费税，如果委托方收回货物后用于连续生产应税消费品的，其已纳税额准予按照规定从连续生产的应税消费品应纳消费税税额中扣除，这种扣税方法与外购已税消费品连续生产应税消费品的扣税范围、扣税方法、扣税环节相似。

(1) 应税消费品已纳税款的扣除范围：

① 以委托加工收回的已税烟丝为原料生产的卷烟；

② 以委托加工收回的高档化妆品为原料生产的高档化妆品；

③ 以委托加工收回的珠宝玉石为原料生产的贵重首饰及珠宝玉石；

④ 以委托加工收回的已税鞭炮、焰火为原料生产的鞭炮、焰火；

⑤ 以委托加工收回的已税汽油、柴油、石脑油、燃料油、润滑油为原料生产的应税成品油；

⑥ 以委托加工收回的已税杆头、杆身和握把为原料生产的高尔夫球杆；

⑦ 以委托加工收回的已税木制一次性筷子为原料生产的木制一次性筷子；

⑧ 以委托加工收回的已税实木地板为原料生产的实木地板。

(2) 准予扣除外购应税消费品已纳税额的计算。上述当期准予扣除外购应税消费税税额的计算公式为

$$\begin{array}{l}\text{当期准予扣除的}\\\text{委托加工应税}\\\text{消费品已纳税款}\end{array}=\begin{array}{l}\text{期初库存的}\\\text{委托加工应税}\\\text{消费品已纳税款}\end{array}+\begin{array}{l}\text{当期收回的委托}\\\text{加工应税消费品}\\\text{已纳税款}\end{array}-\begin{array}{l}\text{期末库存的委托}\\\text{加工应税消费品}\\\text{已纳税款}\end{array}$$

纳税人用委托加工收回的已税珠宝玉石生产的改在零售环节征收消费税的金银首饰、钻石首饰、铂金首饰，在计税时一律不得扣除委托加工收回的已税珠宝玉石的已纳消费税税款。

【例3-6】甲企业委托乙企业加工一批应税消费品，提供原材料等实际成本为5 800元，取得乙企业开具的增值税专用发票注明加工费1 400元、增值税182元。乙企业按规定代收代缴消费税，无同类产品销售价格。已知该应税消费品适用的消费税税率为10%，且实行从价定率方法计税。甲企业委托加工收回后的产品将用于连续生产应税消费品。计算乙企业代收代缴应税消费品的消费税税额。

组成计税价格＝(5 800＋1 400)÷(1－10%)＝8 000(元)

乙企业代扣代缴的消费税税额＝8 000×10%＝800(元)

(五) 进口应税消费品应纳税额的计算

1. 进口应税消费品计税依据的确定

纳税人进口应税消费品，按照组成计税价格和规定的税率计算应纳税额。

(1) 实行从价定率方法计算纳税的进口应税消费品计税依据的确定。

实行从价定率方法计算纳税的进口应税消费品的计税依据为组成计税价格。

实行从价定率方法计算纳税的组成计税价格计算公式为

$$\text{组成计税价格}＝(\text{关税完税价格}＋\text{关税})÷(1－\text{比例税率})$$

(2) 实行从量定额方法计算纳税的进口应税消费品计税依据的确定。

实行从量定额方法计算纳税的进口应税消费品的计税依据为海关核定的应税消费品的进口数量。

(3) 实行复合计税方法计算纳税的进口应税消费品计税依据的确定。

从价部分，按照组成计税价格计算纳税。从量部分，按照海关核定的应税消费品的进口数量作为计税依据计算纳税。

实行复合计税办法计算纳税的组成计税价格计算公式为

$$\begin{array}{l}\text{组成}\\\text{计税价格}\end{array}=\left(\begin{array}{l}\text{关税}\\\text{完税价格}\end{array}＋\text{关税}＋\begin{array}{l}\text{海关核定的应税}\\\text{消费品的进口数量}\end{array}×\text{定额税率}\right)÷(1－\text{比例税率})$$

2. 进口应税消费品应纳税额的计算

(1) 实行从价定率方法计算纳税的进口应税消费品应纳税额的计算公式为

$$\text{应纳税额}＝\text{组成计税价格}×\text{比例税率}$$

(2) 实行从量定额方法计算纳税的进口应税消费品应纳税额的计算公式为

应纳税额＝海关核定的应税消费品的进口数量×定额税率

(3) 实行复合计税办法计算纳税的进口应税消费品应纳税额的计算公式为

应纳税额＝组成计税价格×比例税率＋海关核定的应税消费品的进口数量×定额税率

【例 3-7】甲进出口公司 4 月从国外进口白酒 2 000 吨，报关时海关核定关税完税价为 15 000 万元，已知关税税率为 20%，款项均已付。计算该企业 4 月进口环节应缴纳的关税税额、消费税税额和增值税税额。

应纳关税税额＝15 000×20%＝3 000(万元)

组成计税价格＝(15 000＋3 000＋2 000×2 000×0.5÷10 000)÷(1-20%)＝22 750(万元)

应纳消费税税额＝22 750×20%＋2 000×2 000×0.5÷10 000＝4 550＋200＝4 750(万元)

应纳增值税＝22 750×13%＝2 957.5(万元)

(六) 批发和零售环节应税消费品应纳税额的计算

1. 批发环节应纳税额的计算

批发环节的应税消费品特指卷烟，自 2015 年 5 月 10 日起，在我国境内从事卷烟批发业务的所有单位和个人，应就其批发销售的所有牌号、规格的卷烟，按 11%的比例税率、0.005 元/支的定额税率双重计征消费税。此外，计算批发环节卷烟消费税时还应注意：

(1) 应将卷烟销售额与其他商品销售额分开核算，未分开核算的，一并征收消费税；

(2) 卷烟批发企业之间销售的卷烟不缴纳消费税，只有将卷烟销售给零售商等其他单位和个人时才缴纳消费税；

(3) 卷烟批发企业在计算卷烟消费税时不得扣除卷烟生产环节已缴纳的消费税税额。

【例 3-8】某市烟草集团为增值税一般纳税人，持有烟草批发许可证，2020 年 4 月收回委托加工的卷烟 200 箱，集团公司将其中 20 箱销售给烟草批发商甲企业，取得含税销售收入 79.1 万元；80 箱销售给烟草零售商乙专卖店，取得不含税销售收入 280 万元；100 箱作为股本与丙公司合资成立一家烟草零售企业丁公司。计算该烟草集团公司分别向甲企业、乙专卖店销售卷烟以及向丁公司投资应纳的消费税税额。

因为甲企业是烟草批发商，批发商之间不征消费税，所以向甲企业销售卷烟应纳消费税税额为零。

向乙专卖店销售卷烟应纳消费税税额＝280×11%＋80×500 00×0.005÷10 000

＝30.8＋2＝32.8(万元)

向丁公司投资应纳消费税税额＝100×280÷80×11%＋100×50 000×0.005÷10000

＝38.5＋2.5＝41(万元)

2. 零售环节应纳税额的计算

零售环节的应税消费品特指金银首饰、铂金首饰和钻石及钻石饰品。金银首饰特指金、银和金基、银基合金首饰，以及金、银和金基、银基合金的镶嵌首饰。自 2016 年 12 月 1 日起对超豪华小汽车，在生产(进口)环节按现行税率征收消费税基础上，在零售环节加征消费税，税率为 10%。

对既销售金银首饰，又销售非金银首饰的生产经营单位，应分别核算两类商品的销售额。凡划分不清楚或不能分别核算，在生产环节销售的，一律从高适用税率征收消费税；在零售环节销售的，一律按金、银首饰征收消费税。金、银首饰与其他产品组成套装消费品销售的，应按销售额全额征收消费税。对纳税人采取以旧换新方式销售金、银首饰的，按实际收取的不含增值税价款计算消费税。

【例3-9】某珠宝店是一家经批准有权经营金、银首饰的珠宝零售店，为增值税一般纳税人，2020年4月销售金、银首饰及珠宝玉石零售金额共计269 200元，其中：金、银首饰125 410元，钻石及钻石饰品100 590元，其他首饰43 200元。计算该珠宝店4月应缴纳的消费税税额。

根据《消费税暂行条例》的规定，金、银首饰和钻石及钻石饰品的消费税在零售环节缴纳，其他首饰消费税应在生产、进口或委托加工环节缴纳。

应纳消费税税额＝(125 410＋100 590)÷(1＋13%)×5%＝10 000 (元)

二、消费税的会计核算

(一) 消费税会计科目的设置

为了正确反映和核算消费税有关纳税事项，纳税人应在"应交税费"科目下设置"应交消费税"二级科目。本科目的借方反映企业实际缴纳的消费税税额和待抵扣的消费税税额；贷方反映按规定应缴纳的消费税税额；对应科目期末余额在贷方，反映尚未缴纳的消费税；期末若为借方余额，则反映多交或待抵扣的消费税。

由于消费税属于价内税，即销售额中含有应负担的消费税税额，应将消费税作为费用、成本的内容加以核算，因此，还应设置与之相应的会计科目，如"税金及附加""其他业务成本""长期股权投资""在建工程""营业外支出""应付职工薪酬"等科目。

(二) 消费税会计核算实务

1. 生产销售应税消费品的核算

企业将生产的应税消费品直接对外销售时，按计提的消费税税额，借记"税金及附加"科目，贷记"应交税费——应交消费税"科目。实际缴纳消费税税额时，借记"应交税费——应交消费税"科目，贷记"银行存款"科目。发生销货退回及退税时，做相反的会计处理。

随同商品出售但单独计价的包装物收入贷记"其他业务收入"科目；按规定应缴纳的消费税，借记"税金及附加"科目，贷记"应交税费——应交消费税"科目，同时结转包装物的成本。纳税人出租、出借包装物逾期未退还的包装物押金，应从"其他应付款"科目转入"其他业务收入"科目，并按照应缴纳的消费税税额，借记"税金及附加"科目，贷记"应交税费——应交消费税"科目。

【例3-10】接【例3-1】，进行相关的会计处理。

该企业会计处理如下：

借：银行存款	768 400	
其他应付款	22 600	
贷：主营业务收入		680 000
其他业务收入		20 000
应交税费——应交增值税(销项税额)		91 000

同时：

借：税金及附加	105 000	
贷：应交税费——应交消费税		105 000

2. 自产自用应税消费品的核算

企业将自产的应税消费品用于在建工程、劳动保护、股利分红等情况时，视同销售，应于货物移送时，借记"在建工程""应付职工薪酬""应付股利"等科目，按货物的售价或者组成计税价格，贷记"库存商品""主营业务收入"等科目，按应交增值税税额，贷记"应交税费——应交增值税(销项税额)"科目，同时按应交消费税税额，借记"税金及附加"科目，贷记"应交税费——应交消费税"科目，同时结转产品成本。

纳税人将自产的应税消费品用于捐赠、赞助、广告等用途的，应于货物移送时，按同类售价或者组成计税价格计算消费税税额，借记"营业外支出""销售费用"等科目，贷记"应交税费——应交消费税"科目；同时，按货物移送成本，贷记"库存商品"科目。

【例3-11】接【例3-5】，进行相关的会计处理。

该企业会计处理如下：

① 确认收入时：

借：应付职工薪酬　　　　　　　　　　　　　　197 750
　　贷：主营业务收入　　　　　　　　　　　　175 000
　　　　应交税费——应交增值税(销项税额)　　22 750

② 计提消费税时：

借：税金及附加　　　　　　　　　　　　　　　17 500
　　贷：应交税费——应交消费税　　　　　　　17 500

③ 结转成本时：

借：主营业务成本　　　　　　　　　　　　　　150 000
　　贷：库存商品　　　　　　　　　　　　　　150 000

3. 委托加工应税消费品的核算

委托加工的应税消费品，由受托方所在地或居住地主管税务机关代收代缴消费税税款；委托个人加工的应税消费品，由委托方向其机构所在地主管税务机关申报纳税。

(1) 委托方的账务处理。

委托加工的应税消费品收回后直接销售的，在销售时不再征收消费税。委托方应将受托方代收代缴的消费税计入委托加工应税消费品的成本，借记"委托加工物资"等科目，贷记"银行存款""应付账款"等科目。

委托加工的应税消费品收回后用于连续生产应税消费品按规定准予抵扣的，委托方应按代收代缴的消费税税额，借记"应交税费——应交消费税"科目，贷记"银行存款""应付账款"等科目。待加工成最终应税消费品销售时，按最终应税消费品应缴纳的消费税税额，借记"税金及附加"科目，贷记"应交税费——应交消费税"科目。

(2) 受托方的账务处理。

受托方按应收的消费税税额，借记"银行存款""应收账款"等科目，贷记"应交税费——应交消费税"科目。

【例3-12】接【例3-6】，对甲企业、乙企业的相关涉税业务进行会计处理。

甲企业会计处理如下：

① 发出材料时：

借：委托加工物资　　　　　　　　　　　　　　5 800
　　贷：原材料　　　　　　　　　　　　　　　5 800

② 支付加工费和税款时：

借：委托加工物资　　　　　　　　　　　　　　1 400
　　应交税费——应交增值税(进项税额)　　　　182
　　应交税费——应交消费税　　　　　　　　　800

　　　　贷：银行存款　　　　　　　　　　　　　　　　2 382

③ 加工完毕收回入库时：

借：原材料　　　　　　　　　　　　　　　7 200

　　　贷：委托加工物资　　　　　　　　　　　　7 200

乙公司会计处理如下：

收取加工费、增值税和代收消费税时：

借：银行存款　　　　　　　　　　　　　　2 382

　　　贷：主营业务收入　　　　　　　　　　　　1 400

　　　　　应交税费——应交增值税(销项税额)　　　182

　　　　　应交税费——代收代缴消费税　　　　　800

4. 进口应税消费品的核算

进口应税消费品时，由海关代征的进口消费税，应计入应税消费品的成本，根据海关完税凭证上注明的消费税税额，借记"固定资产""在途物资""库存商品""应交税费——应交增值税(进项税额)"等科目，贷记"银行存款""应付账款"等科目。

【例3-13】接【例3-7】，进行相关会计处理。

甲企业会计处理如下：

借：库存商品　　　　　　　　　　　　　227 500 000

　　　应交税费——应交增值税(进项税额)　　29 575 000

　　　贷：银行存款　　　　　　　　　　　　257 075 000

▌ 任务实施

根据【任务导入】情境资料和任务要求，通过如下操作步骤进行任务实施。

实施任务1：根据甲化妆品有限责任公司2020年8月经济业务逐笔计算应纳消费税，并做出相关的会计处理。

甲化妆品有限责任公司做出如下会计处理。

(1) 公司8月3日缴纳上月应交未交的消费税时：

借：应交税费——应交消费税　　　　　　730 000

　　　贷：银行存款　　　　　　　　　　　　730 000

(2) 8月7日对外销售高档美容类化妆品时：

计税销售额＝3 000 000＋1.13÷(1＋13%)＝3 010 000(元)

增值税销项税额＝3 010 000×13%＝391 300(元)

应纳消费税税额＝3 010 000×15%＝451 500(元)

① 确认收入时：

借：银行存款　　　　　　　　　　　　　3 401 300

　　　贷：主营业务收入　　　　　　　　　　　3 000 000

　　　　　其他业务收入　　　　　　　　　　　　10 000

　　　　　应交税费——应交增值税(销项税额)　　391 300

② 计提消费税时：

借：税金及附加　　　　　　　　　　　　451 500

　　　贷：应交税费——应交消费税　　　　　　451 500

(3) 8月8日购入高档保湿精华时：

增值税进项税额＝600 000×13%＝78 000(元)

借：原材料——高档保湿精华	600 000
应交税费——应交增值税(进项税额)	78 000
贷：银行存款	678 000

(4) 8月10日，用购入的高档保湿精华生产高档保湿粉底液后全部销售时：

外购应税化妆品已纳消费税税额(可抵扣)＝600 000×40%×15%＝36 000(元)

出售高档保湿粉底液的计税销售额＝2 000 000(元)

增值税销项税额＝2 000 000×13%＝260 000(元)

出售高档保湿粉底液应纳消费税税额＝2 000 000×15%＝300 000(元)

① 领用高档保湿精华投入生产时：

借：生产成本	204 000
应交税费——应交消费税	36 000
贷：原材料	240 000

② 确认收入时：

借：银行存款	2 260 000
贷：主营业务收入	2 000 000
应交税费——应交增值税(销项税额)	260 000

③ 计提消费税时：

借：税金及附加	300 000
贷：应交税费——应交消费税	300 000

(5) 8月12日，将自产高档口红礼盒无偿赠送时：

计税销售额＝1 500×100＝150 000(元)

增值税销项税额＝150 000×13%＝19 500(元)

应纳消费税税额＝150 000×15%＝22 500(元)

借：营业外支出	147 000
贷：库存商品	105 000
应交税费——应交增值税(销项税额)	19 500
应交税费——应交消费税	22 500

(6) 8月16日，将自产成套化妆品抵偿乙公司货款时：

增值税销项税额＝2 000×80×13%＝20 800(元)

计税销售额＝2 200×80＝176 000(元)

应纳消费税税额＝176 000×15%＝26 400(元)

① 抵偿债务时：

借：应付账款——乙公司	180 000
营业外支出——债务重组损失	800
贷：主营业务收入	160 000
应交税费——应交增值税(销项税额)	20 800

② 计提消费税时：

借：税金及附加	264 000
贷：应交税费——应交消费税	264 000

(7) 8 月 18 日受托加工高档香水，收取加工费、增值税及代收消费税时：

增值税销项税额＝30 000×13%＝3 900(元)

组成计税价格＝(140 000＋30 000)÷(1-15%)＝200 000(元)

代收代缴的消费税＝200 000×15%＝30 000(元)

借：银行存款 63 900

　　贷：其他业务收入 30 000

　　　　应交税费——应交增值税(销项税额) 3 900

　　　　应交税费——代收代缴消费税 30 000

(8) 8 月 25 日，进口一批成套化妆品，支付货款、关税、海关代收的增值税和消费税时：

组成计税价格＝85 000×(1＋5%)÷(1-15%)＝105 000(元)

海关代征进口环节增值税＝105 000×13%＝13 650(元)

海关代征进口环节消费税＝105 000×15%＝15 750(元)

借：在途物资 105 000

　　应交税费——应交增值税(进项税额) 13 650

　　贷：银行存款 118 650

实施任务 2：计算本月应纳消费税总额及代收代缴的消费税。

本月计税销售额＝3 010 000＋2 000 000＋150 000＋176 000＝5 336 000(元)

甲公司 8 月应申报缴纳的消费税总额＝451 500＋(300 000-36 000)＋22 500＋26 400

＝764 400(元)

代收代缴丙公司消费税税额＝30 000(元)

海关代征的消费税税额＝15 750(元)

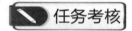 **任务考核**

一、单项选择题

1. 2020 年 12 月，甲公司销售自产的高尔夫球杆 3 000 支，不含增值税单价 1 600 元/支；销售自产的高尔夫球包 500 个，不含增值税单价 1 200 元/个；销售自产的高尔夫球帽 100 顶，不含增值税单价 150 元/顶。已知，高尔夫球及球具消费税税率为 10%。计算甲公司当月上述业务应缴纳消费税税额的下列算式中，正确的是(　　)。

　　A. (3 000×1 600＋100×150)×10%

　　B. (3 000×1 600＋500×1 200)×10%

　　C. (3 000×1 600＋500×1 200＋100×150)×10%

　　D. 3 000×1 600×10%

2. 甲筷子厂为增值税一般纳税人，2020 年 12 月销售自产工艺筷取得不含增值税价款 18 万元，销售自产木制一次性筷子取得不含增值税价款 12 万元，逾期不予退还的木制一次性筷子包装物押金 0.226 万元。已知，增值税税率为 13%，消费税税率为 5%。计算甲筷子厂当月上述业务应缴纳消费税税额的下列算式中，正确的是(　　)。

　　A. [18＋12＋0.226÷(1＋13%)]×5%　　　B. [12＋0.226÷(1＋13%)]×5%

　　C. 12×5%　　　　　　　　　　　　　　D. [18＋0.226÷(1＋13%)]×5%

3. 2020 年 5 月甲石化公司销售自产汽油 1 000 吨，办公用小汽车领用自产汽油 1 吨，向客户无偿赠送自产汽油 0.5 吨。已知，汽油消费税定额税率为 1.52 元/升，汽油 1 吨＝1388 升。计算甲石化公司当月上述业务应缴纳消费税税额的下列算式中，正确的是(　　)。

A. (1 000+1+0.5)×1 388×1.52   B. (1 000+1)×1 388×1.52

C. 1 000×1 388×1.52   D. (1 000+0.5)×1 388×1.52

4. 2020 年 10 月甲厂受托为乙卷烟厂加工烟丝，收取加工费开具增值税专用发票注明金额 21 000 元、税额 2 730 元。乙卷烟厂提供材料成本 150 000 元，甲厂无同类烟丝销售价格。已知，烟丝消费税税率为 30%。计算甲厂当月该笔业务应代收代缴消费税税额的下列算式中，正确的是( )。

     A. (150 000+21 000)÷(1−30%)×30%

     B. (150 000+21 000+2 730)×30%

     C. (150 000+21 000)×30%

     D. (150 000+21 000+2 730)÷(1−30%)×30%

5. 根据消费税法律制度的规定，企业发生的下列经营行为中，外购应税消费品已纳消费税税额准予从应纳消费税税额中扣除的是( )。

     A. 外购已税蒸馏酒生产配制酒   B. 外购已税溶剂油为原料生产成品油

     C. 外购已税烟丝生产卷烟   D. 外购已税电池生产小汽车

6. 2020 年 4 月甲公司进口一批高档手表，海关审定的关税完税价格为 100 万元，缴纳关税 30 万元，已知高档手表消费税税率为 20%，甲公司当月进口高档手表应缴纳消费税税额的下列计算中，正确的是( )。

     A. (100+30)×20%=26(万元)   B. (100+30)÷(1−20%)×20%=32.5(万元)

     C. 100×20%=20(万元)   D. 100÷(1−20%)×20%=25(万元)

7. 委托加工应纳消费税产品回收后，用于继续加工生产应纳消费税产品的，由受托方代收代缴的消费税，应计入的科目是( )。

     A. "生产成本"   B. "应交税费"

     C. "委托加工物资"   D. "主营业务成本"

8. 某化妆品公司是增值税一般纳税人，本月销售给某单位化妆品 10 箱，收取现金 22 600 元，增值税税率为 13%，消费税税率为 15%。则化妆品公司正确的会计处理是( )。

     A. 借：库存现金   22 600
         贷：库存商品   22 600

     B. 借：库存现金   22 600
         贷：主营业务收入   22 600

     C. 借：库存现金   22 600
         贷：主营业务收入   20 000
             应交税费——应交增值税(销项税额)   2 600

     D. 借：库存现金   22 600
         贷：主营业务收入   20 000
             应交税费——应交增值税(销项税额)   2 600
     借：税金及附加   3 000
         贷：应交税费——应交消费税   3 000

9. 纳税人用自产的应税消费品(该产品已入成品库)连续生产应税消费品会计处理为( )。

     A. 借：生产成本   B. 借：在建工程
         贷：库存商品   贷：库存商品
             应交税费——应交消费税

     C. 借：生产成本   D. 借：生产成本
         贷：原材料   贷：库存商品

10. 某生产企业生产销售镀金包金首饰，其包装物单独计价核算，对于取得的包装物收入应缴纳的消费税，正确的会计处理是计入(   )科目的借方。

    A. "生产成本"　　　　　　　　　　　B. "税金及附加"

    C. "其他业务成本"　　　　　　　　　D. "销售费用"

二、多项选择题

1. 酒厂生产销售白酒，收取的下列款项中，应并入销售额缴纳消费税的有(   )。

    A. 品牌使用费　　　　　　　　　　　B. 优质费

    C. 包装物租金　　　　　　　　　　　D. 储备费

2. 销售(   )等酒类产品而收取的包装物押金，收取时要计入其销售额中一并征收增值税。

    A. 啤酒　　　　　　　　　　　　　　B. 黄酒

    C. 粮食白酒　　　　　　　　　　　　D. 薯类白酒

3. 根据消费税法律制度的规定，下列各项中，应当以纳税人同类应税消费品的最高销售价格作为计税依据计缴消费税的有(   )。

    A. 乙化妆品厂将自产的高档香水赠送客户

    B. 丙首饰店将购进的金项链奖励优秀员工

    C. 丁汽车厂将自产的小汽车用于投资入股

    D. 甲酒厂将自产的白酒用于抵偿债务

4. 下列各项中，符合应税消费品销售数量规定的有(   )。

    A. 生产销售应税消费品的，为应税消费品的销售数量

    B. 自产自用应税消费品的，为应税消费品的生产数量

    C. 委托加工应税消费品的，为委托加工数量

    D. 进口应税消费品的，为海关核定的应税消费品进口数量

5. 纳税人自产自用的应税消费品用于下列用途时，应缴纳消费税的有(   )。

    A. 用于职工福利和奖励　　　　　　　B. 用于生产非应税消费品

    C. 用于生产应税消费品　　　　　　　D. 用于馈赠、赞助

6. 某高尔夫球生产企业是增值税一般纳税人，其生产的高尔夫球不含增值税的平均销售价格为 25 000 元/箱，最高销售价格为 26 000 元/箱；该企业 10 月将 5 箱自产高尔夫球用于换取一批生产材料。已知，增值税税率为 13%，消费税税率为 10%。有关该企业上述业务应缴纳的增值税和消费税，下列计算列式中正确的有(   )。

    A. 应纳增值税税额＝25 000×5×13%＝16 250(元)

    B. 应纳增值税税额＝26 000×5×13%＝16 900(元)

    C. 应纳消费税税额＝25 000×5×10%＝12 500(元)

    D. 应纳消费税税额＝26 000×5×10%＝13 000(元)

7. 甲礼花厂 2020 年 10 月委托乙厂加工一批焰火，甲礼花厂提供的原材料成本为 37.5 万元。当月乙厂将加工完毕的焰火交付甲厂，开具增值税专用发票注明收取加工费 5 万元(乙厂无同类焰火销售价格)。已知，销售加工、修理修配劳务适用增值税税率为 13%，鞭炮、焰火适用消费税税率为 15%。有关甲礼花厂上述业务的税务处理，下列说法正确的有(   )。

    A. 甲礼花厂应缴纳的增值税税额＝5×13%

    B. 甲礼花厂应缴纳的消费税税额＝(37.5＋5)×15%

  C. 乙厂应缴纳的增值税税额＝5×13%

  D. 乙厂应代收代缴的消费税税额＝(37.5＋5)÷(1-15%)×15%

 8. 木材厂将自产的一批实木地板用于装修厂部办公楼，其会计处理为(　　)。

  A. 借：在建工程

    贷：应交税费——应交增值税(销项税额)

  B. 借：在建工程

    贷：应交税费——应交消费税

  C. 借：税金及附加

    贷：应交税费——应交消费税

  D. 借：在建工程

    贷：库存商品

 9. 进口的应税消费品缴纳的消费税应计入进口应税消费品的成本，可能计入的会计科目有(　　)。

  A. "固定资产"   B. "应交税费"

  C. "材料采购"   D. "库存商品"

 10. 纳税人将其生产经营的应税消费品用于职工福利、奖励等方面应做出的会计处理是(　　)。

  A. 借：应付职工薪酬

    贷：主营业务收入

      应交税费——应交增值税(销项税额)

  B. 借：税金及附加

    贷：应交税费——应交消费税

  C. 借：应付职工薪酬

    贷：库存商品

  D. 借：主营业务成本

    贷：库存商品

三、判断题

1. 雪茄烟适用从价定率和从量定额相结合的复合计征办法征收消费税。　　　　　(　　)

2. 白酒生产企业销售白酒收取的包装物押金应并入白酒销售额，征收消费税。　　(　　)

3. 纳税人将自产的高档美白精华移送连续生产高档粉饼，移送时应当缴纳消费税。(　　)

4. 纳税人用外购的已税珠宝玉石生产的改在零售环节征收消费税的金银首饰(含镶嵌首饰)，在计税时一律不得扣除外购珠宝玉石的已纳税款。　　　　　　　　　　　　　(　　)

5. 企业在没有同类产品售价的情况下，可以按企业的实际成本利润率推算计税价格来计算该类产品的应纳消费税。　　　　　　　　　　　　　　　　　　　　　　　　(　　)

6. 委托加工的应税消费品收回后出售的，不论售价高低，均不再缴纳消费税。　　(　　)

7. 烟草批发企业将卷烟销售给其他烟草批发企业的，应缴纳消费税。　　　　　　(　　)

8. 根据消费税法律制度的规定，金银首饰与其他产品组成成套消费品销售的，按销售全额征收消费税。　　　　　　　　　　　　　　　　　　　　　　　　　　　　　(　　)

9. 消费税是一种价内税，纳税人销售应税消费品的售价中包含了消费税，因此，纳税人缴纳的消费税应计入"税金及附加"科目，从销售收入中得到补偿。　　　　　　　(　　)

10. 纳税人将自产的应税消费品用于捐赠或赞助的，按规定应缴纳的消费税借记"税金及附加"科目。　　　　　　　　　　　　　　　　　　　　　　　　　　　　　(　　)

四、会计核算实务题

通达公司为增值税一般纳税人，主要从事酒及卷烟的生产和销售业务，已知：粮食白酒适用的消费税税率为比例税率 20%，定额税率 0.5 元/500 克；甲类卷烟适用的消费税税率为比例税率 56%，定额税率 150 元/箱；烟丝适用的消费税税率为 30%；各产品适用的增值税税率均为 13%。通达公司取得的扣税凭证均符合抵扣规定。公司 2020 年 9 月有关消费税业务情况如下。

(1) 9 月 3 日，向某大型商场销售自产粮食白酒 14 吨，开具增值税专用发票，取得不含税销售额 200 000 元，增值税税额为 26 000 元，款项已存银行。

(2) 9 月 9 日，向某单位销售自产粮食白酒 7 吨，开具普通发票，取得含增值税销售额 113 000 元，款项已存银行。

(3) 9 月 13 日，将自产的 1 吨粮食白酒用作职工福利。该批白酒的总成本为 2 700 元，该类粮食白酒无同类产品市场销售价格，成本利润率为 5%。

(4) 9 月 16 日，收回委托丁加工厂加工的 3 吨粮食白酒。通达公司提供的原材料金额为 139 480 元，支付不含增值税的加工费 30 000 元。丁加工厂无加工粮食白酒的同类产品市场价格。通达公司将粮食白酒收回后直接不加价出售。

(5) 月初库存的外购烟丝的买价为 300 000 元，月末库存的外购烟丝的买价为 500 000 元。本月从乙生产企业购进烟丝，取得增值税专用发票，注明不含税价款 2 000 000 元，增值税税额为 260 000 元，本月领用的外购烟丝全部用来生产甲类卷烟。9 月 25 日，销售甲类卷烟 160 箱，取得不含税价款 4 000 000 元，款项已存银行。

要求：

1. 根据通达公司 2020 年 9 月的业务资料，做出相应的涉税会计处理。
2. 计算通达公司 2020 年 9 月的应纳消费税。

任务三 消费税的纳税申报与缴纳

任务导入

接本项目任务二中【任务导入】中的情境资料以及结合任务二中【任务实施】的操作内容，完成下面任务要求。

任务要求：甲化妆品有限责任公司 2020 年 9 月 8 日进行纳税申报，填写消费税纳税申报表及其相关附表。

任务准备

一、消费税的征收管理

(一) 纳税义务发生时间

(1) 纳税人销售的应税消费品，纳税义务发生时间按不同的销售结算方式分别确定：①纳税人采取赊销和分期收款结算方式的，为书面合同约定的收款日期的当天；书面合同没有约定收款日期或者无书面合同的，为发出应税消费品的当天；②纳税人采取预收货款结算方式的，为发出应税消费品的当天；③纳税人采取托收承付、委托银行收款结算方式的，为发出应税消费品并办妥托收手续的当天；④纳税人采取其他结算方式的，为收讫销售款或者取得索取销售款凭据的当天。

(2) 自产自用的应税消费品，其纳税义务发生时间为纳税人移送使用的当天。

(3) 委托加工的应税消费品，其纳税义务发生时间为纳税人提货的当天。

(4) 进口的应税消费品，其纳税义务发生时间为纳税人报关进口的当天。

(二) 纳税期限

根据《消费税暂行条例》规定，消费税的纳税期限分别为 1 日、3 日、5 日、10 日、15 日、1 个月或者 1 个季度。纳税人的具体纳税期限，由主管税务机关根据纳税人应纳税额的大小分别核定；如果不能按照固定期限纳税的，可以按次纳税。

纳税人以 1 个月或者 1 个季度为 1 个纳税期的，自期满之日起 15 日内申报纳税；以 1 日、3 日、5 日、10 日或者 15 日为一期纳税的，自期满之日起 5 日内预缴税款，于次月 1 日起至15 日内申报纳税并结清上月应纳税款。

纳税人进口应税消费品，应当自海关填发税款缴款书之日起 15 日内缴纳税款。

(三) 纳税地点

(1) 纳税人销售的应税消费品，以及自产自用的应税消费品，除国务院财政、税务主管部门另有规定外，应当向纳税人机构所在地或者居住地的税务机关申报纳税。

(2) 委托加工的应税消费品，除受托方为个人外，由受托方向机构所在地或者居住地的税务机关解缴消费税税款；受托方为个人的，由委托方向其机构所在地税务机关申报纳税。

(3) 进口的应税消费品，由进口人或者其代理人向报关地海关申报纳税。

(4) 纳税人到外县(市)销售或者委托外县(市)代销自产应税消费品的，于应税消费品销售后，向机构所在地或者居住地税务机关申报纳税。

(5) 总机构与分支机构不在同一县(市)：①纳税人的总机构与分支机构不在同一县(市)的，原则上应当分别向各自机构所在地的税务机关申报纳税；②纳税人的总机构与分支机构不在同一县(市)，但在同一省(自治区、直辖市)范围内，经省(自治区、直辖市)财政厅(局)、税务局审批同意，可以由总机构汇总向总机构所在地的税务机关申报缴纳消费税。

二、消费税的纳税申报实务

纳税人无论当期有无销售或是否盈利，均应在次月 1 日至 15 日填写"消费税及附加税费申报表(见表 3-4)"及其附表"本期准予扣除税额计算(见表 3-5)"等。

表 3-4 消费税及附加税费申报表

税款所属期：2020 年 08 月 01 日 至 2020 年 08 月 31 日

纳税人识别号：

纳税人名称：甲化妆品有限责任公司 金额单位：人民币元(列至角分)

项目 应税 消费品名称	适用税率		计量 单位	本期销售数量	本期销售额	本期应纳税额
	定额 税率	比例 税率				
	1	2	3	4	5	6=1×4+2×5
高档化妆品		15%			5 336 000	800 400
合计	—	—	—	—	—	800 400

	栏次	本期税费额
本期减(免)税额	7	
期末留抵税额	8	
本期准予扣除税额	9	36 000
本期应扣除税额	10=8+9	36 000
本期实际扣除税额	11[10＜(6-7)，则为 10，否 则为 6-7]	36 000
期末留抵税额	12=10-11	
本期预缴税额	13	
本期应补(退)税额	14=6-7-11-13	764 400
城市维护建设税本期应补(退)税额	15	
教育费附加本期应补(退)费额	16	
地方教育附加本期应补(退)费额	17	

声明：此表是根据国家税收法律法规及相关规定填写的，本人(单位)对填报内容(及附带资料)的真实性、可靠性、完整性负责。

纳税人(签章)：甲化妆品有限责任公司 2020 年 09 月 08 日

经办人： 经办人身份证号： 代理机构签章： 代理机构统一社会信用代码：	受理人： 受理税务机关(章)： 受理日期：　　年　　月　　日

表 3-5 本期准予扣除税额计算表

准予扣除项目		应税消费品名称		高档保湿精华	合计
一、本期准予扣除的委托加工应税消费品已纳税款计算		期初库存委托加工应税消费品已纳税款	1		
		当期收回委托加工应税消费品已纳税款	2		
		期末库存委托加工应税消费品已纳税款	3		
		本期领用不准予扣除委托加工应税消费品已纳税款	4		
		本期准予扣除委托加工应税消费品已纳税款	5=1+2-3-4		
二、本期准予扣除的外购应税消费品已纳税款计算	(一) 从价计税	期初库存外购应税消费品买价	6	0	
		本期购进应税消费品买价	7	600 000	
		期末库存外购应税消费品买价	8	360 000	
		本期领用不准予扣除外购应税消费品买价	9		
		适用税率	10	15%	
		本期准予扣除外购应税消费品已纳税款	11=(6+7-8-9)×10	36 000	36 000
	(二) 从量计税	期初库存外购应税消费品数量	12		
		本期外购应税消费品数量	13		
		期末库存外购应税消费品数量	14		
		本期领用不准予扣除外购应税消费品数量	15		
		适用税率	16		
		计量单位	17		
		本期准予扣除的外购应税消费品已纳税款	18=(12+13-14-15)×16		
三、本期准予扣除税款合计			19=5+11+18	36 000	36 000

✎ 任务实施

根据【任务导入】情境资料和任务要求，通过如下操作步骤进行任务实施。

第一步：分析经济业务内容，选择消费税纳税申报表。

甲化妆品有限责任公司 8 月发生的涉税经济业务主要是高档化妆品生产销售、视同销售、受托加工、进口业务，该公司涉及需要填报的消费税纳税申报表主要有"消费税及附加税费纳税申报表""本期准予扣除税额计算表"。

第二步：分别填写纳税申报表。

具体填制内容如表 3-4、表 3-5 所示。

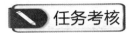 任务考核

一、单项选择题

1. 下列各项中，符合消费税纳税义务发生时间规定的是( )。
   A. 进口的应税消费品，为取得进口货物的当天
   B. 自产自用的应税消费品，为移送使用的当天
   C. 委托加工的应税消费品，为支付加工费的当天
   D. 采取预收货款结算方式的应税消费品，为收到预收货款的当天

2. 纳税人进口的应税消费品，其纳税义务的发生时间为( )的当天。
   A. 纳税人办完入关手续   B. 消费品报关进口
   C. 纳税人提货   D. 纳税人接到通知

3. 进口消费品的消费税由( )代征。
   A. 海关   B. 税务机关   C. 市场监管部门   D. 邮政部门

4. 根据消费税法律制度的规定，下列关于消费税纳税地点的表述中，正确的是( )。
   A. 纳税人销售的应税消费品，除另有规定外，应当向纳税人机构所在地或居住地的税务机关申报纳税
   B. 纳税人总机构与分支机构不在同一省的，由总机构汇总向总机构所在地的税务机关申报纳税
   C. 进口的应税消费品，由进口人或者其代理人向机构所在地的税务机关申报纳税
   D. 委托加工的应税消费品，受托方为个人的，由受托方向居住地的税务机关申报纳税

5. 消费税各类申报表的下列项目填报中错误的是( )。
   A. "期初未缴税额"填写本期期初应缴未缴的消费税税额，多缴为负数，其数值等于上期"期末未缴税额"
   B. "本期缴纳前期应纳税额"填写纳税申报前已预先缴纳入库的消费税税额
   C. 本期应补(退)税额＝应纳税额(合计栏金额)–本期准予扣除税额–本期减(免)税额–本期预缴税额
   D. 期末未缴税额＝期初未缴税额＋本期应补(退)税额–本期缴纳前期应纳税额

二、多项选择题

1. 根据消费税法律制度的规定，下列关于消费税纳税义务发生时间的表述中，正确的是( )。
   A. 委托加工应税消费品的，为纳税人提货的当天
   B. 采取分期收款结算方式的，为收讫销售款的当天
   C. 采取预收货款结算方式的，为收到预收款的当天
   D. 纳税人进口应税消费品的，为报关进口的当天

2. 以下符合消费税纳税义务发生时间规定的有( )。
   A. 纳税人采取赊销和分期收款结算方式销售应税消费品的，其纳税义务的发生时间为实际收款日期的当天
   B. 纳税人自产自用应税消费品，其纳税义务的发生时间为移送使用的当天
   C. 纳税人委托加工应税消费品，其纳税义务的发生时间为委托方支付加工费的当天
   D. 纳税人采取直接收款方式销售应税消费品的，其纳税义务的发生时间为收讫销售款或者取得索取销售款的凭据的当天

3. 以下关于消费税的纳税地点表述正确的有(　　)。

A. 委托加工的应税消费品，除受托方为个人外，由受托方向机构所在地或者居住地的主管税务机关解缴其代收代缴的消费税

B. 纳税人销售的应税消费品，以及自产自用的应税消费品除另有规定外，应当向纳税人机构所在地或居住地的主管税务机关申报纳税

C. 进口的应税消费品，由进口人或代理人向核算地海关申报

D. 委托个人加工的应税消费品，由委托方向其机构所在地或者居住地的主管税务机关申报纳税

4. 下列属于消费税纳税期限的有(　　)日。

A. 1　　　　　　　　B. 3　　　　　　　　C. 5　　　　　　　　D. 10

5. 不同的应税消费品采用不同的消费税纳税申报表，具体包括(　　)。

A. 烟类应税消费品消费税纳税申报表

B. 酒类应税消费品消费税纳税申报表

C. 成品油消费税纳税申报表

D. 化妆品消费税纳税申报表

三、判断题

1. 委托加工应税消费品的，消费税应由委托方向受托方所在地主管税务机关申报纳税。

(　　)

2. 金银首饰消费税的纳税义务发生时间为收讫销售款或取得索取销售款凭据的当天。

(　　)

3. 纳税人进口应税消费品，应当自海关填发税款缴款书次日起15日内缴纳税款。(　　)

4. 纳税人销售的应税消费品，如因质量等原因由购买者退回时，经机构所在地或者居住地主管税务机关审核批准后，可退还已缴纳的消费税税款，但不能自行直接抵减应纳税款。

(　　)

5. 纳税人无论当期有无销售或是否盈利，均应在次月1日至15日内根据应税消费品分别填写相应的消费税纳税申报表，向主管税务机关进行纳税申报。(　　)

四、纳税申报操作题

根据本项目任务二【任务考核】中会计核算实务题中的经济业务资料及相关操作内容，完成下面要求。

要求：通达公司2020年10月12日进行消费税纳税申报，填写消费税纳税申报表及其相关附表。

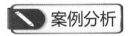 案例分析

"先销售后包装"合法降低税负

某酒业公司为促进产品销售，采取多样化生产营销策略，该酒业公司将生产的粮食白酒与药酒组成礼品套装进行销售。2020年5月，该公司对外销售500套套装酒，单价为130元/套，其中粮食白瓶、药酒各1瓶，均为500克装(若单独销售，粮食白酒50元/瓶，药酒80元/瓶)。假设此包装属于简易包装，包装费忽略不计(粮食白酒消费税的比例税率为20%，定额税率为0.5元/500克；药酒消费税的比例税率为10%，无定额税率)。该公司销售500套套装酒应缴纳的消费税计算如下：

应缴纳的消费税税额＝(50＋80)×500×20%＋500×1×2×0.5

＝13 000＋500＝13 500(元)

思考：该酒业公司想在合法的条件下降低税负，你认为有可能吗？

注：分析提示见二维码 3-5。

3-5 分析提示

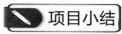 项目小结

本项目主要介绍了我国现行消费税的纳税人、征税范围和税率；消费税应纳税额的计算及其相关涉税会计处理；消费税的纳税申报。在纳税实务中，消费税的计算、缴纳、会计处理往往与增值税是同步进行的，因此要综合运用。

本项目内容结构如图 3-1 所示。

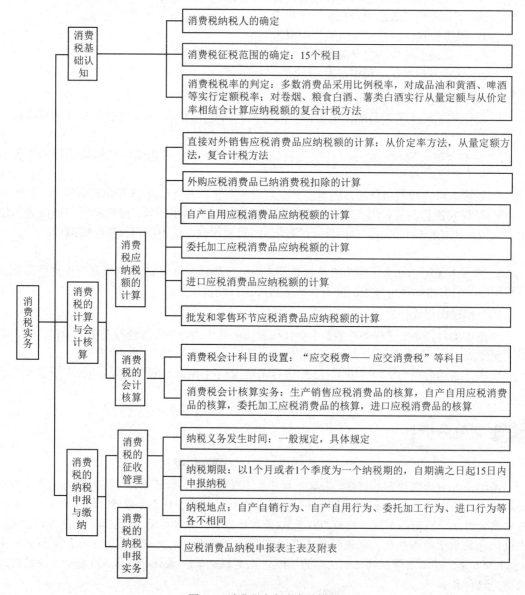

图 3-1　消费税实务内容结构图

项目四　企业所得税实务

法规导航

| 4-1 中华人民共和国企业所得税法 | 4-2 中华人民共和国企业所得税法实施条例 | 4-3 国家税务总局关于印发《企业所得税汇算清缴管理办法》的通知 | 4-4 财政部 税务总局关于进一步完善研发费用税前加计扣除政策的公告 | 4-5 国家税务总局关于落实支持小型微利企业和个体工商户发展所得税优惠政策有关事项的公告 |

项目情境

你知道企业在结算出财务成果、产生收益后，还需要缴纳什么税吗？

纳税人为谋取利润，需要投入一定的人力、物力、财力，在计算企业所得税计税依据——"纯所得"时，其全部投入需按法定的范围及标准扣除，你能准确计算出企业所得税的应纳税所得额吗？

准确计算出所得税税额后，你会进行相应的会计处理并准确填制企业所得税纳税申报表及其附表，完成向税务机关进行纳税申报的工作吗？

任务一 企业所得税基础认知

任务导入

宏达股份有限公司(简称"宏达公司")于 2005 年成立，公司统一社会信用代码为9124326258322152××，企业从业人员人数为 150 人，资产总额为 6 500 万元。该公司采用查账征收方式，企业所得税按年计算，分月预缴，年终汇算清缴。

任务要求：判定宏达公司的企业所得税纳税人身份及适用的企业所得税税率。

任务准备

企业所得税是国家对我国境内的企业和其他取得收入的组织的生产经营所得和其他所得依法征收的一种直接税。它是国家参与企业利润分配的重要手段。

一、企业所得税纳税人的确定

(一) 企业所得税的纳税义务人

企业所得税的纳税人是指在中华人民共和国境内的企业和其他取得收入的组织(以下统称企业)。但依照中国法律、行政法规规定成立的个人独资企业、合伙企业不征收企业所得税，而征收个人所得税。我国企业所得税法将纳税人按注册成立地与实际管理机构所在地,分为居民企业和非居民企业两类。不同的纳税人承担不同的纳税义务。

1. 居民企业

居民企业是指依法在中国境内成立,或者依照外国(地区)法律成立但实际管理机构在中国境内的企业。

2. 非居民企业

非居民企业是指依照外国(地区)法律成立且实际管理机构不在中国境内,但在中国境内设立机构、场所的,或者在中国境内未设立机构、场所,但有来源于中国境内所得的企业。

实际管理机构是指对企业的生产经营、人员、账务、财产等实施实质性全面管理和控制的机构。机构、场所是指在中国境内从事生产经营活动的机构、场所。

(二) 扣缴义务人

对中国境内未设立机构、场所的,或者虽设立机构、场所但取得的所得与其所设机构、场所没有实际联系的非居民企业,就其取得的来源于中国境内的所得应缴纳的所得税,实行源泉扣缴,以支付人为扣缴义务人,税款由扣缴义务人在每次支付或者到期应支付时,从支付或者到期应支付的款项中扣缴;对非居民企业在中国境内取得工程作业和劳务所得应缴纳的所得税,税务机关可以指定工程价款或者劳务费的支付人为扣缴义务人。

扣缴义务人未依法扣缴或者无法履行扣缴义务的,由纳税人在所得发生地缴纳。纳税人未依法缴纳的,税务机关可以从该纳税人在中国境内其他收入项目的支付人应付的款项中,追缴该纳税人的应纳税款。税务机关在追缴该纳税人应纳税款时,应当将追缴理由、追缴数额、扣缴期限和缴纳方式等告知该纳税人。

二、 企业所得税征税对象的确定

企业所得税的征税对象是指企业的生产经营所得、其他所得和清算所得。

(一) 居民企业的征税对象

居民企业应就来源于中国境内、境外的所得缴纳企业所得税。所得包括销售货物所得、提供劳务所得、转让财产所得、股息红利等权益性投资所得、利息所得、租金所得、特许权使用费所得、接受捐赠所得和其他所得。

(二) 非居民企业的征税对象

非居民企业在中国境内设有机构、场所的,应当就其所设机构、场所取得的来源于境内的所得,以及发生在中国境外但与其所设机构、场所有实际联系的所得,缴纳企业所得税。

非居民企业在中国境内未设立机构、场所的,或者虽设立机构、场所但取得的所得与其所设机构、场所没有实际联系的,应当就其来源于中国境内的所得缴纳企业所得税。

实际联系是指非居民企业在中国境内设立的机构、场所拥有的据以取得所得的股权、债权,以及拥有、管理、控制据以取得所得的财产等。

来源于中国境内、境外的所得,按照以下原则确定。

(1) 销售货物所得按照交易活动发生地确定。

(2) 提供劳务所得按照劳务发生地确定。

(3) 不动产转让所得按照不动产所在地确定;动产转让所得按照转让动产的企业或者机构、

场所所在地确定；权益性投资资产转让所得按照被投资企业所在地确定。

(4) 股息、红利等权益性投资所得按照分配所得的企业所在地确定。

(5) 利息所得、租金所得、特许权使用费所得，按照负担、支付所得的企业或者机构、场所所在地确定，或者按照负担、支付所得的个人住所地确定。

(6) 其他所得，由国务院财政、税务主管部门确定。

三、企业所得税税率的判定

企业所得税实行比例税率，现行税率规定如下。

(1) 基本税率为25%，适用于居民企业和在中国境内设立机构、场所且取得的所得与其所设机构、场所有实际联系的非居民企业。

(2) 低税率为20%，适用于在中国境内未设立机构、场所的，或者虽设立机构、场所但取得的所得与其所设机构、场所没有实际联系的非居民企业(实际征税时适用10%的税率)。

四、企业所得税优惠政策的运用

税收优惠是指国家运用税收政策在税收法律、行政法规中规定对某一部分特定企业和征税对象给予减轻或免除税收负担的一种措施。

企业所得税优惠政策包括免税与减征优惠、高新技术企业优惠、技术先进型服务企业(服务贸易类)优惠、小型微利企业优惠、加计扣除优惠、创业投资企业优惠、加速折旧优惠、减计收入优惠、税额抵免优惠、民族自治地方企业优惠、其他有关行业优惠、西部大开发的优惠、非居民企业优惠等，具体见二维码4-6。

4-6 企业所得税优惠政策的运用

根据【任务导入】情境资料和任务要求，任务实施如下。

【任务导入】中宏达公司是依法在中国境内成立的企业，该公司企业所得税纳税人类型是居民企业。根据企业所得税法律制度规定，小型微利企业是指从事国家非限制和禁止行业，且同时符合年度应纳税所得额不超过300万元、从业人数不超过300人、资产总额不超过5 000万元等三个条件的企业。而宏达股份有限公司从业人员人数为150人，资产总额为6 500万元，该公司不满足小型微利企业的税收优惠条件，同时也不满足高新技术企业、技术先进型服务企业优惠条件，因此，宏达公司适用基本企业所得税税率25%。

任务考核

一、单项选择题

1. 下列各项中，不属于企业所得税纳税人的是(　　)。
   A. 甲有限责任公司　　　　　　　　B. 乙事业单位
   C. 丙个人独资企业　　　　　　　　D. 丁股份有限公司

2. 下列各项中，属于非居民企业的是(　　)。
   A. 依照外国法律成立，实际管理机构在境内的甲公司
   B. 依照中国法律成立，在境外设立机构、场所的乙公司
   C. 依照外国法律成立且实际管理机构在境外，但在境内设立机构、场所的丙公司

　　D. 依照中国法律成立，实际管理机构在境内的丁公司

　　3. 关于确定来源于中国境内、境外所得的下列表述中，不正确的是(　　)。

　　　A. 提供劳务所得，按照劳务发生地确定

　　　B. 销售货物所得，按照交易活动发生地确定

　　　C. 股息、红利等权益性投资所得，按照分配所得的企业所在地确定

　　　D. 转让不动产所得，按照转让不动产的企业或者机构、场所所在地确定

　　4. 在一个纳税年度内，居民企业技术转让所得不超过(　　)的部分，免征企业所得税，超过部分，减半征收企业所得税。

　　　A. 5 万元　　　　　　　B. 10 万元　　　　　　C. 20 万元　　　　　　D. 500 万元

　　5. 企业所得税法中所称的小型微利企业，必须符合年度应纳税所得额不超过(　　)万元，从业人数不超过(　　)人，资产总额不超过(　　)万元。

　　　A. 30，80，3000　　　　　　　　　　　　B. 100，80，1000

　　　C. 20，100，3 000　　　　　　　　　　　D. 300，300，5 000

二、多项选择题

　　1. 下列各项中，属于企业所得税纳税人的有(　　)。

　　　A. 在中国境内注册的个人独资企业

　　　B. 在中国境内注册的一人有限责任公司

　　　C. 在中国境内注册的社会团体

　　　D. 外国公司在中国境内的分公司

　　2. 下列所得中，属于企业所得税征税对象的有(　　)。

　　　A. 在中国境内设立机构、场所的非居民企业，其机构、场所来源于中国境内的所得

　　　B. 居民企业来源于中国境外的所得

　　　C. 在中国境内未设立机构、场所的非居民企业来源于中国境外的所得

　　　D. 居民企业来源于中国境内的所得

　　3. 我国企业所得税的税收优惠形式包括(　　)。

　　　A. 免税收入　　　　B. 加计扣除　　　　　C. 减计收入　　　　D. 税额抵免

　　4. 下列各项中，可享受"三免三减半"优惠政策的有(　　)。

　　　A. 海水淡化　　　　　　　　　　　　B. 沼气综合开发利用

　　　C. 安全生产　　　　　　　　　　　　D. 公共污水处理

　　5. 企业的下列支出中，准予在计算企业所得税应纳税所得额时加计扣除的有(　　)。

　　　A. 开发新产品发生的计入当期损益的研究开发费用

　　　B. 推广新产品发生的计入当期损益的广告费

　　　C. 奖励管理人员支付的奖金

　　　D. 安置残疾人员支付的工资

三、判断题

　　1. 企业所得税的纳税人仅指企业，不包括社会团体。　　　　　　　　　　　(　　)

　　2. 居民企业就其来源于中国境内、境外的全部所得缴纳企业所得税，非居民企业仅就来源于中国境内的所得缴纳企业所得税。　　　　　　　　　　　　　　　　　　　　(　　)

　　3. 企业承包建设国家重点扶持的公共基础设施项目，可以自该承包项目取得第一笔生产经营收入所属纳税年度起，第 1 年至第 3 年免征企业所得税，第 4 年至第 6 年减半征收企业所得税。　　　　　　　　　　　　　　　　　　　　　　　　　　　　　　　　　(　　)

4. 企业从事符合条件的环境保护、节能节水项目的所得,自项目获利的纳税年度起,第 1 年至第 3 年免征企业所得税,第 4 年至第 6 年减半征收企业所得税。 ( )

5. 企业以《资源综合利用企业所得税优惠目录》规定的资源作为主要原材料,生产国家非限制和禁止并符合国家和行业相关标准的产品取得的收入,免征企业所得税。 ( )

任务二 企业所得税的计算

任务导入

宏达公司(非制造业)为居民企业,公司统一社会信用代码为 9124326258322152××,企业从业人员人数为 150 人,资产总额为 6 500 万元。该公司采用查账征收方式,企业所得税按年计算,分月预缴,年终汇算清缴。该企业适用的企业所得税税率为 25%。2020 年度境内经营业务如下。

(1) 取得销售收入 6 000 万元。

(2) 发生销售成本 3 000 万元。

(3) 发生销售费用 1 320 万元(其中广告费和业务宣传费 1 000 万元),管理费用 1 200 万元(其中业务招待费 40 万元、新产品的研究开发费用 100 万元),财务费用 100 万元(均为利息支出)。

(4) 发生各种税金为 400 万元(其中增值税 300 万元)。

(5) 全年已计提固定资产减值准备 35 万元,无形资产减值准备 45 万元。

(6) 取得营业外收入 200 万元(全部为债务重组利得),营业外支出 154 万元(其中,通过公益性社会团体向贫困山区捐款 80 万元,支付行政性罚款 70 万元,其他支出 4 万元)。

(7) 2020 年 6 月取得直接投资于其他居民企业连续 12 个月以上的权益性投资收益为 80 万元。

(8) 计入成本、费用中的实发工资总额为 850 万元,拨缴职工工会经费 17 万元,职工福利费 125 万元、职工教育经费 73 万元。按规定缴纳各类基本社会保障性缴款 120 万元,缴纳住房公积金 80 万元,未超过当地政府规定标准。

(9) 公司在 A、B 两国设有分支机构,在 A 国,机构的税后所得为 70 万元,A 国所得税税率为 30%;在 B 国,机构的税后所得为 64 万元,B 国所得税税率为 20%。在 A、B 两国已分别缴纳所得税 30 万元、16 万元。假设在 A、B 两国的应纳税所得额的计算与我国税法相同,公司选择"分国(地区)不分项"的方法来计算抵免境外所得税税额。

(10) 公司 2020 年度无以前年度亏损(2015 年至 2019 年均无亏损)。

(11) 2020 年其预缴企业所得税 76.25 万元,其中 2020 年 1—11 月累计预缴企业所得税 67.75 万元。

任务要求:

1. 根据业务资料计算宏达公司 2020 年 12 月应预缴的企业所得税。

2. 根据业务资料计算宏达公司 2020 年应纳税所得额及汇算清缴应补(退)的企业所得税。

一、企业所得税应纳税所得额的计算

企业所得税的计税依据是应纳税所得额，按照企业所得税法的规定，企业每一纳税年度的收入总额减除不征税收入、免税收入、各项扣除以及允许弥补的以前年度亏损后的余额为应纳税所得额。其计算公式为

应纳税所得额=收入总额-不征税收入-免税收入-各项扣除金额-弥补亏损

收入总额包括以货币形式和非货币形式从各种来源取得的收入。企业取得收入的货币形式包括现金、银行存款、应收账款、应收票据、准备持有至到期的债券投资以及债务的豁免等；企业以非货币形式取得的收入，包括固定资产、生物资产、无形资产、股权投资、存货、不准备持有至到期的债券投资、劳务以及有关权益等，这些非货币资产应当按照公允价值确定收入额。企业收入总额具体包括：销售货物收入，劳务收入，转让财产收入，股息、红利等权益性投资收益，利息收入，租金收入，特许权使用费收入，接受捐赠收入，其他收入。

不征税收入是指从性质和根源上不属于企业营利性活动带来的经济利益、不负有纳税义务并不作为应纳税所得额组成部分的收入。

免税收入是指属于企业的应税所得但按照企业所得税法规定免予征收企业所得税的收入，免税收入属于税收优惠政策范围。

企业实际发生的与取得收入有关的、合理的支出，包括成本、费用、税金、损失和其他支出，准予在计算应纳税所得额时扣除。

应纳税所得额的计算，以权责发生制为原则，属于当期的收入和费用，不论款项是否收付，均作为当期的收入和费用；不属于当期的收入和费用，即使款项已经在当期收付，均不作为当期的收入和费用。在计算应纳税所得额时，企业财务、会计处理办法与税收法律、行政法规的规定不一致的，应当依照税收法律、行政法规的规定计算。

在纳税实务中，对于实行查账征收方式申报企业所得税的居民企业及在中国境内设立机构、场所，且取得所得与该机构、场所有实际联系的非居民企业，应纳税所得额是在企业依据有关财务会计制度规定计算的利润总额的基础上，按照企业所得税法的规定对相关纳税事项进行调整确定。根据"中华人民共和国企业所得税年度纳税申报表(A类，2020年修订版)"列示的项目填报内容，应纳税所得额的计算公式为

$$\text{应纳税所得额}=\text{利润总额}-\text{境外所得}+\text{纳税调整增加额}-\text{纳税调整减少额}-\text{免税、减税收入及加计扣除}+$$

$$\text{境外应税所得抵减境内亏损}-\text{所得减免}-\text{抵扣应纳税所得额}-\text{弥补以前年度亏损}$$

(一) 利润总额的确定

利润总额是指企业按照国家统一财务会计制度规定核算出来的，是应纳税所得额的基础。在企业所得税申报时，纳税人的数据可直接取自"利润表"。利润总额的计算公式为

$$利润总额 = 营业收入 - 营业成本 - 税金及附加 - 期间费用 - 资产减值损失 + 公允价值变动收益 + 投资收益 + 营业外收入 - 营业外支出$$

(二) 境外所得

境外所得是指纳税人取得的境外所得且已计入利润总额的金额。

(三) 纳税调整项目

纳税调整是指在计算应纳税所得额时,以会计上的利润总额为基础,按照企业所得税法的规定进行调整,以计算出应纳税所得额,并按规定计算缴纳企业所得税。根据国家税务总局2020年12月公布的"纳税调整项目明细表"(A105000)规定,纳税调整项目分为收入类调整项目、扣除类调整项目、资产类调整项目、特殊事项调整项目和特别纳税调整项目。

1. 收入类调整项目

1) 收入类纳税调整增加的项目

(1) 视同销售收入。企业发生非货币性资产交换,以及将货物、财产、劳务用于捐赠、偿债、赞助、集资、广告、样品、职工福利或者利润分配等用途的,应当视同销售货物、转让财产或者提供劳务。视同销售收入是指会计处理不确认销售收入,而税法规定确认为应缴纳企业所得税的收入。视同销售收入包括非货币性资产交换视同销售收入、用于市场推广或销售视同销售收入、用于交际应酬视同销售收入、用于职工奖励或福利视同销售收入、用于股息分配视同销售收入、用于对外捐赠视同销售收入、用于对外投资项目视同销售收入、提供劳务视同销售收入和其他视同销售收入。在计算应纳税所得额时,视同销售收入应调增应纳税所得额。

(2) 交易性金融资产初始投资调整。"调整数额"填报纳税人根据税法规定确认交易性金融资产初始投资金额与会计核算的交易性金融资产初始投资账面价值的差额。会计上规定对交易性金融资产所发生的相关交易费用应当在发生时作为投资收益处理,税法规定对其计入初始成本所产生的差异应调增应纳税所得额。

2) 收入类纳税调整减少的项目

纳税人采取权益法核算长期股权投资的初始投资成本的调整,初始投资成本小于取得投资时应享有被投资单位可辨认净资产公允价值份额的差额的,计入取得投资当期的营业外收入,而税法不确认的收入,应调减应纳税所得额。

3) 收入类纳税调整视情况增减的项目

(1) 未按权责发生制原则确认的收入。未按权责发生制原则确认的收入是指会计处理按照权责发生制确认的收入、计税时未按权责发生制确认的收入,如分期收款销售商品确认的销售收入、税收规定按收付实现制确认的收入、跨期收取的租金、利息收入等。对上述收入项目由于财务会计处理与税法规定不一致所产生的差异,按照税法规定进行相应的纳税调增或调减处理。

(2) 投资收益。纳税人持有投资项目,会计核算确认投资收益与税收规定投资收益的差异,需要按照税法规定进行相应的纳税调增或调减处理。投资项目包括交易性金融资产、其他权益工具投资、债权投资、衍生工具、交易性金融负债、长期股权投资等。例如,纳税人采取权益法核算长期股权投资,在每个会计年度末,根据权责发生制基本假设的要求,以取得投资时被投资企业单位的各项可辨认资产的公允价值为基础,对投资单位的净利润或净亏损进行调整后,按应享有或应分担的份额确认投资收益或损失,而税法不确认因公允价值变化形成的投资收益或损失,应进行纳税调整,对于会计确认的投资收益,应调减应纳税所得额,对于会计确认的投资损失,应调增应纳税所得额。

(3) 公允价值变动净损益。纳税人在会计核算中以公允价值计量的金融资产、金融负债及投资性房地产类项目，将其公允价值变动金额计入当期损益；税法以历史成本为基础，不确认公允价值变动净损益，需要按照税法规定进行相应的纳税调增或纳税调减。

(4) 不征税收入。不征税收入是指纳税人计入收入总额，但属于税法规定不征税的收入。不征税收入包括：财政拨款，依法收取并纳入财政管理的行政事业性收费、政府性基金，国务院规定的其他不征税收入。

纳税人符合税法规定不征税收入条件并作为不征税收入处理，且已计入当期损益的金额，应调减应纳税所得额；纳税人以前年度取得财政性资金且已作为不征税收入处理，在5年(60个月)内未发生支出且未缴回财政部门或其他拨付资金政府部门的，应调增应纳税所得额。

(5) 销售折扣、折让和退回。不符合税法规定的销售折扣和折让应进行纳税调整，发生的销售退回因会计处理与税法规定有差异需进行纳税调整。税法规定对折扣额另开发票的，不得从销售额中减除折扣额，应调增应纳税所得额；销货退回影响损益的跨期时间性差异，应调减应纳税所得额。

(6) 其他。纳税人其他由于会计处理与税法规定有差异需进行纳税调整的收入类项目金额。

2. 扣除类调整项目

税法规定，企业实际发生的与取得收入有关的、合理的支出，包括成本、费用、税金、损失和其他支出，准予在计算应纳税所得额时扣除。企业发生的支出应当区分收益性支出和资本性支出。收益性支出在发生当期直接扣除；资本性支出应当分期扣除或者计入有关资产成本，不得在发生当期直接扣除。

纳税人会计核算计入当期损益的不符合税法规定的支出，在计算应纳税所得额时，应按照税法规定进行纳税调整。

1) 扣除类纳税调整增加的项目

(1) 业务招待费。企业发生的与生产经营活动有关的业务招待费支出，按照发生额的60%扣除，但最高不得超过当年销售(营业)收入的5‰，超过部分应调增应纳税所得额。当年销售(营业)收入主要包括销售货物收入(包括视同销售货物收入)、提供劳务收入(包括视同提供劳务收入)、租金收入、特许权使用费收入。

企业在筹建期间，发生的与筹办活动有关的业务招待费支出，可按实际发生期的60%计入企业筹办费，并按有关规定在税前扣除。

对从事股权投资业务的企业(包括集团公司总部、创业投资企业等)，其从被投资企业所分配的股息、红利及股权转让收入，可以按规定的比例计算业务招待费扣除限额。

【例4-1】甲电子设备公司为居民企业，2020年销售货物收入2 000万元，提供技术服务收入500万元，转让股权收入3 000万元。经税务机关核准上年已做坏账损失处理后又收回的其他应收款为15万元，发生与生产经营有关的业务招待费支出为80万元。计算该公司2020年税前准予列支的业务招待费及纳税调整金额。

销售(营业)收入＝2 000＋500＝2 500(万元)

业务招待费按发生额的60%扣除，但最高不得超过当年销售(营业)收入的5‰，超过的部分应调增应纳税所得额。业务招待费的扣除标准为12.5万元(2 500×5‰)，业务招待费发生额的60%为48万元(80×60%)。12.5万元(业务招待费的扣除标准)＜48万元(业务招待费发生额的60%)，则允许税前扣除的业务招待费是12.5万元。

应调增应纳税所得额＝80-12.5＝67.5(万元)

(2) 罚金、罚款和被没收财物的损失。纳税人的生产、经营因违反国家法律、法规和规章，被有关部门处以的罚款，以及被司法机关处以的罚金和被没收财物的损失，会计核算计入当期损益，税法规定不得税前扣除的，应调增应纳税所得额。

(3) 税收滞纳金、加收利息。纳税人会计核算计入当期损益的税收滞纳金、加收利息，税法规定不得在税前扣除，应调增应纳税所得额。

(4) 赞助支出。赞助支出是指纳税人发生的与其生产经营活动无关的各种非广告性质的支出。纳税人会计核算计入当期损益的不符合税法规定的公益性捐赠的赞助支出的金额，包括直接向受赠人的捐赠、赞助支出等，税法规定不得在税前扣除，应调增应纳税所得额。

(5) 不征税收入用于支出所形成的费用。符合条件的不征税收入用于支出所形成的计入当期损益的费用化支出金额，应调增应纳税所得额。

(6) 与收入无关的支出。纳税人会计核算计入当期损益的与取得收入无关的支出金额，应调增应纳税所得额。

(7) 境外所得分摊的共同支出。纳税人境外分支机构应合理分摊的总部管理费等有关成本费用以及纳税人实际发生与取得境外所得有关但未直接计入境外所得应纳税所得额的成本费用支出，应调增应纳税所得额。

2) 扣除类纳税调整减少的项目

视同销售成本。视同销售成本是指纳税人按税法规定计算的与视同销售收入对应的成本，根据收入与成本配比原则，视同销售成本包括非货币性资产交换视同销售成本、用于市场推广或销售视同销售成本、用于交际应酬视同销售成本、用于职工奖励或福利视同销售成本、用于股息分配视同销售成本、用于对外捐赠视同销售成本、用于对外投资项目视同销售成本、提供劳务视同销售成本和其他视同销售成本。在计算应纳税所得额时，视同销售成本应调减应纳税所得额。

3) 扣除类纳税调整视情况增减的项目

(1) 职工薪酬。职工薪酬包括工资薪金支出、职工福利费支出、工会经费支出、职工教育经费支出、各类基本社会保障性缴款、住房公积金、补充养老保险、补充医疗保险和其他。

企业发生的合理的工资薪金支出，准予扣除。工资薪金支出是指企业每一纳税年度支付给在本企业任职或者受雇的员工的所有现金形式或者非现金形式的劳动报酬，包括基本工资、奖金、津贴、补贴、年终加薪、加班工资，以及与员工任职或者受雇有关的其他支出。企业发生的合理的工资薪金支出，准予扣除。

企业发生的职工福利费支出，不超过工资薪金总额14%的部分，准予扣除，超过部分应调增应纳税所得额；企业拨缴的工会经费，不超过工资薪金总额2%的部分，准予扣除，超过部分应调增应纳税所得额；企业发生的职工教育经费支出，不超过工资薪金总额8%的部分，准予扣除，超过部分准予在以后纳税年度结转扣除，本年度应调增应纳税所得额；当本年度职工教育经费低于工资薪金总额的8%时，差额准予结转以前年度累计未扣除的职工教育经费金额，应调减应纳税所得额。

纳税人依照国务院有关部门或者省级人民政府规定的范围和标准为职工缴纳的基本养老保险费、基本医疗保险费、失业保险费、工伤保险费等基本社会保险费和住房公积金，准予扣除，超过规定范围和标准部分应调增应纳税所得额；纳税人为投资者或者职工支付的补充养老保险费、补充医疗保险费，分别在不超过职工工资薪金总额5%标准内的部分，准予扣除，超过的部分应调增应纳税所得额；除纳税人依照国家有关规定为特殊工种职工支付的人身安全保险费和国务院财政、税务主管部门规定可以扣除的其他商业保险费外，纳税人为投资者或者职工支付的商业保险费，不得扣除，应调增应纳税所得额。

【例4-2】甲公司2020年度发生合理的工资薪金支出500万元，实际发生的职工福利费72

万元，拨缴工会经费 11 万元，实际发生的职工教育经费 45 万元。计算甲公司 2020 年职工福利费、工会经费和职工教育经费的纳税调整金额。

税前准予扣除的合理工资薪金＝500(万元)

税前准予扣除的职工福利费＝500×14%＝70(万元)

实际发生的职工福利费为 72 万元，超过扣除标准

当年应调增应纳税所得额＝72−70＝2(万元)

税前准予扣除的工会经费＝500×2%＝10(万元)

实际发生的工会经费 11 万元，超过扣除标准

当年应调增应纳税所得额＝11−10＝1(万元)

税前准予扣除的职工教育经费＝500×8%＝40(万元)

实际发生的职工教育经费 45 万元，超过扣除标准，超过部分结转以后年度扣除

当年应调增应纳税所得额＝45−40＝5(万元)

职工福利费、工会经费和职工教育经费的纳税调增金额合计＝2＋1＋5＝8(万元)

(2) 广告费和业务宣传费支出。纳税人发生的符合条件的广告费和业务宣传费支出，除国务院财政、税务主管部门另有规定外，不超过当年销售(营业)收入 15%的部分，准予扣除；超过部分，准予在以后纳税年度结转扣除，当年调增应纳税所得额。当年销售(营业)收入主要包括销售货物收入(包括视同销售货物收入)、提供劳务收入(包括视同提供劳务收入)、租金收入、特许权使用费收入。企业在筹建期间，发生的广告费和业务宣传费，可按实际发生额计入企业筹办费，并按有关规定在税前扣除。对化妆品制造或销售、医药制造和饮料制造(不含酒类制造)企业发生的广告费和业务宣传费支出，不超过当年销售(营业)收入 30%的部分，准予扣除；超过部分，准予在以后纳税年度结转扣除；烟草企业的烟草广告费和业务宣传费支出，一律不得在计算应纳税所得额时扣除。

【例4-3】甲公司为居民企业，主要从事家电生产和销售业务，2020 年全年销售收入 6 000 万元，发生符合条件的广告费和业务宣传费支出 980 万元。计算甲公司 2020 年广告费和业务宣传费纳税调整金额。

当年销售(营业)收入＝6 000(万元)

当年准予扣除的广告费和业务宣传费＝6 000×15%＝900(万元)

实际发生的广告费和业务宣传费支出 980 万元，超过扣除标准，超过部分结转以后年度扣除

当年应调增应纳税所得额＝980−900＝80(万元)

(3) 捐赠支出。企业当年发生及以前年度结转的公益性捐赠支出，不超过年度利润总额 12%的部分，在计算应纳税所得额时准予扣除；超过年度利润总额 12%的部分，准予结转以后 3 年内在计算应纳税所得额时扣除，当年应调增应纳税所得额。企业在对公益性捐赠支出计算扣除时，应先扣除以前年度结转的捐赠支出，再扣除当年发生的捐赠支出。企业发生的非公益性捐赠支出不允许税前扣除，应调增应纳税所得额。

自 2019 年 1 月 1 日至 2022 年 12 月 31 日，企业通过公益性社会组织或者县级以上人民政府及其组成部门，用于目标脱贫地区的扶贫捐赠支出，准予在计算企业所得税应纳税所得额时据实扣除。企业同时发生扶贫捐赠支出和其他公益性捐赠支出，在计算公益性捐赠支出年度扣除限额时，符合条件的扶贫捐赠支出不计算在内。

【例4-4】甲企业 2020 年实现利润总额 600 万元，发生公益性捐赠支出 62 万元。2019 年度未在税前扣除完的符合条件的公益性捐赠支出为 12 万元。计算甲企业 2020 年可以税前扣除的公益性捐赠支出及纳税调整金额。

2020 年可以税前扣除的公益性捐赠支出＝600×12%＝72(万元)

待扣除的公益性捐赠支出＝62＋12＝74(万元)

待扣除的公益性捐赠支出 74 万元＞当年可以税前扣除标准 72 万元，超过部分 2 万元(74 万元－72 万元)，可以结转以后 3 年在计算应纳税所得额时扣除。

2020 年可以税前扣除的公益性捐赠支出是 72 万元，而计入当年利润总额中的公益性捐赠支出是 62 万元，在计算 2020 年应纳税所得额时，应做纳税调减处理，应调减应纳税所得额＝72－62＝10(万元)。

(4) 利息支出。纳税人在生产、经营活动中发生的并已在会计核算时计入当期损益的利息支出，按税法规定进行税前扣除。

非金融企业向金融企业借款的利息支出、金融企业的各项存款利息支出和同业拆借利息支出、企业经批准发行债券的利息支出可据实扣除；非金融企业向非金融企业借款的利息支出，不超过按照金融企业同期同类贷款利率计算的数额的部分可据实扣除，超过部分应调增应纳税所得额。

企业为购置、建造固定资产、无形资产和经过 12 个月以上的建造才能达到预定可销售状态的存货发生借款的，在有关资产购置、建造期间发生的合理的借款费用，应当作为资本性支出计入有关资产的成本，调增应纳税所得额。

【例 4-5】2020 年 9 月 1 日，甲公司向金融企业借入流动资金 400 万元，期限为 3 个月，年利率为 6%；向非关联企业乙公司借入同类借款 1 200 万元，期限为 3 个月，年利率为 12%。已知，金融企业同期同类贷款年利率为 6%。计算甲公司 2020 年度准予税前扣除的利息支出和纳税调整金额。

向金融企业借款的利息支出，准予据实扣除，可以税前扣除金额＝400×6%÷12×3＝6(万元)

向非金融企业乙公司借款的利息支出，不超过金融企业同期同类贷款利率计算的数额的部分，准予在税前扣除，可以税前扣除金额＝1 200×6%÷12×3＝18(万元)，实际发生的利息支出＝1 200×12%÷12×3＝36(万元)，超过标准 18 万元(36 万元－18 万元)，应调增应纳税所得额 18 万元。

甲公司 2020 年准予税前扣除的利息支出＝6＋18＝24(万元)

甲公司 2020 年应调增应纳税所得额 18 万元

(5) 与未实现融资收益相关在当期确认的财务费用。纳税人会计核算的与未实现融资收益相关在当期确认的财务费用的金额，税法不允许税前扣除，应做纳税调整。例如，纳税人采用具有融资性质的分期收款销售商品时，按照会计准则规定，应收的合同或协议价款与其公允价值之间的差额，应当在合同或协议期间内，按照实际利率法摊销，分期冲减财务费用。税法规定企业以分期收款销售商品，按合同或协议约定的收款日期确认收入。因此，企业发生与未实现融资收益相关在当期确认的财务费用时，应调增应纳税所得额。

(6) 佣金和手续费支出。企业发生的与生产经营有关的并已在会计核算时计入当期损益的佣金和手续费支出，按税法规定进行税前扣除。

保险企业：自 2019 年 1 月 1 日起，保险企业发生与其经营活动有关的佣金和手续费支出，不超过当年全部保费收入扣除退保金等后余额的 18%(含本数)的部分，在计算应纳税所得额时准予扣除；超过部分，允许结转以后年度扣除，当年调增应纳税所得额。

其他企业：按其与具有合法经营资格的中介服务机构或个人(不含交易双方及其雇员、代理人和代表人等)所签订服务协议或合同确认的收入金额的 5% 计算限额，限额以内的部分准予扣除，超过部分调增应纳税所得额。

从事代理服务、主营业务收入为手续费、佣金的企业(如证券、期货、保险代理等企业)，其为取得该类收入而实际发生的营业成本(包括手续费及佣金支出)，准予在税前据实扣除。

(7) 跨期扣除项目。跨期扣除项目主要包括维简费、安全生产费用、预提费用、预计负债等。纳税人按照会计准则对某些费用进行计提，由于费用未实际发生，不允许在企业所得税前扣除，应调增应纳税所得额；但未来费用实际发生时，允许在企业所得税前扣除，应调减应纳税所得额。

(8) 党组织工作经费。党组织工作经费由企业纳入年度预算。纳入管理费用的党组织工作经费，实际支出不超过职工年度工资薪金总额 1%的部分，可以据实在企业所得税前扣除。年末如有结余，结转下一年度使用。累计结转超过上一年度职工工资总额 2%的，当年不再从管理费用中安排。

(9) 其他。纳税人因会计处理与税法规定有差异需要纳税调整的其他扣除类项目金额。

3. 资产类调整项目

税法规定，纳入税务处理范围的资产形式主要有固定资产、生物资产、无形资产、长期待摊费用、投资资产、存货等，均以历史成本为计税基础。历史成本是指企业取得该项资产时实际发生的支出。企业持有各项资产期间资产增值或者减值，除国务院财政、税务主管部门规定可以确认损益外，不得调整该资产的计税基础。税法对各项资产在计税基础、折旧及摊销方法、年限、范围等方面做出规定。在计算应纳税所得额时，企业按照税法规定计算的各项资产折旧、摊销，准予扣除。企业财务、会计处理办法与税收法律、行政法规的规定不一致的，应当依照税收法律、行政法规的规定计算，并做出相应的纳税调整。

1) 资产折旧、摊销

(1) 固定资产。固定资产是指企业为生产产品、提供劳务、出租或者经营管理而持有的、使用时间超过 12 个月的非货币性资产，包括房屋、建筑物、机器、机械、运输工具，以及其他与生产经营活动有关的设备、器具、工具等。

固定资产按照以下方法确定计税基础：外购的固定资产，以购买价款和支付的相关税费及直接归属于使该资产达到预定用途发生的其他支出为计税基础；自行建造的固定资产，以竣工结算前发生的支出为计税基础；融资租入的固定资产，以租赁合同约定的付款总额和承租人在签订租赁合同过程中发生的相关费用为计税基础，租赁合同未约定付款总额的，以该资产的公允价值和承租人在签订租赁合同过程中发生的相关费用为计税基础；盘盈的固定资产，以同类固定资产的重置完全价值为计税基础；通过捐赠、投资、非货币性资产交换、债务重组等方式取得的固定资产，以该资产的公允价值和支付的相关税费为计税基础；改建的固定资产，除已足额提取折旧的固定资产和租入的固定资产以外的其他固定资产，以改建过程中发生的改建支出增加计税基础。

下列固定资产不得计算折旧扣除：房屋、建筑物以外未投入使用的固定资产；以经营租赁方式租入的固定资产；以融资租赁方式租出的固定资产；已足额提取折旧仍继续使用的固定资产；与经营活动无关的固定资产；单独估价作为固定资产入账的土地；其他不得计算折旧扣除的固定资产。

固定资产按照直线法计算的折旧，准予扣除。企业应当自固定资产投入使用月份的次月起计算折旧；停止使用的固定资产，应当自停止使用月份的次月起停止计算折旧。企业应当根据固定资产的性质和使用情况，合理确定固定资产的预计净残值。固定资产的预计净残值一经确定，不得变更。

除国务院、税务主管部门另有规定外，固定资产计算折旧的最低年限如下：房屋、建筑物，为 20 年；飞机、火车、轮船、机器、机械和其他生产设备，为 10 年；与生产经营活动有关的器具、工具、家具等，为 5 年；飞机、火车、轮船以外的运输工具，为 4 年；电子设备，为 3 年。

(2) 生产性生物资产。生产性生物资产是指企业为生产农产品、提供劳务或者出租等而持有的生物资产，包括经济林、薪炭林、产畜和役畜等。

生产性生物资产按照以下方法确定计税基础：外购的生产性生物资产，以购买价款和支付的相关税费为计税基础；通过捐赠、投资、非货币性资产交换、债务重组等方式取得的生产性生物资产，以该资产的公允价值和支付的相关税费为计税基础。

生产性生物资产按照直线法计算的折旧，准予扣除。企业应当自生产性生物资产投入使用月份的次月起计算折旧；停止使用的生产性生物资产，应当自停止使用月份的次月起停止计算折旧。企业应当根据生产性生物资产的性质和使用情况，合理确定生产性生物资产的预计净残值。生产性生物资产的预计净残值一经确定，不得变更。

生产性生物资产计算折旧的最低年限为：林木类生产性生物资产，为 10 年；畜类生产性生物资产，为 3 年。

(3) 无形资产。无形资产是指企业为生产产品、提供劳务、出租或者经营管理而持有的、没有实物形态的非货币性长期资产，包括专利权、商标权、著作权、土地使用权、非专利技术等。

无形资产按照以下方法确定计税基础：外购的无形资产，以购买价款和支付的相关税费，以及直接归属于使该资产达到预定用途发生的其他支出为计税基础；自行开发的无形资产，以开发过程中该资产符合资本化条件后至达到预定用途前发生的支出为计税基础；通过捐赠、投资、非货币性资产交换、债务重组等方式取得的无形资产，以该资产的公允价值和支付的相关税费为计税基础。

下列无形资产不得计算摊销费用扣除：自行开发的支出已在计算应纳税所得额时扣除的无形资产；自创商誉；与经营活动无关的无形资产；其他不得计算摊销费用扣除的无形资产。

无形资产按照直线法计算的摊销费用，准予扣除。无形资产的摊销年限不得低于 10 年。作为投资或者受让的无形资产，有关法律规定或者合同约定了使用年限的，可以按照规定或者约定的使用年限分期摊销。外购商誉的支出，在企业整体转让或者清算时，准予扣除。

(4) 长期待摊费用的摊销。长期待摊费用是指企业发生的应在 1 个年度以上或几个年度进行摊销的费用。在计算应纳税所得额时，企业发生的下列支出作为长期待摊费用，按照规定摊销的，准予扣除：已足额提取折旧的固定资产的改建支出；租入固定资产的改建支出；固定资产大修理支出；其他应当作为长期待摊费用的支出。

2) 资产减值准备金

税法规定，纳税人未经核定的准备金支出在计算应纳税所得额时不得扣除，应调增应纳税所得额。企业按会计准则因价值恢复、资产转让等原因转回准备金时，调减应纳税所得额。企业资产损失实际发生时，经报主管税务机关核定后，在实际发生年度按其发生额扣除。

纳税人未经核定的准备金支出是指不符合国务院财政、税务主管部门规定的各项资产减值准备、风险准备等准备金支出。

3) 资产损失

企业发生的损失，减除责任人赔偿和保险赔款后的余额，依照国务院财政、税务主管部门的规定扣除。企业已经作为损失处理的资产，在以后纳税年度又全部收回或者部分收回时，应当计入当期收入。企业发生的各类财产损失的扣除额按以下原则确定。

(1) 货币资产损失。货币资产损失包括现金损失、银行存款损失和应收及预付款项损失等。现金损失，是指企业清查出的现金短缺减除责任人赔偿后的余额，作为现金损失在计算应纳税所得额时扣除。

银行存款损失，是指企业将货币性资金存入法定具有吸收存款职能的机构，因该机构依法破产、清算，或政府责令停业、关闭等原因，确实不能收回的部分，作为存款损失在计算应纳税所得额时扣除。

应收及预付款项损失，是指企业除贷款类债权外的应收、预付账款符合下列条件之一的，减除可收回金额后确认的无法收回的应收、预付款项，可以作为坏账损失在计算应纳税所得额时扣除：债务人依法宣告破产、关闭、解散、被撤销，或被依法注销、吊销营业执照，其清算财产不足清偿的；债务人死亡，或依法被宣告失踪、死亡，其财产或遗产不足清偿的；债务人逾期3年以上未清偿，且有确凿证据证明已无力清偿债务的；与债务人达成债务重组协议或法院批准破产重组计划后，无法追偿的；因自然灾害、战争等不可抗力导致无法收回的；国务院财政、税务主管部门规定的其他条件。

(2) 非货币资产损失。货币资产损失包括存货损失、固定资产损失、无形资产损失、在建工程损失、生产性生物资产损失等。

对企业盘亏的固定资产或存货，以该固定资产的账面净值或存货的成本减除责任人赔偿后的余额，作为固定资产或存货盘亏损失在计算应纳税所得额时扣除；对企业毁损、报废的固定资产或存货，以该固定资产的账面净值或存货的成本减除残值、保险赔款和责任人赔偿后的余额，作为固定资产或存货毁损、报废损失在计算应纳税所得额时扣除；对企业被盗的固定资产或存货，以该固定资产的账面净值或存货的成本减除保险赔款和责任人赔偿后的余额，作为固定资产或存货被盗损失在计算应纳税所得额时扣除；企业因存货盘亏、毁损、报废、被盗等原因不得从增值税销项税额中抵扣的进项税额，可以与存货损失一起在计算应纳税所得额时扣除。

(3) 投资损失。企业的股权投资符合下列条件之一的，减除可收回金额后确认的无法收回的股权投资，可以作为股权投资损失在计算应纳税所得额时扣除：被投资方依法宣告破产、关闭、解散、被撤销，或被依法注销、吊销营业执照的；被投资方财务状况严重恶化，累计发生巨额亏损，已连续停止经营3年以上，且无重新恢复经营改组计划的；对被投资方不具有控制权，投资期限届满或投资期限已超过10年，且被投资单位因连续3年经营亏损导致资不抵债的；被投资方财务状况严重恶化，累计发生巨额亏损，已完成清算或清算期超过3年以上的；国务院、税务主管部门规定的其他条件。

企业发生符合规定的资产损失，应在按税法规定实际确认或者实际发生的当年申报扣除；但企业以前年度发生的资产损失未能在当年税前扣除的，可以按照规定，向税务机关说明并进行专项申报扣除。企业以前年度发生的资产损失，属于实际资产损失的，准予追补至该项损失发生年度扣除，其追补确认期限一般不得超过5年。企业因以前年度实际资产损失未在税前扣除而多缴的企业所得税税款，可在追补确认年度企业所得税应纳税款中予以抵扣，不足抵扣的，向以后年度递延抵扣。

【例4-6】甲公司为增值税一般纳税人，2020年10月因管理不善损失原材料一批，成本为30万元，取得保险公司赔款8万元；另因自然灾害损失存货一批，成本为20万元。已知增值税税率为13%，均已抵扣了进项税额。计算甲企业可以税前扣除的损失金额。

因管理不善造成损失的原材料，对应的进项税额不得抵扣，应一并作为损失处理。

税前可以扣除的损失＝30×(1+13%)-8=33.9-8=25.9(万元)

因自然灾害损失的存货，对应的进项税额可以抵扣。

甲公司可以税前扣除的损失合计金额＝25.9+20=45.9(万元)

4) 其他

因会计处理与税法规定有差异，需要纳税人填报纳税调整的其他资产类项目金额。

4. 特殊事项调整项目

(1) 企业重组及递延纳税事项。除国务院财政税务主管部门另有规定外，企业在重组过程中，应当在交易发生时确认有关资产的转让所得或者损失，相关资产应当按照交易价格重新确定计税基础，财务会计制度与税收法律法规存在差异时，在计算应纳税所得额时，应按照税法规定进行纳税调整。

(2) 政策性搬迁。税法规定，企业在搬迁期间发生的搬迁收入和搬迁支出，可以暂不计入当期应纳税所得额，而在完成搬迁的年度，对搬迁收入和支出进行汇总清算，并进行纳税调整。企业搬迁期间新购置的各类资产，不得从搬迁收入中扣除。

(3) 特殊行业准备金。根据税法规定，保险、证券、期货、金融、担保、小额贷款公司等特殊行业纳税人发生的特殊行业准备金，可以限额税前扣除。会计处理与税收规定不一致时，需要进行纳税调整。

(4) 房地产开发企业特定业务计算的纳税调整额。房地产开发企业在未完工前采取预售方式销售取得的预售收入，按照规定的预计利润率分季(或月)计算出预计利润额，计入当期应纳税所得额，预缴企业所得税；开发产品完工、结算计税成本后按照实际利润再进行纳税调整。

(5) 有限合伙企业法人合伙方应分得的应纳税所得额。税法规定合伙企业以每一个合伙人为纳税义务人。合伙企业合伙人是自然人的，缴纳个人所得税；合伙人是法人和其他组织的，缴纳企业所得税。合伙企业生产经营所得和其他所得采取"先分后税"的原则。生产经营所得和其他所得，包括合伙企业分配给所有合伙人的所得和企业当年留存的所得(利润)。

有限合伙人合伙方本年会计核算上确认的对有限合伙企业的投资所得和从合伙企业分得的法人合伙方应纳税所得额有差异的，应按照税法规定进行纳税调整。

5. 特别纳税调整项目

税法规定，企业与其关联方之间的业务往来，不符合独立交易原则而减少企业或者关联方应纳税收入或者所得额的，税务机关有权按照合理方法调整。

(1) 企业与其关联方共同开发、受让无形资产，或者共同提供、接受劳务发生的成本，在计算应纳税所得额时应当按照独立交易原则进行分摊。企业与其关联方分摊成本时，应当按照成本与预期收益相配比的原则进行，并在税务机关规定的期限内，按照税务机关的要求报送有关资料。企业与其关联方分摊成本时违反独立交易原则或配比原则的，其自行分摊的成本不得在计算应纳税所得额时扣除。

(2) 由居民企业，或者由居民企业和中国居民控制的设立在实际税负明显低于我国法定税率水平的国家(地区)的企业，即低于我国法定的 25% 企业所得税税率的 50%，并非由于合理的经营需要而对利润不做分配或者减少分配的，上述利润中应归属于该居民企业的部分，应当计入该居民企业的当期收入。

(3) 企业从其关联方接受的债权性投资与权益性投资的比例超过规定比例(金融企业 5: 1，其他企业 2:1)而发生的利息支出，不得在计算应纳税所得额时扣除。

税务机关根据规定对企业做出特别纳税调整的，自税款所属纳税年度的次年 6 月 1 日起至补缴税款之日止的期间，按日加收利息，并按照税款所属纳税年度中国人民银行公布的与补税期间同期的人民币贷款基准利率加 5 个百分点计算；企业按规定提供有关资料的，可以只按规定的人民币贷款基准利率计算利息。加收的利息，不得在计算应纳税所得额时扣除。

企业与其关联方之间的业务往来，不符合独立交易原则，或者企业实施其他不具有合理商业目的安排的，税务机关有权在该业务发生的纳税年度起 10 年内，进行纳税调整。

(四) 免税、减计收入及加计扣除

根据税法及相关税收优惠政策规定，纳税人填报本年度享受的免税收入、减计收入、加计扣除等优惠情况。

1. 免税收入

免税收入是指纳税人本年度发生的根据税法规定免征企业所得税的收入和所得，具体包括如下内容：

(1) 国债利息收入；

(2) 符合条件的居民企业之间的股息、红利等权益性收益；

(3) 在中国境内设立机构、场所的非居民企业，从居民企业取得与该机构、场所有实际联系的股息、红利等权益性投资收益(该收益不包括连续持有居民企业公开发行并上市流通的股票不足 12 个月取得的投资收益)；

(4) 符合条件的非营利组织的收入。

2. 减计收入

减计收入包括综合利用资源生产产品取得的收入和其他专项优惠。

3. 加计扣除

加计扣除主要包括开发新技术、新产品、新工艺发生的研究开发费用；安置残疾人员所支付的工资和国家鼓励安置的其他就业人员支付的工资等，可以加计扣除的税收优惠政策。

(五) 境外应税所得抵减境内亏损

税法规定，企业在汇总计算缴纳企业所得税时，境外所得可以弥补境内亏损，其境外营业机构的亏损不得抵减境内营业机构的盈利。

计算应纳税所得额时，当"利润总额－境外所得＋纳税调整增加额－纳税调整减少额－免税、减计收入及加计扣除"余额小于零时，境外应税所得可以抵减境内亏损。

(六) 所得减免

根据税法及相关税收优惠政策规定，纳税人填报本年度享受减免所得额(包括农、林、牧、渔项目和国家重点扶持的公共基础设施项目、环境保护、节能节水项目，以及符合条件的技术转让项目等)优惠情况。

(七) 弥补以前年度亏损

亏损是指企业对财务会计亏损按税法规定计算调整后的应纳税所得额为负数的金额。企业某一纳税年度发生的亏损可以用下一年度的所得弥补，下一年度的所得不足以弥补的，可以逐年延续弥补，但最长不得超过 5 年。自 2018 年 1 月 1 日起，当年具备高新技术企业或科技型中小企业资格(以下统称资格)的企业，其具备资格年度之前 5 个年度发生的尚未弥补完的亏损，准予结转以后年度弥补，最长结转年限由 5 年延长至 10 年。亏损弥补应注意的问题如下：

(1) 亏损弥补期应连续计算，不得间断，不论弥补亏损期间是盈利还是亏损；

(2) 连续发生亏损，其亏损弥补期应按每个年度分别计算，按先亏先补的顺序弥补，不能将每个亏损年度的亏损弥补期相加；

(3) 企业在汇总计算缴纳所得税时，其境外营业机构的亏损不得抵减境内营业机构的盈利。

（八）抵扣应纳税所得额

根据税法及相关税收优惠政策规定，纳税人填报本年度享受创业投资企业抵扣应纳税所得额优惠的情况和金额。纳税人有以前年度结转的尚未抵扣的股权投资余额的，应进行以前年度累计结转。

二、企业所得税应纳税额的计算

（一）查账征收企业所得税的计算

居民企业及在中国境内设立机构、场所，且取得所得与该机构、场所有实际联系的非居民企业查账征收企业所得税的计算方式具体如下。

1. 平时预缴企业所得税的计算

企业所得税实行按年计征、分月(季)预缴、年终汇算清缴、多退少补的办法。实行查账征收方式申报企业所得税的居民企业及在中国境内设立机构、场所，且取得所得与该机构、场所有实际联系的非居民企业在月(季)度预缴企业所得税时可采用如下方法计算缴纳。

(1) 据实预缴。其计算公式为

$$本月(季)度应缴所得税税额＝实际利润累计额×税率-减免所得税税额-已累计预缴所得税税额$$

实际利润累计额是指纳税人按会计制度核算的利润总额，包括房地产开发企业按本期取得的预售收入计算出的预计利润等。税率为企业所得税法定税率25%。减免所得税税额是指纳税人当期实际享受的减免所得税税额。

(2) 按照上一纳税年度应纳税所得额的平均额预缴。其计算公式为

$$本月(季)度应缴所得税税额＝\frac{上一纳税年度应纳税所得额}{12(或4)}×税率$$

上一纳税年度所得额中不包括纳税人的境外所得。税率为企业所得税法定税率25%。

除了以上两种方法计算预缴企业所得税外，还可以按税务机关确定的其他方法计算。

2. 企业所得税的年终汇算

企业所得税纳税人在分月(季)预缴所得税的基础上，实行年终汇算清缴、多退少补的办法。其计算公式为

$$实际应纳所得税税额＝应纳税所得额×适用税率-减免所得税税额-抵免所得税税额+境外所得应纳所得税税额-境外所得抵免所得税税额$$

$$本年应补(退)所得税税额＝实际应纳所得税税额-本年累计实际已预缴所得税税额$$

(1) 减免所得税税额。减免所得税税额，是指根据税法和税收优惠政策规定实际减免的企业所得税税额，包括小型微利企业、国家需要重点扶持的高新技术企业、经认定的技术先进型服务企业及其他专项减免所得税项目。

(2) 抵免所得税税额。抵免所得税税额，是指根据税法和税收优惠政策规定实际抵免的企业所得税税额，包括纳税人购置用于环境保护、节能节水、安全生产等专用设备的投资额抵免

所得税优惠。

(3) 境外所得应纳所得税税额。境外所得应纳所得税税额，是指居民企业在境外投资设立不具有独立纳税地位的分支机构，其来源于境外的所得，以境外收入总额扣除与取得境外收入有关的各项合理支出后的余额为应纳税所得额；居民企业应就其来源于境外的股息、红利等权益性投资收益，以及利息、租金、特许权使用费、转让财产等收入，扣除与取得该项收入有关的各项合理支出后的余额为应纳税所得额。其计算公式为

$$境外应纳税所得额＝境外税前所得±纳税调整-弥补境外以前年度亏损-抵减境内亏损$$
$$境外所得应纳所得税税额＝境外应纳税所得额×税率$$

(4) 境外所得抵免所得税税额。企业取得的下列所得已在境外缴纳的所得税税额，可以从其当期应纳税额中抵免，抵免限额为该项所得依照企业所得税法和实施条例的规定计算的应纳税额；超过抵免限额的部分，可以在以后 5 个年度内，用每年度抵免限额抵免当年应抵税额后的余额进行抵补：①居民企业来源于中国境外的应税所得；②非居民企业在中国境内设立机构、场所，取得发生在中国境外但与该机构、场所有实际联系的应税所得。境外所得抵免限额计算公式为

$$抵免限额 = \frac{中国境内、境外所得依照企业所得税法和实施条例的规定计算的应纳税总额}{} × 来源于某国地区的（税前）应纳税所得额 ÷ 中国境内、境外应纳税所得总额$$

式中，计算"中国境内、境外所得依照企业所得税法及实施条例的规定计算的应纳税总额"所使用的税率，除国务院财政、税务主管部门另有规定外，应为企业所得税法定税率 25%。

已在境外缴纳的所得税税额是指企业来源于中国境外的所得依照中国境外税收法律，以及相关规定应当缴纳并已经实际缴纳的企业所得税性质的税款。

具体抵免时，根据境外所得税收抵免政策规定，对于来源于境外的应纳税所得额，企业可以选择按国(地区)别分别计算，即"分国(地区)不分项"的抵免方式；或者不按国(地区)别汇总计算，选择"不分国(地区)不分项"的抵免方式，并按规定的税率，分别计算其可抵免境外所得税税额和抵免限额。抵免方式一经选择，5 年内不得改变。

【例 4-7】 甲企业 2020 年度境内应纳税所得额为 200 万元，适用 25%的企业所得税税率。甲企业分别在 A 国和 B 国设有分支机构(我国与 A、B 两国已缔结避免双重征税协定)，在 A 国分支机构的应纳税所得额为 100 万元，A 国的企业所得税税率为 20%；在 B 国分支机构的应纳税所得额为 60 万元，B 国的企业所得税税率为 30%。甲企业采用"分国(地区)不分项"的抵免方式。计算甲企业 2020 年应在我国缴纳的企业所得税。

甲企业按我国税法计算的境内、外所得的应纳税总额＝(200＋100＋60)×25%＝90(万元)

分别计算 A、B 两国的抵免限额：

A 国的抵免限额＝90×[100÷(200＋100＋60)]＝25(万元)

B 国的抵免限额＝90×[60÷(200＋100＋60)]＝15(万元)

在 A 国缴纳的企业所得税税额＝100×20%＝20(万元)，抵免限额 25 万元，可全额抵免。

在 B 国缴纳的企业所得税税额＝60×30%＝18(万元)，抵免限额 15 万元，其超过抵免限额的部分 3 万元当年不能抵免。

汇总时甲企业 2020 年在我国应缴纳的企业所得税税额＝90-20-15＝55(万元)

(二) 居民企业核定征收所得税的计算

为了加强企业所得税的征收管理，对部分中小企业采取核定征收的办法计算其应纳税额，核定征收企业所得税有如下规定。

1. 确定企业所得税核定征收的范围

本办法适用于居民企业纳税人，纳税人具有下列情形之一的，核定征收企业所得税：

(1) 依照法律、行政法规的规定可以不设置账簿的；

(2) 依照法律、行政法规的规定应当设置但未设置账簿的；

(3) 擅自销毁账簿或者拒不提供纳税资料的；

(4) 虽设置账簿，但账目混乱或者成本资料、收入凭证、费用凭证残缺不全，难以查账的；

(5) 发生纳税义务，未按照规定的期限办理纳税申报，经税务机关责令限期申报，逾期仍不申报的；

(6) 申报的计税依据明显偏低，又无正当理由的。

特殊行业、特殊类型的纳税人和一定规模以上的纳税人不适用本办法。上述特定纳税人由国家税务总局另行明确。

2. 核定征收的方法

核定征收方式包括定额征收和核定应税所得率征收两种方法。

(1) 定额征收。税务机关按照一定的标准、程序和方法，直接核定纳税人年度应纳所得税税额，由纳税人按规定申报缴纳。主管税务机关应对纳税人的有关情况进行调查研究、分类排队、认真测算，按年从高直接核定纳税人的应纳所得税税额。

(2) 核定应税所得率征收。税务机关按照一定的标准、程序和方法，预先核定纳税人的应税所得率，由纳税人根据纳税年度内的收入总额或成本(费用)等项目的实际发生额，按预先核定的应税所得率计算缴纳企业所得税。应纳所得税税额计算公式为

$$应纳所得税税额＝应纳税所得额×适用税率$$

$$应纳税所得额＝应税收入额×应税所得率$$

$$＝\frac{成本(费用)支出额}{1-应税所得率}×适用税率$$

应税所得率的范围，如表4-1所示。

表4-1 应税所得率表

行业	应税所得率/%	行业	应税所得率/%
农、林、牧、渔业	3～10	建筑业	8～20
制造业	5～15	饮食业	8～25
批发和零售贸易业	4～15	娱乐业	15～30
交通运输业	7～15	其他行业	10～30

(三) 非居民企业所得税计算

在中国境内未设立机构、场所的，或者虽设立机构、场所但取得的所得与其所设机构、场所没有实际联系的非居民企业所得税的计算方式如下。

对于在中国境内未设立机构、场所的，或者虽设立机构、场所但取得的所得与其所设机构、场所没有实际联系的非居民企业的所得，其来源于中国境内的所得按照下列方法计算应纳税所

得额。

(1) 股息、红利等权益性投资收益和利息、租金特许权使用费所得，以收入全额为应纳税所得额。

(2) 转让财产所得，以收入全额减除财产净值后的余额为应纳税所得额。

(3) 其他所得，参照前两项规定的办法计算应纳税所得额。

财产净值是指财产的计税基础减除已经按照规定扣除的折旧、折耗、摊销、准备金等后的余额。

对于在中国境内未设立机构、场所的，或者虽设立机构、场所但取得的所得与其所设机构、场所没有实际联系的非居民企业所得税的计算公式为

$$应纳所得税税额＝年应纳税所得额×税率(减按10\%)$$

任务实施

根据【任务导入】情境资料和任务要求，任务实施如下。

实施任务 1：计算宏达公司 2020 年 12 月应预缴的企业所得税。

2020 年 12 月应预缴的企业所得税税额＝76.25−67.75＝8.5(万元)

实施任务 2：计算宏达公司 2020 年应纳税所得额及应补缴的企业所得税税额。

第一步：计算 2020 年的会计利润总额。

会计利润总额＝6 000−3 000−1 320−1 200−100−(400−300)−35−45＋200−154＋80＋70＋64＝460(万元)

第二步：计算 2020 年纳税调整增加额。

(1) 广告费和业务宣传费的扣除标准＝6 000×15%＝900(万元)，实际发生的广告费和业务宣传费 1 000 万元超过扣除标准，超过部分 100 万元(1 000 万元−900 万元)结转以后年度扣除，当年应调增应纳税所得额为 100(万元)。

(2) 业务招待费的扣除标准＝6 000×5‰＝30(万元)，业务招待费发生额的 60%＝40×60%＝24(万元)，30 万元(业务招待费的扣除标准)>24 万元(业务招待费发生额的 60%)，允许税前扣除的业务招待费是 24 万元，应调增应纳税所得额＝40−24＝16(万元)。

(3) 公益性捐赠支出的扣除标准＝460×12%＝55.2(万元)，实际发生的公益性捐赠支出是 80 万元，公益性捐赠支出 80 万元>当年可以税前扣除标准 55.2 万元，超过部分 24.8 万元(80 万元−55.2 万元)可以结转以后 3 年在计算应纳税所得额时扣除，当年应调增应纳税所得额为 24.8(万元)。

(4) 支付的行政性罚款不允许税前扣除，应调增应纳税所得额为 70(万元)。

(5) 职工福利费的扣除标准＝850×14%＝119(万元)，实际发生的职工福利费 125 万元超过扣除标准，超支 6 万元(125 万元−119 万元)不允许税前扣除，应调增应纳税所得额为 6(万元)。

职工工会经费的扣除标准＝850×2%＝17(万元)，实际拨缴的工会经费 17 万元没有超过扣除标准，不用做纳税调整。

职工教育经费的扣除标准＝850×8%＝68(万元)，实际发生的职工教育经费 73 万元超过扣除标准，超支 5 万元(73 万元−68 万元)不允许税前扣除，应调增应纳税所得额为 5(万元)。

(6) 企业计提的未经核定的固定资产减值准备和无形资产减值准备不允许税前扣除，应调增应纳税所得额为 35＋45＝80(万元)。

纳税调整增加额合计＝100＋16＋24.8＋70＋6＋5＋80＝301.8(万元)

第三步：计算 2020 年纳税调整减少金额。

(1) 企业开展研发活动中实际发生的研发费用，未形成无形资产计入当期损益的，在按规定据实扣除的基础上，再按照实际发生额的75%在税前加计扣除；形成无形资产的，按照无形资产成本的175%在税前摊销。新产品的研究开发费用加计扣除＝100×75%＝75(万元)，应调减应纳税所得额为75(万元)。

(2) 符合条件的居民企业之间的股息红利等权益性投资收益免税，应调减应纳税所得额为80(万元)。

(3) 从A、B国取得的境外税后所得在计算境内应纳税所得额时，应先调减，应调减应纳税所得额＝70＋64＝134(万元)。

纳税调整减少额合计＝75＋80＋134＝289(万元)

第四步：计算2020年境内所得应纳税所得额。

2020年境内所得应纳税所得额＝460＋301.8－289＝472.8(万元)

第五步：计算2020年实际应纳所得税税额。

(1) 境内所得应纳税所得税税额＝472.8×25%＝118.2(万元)。

(2) 境外所得应补缴的所得税税额如下。

① 境外税后所得换算为税前的应纳税所得额为：

A国：70÷(1－30%)＝100(万元)

B国：64÷(1－20%)＝80(万元)

② 按我国税法计算的境内、外所得的应纳税总额＝(472.8＋100＋80)×25%＝163.2(万元)。

③ 分别计算A、B两国的抵免限额为：

A国的抵免限额＝163.2×[100÷(472.8＋100＋80)]＝25(万元)

B国的抵免限额＝163.2×[80÷(472.8＋100＋80)]＝20(万元)

④ 在A国缴纳的企业所得税税额30万元，抵免限额25万元，其超过抵免限额的部分5万元当年不能抵免。

在B国缴纳的企业所得税税额16万元，抵免限额20万元，可全额抵免。

境外所得抵免所得税税额＝25＋16＝41(万元)

⑤ 境外所得应补缴的所得税税额＝25＋20－41＝4(万元)

(3) 境内、外所得实际应纳所得税税额＝118.2＋(45－41)＝118.2＋4＝122.2(万元)

第六步：计算2020年应补缴的企业所得税税额。

2020年应补缴企业所得税税额＝122.2－76.25＝45.95(万元)

 任务考核

一、单项选择题

1. 在计算应纳税所得额时，企业财务、会计处理办法与税收法律、行政法规的规定不一致时，应当依照( )的规定计算。

    A. 企业财务、会计处理办法　　　　　B. 税收法律、行政法规

    C. 上级机关指示　　　　　　　　　　D. 有资质的中介机构

2. 下列关于企业所得税税前扣除的表述中，不正确的是( )。

    A. 企业发生的合理的工资薪金的支出，准予扣除

    B. 企业发生的职工福利费支出超过工资薪金总额14%的部分，准予在以后纳税年度结转扣除

    C. 企业发生的合理的劳动保护支出，准予扣除

    D. 企业参加财产保险，按照规定缴纳的保险费，准予扣除

  3. 在计算应纳税所得额时，对企业发生的超限额标准的职工福利费和工会经费支出(   )。

    A. 应调增应纳税所得额   B. 应调减应纳税所得额

    C. 不需调整应纳税所得额   D. 视不同情况调增或调减应纳所得税额

  4. 下列支出中，在计算企业所得税应纳税所得额时，允许按照税法规定的标准扣除的是(   )。

    A. 税收滞纳金   B. 企业拨缴的工会经费

    C. 赞助支出   D. 企业所得税税款

  5. 2020 年甲企业取得销售收入 3 000 万元，广告费支出 400 万元；上一年度结转广告费 60 万元。甲企业 2020 年准予扣除的广告费是(   )万元。

    A. 460   B. 510   C. 450   D. 340

  6. 甲公司 2020 年度利润总额 300 万元，预缴企业所得税税额 60 万元，在"营业外支出"账户中列支了通过公益性社会组织向灾区的捐款 40 万元。计算甲公司当年应补缴企业所得税税额的下列算式中，正确的是(   )。

    A. $300 \times 25\% - 60$ B. $(300 + 300 \times 12\%) \times 25\% - 60$

    C. $[300 + (40 - 300 \times 12\%)] \times 25\% - 60$ D. $(300 + 40) \times 25\% - 60$

  7. 下列固定资产中，在计算企业所得税应纳税所得额时，准予计算折旧扣除的是(   )。

    A. 未投入使用的机器设备   B. 以经营租赁方式租入的机器设备

    C. 已足额提取折旧仍继续使用的机器设备   D. 以融资租赁方式租入的机器设备

  8. 除国务院财政、税务主管部门另有规定外，根据企业所得税法律制度的规定，下列关于固定资产计算折旧时最低年限的说法中，正确的是(   )。

    A. 房屋、建筑物，为 25 年

    B. 与生产经营活动有关的器具、工具、家具、电子设备等，为 5 年

    C. 飞机、火车、轮船、机器、机械和其他生产设备，为 10 年

    D. 飞机、火车、轮船以外的运输工具，为 6 年

  9. 某公司 2020 年度企业所得税应纳税所得额 1 000 万元，减免税额 10 万元，抵免税额 20 万元。已知企业所得税税率为 25%，该公司当年企业所得税应纳税额的下列计算中，正确的是(   )。

    A. $1\,000 \times 25\% - 10 - 20 = 220$ (万元)   B. $1\,000 \times 25\% - 10 = 240$ (万元)

    C. $1\,000 \times 25\% = 250$ (万元)   D. $1\,000 \times 25\% - 20 = 230$ (万元)

  10. 企业来源于境外所得，已在境外实际缴纳的所得税税款，在汇总纳税并按规定计算扣除限额时，如果境外实际缴纳的税款超过扣除限额，对超过部分的处理方法是(   )。

    A. 列为当年费用支出

    B. 从本年的应纳所得税税额中扣除

    C. 用以后年度税额扣除的余额补扣，补扣期限最长不得超过 5 年

    D. 从以后年度境外所得中扣除

二、多项选择题

  1. 企业缴纳的下列税金中，可以在计算企业所得税应纳税所得额时扣除的是(   )。

    A. 增值税   B. 消费税   C. 资源税   D. 房产税

  2. 下列各项中，属于不征税收入的有(   )。

    A. 依法收取并纳入财政管理的政府性基金

B. 各级人民政府对纳入预算管理的事业单位拨付的财政资金

C. 国际金融组织向中国政府提供优惠贷款取得的利息所得

D. 依法收取并纳入财政管理的行政事业性收费

3. 2020 年甲企业取得了下列利息收入，其中免征企业所得税的有(　　)。

A. 国债利息收入 　　　　　　　　B. 企业债券利息收入

C. 当年发行的地方政府债券利息收入 　　D. 当年发行的铁路债券利息收入

4. 企业依照国务院有关主管部门或省级人民政府规定的范围和标准为职工缴纳的下列社会保险费和住房公积金中，在计算应纳税所得额时准予扣除的有(　　)。

A. 基本养老保险费 　　　　　　　　B. 工伤保险费

C. 失业保险费 　　　　　　　　　　D. 住房公积金

5. 下列各项准予在以后年度结转扣除的有(　　)。

A. 职工教育经费 　　　　　　　　　B. 广告费

C. 业务宣传费 　　　　　　　　　　D. 工会经费

6. 下列各项中，在会计利润的基础上应调整增加应纳税所得额的有(　　)。

A. 职工教育经费支出超标准 　　　　B. 利息费用支出超标准

C. 公益救济性捐赠超标准 　　　　　D. 查补的消费税

7. 下列各项中，在会计利润的基础上应调整减少应纳税所得额的有(　　)。

A. 查补的消费税 　　　　　　　　　B. 实际发生的超标职工福利费

C. 国库券利息收入 　　　　　　　　D. 多列的无形资产摊销费

8. 下列无形资产中，应当以该资产的公允价值和支付的相关税费为计税基础的有(　　)。

A. 通过债务重组取得的无形资产 　　B. 自行开发的无形资产

C. 接受投资取得的无形资产 　　　　D. 接受捐赠取得的无形资产

9. 下列选项中，属于长期待摊费用的有(　　)。

A. 购入固定资产的支出 　　　　　　B. 固定资产的大修理支出

C. 租入固定资产的改建支出 　　　　D. 已足额提取折旧的固定资产的改建支出

10. 非居民企业来源于中国境内的下列所得，应以收入全额为应纳税所得额的有(　　)。

A. 股息所得 　　　　　　　　　　　B. 转让财产所得

C. 特许权使用费所得 　　　　　　　D. 租金所得

三、判断题

1. 计算应纳税所得额时，企业当年发生的职工福利费超过法律规定扣除标准的部分，不得在以后年度结转扣除。 (　　)

2. 除另有规定外，企业实际发生的成本、费用、税金、损失和其他支出，不得重复扣除。 (　　)

3. 企业职工因公出差乘坐交通工具发生的人身意外保险费支出，准予企业在计算企业所得税应纳税所得额时扣除。 (　　)

4. 企业直接向规定的公益事业的捐赠，不得在计算企业所得税应纳税所得额时扣除。 (　　)

5. 根据企业所得税法律制度的规定，停止使用的生产性生物资产，应当自停止使用的当月起停止计算折旧。 (　　)

6. 根据企业所得税法律制度的规定，无形资产的摊销年限不得低于 10 年。 (　　)

7. 在计征企业所得税时，非广告性质的赞助费不允许税前扣除，广告宣传费可以在税前正常列支。 (　　)

8. 某企业为国家重点扶持的高新技术企业，2020 年度实现利润总额为 800 万元；当年发生营业外支出 100 万元，分别为向税务机关支付税收滞纳金 30 万元，向工商行政管理部门支付罚款 20 万元，赞助支出 50 万元。假设除此之外无其他纳税调整事项，则该企业 2020 年应缴纳企业所得税＝(800＋30＋20＋50)×15%＝135(万元)。　　　　　　　　　　　(　　)

9. 企业发生的年度亏损，可用以后 5 个盈利年度的利润弥补。　　　　　　　　(　　)

10. 纳税人来源于境外的所得在境外实际缴纳的所得税税款，准予在汇总纳税时从其应纳税额中扣除；其在境外发生的亏损也可用境内的利润弥补。　　　　　　　　　(　　)

四、计算技能训练题

兴华有限责任公司(简称"兴华公司")为居民企业，兴华公司(非制造业)统一社会信用代码为 9127074856493135××，企业从业人员人数为 120 人，资产总额 5 500 万元。该公司采用查账征收方式，企业所得税按年计算、分月预缴、年终汇算清缴方式。该公司适用的企业所得税税率为 25%，公司办理 2020 年度企业所得税汇算清缴时，有关经济业务资料如下。

(1) 全年产品销售收入 6 000 万元；其他业务收入 308 万元(其中，材料销售收入 240 万元，提供运输服务收入 68 万元)；投资收益 48.8 万元(其中，国债利息收入 4 万，金融债券利息收入 24 万元，直接投资于其他居民企业连续 12 个月以上的权益性投资收益为 20.8 万元)；营业外收入 40 万元。

(2) 全年发生产品销售成本 3 824 万元；其他业务成本 208 万元(其中，材料销售成本 160 万元，提供运输服务成本 48 万元)；营业外支出 54.88 万元(其中，行政性罚款支出 17.84 万元，银行借款超期罚款 8.16 万元，非广告性质赞助支出 7.2 万元，捐赠支出 14.88 万元，其他支出 6.8 万元)。

(3) 全年发生销售费用 960 万元(其中广告费和业务宣传费 950.4 万元)，管理费用 1 076.8 万元(其中，业务招待费 39.2 万元、新产品的研究开发费用 22.4 万元)，财务费用 16 万元(其中 12 万元是向非金融机构借款 120 万元支付的利息支出，同期银行贷款利率为 7%)。

(4) 全年发生各种税金为 180 万元(其中增值税 160 万元)。

(5) 计入成本、费用中的实发工资总额为 1 160 万元(全部为合理的工资薪金支出)，全年实际发生的职工福利费为 172 万元，全年已拨缴的工会经费 25.6 万元，全年发生的职工教育经费为 92.8 万元。

(6) 企业全年提取无形资产减值准备 1.12 万元。

(7) 公司通过中国希望工程基金会向山村小学捐赠产品一批，成本价为 12.8 万元，市场销售价格为 16 万元，对该项捐赠行为进行会计核算时按成本价值直接冲减了库存商品，按市场价格计算的增值税销项税额 2.08 万元与成本价值合计 14.88 万元计入"营业外支出"账户。

(8) 公司 2020 年度无以前年度亏损(2015 年至 2019 年均无亏损)。2020 年度已经累计预缴企业所得税 53 万元。

要求：根据上述业务资料计算兴华公司 2020 年应纳税所得额及汇算清缴应补(退)的企业所得税。

任务三　企业所得税的会计核算

任务导入

东海公司(非制造业)2020 年度利润表中的利润总额为 900 万元，该公司适用的所得税税率为25%，假定2019年年末资产负债表各项目的账面价值与其计税基础一致，2020年发生的有关交易和事项中，会计处理与税务处理存在的差异项目有如下几项。

(1) 2020年1月2日开始计提折旧的一项固定资产，成本为600万元，使用年限为10年，净残值为零，税法规定可采用双倍余额递减法计提折旧，会计处理按直线法计提折旧。假定税法规定的使用年限及净残值与会计规定相同。

(2) 向关联企业提供现金捐赠200万元。

(3) 本年度发生费用化的新技术研究支出200万元。

(4) 本年度内因国债投资而获得的利息收益15万元，计入投资收益。

(5) 支付违反环保法规定罚款25万元。

(6) 年末存货账面实际成本为500万元，预计可变现净值为470万元，存货期末按成本与可变现净值孰低法计价，计提的存货跌价准备为30万元。

任务要求：计算东海公司2020年应缴纳的企业所得税，并采用资产负债表债务法对东海公司2020年的所得税费用进行会计核算。

 **任务准备**

企业所得税会计核算是对按照会计准则计算的税前会计利润(或亏损)与按税法计算的应纳税所得(或亏损)额之间的差异进行会计处理。企业会计准则规定，上市公司所得税的会计核算方法一律采用资产负债表法。非上市企业仍执行《企业会计制度》和《小企业会计制度》，因而绝大部分非上市企业采用应付税款法核算所得税费用。

一、应付税款法

应付税款法是将当期税前会计利润与应纳税所得额之间的差异造成的影响纳税的金额直接计入当期损益，而不递延到以后各期。在应付税款法下，当期计入损益的所得税费用等于当期应交所得税。

(一) 会计科目的设置

为了正确反映和核算企业所得税有关纳税事项，纳税人应设置"所得税费用"科目和"应交税费——应交所得税"科目。

1. "所得税费用"科目

"所得税费用"科目核算企业确认的应从当期利润总额中扣除的所得税费用的增减变化，借方登记当期确定的所得税费用发生额，贷方登记期末转入"本年利润"科目的所得税费用额，结转后无余额。

2. "应交税费——应交所得税"科目

"应交税费——应交所得税"科目核算企业按照税法规定计提和上缴的企业所得税的增减变化，借方登记实际缴纳的所得税税额，贷方登记分期计提的应缴所得税税额，期末如果余额在贷方，表示尚未缴纳的所得税税额，期末余额如果在借方，表示多缴或预缴的所得税税额。

(二) 应付税款法的会计处理

企业应当按照企业所得税法规定计算的当期应纳的所得税税额，确认为所得税费用，做相应的会计处理。

(1) 企业按照税法规定计算应交所得税税额时：

借：所得税费用

　　贷：应交税费——应交所得税

(2) 企业按规定预缴应纳所得税税额或实际上交所得税税额时：

借：应交税费——应交所得税

　　贷：银行存款

二、资产负债表债务法

资产负债表债务法是从资产负债表出发，通过比较资产负债表上列示的资产、负债，按照企业会计准则规定确定的账面价值与按照税法规定确定的计税基础，对两者之间的差额分别确认为应纳税暂时性差异与可抵扣暂时性差异，从而确认相关的递延所得税负债与递延所得税资产，并在此基础上确定每一会计期间利润表中的所得税费用。

(一) 资产、负债的计税基础及暂时性差异

账面价值是指按照企业会计准则规定确定的有关资产、负债在企业的资产负债表中应列示的金额，计税基础分为资产的计税基础和负债的计税基础。

1. 资产的计税基础

资产的计税基础是指企业收回资产账面价值的过程中，计算应纳税所得额时，按照税法规定可以从应税经济利益中抵扣的金额，即某一项资产在未来期间计税时按照税法规定可以税前扣除的金额。从税收的角度考虑，资产的计税基础是假定企业按照税法规定进行核算所提供的资产负债表中资产的应有金额，计算公式为

资产的计税基础＝未来期间按照税法规定可以税前扣除的金额

通常情况下，资产在取得时其入账价值与计税基础是相同的，后续计量过程中因企业会计准则规定与税法规定不同，可能造成计税基础与其账面价值不同，常见的有以下资产项目。

(1) 固定资产。

以各种方式取得的固定资产初始确认时入账价值基本上是被税法认可的，即取得时其入账价值一般等于计税基础。但固定资产在持有期间进行后续计量时，会计与税收处理在折旧方法、折旧年限以及固定资产减值准备的提取等方面会有所不同。

① 折旧方法、折旧年限不同产生的差异。企业会计准则规定，企业可以根据消耗固定资产经济利益的方式合理选择折旧方法，如可以按直线法计提折旧，也可以按照双倍余额递减法、年数总和法等计提折旧，前提是有关的方法能够反映固定资产为企业带来经济利益的实现方式。税法一般规定固定资产的折旧方法，除某些按照规定可以加速折旧的情况外，基本上可以税前扣除的是按照直线法计提的折旧。

② 因计提固定资产减值准备产生的差异。持有固定资产的期间内，在对固定资产计提了减值准备以后，因所计提的减值准备不允许税前扣除，账面价值下降，但计税基础不会随资产减值准备的提取而发生变化，也会造成其账面价值与计税基础的差异。

(2) 无形资产。

在无形资产后续计量和内部研究开发形成无形资产的初始确认方面，其入账价值与税法规定的成本之间会存在一定的差异。

① 对于内部研究开发形成的无形资产，企业会计准则规定有关研究开发支出可分为两个阶段：研究阶段的支出应当费用化，计入当期损益；而开发阶段符合资本化条件以后发生的支

出应当资本化，作为无形资产的成本。

② 无形资产在后续计量时，会计与税收的差异主要产生于对无形资产是否需要摊销，无形资产摊销方法、摊销年限的规定不同，以及无形资产减值准备的计提。

【例4-8】甲公司(非制造业)当期发生研究开发费用总计为1 000万元，其中，研究阶段费用支出200万元，在开发阶段符合资本化条件前发生的支出为200万元，在符合资本化条件后至达到预定用途前发生的支出为600万元。假定开发形成的无形资产在当期期末已达到预定用途(尚未开始摊销)。计算并分析该项研究开发支出的账面价值与计税基础。

按照企业会计准则规定，当期发生的研究开发支出中应予以费用化的金额为400万元，形成无形资产的成本为600万元，即期末所形成无形资产的账面价值为600万元。

按照税法规定，可在当期税前扣除的金额为700万元(400万元＋400万元×75%)，所形成无形资产在未来期间可于税前扣除的金额为1 050万元(600万元×175%)，其计税基础为1 050万元。

该项无形资产的账面价值600万元与其计税基础1 050万元之间的差额为450万元，将减少企业未来期间应交所得税的义务。

(3) 以公允价值计量且其变动计入当期损益的金融资产。

按照企业会计准则的规定，对于以公允价值计量且其变动计入当期损益的金融资产，其于某一会计期末的账面价值为公允价值。税法规定按照企业会计准则确认的公允价值变动损益在计税时不予考虑，即有关金融资产在某一会计期末的计税基础为其取得成本。这就会造成该类金融资产账面价值与其计税基础之间的差异。

(4) 其他资产。

因企业会计准则规定与税法规定不同，企业持有的其他资产，可能造成其账面价值与计税基础之间存在差异。

① 投资性房地产。对于采用公允价值模式进行后续计量的投资性房地产，其期末账面价值为公允价值。而如果税法规定不认可该类资产在持有期间因公允价值变动产生的利得或损失，则其计税基础应以取得时支付的历史成本为基础计算确定，从而会造成账面价值与计税基础之间的差异。

② 其他计提了资产减值准备的各项资产。有关资产计提了减值准备以后，其账面价值会随之下降，税法规定，资产的减值准备在转化为实质性损失之前，不允许税前扣除，即其计税基础不会因减值准备的提取而发生，从而造成资产的账面价值与其计税基础之间的差异。

2. 负债的计税基础

负债的计税基础是指负债的账面价值减去未来期间计算应纳税所得额时按照税法规定可予抵扣的金额，计算公式为

负债计税基础＝负债的账面价值－未来期间按照税法规定可以税前扣除的金额

一般情况下，负债的确认与偿还不会影响企业的损益，也不会影响其应纳税所得额，未来期间计算应纳税所得额时按照税法规定可以抵扣的金额为零，计税基础即为账面价值，如企业的短期借款、应付账款等。但是，在某些情况下，负债的确认可能会影响企业的损益，进而影响不同期间的应纳税所得额，使得其计税基础与账面价值之间产生差额，如按照会计规定确认的某些预计负债和预收账款。

(1) 企业因销售商品提供售后服务等原因确认的预计负债。

按照企业会计准则的规定，企业应将预计提供售后服务将发生的支出在销售当期确认为费用，同时确认预计负债。如果税法规定，有关的支出在实际发生时可以全部税前扣除，则该事

项产生的预计负债在期末的计税基础为：其账面价值与未来期间可以扣除的金额之间的差额等于零，即计税基础为零。

因其他事项确认的预计负债，应按照税法规定的计税原则确定其计税基础。在某些情况下，对于因有些事项确认的预计负债，如果税法规定其支出无论是否实际发生，均不允许税前扣除，即未来期间按照税法规定可以扣除的金额为零，其账面价值与计税基础相同。

【例4-9】甲企业2020年因销售产品承诺提供3年的保修服务，在当年度利润表中确认了300万元的销售费用，同时确认为预计负债，当年度未发生任何保修支出。计算分析甲企业2020年12月31日此项负债的账面价值和计税基础。

按照会计准则规定，负债账面价值为300万元。

按照税法规定，与产品售后服务相关的费用在实际发生时可以税前扣除，负债计税基础为0(300万元–300万元)。

(2) 预收账款。

企业在收到客户预付款项时，因不符合收入确认条件，会计上将其确认为预计负债。税法中对于收入的确认原则一般与会计规定相同，即会计上未确认收入时，计税时一般也不计入应纳税所得额，该部分经济利益在未来期间计税时可以税前扣除的金额为零，计税基础等于账面价值。

如果不符合企业会计准则规定的收入确认条件，但按照税法规定应计入当期应纳税所得额，则预收账款的计税基础为零，即因其产生时已经计算缴纳企业所得税，未来期间可全额税前扣除，计税基础为账面价值减去在未来期间可以全额税前扣除的金额，即其计税基础为零。

【例4-10】甲公司于2020年12月20日收到一笔合同预付款，金额为2 000万元，作为预收账款核算。按照适用税法规定，该款项应计入取得当期应纳税所得额，计算缴纳企业所得税。计算分析甲公司2020年12月31日该项负债的账面价值和计税基础。

按照会计准则规定，负债账面价值为2 000万元。

按照税法规定，该项预收账款在未来期间计算应纳税所得额时可以税前扣除，计税基础为0(2 000万元–2 000万元)。

3. 暂时性差异

暂时性差异是指资产或负债的账面价值与其计税基础之间的差额。根据暂时性差异对未来期间应纳税所得额的影响，分为应纳税暂时性差异和可抵扣暂时性差异。

除因资产或负债的账面价值与其计税基础不同产生的暂时性差异以外，按照税法规定可以结转以后年度的未弥补亏损和费用扣除，也视同可抵扣暂时性差异处理。

(1) 应纳税暂时性差异。

应纳税暂时性差异是指在确定未来收回资产或清偿负债期间的应纳税所得额时，将产生应税金额的暂时性差异。该差异在未来期间转回时，会增加转回期间的应纳税所得额。由于该暂时性差异的转回，会进一步增加转回期间的应纳税所得额和应交所得税税额。在该暂时性差异产生当期，应当确认相关的递延所得税负债。应纳税暂时性差异通常产生于以下两种情况。

① 资产的账面价值大于其计税基础。一项资产的账面价值代表的是企业在持续使用及最终出售该项资产时会取得的经济利益的总额，而计税基础代表的是一项资产在未来期间可以税前扣除的总金额。资产的账面价值大于计税基础，意味着该项资产未来期间产生的经济利益不能全部税前扣除，两者之间的差额需要纳税，产生应纳税暂时性差异。

② 负债的账面价值小于其计税基础。一项负债的账面价值为企业预计在未来期间清偿该项负债时的经济利益流出，而计税基础代表的是账面价值在扣除税法规定未来期间可以税前扣除的金额之后的差额。负债的账面价值小于其计税基础，则意味着该项负债在未来期间可以税前扣除的金额为负数，即应在未来期间应纳税所得额的基础上调增，增加应纳税所得额和应交所得税税额，产生应纳税暂时性差异。

(2) 可抵扣暂时性差异。

可抵扣暂时性差异是指在确定未来收回资产或清偿负债期间的应纳税所得额时，将产生可抵扣金额的暂时性差异。该差异在未来期间转回时会减少转回期间的应纳税所得额，减少未来期间的应交所得税。在该暂时性差异产生当期，应当确认相关的递延所得税资产。可抵扣暂时性差异一般产生于以下两种情况。

① 资产的账面价值小于计税基础。从经济含义来看，资产在未来期间产生的经济利益少，按照税法规定可以税前扣除的金额多，则企业在未来期间可以减少应税所得额并减少应交所得税，形成可抵扣暂时性差异。

② 负债的账面价值大于计税基础。负债产生的暂时性差异实质上是税法规定的该项负债可以在未来期间税前扣除的金额。一项负债的账面价值大于其计税基础，意味着未来期间按照税法规定构成负债的全部或部分金额可以从未来应税利益中扣除，减少未来期间的应交所得税，产生可抵扣暂时性差异。

例如【例4-9】中，甲企业预计负债的账面价值300万元与其计税基础0之间形成暂时性差异300万元，在未来期间转回时，会减少企业的应纳税所得额，使企业在未来期间以应交所得税的方式流出的经济利益减少，为可抵扣暂时性差异，在其产生期间，应确认相关的递延所得税资产。

(3) 特殊项目产生的暂时性差异。

某些交易或事项发生以后，因为不符合资产、负债的确认条件而未体现为资产负债表中的资产或负债，但按照税法规定能够确定其计税基础的，其账面价值与计税基础之间的差异也形成暂时性差异。

① 广告费和业务宣传费。会计规定，广告费和业务宣传费发生时计入当期损益(销售费用)，不形成资产，即资产账面价值为零。税法规定，按不超过当年销售收入15%的部分准予扣除；超过部分准予在以后纳税年度结转扣除，即超过部分形成资产的计税基础。超过税前扣除限额的部分形成可抵扣暂时性差异。

② 职工教育经费。会计规定，职工教育经费实际发生支出时通过"应付职工薪酬"科目结转相应的成本、费用，均在当期会计损益中扣除，不形成资产和负债，即资产账面价值为零。税法规定，在一般情况下，实际发生的职工教育经费不超过当年实发工资薪金总额8%的部分准予税前扣除；超过部分准予结转以后纳税年度扣除，即超过部分形成资产的计税基础。超过税前扣除限额部分形成可抵扣暂时性差异。

③ 可抵扣亏损及税款抵减。对于按照税法规定可以结转以后年度的未弥补亏损及税款抵减，虽不是因资产、负债的账面价值与计税基础不同产生的，但本质上可抵扣亏损和税款抵减，与可抵扣暂时性差异具有同样的作用，均能够减少未来期间的应纳税所得额和应交所得税，视同可抵扣暂时性差异，在符合确认条件的情况下，应确认与其相关的递延所得税资产。

(二) 会计科目的设置

企业在选择资产负债表债务法时，应设置"递延所得税负债""递延所得税资产""所得税费用""应交税费——应交所得税"等科目。

(1) "递延所得税负债"科目。

"递延所得税负债"科目核算企业确认的应纳税暂时性差异产生的所得税负债。其贷方反映企业确认的各类递延所得税负债以及递延所得税负债的应有余额大于其账面余额的差额；与直接计入所有者权益的交易或事项相关的递延所得税负债，以及企业合并中取得资产或负债的入账价值与其计税基础不同形成的应纳税暂时性差异也贷记本科目。其借方反映资产负债表日递延所得税负债的应有余额小于其账面余额的差额。期末贷方余额反映企业已确认的递延所得税负债。

(2) "递延所得税资产"科目。

"递延所得税资产"科目核算企业由于可抵扣暂时性差异确认的递延所得税资产及按规定可用以后年度税前利润弥补的亏损及税款抵减产生的所得税资产。其借方反映期末确认的各类递延所得税资产以及递延所得税资产应有余额大于其账面余额的差额。其贷方反映企业期末递延所得税资产应有余额小于其账面余额的差额。对于资产负债表日，如果预计未来期间很可能无法获得足够的应纳税所得额用以抵扣可抵扣暂时性差异，按原已确认的递延所得税资产中应减记的金额贷记本科目，期末借方余额反映企业确认的递延所得税资产。

(3) "所得税费用"科目。

"所得税费用"科目核算企业确认的应从当期利润总额中扣除的所得税费用，按"当期所得税费用""递延所得税费用"进行明细核算。其借方反映资产负债表日，企业按照税法规定计算确定的当期应交所得税(当期所得税费用)和递延所得税资产的应有余额小于"递延所得税资产"科目余额的差额(递延所得税费用)；贷方反映资产负债表日递延所得税资产的应有余额大于"递延所得税资产"科目余额的差额(递延所得税费用)。企业应予确认的递延所得税负债，也比照上述原则调整本科目。期末，应将本账户的余额转入"本年利润"科目，结转后无余额。

(4) "应交税费——应交所得税"科目。

"应交税费——应交所得税"科目核算企业按照税法规定计提和上缴的企业所得税，借方登记实际缴纳的所得税税额，贷方登记按应纳税所得额计算的应交所得税税额，期末如果余额在贷方，表示尚未缴纳的所得税税额，期末余额如果在借方，表示多缴或预缴的所得税税额。

(三) 资产负债表债务法的会计处理

1. 递延所得税资产的确认

(1) 递延所得税资产的确认应以未来期间可能取得的应纳税所得额为限。资产或负债的账面价值与其计税基础的不同产生可抵扣暂时性差异的，在估计未来期间能够取得足够的应纳税所得额用以抵扣该可抵扣暂时性差异时，应当以很可能取得用来抵扣可抵扣暂时性差异的应纳税所得额为限，确认相关的递延所得税资产，在可抵扣暂时性差异转回的未来期间内，若企业无法产生足够的应纳税所得额用以抵减可抵扣暂时性差异的影响时，使得与递延所得税资产相关的经济利益无法实现的，该部分递延所得税资产不应确认。

(2) 按照税法规定可以结转以后年度的未弥补亏损和税款抵减，应视同可抵扣暂时性差异处理。在预计可利用可弥补亏损或税款抵减的未来期间内能够取得足够的应纳税所得额时，应当以很可能取得的应纳税所得额为限，确认相应的递延所得税资产，同时减少确认当期的所得税费用。

(3) 适用税率的确定。确认递延所得税资产时，应估计相关可抵扣暂时性差异的转回时间，采用转回期间适用的所得税税率为基础计算确定。无论相关的可抵扣暂时性差异转回期间如何，递延所得税资产均不予折现。

(4) 资产负债表日，企业应当对递延所得税资产的账面价值进行复核。如果未来期间很可能无法取得足够的应纳税所得额用以抵扣递延所得税资产的利益，应当减记递延所得税资产的账面价值。递延所得税资产的账面价值减记以后，继后期间根据新的环境和情况判断能够产生足够的应纳税所得额用以抵扣可抵扣暂时性差异，使得递延所得税资产包含的经济利益能够实现的，应相应恢复递延所得税资产的账面价值。

递延所得税资产的计算公式为

$$\text{"递延所得税资产"的余额} = \text{该时点可抵扣暂时性差异} \times \text{当时的所得税税率}$$

$$\text{当期"递延所得税资产"变动额} = (\text{年末可抵扣暂时性差异} - \text{年初可抵扣暂时性差异}) \times \text{所得税税率}$$

$$\text{当期"递延所得税资产"变动额} = \text{年末可抵扣暂时性差异} \times \text{新的所得税税率} - \text{年初可抵扣暂时性差异} \times \text{旧的所得税税率}$$

递延所得税资产的增加在借方，减少在贷方，当期增加时(年末数>年初数)会计处理如下：

借：递延所得税资产
　　贷：所得税费用

递延所得税资产的减少(年末数<年初数)与上述情况正好相反时，做相反的会计处理。

2. 递延所得税负债的确认

(1) 应纳税暂时性差异在转回期间将增加未来期间企业的应纳税所得额和应交所得税，导致企业经济利益的流出，从其发生当期看，构成企业应支付税金的义务，应作为递延所得税负债确认。除直接计入所有者权益的交易或事项以及企业合并外，在确认递延所得税负债的同时，应增加利润表中的所得税费用。

(2) 递延所得税负债应以相关应纳税暂时性差异转回期间适用的所得税税率计量。在确认递延所得税负债时，以现行适用税率为基础计算确定，递延所得税负债不要求折现。

递延所得税负债的计算公式为

$$\text{"递延所得税负债"的余额} = \text{该时点应纳税暂时性差异} \times \text{当时的所得税税率}$$

$$\text{当期"递延所得税负债"变动额} = (\text{年末应纳税暂时性差异} - \text{年初应纳税暂时性差异}) \times \text{所得税税率}$$

$$\text{当期"递延所得税负债"变动额} = \text{年末应纳税暂时性差异} \times \text{新的所得税税率} - \text{年初应纳税暂时性差异} \times \text{旧的所得税税率}$$

递延所得税负债的增加在贷方，减少在借方，当期增加时(年末数>年初数)会计处理如下：

借：所得税费用
　　贷：递延所得税负债

递延所得税负债的减少(年末数<年初数)与上述情况正好相反时，做相反的会计处理。

3. 所得税费用的确认

利润表中的所得税费用由当期所得税和递延所得税两部分组成，计算公式为

$$\text{所得税费用} = \text{当期所得税} + \text{递延所得税}$$

当期所得税是指企业按照税法规定计算确定的针对当期发生的交易和事项，应缴纳给税务机关的所得税金额，即应交所得税，当期所得税应以适用的税法为基础计算确定。

递延所得税是指按照企业会计准则规定应予以确认的递延所得税资产和递延所得税负

债在期末应有的金额相对于原已确认金额之间的差额，即递延所得税资产及递延所得税负债的当期发生额，但不包括直接计入所有者权益交易或事项及企业合并的所得税影响。用公式表示为

$$递延所得税＝递延所得税费用－递延所得税收益$$

$$递延所得税＝\left(\begin{array}{c}递延所得\\税负债的\\期末余额\end{array}-\begin{array}{c}递延所得\\税负债的\\期初余额\end{array}\right)-\left(\begin{array}{c}递延所得\\税资产的\\期末余额\end{array}-\begin{array}{c}递延所得\\税资产的\\期初余额\end{array}\right)$$

【例4-11】甲公司递延所得税负债年初数300 000元，年末数为400 000元，递延所得税资产年初数为180 000元，年末数为150 000元。当期应交所得税2 000 000元。计算甲公司当年所得税费用并做相应的会计处理。

甲公司会计处理如下：

递延所得税＝(400 000-300 000)-(150 000-180 000)＝100 000＋30 000＝130 000(元)

所得税费用＝2 000 000＋130 000＝2 130 000(元)

借：所得税费用——当期所得税费用　　　　2 000 000

　　所得税费用——递延所得税费用　　　　 130 000

　贷：应交税费——应交所得税　　　　　　　　　2 000 000

　　　递延所得税负债　　　　　　　　　　　　　 100 000

　　　递延所得税资产　　　　　　　　　　　　　　30 000

 任务实施

根据【任务导入】情境资料和任务要求，通过如下操作步骤进行任务实施。

第一步：计算2020年应缴纳的所得税税额。

2020年应纳税所得额＝900-60＋200-200×75%-15＋25＋30＝930(万元)

2020年应纳所得税税额＝930×25%＝232.5(万元)

第二步：确定相关资产或负债的账面价值和计税基础及暂时性差异，并确认相应的递延所得税负债或递延所得税资产。

(1) 期末存货账面价值＝500-30＝470(万元)，存货计税基础＝500(万元)，存货账面价值<存货计税基础，产生可抵扣暂时性差异30万元(500万元-470万元)，确认为期末递延所得税资产余额＝30×25%＝7.5(万元)。

(2) 期末固定资产账面价值＝600-600÷10＝600-60＝540(万元)，固定资产计税基础＝600-600×2÷10＝480(万元)，固定资产账面价值>固定资产计税基础，产生应纳税暂时性差异60万元(540万元-480万元)，确认为期末递延所得税负债余额＝60×25%＝15(万元)。

第三步：计算确定2020年所得税费用并做相应的会计处理。

递延所得税＝(15-0)-(7.5-0)＝7.5(万元)

2020年所得税费用＝232.5＋7.5＝240(万元)

借：所得税费用——当期所得税费用　　　　2 325 000

　　所得税费用——递延所得税费用　　　　　 75 000

　　递延所得税资产　　　　　　　　　　　　 75 000

　贷：应交税费——应交所得税　　　　　　　　　2 325 000

　　　递延所得税负债　　　　　　　　　　　　　 150 000

 任务考核

一、单项选择题

1. 资产的计税基础是指企业收回资产账面价值过程中,计算应纳税所得额时按照税法规定可以从应税经济利益中抵扣的金额,即( )的资产价值。

    A. 未来需要缴税   B. 未来和现在不需要缴税

    C. 不可以从应税经济利益中抵扣的金额   D. 未来不需要缴税

2. ( )差异是指某一会计期间由于会计准则和税法在计算收益、费用或损失时的口径不同所产生的税前会计利润与应纳税所得额之间的差异。

    A. 时间性   B. 永久性   C. 暂时性   D. 税法和会计

3. 按照暂时性差异对未来期间应税金额的影响,可分为( )。

    A. 资产暂时性差异与负债暂时性差异

    B. 永久性差异与时间性差异

    C. 应纳税暂时性差异与可抵扣暂时性差异

    D. 利润总额差异与应税所得差异

4. 资产账面价值( )其计税基础,产生可抵扣暂时性差异。

    A. 大于   B. 等于   C. 小于   D. 不等于

5. 某企业持有一项交易性金融资产,成本为 1 000 万元,某资产负债表日的公允价值为 1 500 万元,差额 500 万元( )。

    A. 为可抵扣暂时性差异   B. 应调增应税所得

    C. 为永久性差异   D. 为应纳税暂时性差异

二、多项选择题

1. 在资产负债表债务法下,应设置的科目的( )。

    A. "所得税费用"   B. "应交税费——应交所得税"

    C. "递延所得税资产"   D. "应交所得税"

2. 利润表中的所得税费用包括( )。

    A. 应交税费   B. 当期所得税费用

    C. 递延所得税费用   D. 前三项之和

3. 下列情况会产生可抵扣暂时性差异的有( )。

    A. 资产的账面价值小于计税基础   B. 资产的账面价值大于计税基础

    C. 负债的账面价值小于计税基础   D. 负债的账面价值大于计税基础

4. 下列情况会产生应纳税暂时性差异的有( )。

    A. 资产的账面价值大于计税基础   B. 资产的账面价值小于计税基础

    C. 负债的账面价值大于计税基础   D. 负债的账面价值小于计税基础

5. 以下业务不会影响"递延所得税资产"账户的有( )。

    A. 资产减值准备的计提

    B. 非公益性捐赠支出

    C. 国债利息收入

    D. 未形成无形资产而予以费用化的内部研究开发支出

三、判断题

1. 资产的账面价值大于其计税基础或者负债的账面价值小于其计税基础的,产生可抵扣

暂时性差异。 （ ）

2. 确认有可抵扣暂时性差异产生的递延所得税资产，应当以未来期间很可能取得来抵扣可抵扣暂时性差异的应纳税所得额为限。 （ ）

3. 在采用资产负债表债务法进行所得税会计核算时，应将由于暂时性差额和永久性差额产生的对未来所得税的影响金额，作为一项递延所得税资产或负债。 （ ）

4. 递延所得税负债应以相关应纳税暂时性差异转回期间税法规定的适用税率计量。 （ ）

5. "递延所得税资产"科目用来核算企业由于可抵扣暂时性差异确认的递延所得税资产及按规定可用以后年度税前利润弥补的亏损及税款抵减产生的所得税资产。 （ ）

四、会计核算实务题

1. 甲公司企业所得税的会计核算采用应付税款法，2020 年度取得营业收入总额 3 000 万元，成本、费用和损失共 2 800 万元，其中列支业务招待费 15 万元，广告费和业务宣传费支出 530 万元。全年缴纳增值税 38.5 万元、消费税 59.7 万元、城市维护建设税和教育费附加 10.5 万元。

要求：计算甲公司 2020 年应纳的企业所得税税额，并做出计提、缴纳以及结转"本年利润"科目时的会计处理。

2. 乙公司企业所得税的会计核算采用资产负债表债务法，2020 年度利润表中的利润总额为 960 万元，该公司适用的所得税税率为 25%，2019 年年末递延所得税负债贷方余额为 5 万元，递延所得税资产借方余额为 20 万元，2020 年发生的有关交易和事项中，会计处理与税务处理存在的差异项目有：

(1) 2020 年年末固定资产账面价值 3 000 万元，全年计提固定资产减值准备 120 万元；

(2) 年末持有一项交易性金融资产，成本为 80 万元，期末公允价值为 120 万元；

(3) 销售产品承诺提供保修服务 3 年，在当年利润表中确认了 60 万元的销售费用，同时确认为预计负债，当年度未发生任何保修支出；

(4) 发生直接捐赠支出 50 万元；

(5) 支付税收滞纳金 30 万元。

要求：根据上述业务资料，计算乙公司 2020 年应缴纳的企业所得税，并对乙公司 2020 年所得税费用进行会计核算。

任务四 企业所得税的纳税申报与缴纳

任务导入

接本项目任务二中【任务导入】中的情境资料以及结合任务二中【任务实施】的操作内容，完成下面任务要求。

任务要求：

(1) 宏达公司 2021 年 1 月 10 日对 2020 年 12 月预缴企业所得税进行纳税申报，填写企业所得税月(季)度预缴纳税申报表；

(2) 宏达公司 2021 年 5 月 12 日进行企业所得税年度纳税申报(企业所得税汇算清缴)，填写 2020 年企业所得税年度纳税申报表及其相关附表。

 **任务准备**

一、企业所得税的征收管理

(一) 企业所得税的纳税期限

企业所得税是按纳税年度计算的，实行按年计征、分月或者分季预缴、年终汇算清缴、多退少补的征收办法。

1. 企业所得税的纳税年度

企业所得税的纳税年度，自公历 1 月 1 日起至 12 月 31 日止。企业在一个纳税年度的中间开业，或者由于合并、关闭等原因终止经营活动，使该纳税年度的实际经营期不足 12 个月的，应当以其实际经营期为 1 个纳税年度。企业依法清算时，应当以清算期间作为 1 个纳税年度。企业在年度中间终止经营活动的，应当自实际经营终止之日起 60 日内，向税务机关办理当期企业所得税汇算清缴。企业应当在办理注销登记前，就其清算所得向税务机关申报并依法缴纳企业所得税税额。

2. 企业所得税的分月或分季预缴

纳税人应当自月份或者季度终了之日起 15 日内，向税务机关报送预缴企业所得税纳税申报表，预缴税款。企业所得税分月或者分季预缴，由税务机关具体核定。

3. 企业所得税的年终汇算清缴

企业应当自年度终了之日起 5 个月内，向税务机关报送年度企业所得税纳税申报表，并汇算清缴，结清应缴、应退税款。企业在报送企业所得税纳税申报表时，应当按照规定附送财务会计报告和其他有关资料。

(二) 企业所得税的纳税地点

企业所得税由纳税人向其所在地主管税务机关缴纳。

1. 居民企业的纳税地点

居民企业以企业登记注册地为纳税地点；但登记注册地在中国境外的，以实际管理机构所在地为纳税地点。

居民企业在中国境内设立不具有法人资格的营业机构的，应当汇总计算并缴纳企业所得税。企业汇总计算并缴纳企业所得税时，应当按照国务院财政、税务主管部门的规定统一核算应纳税所得额。除国务院另有规定外，企业之间不得合并缴纳企业所得税。

2. 非居民企业的纳税地点

非居民企业在中国境内设立机构、场所的，就其所设机构、场所取得的来源于中国境内的所得，以及发生在中国境外，但与其所设机构、场所有实际联系的所得，以机构、场所所在地为纳税地点。非居民企业在中国境内存在多处所得发生地的，由纳税人选择其中之一申报缴纳企业所得税。

非居民企业在中国境内未设立机构、场所的，或者虽设立机构、场所但取得的所得与其所设机构、场所没有实际联系的，应当就其来源于中国境内的所得，以扣缴义务人所在地为纳税地点。

二、企业所得税的纳税申报实务

企业在纳税年度内无论有没有应纳税款，都应当按照规定的期限，向主管税务机关报送预缴企业所得税纳税申报表、年度企业所得税纳税申报表、财务会计报告和税务机关规定应当报送的其他有关资料。依照企业所得税法缴纳的企业所得税，以人民币计算；所得以人民币以外的货币计算的，应当折合成人民币计算并缴纳税款。

(一) 企业所得税的预缴税款纳税申报实务

实行查账征收企业所得税的居民纳税人以及在中国境内设立机构、场所的非居民纳税人在月(季)度申报缴纳企业所得税时应填写"中华人民共和国企业所得税月(季)度预缴纳税申报表(A 类)"(见表 4-2)；实行核定征收缴纳企业所得税的纳税人，在月(季)度申报缴纳企业所得税时应填写"中华人民共和国企业所得税月(季)度预缴纳税申报表(B 类)"(略)。

表 4-2 中华人民共和国企业所得税月(季)度预缴纳税申报表(A 类)

税款所属期间：2020 年 12 月 01 日 至 2020 年 12 月 31 日

纳税人识别号(统一社会信用代码)：9124326258322152××

纳税人名称：宏达股份有限公司　　　　　　　　　　　　　　　　金额单位：人民币元(列至角分)

优 惠 及 附 报 事 项 有 关 信 息									
项　　目	一季度		二季度		三季度		四季度		季度平均值
	季初	季末	季初	季末	季初	季末	季初	季末	
从业人数	**	**	**	**	**	**	**	**	150
资产总额(元)	**	**	**	**	**	**	**	**	65 000 000
国家限制或禁止行业	□是 ☑否				小型微利企业				□是 ☑否
	附 报 事 项 名 称								金额或选项
事项 1									
事项 2									
预 缴 税 款 计 算									本年累计
1	营业收入								60 000 000
2	营业成本								30 000 000
3	利润总额								4 600 000
4	加：特定业务计算的应纳税所得额								
5	减：不征税收入								
6	减：资产加速折旧、摊销(扣除)调减额(填写 A201020)								
7	减：免税收入、减计收入、加计扣除(7.1+7.2+…)								1 550 00
7.1	一般股息红利权益性投资免征企业所得税								800 000
7.2	开发新技术、新产品、新工艺发生的研究开发费用加计扣除								750 000
8	减：所得减免(8.1+8.2+…)								
8.1									
8.2									
9	减：弥补以前年度亏损								
10	实际利润额(3+4-5-6-7-8-9) \ 按照上一纳税年度应纳税所得额平均额确定的应纳税所得额								3 050 000
11	税率(25%)								25%

(续表)

优 惠 及 附 报 事 项 有 关 信 息									
项 目		一季度		二季度		三季度		四季度	季度平均值
		季初	季末	季初	季末	季初	季末	季初	季末	
12	应纳所得税额(10×11)									762 500
13	减：减免所得税额(13.1+13.2+…)									
13.1										
13.2										
14	减：本年实际已缴纳所得税额									677 500
15	减：特定业务预缴(征)所得税额									
16	本期应补(退)所得税额(12-13-14-15)\ 税务机关确定的本期应纳所得税额									85 000
汇 总 纳 税 企 业 总 分 机 构 税 款 计 算										
17	总机构	总机构本期分摊应补(退)所得税额(18+19+20)								
18		其中：总机构分摊应补(退)所得税额(16×总机构分摊比例__%)								
19		财政集中分配应补(退)所得税额(16×财政集中分配比例__%)								
20		总机构具有主体生产经营职能的部门分摊所得税额(16×全部分支机构分摊比例__%×总机构具有主体生产经营职能部门分摊比例__%)								
21	分支机构	分支机构本期分摊比例								
22		分支机构本期分摊应补(退)所得税额								
实 际 缴 纳 企 业 所 得 税 计 算										
23	减：民族自治地区企业所得税地方分享部分： □ 免征 □ 减征：减征幅度____%)							本年累计应减免金额 [(12-13-15)×40%× 减征幅度]		
24	实际应补(退)所得税额									
谨声明：本纳税申报表是根据国家税收法律法规及相关规定填报的，是真实的、可靠的、完整的。										

纳税人(签章)：宏达股份有限公司　　2020 年 01 月 10 日

经办人： 经办人身份证号： 代理机构签章： 代理机构统一社会信用代码：	受理人： 受理税务机关(章)： 受理日期：　　年　月　日

国家税务总局监制

(二) 企业所得税的年度汇算清缴纳税申报实务

查账征收企业所得税的纳税人在年度汇算清缴时，向主管税务机关办理年度企业所得税纳税申报，填制企业所得税年度纳税申报基础信息表、企业所得税年度纳税申报表(A 类)主表及相关附表，并汇算清缴，结清应缴、应退税款。

"中华人民共和国企业所得税年度纳税申报表(A 类，2020 年修订版)"由 37 张表单组成，除了 1 张基础信息表和 1 张主表(见表 4-14)外，还有附表 35 张，即 6 张收入费用明细表、13 张纳税调整明细表、1 张亏损弥补表、9 张税收优惠表、4 张境外所得抵免、2 张汇总表。纳税人实际填报表单的数量一般在 8~10 张左右，纳税人应当根据行业类型、涉税业务发生情况正确选择适合本企业的表单进行填报。常用附表如表 4-3 至表 4-13 所示。

表 4-3 一般企业收入明细表

A101010

行次	项　　目	金额
1	一、营业收入(2+9)	60 000 000
2	(一) 主营业务收入(3+5+6+7+8)	60 000 000
3	1. 销售商品收入	60 000 000
4	其中：非货币性资产交换收入	
5	2. 提供劳务收入	
6	3. 建造合同收入	
7	4. 让渡资产使用权收入	
8	5. 其他	
9	(二) 其他业务收入(10+12+13+14+15)	
10	1. 销售材料收入	
11	其中：非货币性资产交换收入	
12	2. 出租固定资产收入	
13	3. 出租无形资产收入	
14	4. 出租包装物和商品收入	
15	5. 其他	
16	二、营业外收入(17+18+19+20+21+22+23+24+25+26)	2 000 000
17	(一) 非流动资产处置利得	
18	(二) 非货币性资产交换利得	
19	(三) 债务重组利得	2000 000
20	(四) 政府补助利得	
21	(五) 盘盈利得	
22	(六) 捐赠利得	
23	(七) 罚没利得	
24	(八) 确实无法偿付的应付款项	
25	(九) 汇兑收益	
26	(十) 其他	

表4-4　一般企业成本支出明细表

A102010

行次	项　　目	金额
1	一、营业成本(2+9)	30 000 000
2	（一）主营业务成本(3+5+6+7+8)	30 000 000
3	1. 销售商品成本	30 000 000
4	其中：非货币性资产交换成本	
5	2. 提供劳务成本	
6	3. 建造合同成本	
7	4. 让渡资产使用权成本	7
8	5. 其他	
9	（二）其他业务成本(10+12+13+14+15)	
10	1. 销售材料成本	
11	其中：非货币性资产交换成本	
12	2. 出租固定资产成本	
13	3. 出租无形资产成本	
14	4. 包装物出租成本	
15	5. 其他	
16	二、营业外支出(17+18+19+20+21+22+23+24+25+26)	1 540 000
17	（一）非流动资产处置损失	
18	（二）非货币性资产交换损失	
19	（三）债务重组损失	
20	（四）非常损失	
21	（五）捐赠支出	800 000
22	（六）赞助支出	
23	（七）罚没支出	700 000
24	（八）坏账损失	
25	（九）无法收回的债券股权投资损失	
26	（十）其他	40 000

表 4-5 视同销售和房地产开发企业特定业务纳税调整明细表

A105010

行次	项 目	税收金额	纳税调整金额
		1	2
1	一、视同销售(营业)收入(2+3+4+5+6+7+8+9+10)		
2	(一) 非货币性资产交换视同销售收入		
3	(二) 用于市场推广或销售视同销售收入		
4	(三) 用于交际应酬视同销售收入		
5	(四) 用于职工奖励或福利视同销售收入		
6	(五) 用于股息分配视同销售收入		
7	(六) 用于对外捐赠视同销售收入		
8	(七) 用于对外投资项目视同销售收入		
9	(八) 提供劳务视同销售收入		
10	(九) 其他		
11	二、视同销售(营业)成本(12+13+14+15+16+17+18+19+20)		
12	(一) 非货币性资产交换视同销售成本		
13	(二) 用于市场推广或销售视同销售成本		
14	(三) 用于交际应酬视同销售成本		
15	(四) 用于职工奖励或福利视同销售成本		
16	(五) 用于股息分配视同销售成本		
17	(六) 用于对外捐赠视同销售成本		
18	(七) 用于对外投资项目视同销售成本		
19	(八) 提供劳务视同销售成本		
20	(九) 其他		
21	三、房地产开发企业特定业务计算的纳税调整额(22-26)		
22	(一) 房地产企业销售未完工开发产品特定业务计算的纳税调整额(24-25)		
23	1. 销售未完工产品的收入		*
24	2. 销售未完工产品预计毛利额		
25	3. 实际发生的税金及附加、土地增值税		
26	(二) 房地产企业销售的未完工产品转完工产品特定业务计算的纳税调整额(28-29)		
27	1. 销售未完工产品转完工产品确认的销售收入		*
28	2. 转回的销售未完工产品预计毛利额		
29	3. 转回实际发生的税金及附加、土地增值税		

表 4-6　职工薪酬支出及纳税调整明细表

A105050

行次	项　目	账载金额	实际发生额	税收规定扣除率	以前年度累计结转扣除额	税收金额	纳税调整金额	累计结转以后年度扣除额
		1	2	3	4	5	6(1-5)	7(2+4-5)
1	一、工资薪金支出	8 500 000	8 500 000	*	*	8 500 000	0	*
2	其中：股权激励			*	*			*
3	二、职工福利费支出	1 250 000	1 250 000	14%	*	1 190 000	60 000	*
4	三、职工教育经费支出	730 000	730 000	*		680 000	50 000	0
5	其中：按税收规定比例扣除的职工教育经费	730 000	730 000	8%		680 000	50 000	0
6	按税收规定全额扣除的职工培训费用				*			*
7	四、工会经费支出	170 000	170 000	2%	*	170 000	0	*
8	五、各类基本社会保障性缴款			*	*			*
9	六、住房公积金			*	*			*
10	七、补充养老保险			*	*			*
11	八、补充医疗保险			*	*			*
12	九、其他			*	*			*
13	合计(1+3+4+7+8+9+10+11+12)	10 650 000	10 650 000	*		10 540 000	110 000	

表 4-7　广告费和业务宣传费跨年度纳税调整明细表

A105060

行次	项　目	广告费和业务宣传费	保险企业手续费及佣金支出
		1	2
1	一、本年支出	10 000 000	
2	减：不允许扣除的支出	0	
3	二、本年符合条件的支出(1-2)	10 000 000	
4	三、本年计算扣除限额的基数	60 000 000	
5	乘：税收规定扣除率	15%	
6	四、本企业计算的扣除限额(4×5)	9 000 000	
7	五、本年结转以后年度扣除额(3>6，本行=3-6；3≤6，本行=0)	1 000 000	
8	加：以前年度累计结转扣除额		
9	减：本年扣除的以前年度结转额[3>6，本行=0；3≤6，本行=8 与(6-3)孰小值]		
10	六、按照分摊协议归集至其他关联方的金额(10≤3 与 6 孰小值)		
11	按照分摊协议从其他关联方归集至本企业的金额		
12	七、本年支出纳税调整金额(3>6，本行=2+3-6+10-11；3≤6，本行=2+10-11-9)	1 000 000	
13	八、累计结转以后年度扣除额(7+8-9)	1 000 000	

表 4-8　捐赠支出及纳税调整明细表

A105070

行次	项　目	账载金额	以前年度结转可扣除的捐赠额	按税收规定计算的扣除限额	税收金额	纳税调增金额	纳税调减金额	可结转以后年度扣除的捐赠额
		1	2	3	4	5	6	7
1	一、非公益性捐赠		*	*	*		*	*
2	二、限额扣除的公益性捐赠(3+4+5+6)	800 000		552 000	552 000	248 000		248 000
3	前三年度(2017 年)	*		*	*	*		*
4	前二年度(2018 年)	*		*	*	*		*
5	前一年度(2019 年)	*		*	*	*		*
6	本　年(2020 年)	800 000	*	552 000	552 000	248 000	*	248 000
7	三、全额扣除的公益性捐赠		*	*		*	*	*
8	1.		*	*		*	*	*
9	2.		*	*		*	*	*
10	3.		*	*		*	*	*
11	合计(1+2+7)	800 000		552 000	552 000	248 000		248 000
附列资料	2015 年度至本年发生的公益性扶贫捐赠合计金额		*	*		*	*	*

表 4-9　纳税调整项目明细表

A105000

行次	项　目	账载金额	税收金额	调增金额	调减金额
		1	2	3	4
1	一、收入类调整项目(2+3+4+5+6+7+8+9+10+11)	*	*		
2	(一) 视同销售收入(填写 A105010)	*			*
3	(二) 未按权责发生制原则确认的收入(填写 A105020)				
4	(三) 投资收益(填写 A105030)				
5	(四) 按权益法核算长期股权投资对初始投资成本调整确认收益	*	*	*	
6	(五) 交易性金融资产初始投资调整	*	*		*
7	(六) 公允价值变动净损益		*		
8	(七) 不征税收入	*	*		
9	其中：专项用途财政性资金(填写 A105040)	*	*		
10	(八) 销售折扣、折让和退回				
11	(九) 其他				
12	二、扣除类调整项目(13+14++15+16+17+18+19+20+21+22+23+24+26+27+28+29+30)	*	*	2 218 000	
13	(一) 视同销售成本(填写 A105010)	*			*
14	(二) 职工薪酬(填写 A105050)	10 650 000	10 540 000	110 000	
15	(三) 业务招待费支出	400 000	240 000	160 000	*

(续表)

行次	项 目	账载金额	税收金额	调增金额	调减金额
		1	2	3	4
16	(四) 广告费和业务宣传费支出(填写 A105060)	*	*	1 000 000	
17	(五) 捐赠支出(填写 A105070)	800 000	552 000	248 000	
18	(六) 利息支出	1 000 000	1 000 000		
19	(七) 罚金、罚款和被没收财物的损失	700 000	*	700 000	*
20	(八) 税收滞纳金、加收利息		*		*
21	(九) 赞助支出		*		*
22	(十) 与未实现融资收益相关在当期确认的财务费用				
23	(十一) 佣金和手续费支出(保险企业填写 A105060)				
24	(十二) 不征税收入用于支出所形成的费用	*	*		*
25	其中:专项用途财政性资金用于支出所形成的费用(填写 A105040)	*	*		*
26	(十三) 跨期扣除项目				
27	(十四) 与取得收入无关的支出		*		*
28	(十五) 境外所得分摊的共同支出	*	*		
29	(十六) 党组织工作经费				
30	(十七) 其他				
31	三、资产类调整项目(32+33+34+35)	*	*	800 000	
32	(一) 资产折旧、摊销(填写 A105080)				
33	(二) 资产减值准备金	800 000	*	800 000	
34	(三) 资产损失(填写 A105090)				
35	(四) 其他				
36	四、特殊事项调整项目(37+38+39+40+41+42+43)	*	*		
37	(一) 企业重组及递延纳税事项(填写 A105100)				
38	(二) 政策性搬迁(填写 A105110)	*	*		
39	(三) 特殊行业准备金(39.1+39.2+39.4+39.5+39.6+39.7)	*	*		
39.1	1. 保险公司保险保障金				
39.2	2. 保险公司准备金				
39.3	其中:已发生未报案未决赔款准备金				
39.4	3. 证券行业准备金				
39.5	4. 期货行业准备金				
39.6	5. 中小企业融资(信用)担保机构准备金				
39.7	6. 金融企业、小额贷款公司准备金(填写 A105120)				
40	(四) 房地产开发企业特定业务计算的纳税调整额(填写 A105010)	*			
41	(五) 合伙企业法人合伙人应分得的应纳税所得额				
42	(六) 发行永续债利息支出				
43	(七) 其他	*	*		
44	五、特别纳税调整应税所得	*	*		
45	六、其他	*	*		
46	合计(1+12+31+36+44+45)	*	*	3 018 000	

表 4-10 符合条件的居民企业之间的股息、红利等权益性投资收益优惠明细表

A107011

行次	被投资企业	被投资企业统一社会信用代码(纳税人识别号)	投资性质	投资成本	投资比例	被投资企业利润分配确认金额		被投资企业清算确认金额			撤回或减少投资确认金额						合计
						被投资企业做出利润分配或转股决定时间	依次定归属于本公司的股息、红利等权益性投资收益金额	分得的被投资企业清算剩余资产	被清算企业累计未分配利润和累计盈余公积应享有部分	应确认的股息所得	从被投资企业撤回或减少投资取得的资产	减少投资比例	收回初始投资成本	取得资产中超过收回初始投资成本的部分	应享有被投资企业累计未分配利润和累计盈余公积	应确认的股息所得	
	1	2	3	4	5	6	7	8	9	10(8与9孰小)	11	12	13(4×12)	14(11-13)	15	16(14与15孰小)	17(7+10+16)
1							800 000										800 000
2																	
3																	
4																	
5																	
6																	
7																	
8	合计																800 000
9	其中：直接投资或非 H 股票投资																0
10	股票投资—沪港通 H 股																0
11	股票投资—深港通 H 股																0
12	创新企业 CDR																0
13	永续债																0

表 4-11 研发费用加计扣除优惠明细表

A107012

	基本信息		
1	☑ 一般企业　　□科技型中小企业	科技型中小企业登记编号	
2	本年可享受研发费用加计扣除项目数量		
	研发活动费用明细		
3	一、自主研发、合作研发、集中研发(4+8+17+20+24+35)		1 000 000
4	(一) 人员人工费用(5+6+7)		
5	1. 直接从事研发活动人员工资薪金		
6	2. 直接从事研发活动人员五险一金		
7	3. 外聘研发人员的劳务费用		
8	(二) 直接投入费用(9+10+11+12+13+14+15+16)		
9	1. 研发活动直接消耗材料		
10	2. 研发活动直接消耗燃料		
11	3. 研发活动直接消耗动力费用		
12	4. 用于中间试验和产品试剂的模具、工艺装备开发及制作费		
13	5. 用于不构成固定资产的样品、样机及一般测试手段购置费		
14	6. 用于试制产品的检验费		
15	7. 用于研发活动的仪器、设备的运行维护、调整、检验、维修等费用		
16	8. 通过经营租赁方式租入的用于研发活动的仪器、设备租赁费		
17	(三) 折旧费用(18+19)		
18	1. 用于研发活动的仪器的折旧费		
19	2. 用于研发活动的设备的折旧费		
20	(四) 无形资产摊销(21+22+23)		
21	1. 用于研发活动的软件的摊销费用		
22	2. 用于研发活动的专利权的摊销费用		
23	3. 用于研发活动的非专利技术(包括许可证、专有技术、设计和计算方法等)的摊销费用		
24	(五) 新产品设计费用等(25+26+27+28)		
25	1. 新产品设计费		
26	2. 新工艺规程制定费		
27	3. 新药研制的临床试验费		
28	4. 勘探开发技术的现场试验费		
29	(六) 其他相关费用(30+31+32+33+34)		

(续表)

	研发活动费用明细	
30	1. 技术图书资料费、资料翻译费、专家咨询费、高新科技研发保险费	
31	2. 研发成果的检索、分析、评议、论证、鉴定、评审、评估、验收费用	
32	3. 知识产权的申请费、注册费、代理费	
33	4. 职工福利费、补充养老保险费、补充医疗保险费	
34	5. 差旅费、会议费	
35	(七) 经限额调整后的其他相关费用	
36	二、委托研发[(37-38)×80%]	
37	委托外部机构或个人进行研发活动所发生的费用	
38	其中：委托境外进行研发活动所发生的费用	
39	三、年度研发费用小计(3+36)	1 000 000
40	(一) 本年费用化金额	1 000 000
41	(二) 本年资本化金额	
42	四、本年形成无形资产摊销额	
43	五、以前年度形成无形资产本年摊销额	
44	六、允许扣除的研发费用合计(40+42+43)	1 000 000
45	减：特殊收入部分	
46	七、允许扣除的研发费用抵减特殊收入后的金额(44-45)	1 000 000
47	减：当年销售研发活动直接形成产品(包括组成部分)对应的材料部分	
48	减：以前年度销售研发活动直接形成产品(包括组成部分)对应材料部分结转金额	
49	八、加计扣除比例	75%
50	九、本年研发费用加计扣除总额(46-47-48)×49	750 000
51	十、销售研发活动直接形成产品(包括组成部分)对应材料部分结转以后年度扣减金额(当46-47-48≥0，本行=0；当46-47-48<0，本行=46-47-48 的绝对值)	

注：研发项目具体支出明细费用数值略。

表4-12 免税、减计收入及加计扣除优惠明细表

A107010

行次	项　　目	金额
1	一、免税收入(2+3+9+…+16)	800 000
2	(一) 国债利息收入免征企业所得税	
3	(二) 符合条件的居民企业之间的股息、红利等权益性投资收益免征企业所得税 (4+5+6+7+8)	800 000
4	1. 一般股息红利等权益性投资收益免征企业所得税(填写 A107011)	800 000
5	2. 内地居民企业通过沪港通投资且连续持有 H 股满 12 个月取得的股息红利所得免征企业所得税(填写 A107011)	

(续表)

行次	项　　目	金额
6	3. 内地居民企业通过深港通投资且连续持有H股满12个月取得的股息红利所得免征企业所得税(填写A107011)	
7	4. 居民企业持有创新企业 CDR 取得的股息红利所得免征企业所得税(填写A107011)	
8	5. 符合条件的永续债利息收入免征企业所得税(填写A107011)	
9	(三) 符合条件的非营利组织的收入免征企业所得税	
10	(四) 中国清洁发展机制基金取得的收入免征企业所得税	
11	(五) 投资者从证券投资基金分配中取得的收入免征企业所得税	
12	(六) 取得的地方政府债券利息收入免征企业所得税	
13	(七) 中国保险保障基金有限责任公司取得的保险保障基金等收入免征企业所得税	
14	(八) 中国奥委会取得北京冬奥组委支付的收入免征企业所得税	
15	(九) 中国残奥委会取得北京冬奥组委分期支付的收入免征企业所得税	
16	(十) 其他	
17	二、减计收入(18+19+23+24)	
18	(一) 综合利用资源生产产品取得的收入在计算应纳税所得额时减计收入	
19	(二) 金融、保险等机构取得的涉农利息、保费减计收入(20+21+22)	
20	1. 金融机构取得的涉农贷款利息收入在计算应纳税所得额时减计收入	
21	2. 保险机构取得的涉农保费收入在计算应纳税所得额时减计收入	
22	3. 小额贷款公司取得的农户小额贷款利息收入在计算应纳税所得额时减计收入	
23	(三) 取得铁路债券利息收入减半征收企业所得税	
24	(四) 其他(24.1+24.2)	
24.1	1. 取得的社区家庭服务收入在计算应纳税所得额时减计收入	
24.2	2. 其他	
25	三、加计扣除(26+27+28+29+30)	750 000
26	(一) 开发新技术、新产品、新工艺发生的研究开发费用加计扣除(填写A107012)	750 000
27	(二) 科技型中小企业开发新技术、新产品、新工艺发生的研究开发费用加计扣除(填写A107012)	
28	(三) 企业为获得创新性、创意性、突破性的产品进行创意设计活动而发生的相关费用加计扣除	
29	(四) 安置残疾人员所支付的工资加计扣除	
30	(五) 其他	
31	合计(1+17+25)	1 550 000

A108000

表 4-13　境外所得税收抵免明细表

行次	国家(地区) 1	境外税前所得 2	境外所得纳税调整后所得 3	弥补境外以前年度亏损 4	境外应纳税所得额 5(3-4)	抵减境内亏损 6	抵减境内亏损后的境外应纳税所得额 7(5-6)	税率 8	境外所得应纳税额 9	境外所得可抵免税额 10	境外所得抵免限额 11	本年可抵免境外所得税额 12	未超过境外所得税抵免限额的余额 13(11-12)	本年可抵免以前年度未抵免境外所得税额 14	按简易办法计算				境外所得抵免所得税额合计 19(12+14+18)
															按低于12.5%的实际税率计算的抵免额 15	按12.5%计算的抵免额 16	按25%计算的免额 17	小计 18(15+16+17)	
1	A国	1 000 000	1 000 000		1 000 000		1 000 000	25%	250 000	300 000	250 000	250 000							250 000
2	B国	800 000	800 000		800 000		800 000	25%	200 000	160 000	200 000	160 000	40 000						160 000
3																			
4																			
5																			
6																			
7																			
8																			
9																			
10	合计	1 800 000	1 800 000		1 800 000		1 800 000		450 000	460 000	450 000	410 000	40 000						410 000

表 4-14　中华人民共和国企业所得税年度纳税申报表(A 类)

A100000

行次	类别	项　目	金　额
1	利润总额计算	一、营业收入(填写 A101010\101020\103000)	60 000 000
2		减：营业成本(填写 A102010\102020\103000)	30 000 000
3		减：税金及附加	1 000 000
4		减：销售费用(填写 A104000)	13 200 000
5		减：管理费用(填写 A104000)	12 000 000
6		减：财务费用(填写 A104000)	1 000 000
7		减：资产减值损失	800 000
8		加：公允价值变动收益	
9		加：投资收益	2 140 000
10		二、营业利润(1−2−3−4−5−6−7+8+9)	4 140 000
11		加：营业外收入(填写 A101010\101020\103000)	2 000 000
12		减：营业外支出(填写 A102010\102020\103000)	1 540 000
13		三、利润总额(10+11−12)	4 600 000
14	应纳税所得额计算	减：境外所得(填写 A108010)	1 340 000
15		加：纳税调整增加额(填写 A105000)	3 018 000
16		减：纳税调整减少额(填写 A105000)	
17		减：免税、减计收入及加计扣除(填写 A107010)	1 550 000
18		加：境外应税所得抵减境内亏损(填写 A108000)	
19		四、纳税调整后所得(13−14+15−16−17+18)	4 728 000
20		减：所得减免(填写 A107020)	
21		减：弥补以前年度亏损(填写 A106000)	
22		减：抵扣应纳税所得额(填写 A107030)	
23		五、应纳税所得额(19−20−21−22)	4 728 000
24	应纳税额计算	税率(25%)	25%
25		六、应纳所得税额(23×24)	1 182 000
26		减：减免所得税额(填写 A107040)	
27		减：抵免所得税额(填写 A107050)	
28		七、应纳税额(25−26−27)	1 182 000
29		加：境外所得应纳所得税额(填写 A108000)	450 000
30		减：境外所得抵免所得税额(填写 A108000)	410 000
31		八、实际应纳所得税额(28+29−30)	1 222 000
32		减：本年累计实际已缴纳的所得税额	762 500
33		九、本年应补(退)所得税额(31−32)	459 500
34		其中：总机构分摊本年应补(退)所得税额(填写 A109000)	
35		财政集中分配本年应补(退)所得税额(填写 A109000)	
36		总机构主体生产经营部门分摊本年应补(退)所得税额(填写 A109000)	

任务实施

根据【任务导入】情境资料和任务要求,通过如下操作步骤进行任务实施。

实施任务 1:2021 年 1 月 10 日对 2020 年 12 月企业所得税进行纳税申报,填写"中华人民共和国企业所得税月(季)度预缴纳税申报表(A 类)"(见表 4-2)。

实施任务 2:2021 年 5 月 12 日进行企业所得税年度纳税申报(企业所得税汇算清缴),填写 2020 年企业所得税年度纳税申报表及其相关附表。

第一步:申报期内,填写附表一、附表二。

附表一为"一般企业收入明细表"(见表 4-3),附表二为"一般企业成本支出明细表"(见表 4-4),请根据收入、支出的会计核算资料填写。

第二步:申报期内,填写"纳税调整项目明细表"(A105000)及附表。

先根据会计核算资料填写附表,涉及"纳税调整项目明细表"(A105000)的附表主要有"职工薪酬支出及纳税调整明细表"(见表 4-6)、"广告费和业务宣传费跨年度纳税调整明细表"(见表 4-7)、"捐赠支出及纳税调整明细表"(见表 4-8),再根据这些附表资料及会计核算资料填写"纳税调整项目明细表"(A105000)(见表 4-9)。

第三步:申报期内,填写"免税、减计收入及加计扣除优惠明细表"(A107010)及其附表。

先根据会计核算资料填写附表,涉及"免税、减计收入及加计扣除优惠明细表"(A107010)的附表主要有"符合条件的居民企业之间的股息、红利等权益性投资收益优惠明细表"(见表 4-10)、"研发费用加计扣除优惠明细表"(见表 4-11),再根据这些附表资料及会计核算资料填写"免税、减计收入及加计扣除优惠明细表"(A107010)(见表 4-12)。

第四步:申报期内,填写"境外所得税收抵免明细表"(A108000)(见表 4-13)及其附表。

根据会计核算资料填写"境外所得税收抵免明细表"(A108000)。

第五步:申报期内,填写"中华人民共和国企业所得税年度纳税申报表(A 类)"(A100000)。

"中华人民共和国企业所得税年度纳税申报表(A 类)"(A100000)(见表 4-14)是企业所得税纳税申报表的主表(网上申报时,在填完附表后,该表大部分数据会自动生成)。

任务考核

一、单项选择题

1. 缴纳企业所得税,月份或季度终了后要在规定的期限内预缴,年度终了后要在规定的期限内汇算清缴,其预缴、汇算清缴的规定期限分别是( )。

    A. 7 日、45 日　　　　　　　　　　B. 15 日、45 日

    C. 15 日、5 个月　　　　　　　　　D. 15 日、4 个月

2. 企业在年度中间终止经营活动的,应当自实际经营终止之日起( )日内,向税务机关办理当期企业所得税汇算清缴。

    A. 30　　　　　B. 40　　　　　C. 60　　　　　D. 10

3. 企业进行清算时,应当在( ),向当地主管税务机关办理所得税纳税申报,并就其清算终了后的清算所得缴纳企业所得税。

    A. 清算终结之日　　　　　　　　　B. 办理注销登记的同时

    C. 办理注销登记之前　　　　　　　D. 办理注销登记之后

4. 非居民企业在中国境内未设有机构、场所的,以( )为企业所得税纳税地点。

    A. 收入发生地　　　　　　　　　　B. 业务发生地

C. 扣缴义务人所在地　　　　　　　　　　D. 机构、场所所在地

5. 下列各项不属于企业所得税年度"纳税调整项目明细表"附表的是(　　)。

A. 职工薪酬纳税调整明细表

B. 捐赠支出纳税调整明细表

C. 广告费和业务宣传费跨年度纳税调整明细表

D. 研发费用加计扣除优惠明细表

二、多项选择题

1. 下列关于企业所得税纳税申报期限的说法中，正确的有(　　)。

A. 企业应当自月份或者季度终了之日起 15 日内，向税务机关报送预缴企业所得税纳税申报表，预缴税款

B. 企业应当自年度终了之日起4个月内，向税务机关报送年度企业所得税纳税申报表，并汇算清缴，结清应缴、应退税款

C. 年度中间终止经营活动的，应当自实际经营终止之日起30日内，向税务机关办理当期企业所得税汇算清缴

D. 在办理注销登记前，就其清算所得向税务机关申报并依法缴纳企业所得税

2. 下列关于企业所得税纳税年度的表述中，正确的有(　　)。

A. 纳税年度自公历1月1日起至12月31日止

B. 在一个纳税年度中间开业，使实际经营期不足12个月的，应当以其实际经营期为一个纳税年度

C. 依法清算时，应当以清算期间作为一个纳税年度

D. 终止经营活动，实际经营期和依法清算在同一年度的，应当将两者合并为一个纳税年度

3. 关于企业所得税的纳税地点，下列表述中正确的有(　　)。

A. 非居民企业在中国境内未设有机构、场所的，以扣缴义务人所在地为纳税地点

B. 非居民企业在中国境内设有两个机构、场所的，应分别申报缴纳企业所得税

C. 居民企业登记注册地在中国境外的，以实际管理机构所在地为纳税地点

D. 居民企业一般以企业登记注册地为纳税地点

4. 下列各项直接属于"企业所得税年度纳税申报表"附表的有(　　)。

A. 一般企业收入明细表

B. 期间费用明细表

C. 纳税调整项目明细表

D. 免税、减计收入及加计扣除优惠明细表

5. 纳税调整项目明细表主要包括(　　)。

A. 收入类调整项目　　　　　　　　　　B. 扣除类调整项目

C. 资产类调整项目　　　　　　　　　　D. 特殊事项调整项目

三、判断题

1. 企业在一个纳税年度中间开业的，或者终止经营活动，使该纳税年度的实际经营期不足12个月的，应当以实际经营期为1个年度。　　　　　　　　　　　　　　　　(　　)

2. 居民企业以企业登记注册地为纳税地点；但登记注册地在中国境外的，以实际管理机构所在地为纳税地点。　　　　　　　　　　　　　　　　　　　　　　　　(　　)

3. 居民纳税人在月(季)度预缴企业所得税时应填制"企业所得税预缴纳税申报表(A 类)"。
（　　）

4. 查账征收企业所得税的纳税人在年度汇算清缴时，无论盈利还是亏损，都必须在规定的期限内进行纳税申报，填写企业所得税年度纳税申报表及有关附表。
（　　）

5. 在中国境内设有机构的非居民纳税人在月(季)度预缴企业所得税时应填制"所得税预缴纳税申报表(B 类)"。
（　　）

四、纳税申报操作题

根据本项目任务二【任务考核】中的计算技能训练题中经济业务资料及相关内容，完成以下要求。

要求：兴华有限责任公司 2021 年 5 月 15 日进行企业所得税年度纳税申报(企业所得税汇算清缴)，填写 2020 年企业所得税年度纳税申报表及附表资料。

 **案例分析**

分清罚款支出 依法计算纳税

某房地产开发公司以 2.3 亿元的竞拍价成功拍下了江边的一块土地，当年年底该公司就对土地进行开发。为了多赚钱，该公司通过非法途径取得一批假发票入账，以期增大成本费用达到少缴税的目的。在税务部门开展的发票专项检查中，该公司被责令补缴税款、滞纳金和罚款。该公司会计人员在计算企业所得税时，想对上述滞纳金和罚款支出和违反合同支付的违约金支出进行所得税前扣除处理。

思考： 你认同该公司会计人员在计算企业所得税时对支付的税收罚款进行税前扣除的做法吗？

注：分析提示见二维码 4-7。

4-7 分析提示

项目小结

本项目主要介绍了我国现行企业所得税的纳税人、征税对象、税率、税收优惠政策；应纳税所得额的计算、应纳所得税税额的计算；企业所得税的会计核算方法，即应付税款法和资产负债表债务法；企业所得税的按(月)季预缴纳税申报和年度汇算清缴纳税申报。

企业所得税作为直接税，是我国税制体系中的重要税种，同时是所有税制中税收优惠政策最多、内容最复杂、纳税筹划空间最大的一种税，正确运用好企业所得税的优惠政策、合理安排好企业的经济业务活动将会给企业带来更好的经济利益。

本项目内容结构如图 4-1 所示。

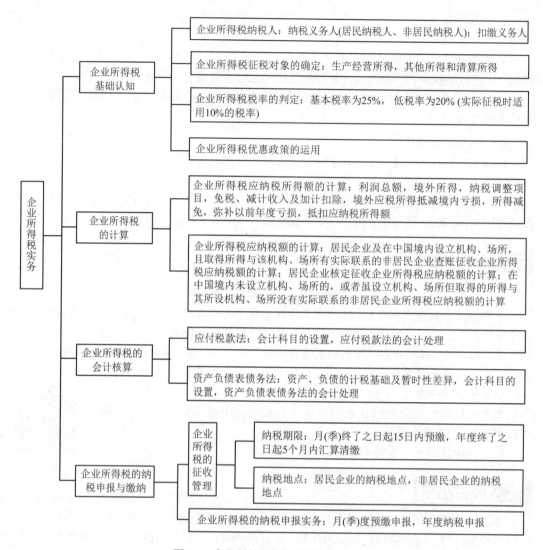

图4-1　企业所得税实务内容结构图

项目五　个人所得税实务

知识目标

1. 掌握个人所得税的基本法律知识
2. 掌握各项应税所得的划分、应纳税所得额的确定及个人所得税的计算
3. 熟悉代(预)扣代(预)缴个人所得税涉税业务的会计核算方法
4. 熟悉自行申报和源泉扣缴两种个人所得税的申报方式

能力目标

1. 能根据业务资料判断纳税人身份，能依据所得项目选择适用税率
2. 能根据业务资料计算个人所得税的应纳税额
3. 能根据业务资料进行代(预)扣代(预)缴个人所得税的会计处理
4. 能根据业务资料填写个人所得税纳税申报表，能办理个人所得税代(预)扣代(预)缴业务和汇算清缴工作

思政目标

1. 树立正确的个人所得税依法纳税意识，明确依法纳税是遵章守法不可缺少的一部分
2. 树立风险防范意识，认识到偷逃个人所得税税款对个人信誉的影响及应负担的法律责任
3. 树立筹划意识，最大限度地维护自身的合法权益

法规导航

5-1 中华人民共和国个人所得税法　　5-2 中华人民共和国个人所得税法实施条例　　5-3 个人所得税专项附加扣除暂行办法　　5-4 个人所得税专项附加扣除操作办法(试行)　　5-5 国家税务总局关于发布《个人所得税扣缴申报管理办法(试行)》的公告　　5-6 国家税务总局关于个人所得税自行纳税申报有关问题的公告

项目情境

个人所得税是调整征税机关与自然人之间在个人所得税的征纳与管理过程中所发生的社会关系的法律规范的总称。你知道我们国家个人所得税法中的纳税人、应税项目、税率以及税收优惠是如何制定的吗？

个人所得税税制有分类所得税制、综合所得税制、混合所得税制三种模式，你知道我国采用的是哪种模式吗？这种模式下个人所得税的计算有什么特点？应纳税额又是如何计算的呢？如何进行相应的会计核算？

个人所得税的征收管理采用源泉扣缴的办法，你知道支付单位进行源泉扣缴后，作为个人还需要纳税申报吗？

任务一　个人所得税基础认知

任务导入

宏达股份有限公司(简称"宏达公司")员工李某每月从单位领取工资收入 23 000 元；为乙公司提供一次咨询服务，取得咨询服务收入 5 800 元；在丙出版社杂志上发表文章，取得稿酬 1 000 元；给丁公司提供一项非职务技术专利技术，取得一次性特许权使用费收入 26 000 元。

任务要求：分析李某取得的 4 笔收入，是否可以合并计算个人所得税税额？由谁来代扣代缴，还是李某自行缴纳？

任务准备

个人所得税是对个人(自然人)取得的各项应税所得征收的一种直接税，是政府利用税收对个人收入进行调节的一种手段。自 2019 年 1 月 1 日起，我国采用综合与分类相结合的个人所得税征收模式。

一、个人所得税纳税人的确定

个人所得税纳税人是指在中国境内有住所，或者无住所而一个纳税年度内在中国境内居住累计满183天的个人，以及在中国境内无住所又不居住或者无住所而一个纳税年度内在中国境内居住累计不满183天但有从中国境内取得所得的个人。个人所得税纳税人，包括：中国公民、个体工商户、个人独资企业投资者、合伙企业自然人合伙人、在中国有所得的外籍人员和中国香港、澳门、台湾同胞。上述纳税人依据住所和居住时间两个标准，区分为居民个人和非居民个人，分别承担不同的纳税义务。

个人所得税以支付所得的单位或者个人为扣缴义务人。扣缴义务人扣缴税款时，纳税人应当向扣缴义务人提供纳税人识别号。纳税人有中国公民身份号码的，以中国公民身份号码为纳税人识别号；纳税人没有中国公民身份号码的，由税务机关赋予其纳税人识别号。

(一) 居民个人

在中国境内有住所，或者无住所而一个纳税年度内在中国境内居住累计满183天的个人，为居民个人。居民个人负有无限纳税义务，应就其来源于从中国境内和境外取得的应税所得缴纳个人所得税。

在中国境内有住所，是指因户籍、家庭、经济利益关系而在中国境内习惯性居住。习惯性居住，是指个人因学习、工作、探亲等原因消除之后，没有理由在其他地方继续居留时要回原地方居住的情形。

在境内居住累计满183天，是指一个纳税年度(即公历1月1日起至12月31日止，下同)内，在中国境内居住累计满183天。

(二) 非居民个人

在中国境内无住所又不居住，或者无住所而一个纳税年度内在中国境内居住累计不满183天的个人，为非居民个人。非居民个人负有有限纳税义务，应就其来源于从中国境内取得的应税所得缴纳个人所得税。

在中国境内无住所的个人，在中国境内居住累计满183天的年度连续不满6年的，经向主管税务机关备案，其来源于中国境外且由境外单位或者个人支付的所得，免予缴纳个人所得税；在中国境内居住累计满183天的任一年度中有一次离境超过30天的，其在中国境内居住累计满183天的年度的连续年限重新起算。

在中国境内无住所的个人，在一个纳税年度内在中国境内居住累计不超过90天的，其来源于中国境内的所得，由境外雇主支付并且不由该雇主在中国境内的机构、场所负担的部分，免予缴纳个人所得税。

无住所个人一个纳税年度内在中国境内累计居住天数，按照个人在中国境内累计停留的天数计算。在中国境内停留的当天满24小时的，计入中国境内居住天数，在中国境内停留的当天不足24小时的，不计入中国境内居住天数。

(三) 所得来源的确定

下列所得，除国务院财政、税务主管部门另有规定外，不论支付地点是否在中国境内，均为来源于中国境内的所得：

(1) 因任职、受雇、履约等在中国境内提供劳务取得的所得。

(2) 将财产出租给承租人在中国境内使用而取得的所得。

(3) 许可各种特许权在中国境内使用而取得的所得。

(4) 转让中国境内的不动产等财产或者在中国境内转让其他财产取得的所得。

(5) 从中国境内企业、事业单位、其他组织以及居民个人取得的利息、股息、红利所得。

二、个人所得税征税对象的确定

个人所得税的征税对象是个人取得的各项应税所得。个人所得的形式，包括现金、实物、有价证券和其他形式的经济利益。所得为实物的，应当按照取得的凭证上所注明的价格计算应纳税所得额；无凭证的实物或者凭证上所注明的价格明显偏低的，参照市场价格核定应纳税所得额。所得为有价证类的，根据票面价格和市场价格核定应纳税所得额。所得为其他形式的经济利益的，参照市场价格核定应纳税所得额。

(一) 工资、薪金所得

1. 工资、薪金所得的基本规定

工资、薪金所得，是指个人因任职或者受雇取得的工资、薪金、奖金、年终加薪、劳动分红、津贴、补贴以及与任职或者受雇有关的其他所得。

不属于工资、薪金性质的补贴、津贴，不征收个人所得税，具体包括：①独生子女补贴；②执行公务员工资制度未纳入基本工资总额的补贴、津贴差额和家属成员的副食补贴；③托儿补助费；④差旅费津贴、误餐补助(指因公在城区、郊区工作，不能在工作单位或返回就餐的，根据实际误餐顿数，按规定的标准领取的误餐费)。

2. 工资、薪金所得的特殊规定

(1) 退休人员再任职取得的收入，在减除按税法规定的费用扣除标准后，按"工资、薪金所得"项目缴纳个人所得税；离退休人员按规定领取离退休工资或养老金外，另从原任职单位取得的各类补贴、奖金、实物，不属于免税项目，应按"工资、薪金所得"应税项目的规定缴纳个人所得税。

(2) 个人因公务用车和通讯制度改革而取得的公务用车、通讯补贴收入，扣除一定标准的公务费用后，按照"工资、薪金所得"项目计征个人所得税。

(3) 企事业单位和个人超过规定的比例和标准缴付的基本养老保险费、基本医疗保险费和失业保险费，应将超过部分并入个人当期的工资、薪金收入，计征个人所得税。单位和个人分别在不超过职工本人上一年度月平均工资12%的幅度内，其实际缴存的住房公积金，允许在个人应纳税所得额中扣除。单位和职工个人缴存住房公积金的月平均工资不得超过职工工作地所在设区城市上一年度职工月平均工资的3倍，具体标准按照各地有关规定执行。单位和个人超过规定比例和标准缴付的住房公积金，应将超过部分并入个人当期的工资、薪金收入，计征个人所得税。

对企业为员工支付各项免税之外的保险金，应在企业向保险公司缴付时并入员工当期的工资收入，按"工资、薪金所得"项目计征个人所得税，税款由企业负责代扣代缴。

(4) 兼职律师从律师事务所取得工资、薪金性质的所得，律师事务所在代扣代缴其个人所得税时，不再减除个人所得税法规定的费用扣除标准，以收入全额(取得分成收入的为扣除办理案件支出费用后的余额)直接确定适用税率，计算扣缴个人所得税。

(5) 依法批准设立的非营利性研究开发机构和高等学校根据《中华人民共和国促进科技成果转化法》规定，从职务科技成果转化收入中给予科技人员的现金奖励，可减按50%计入科技

人员当月工资、薪金所得，依法缴纳个人所得税。

(6) 对商品营销活动中，企业对营销业绩突出的雇员以培训班、研讨会、工作考察等名义组织旅游活动，通过免收差旅费、旅游费对个人实行的营销业绩奖励(包括实物、有价证券等)应根据所发生的费用并入营销人员当期的工资、薪金所得，按照"工资、薪金所得"项目征收个人所得税。

(二) 劳务报酬所得

劳务报酬所得，是指个人从事劳务取得的所得，包括从事设计、装潢、安装、制图、化验、测试、医疗、法律、会计、咨询、讲学、翻译、审稿、书画、雕刻、影视、录音、录像、演出、表演、广告、展览、技术服务、介绍服务、经纪服务、代办服务以及其他劳务取得的所得。

个人不在公司任职、受雇，仅在公司担任董事、监事职务而取得的董事费、监事费按"劳务报酬所得"项目征税；个人在公司任职、受雇同时兼任董事、监事职务的，应将取得的董事费、监事费与个人工资收入合并，按照"工资、薪金所得"项目征收个人所得税。

对商品营销活动中，企业和单位对营销业绩突出的非雇员以培训班、研讨会、工作考察等名义组织旅游活动，通过免收差旅费、旅游费对个人实行的营销业绩奖励(包括实物、有价证券等)，应根据所发生费用的全额作为该营销人员当期的劳务收入，按照"劳务报酬所得"项目征收个人所得税，并由提供上述费用的企业和单位代扣代缴。

(三) 稿酬所得

稿酬所得，是指个人因其作品以图书、报刊等形式出版、发表而取得的所得。作品包括文学作品、书画作品、摄影作品，以及其他作品。作者去世后，财产继承人取得的遗作稿酬，也应征收个人所得税。

(四) 特许权使用费所得

特许权使用费所得，是指个人提供专利权、商标权、著作权、非专利技术以及其他特许权的使用权取得的所得；提供著作权的使用权取得的所得，不包括稿酬所得。

对于作者将自己的文字作品手稿原件或复印件公开拍卖(竞价)取得的所得，属于提供著作权的使用权取得的所得，应按"特许权使用费所得"项目征收个人所得税。

个人取得特许权的经济赔偿收入，应按"特许权使用费所得"项目征收个人所得税，税款由支付赔偿的单位或个人代扣代缴。

编剧从电视剧的制作单位取得的剧本使用费，不再区分剧本的使用方是否为其任职单位，统一按"特许权使用费所得"项目征收个人所得税。

(五) 经营所得

经营所得，是指：

① 个体工商户从事生产、经营活动取得的所得，个人独资企业投资人、合伙企业的个人合伙人来源于境内注册的个人独资企业、合伙企业生产、经营的所得；

② 个人依法从事办学、医疗、咨询以及其他有偿服务活动取得的所得；

③ 个人对企业、事业单位承包经营、承租经营以及转包、转租取得的所得；

④ 个人从事其他生产、经营活动取得的所得。

个体工商户和从事生产经营的个人，取得与生产、经营活动无关的其他各项应税所得应分别按照有关规定，计算征收个人所得税。

出租车归属为个人的，属于"经营所得"，包括：

① 从事个体出租车运营的出租车驾驶取得的收入;

② 出租车属个人所有,但挂靠出租汽车经营单位或企事业单位,驾驶员向挂靠单位缴纳管理费的,或出租汽车经营单位将出租车所有权转移给驾驶员的,出租车驾驶员从事客货运营取得的收入。

出租汽车经营单位对出租车驾驶员采取单车承包或承租方式运营,出租车驾驶员从事客运取得的收入,按"工资、薪金所得"项目征收个人所得税。

符合以下情形的房屋或其他财产,不论所有权人是否将财产无偿或有偿交付企业使用,其实质均为企业对个人进行了实物性质的分配,应依法计征个人所得税:

① 企业出资购买房屋及其他财产,将所有权登记为投资者个人、投资者家庭成员或企业其他人员的;

② 企业投资者个人、投资者家庭成员或企业其他人员向企业借款用于购买房屋及其他财产,将所有权登记为投资者、投资者家庭成员或企业其他人员,且借款年度终了后未归还借款的。

对个人独资企业、合伙企业的个人投资者或其家庭成员取得的上述所得,视为企业对个人投资者的利润分配,按照"经营所得"项目计征个人所得税;对除个人独资企业、合伙企业以外其他企业的个人投资者或其家庭成员取得的上述所得,视为企业对个人投资者的红利分配,按照"利息、股息、红利所得"项目计征个人所得税;对企业其他人员取得的上述所得,按照"工资、薪金所得"项目计征个人所得税。

(六) 利息、股息、红利所得

利息、股息、红利所得,是指个人拥有债权、股权等而取得的利息、股息、红利所得。

房屋买受人在未办理房屋产权证的情况下,按照与房地产公司约定的条件(如对房屋的占有、使用、收益和处分权进行限制)在一定时期后无条件退房而取得的补偿款,应按照"利息、股息、红利所得"项目缴纳个人所得税,税款由支付补偿款的房地产公司代扣代缴。

对职工个人以股份形式取得的,仅作为分红依据,不拥有所有权的企业量化资产,不征收个人所得税。

对职工个人以股份形式取得的拥有所有权的企业量化资产,暂缓征收个人所得税;待个人将股份转让时,就其转让收入额,减除个人取得该股份时实际支付的费用支出和合理转让费用后的余额,按"财产转让所得"项目计征个人所得税。

对职工个人以股份形式取得的企业量化资产参与企业分配而获得的股息、红利,应按"利息、股息、红利所得"项目征收个人所得税。

(七) 财产租赁所得

财产租赁所得,是指个人出租不动产、机器设备、车船以及其他财产取得的所得。

个人取得的房屋转租收入,属于"财产租赁所得"项目。

(八) 财产转让所得

财产转让所得,是指个人转让有价证券、股权、合伙企业中的财产份额、不动产、机器设备、车船以及其他财产取得的所得。

个人以非货币性资产投资,属于个人转让非货币性资产和投资同时发生。对个人转让非货币性资产的所得,应按照"财产转让所得"项目,依法计算缴纳个人所得税。

个人通过招标、竞拍或其他方式购置债权以后,通过相关司法或行政程序主张债权而取得的所得,应按照"财产转让所得"项目缴纳个人所得税。

个人通过网络收购玩家的虚拟货币，加价后向他人出售取得的收入，应按照"财产转让所得"项目计算缴纳个人所得税。

个人转让境内上市公司股票的所得，暂免征收个人所得税，但自 2010 年 1 月 1 日起，对个人转让上市公司限售股征收个人所得税。转让境外上市公司股票所得按照"财产转让所得"项目征收个人所得税。

个人将投资于在中国境内成立的企业或组织(不包括个人独资企业和合伙企业)的股权或股份，转让给其他个人或法人的行为，按照"财产转让所得"依法计算缴纳个人所得税。

(九) 偶然所得

偶然所得，是指个人得奖、中奖、中彩以及其他偶然性质的所得。

企业对累积消费达到一定额度的顾客，给予额外抽奖机会，个人的获奖所得，按照"偶然所得"项目，全额缴纳个人所得税。

个人为单位或他人提供担保获得收入，按照"偶然所得"项目计算缴纳个人所得税。

房屋产权所有人将房屋产权无偿赠与他人的，受赠人因无偿受赠房屋取得的受赠收入，按照"偶然所得"项目计算缴纳个人所得税。

企业在业务宣传、广告等活动中，随机向本单位以外的个人赠送礼品(包括网络红包，下同)，以及企业在年会、座谈会、庆典以及其他活动中向本单位以外的个人赠送礼品，个人取得的礼品收入，按照"偶然所得"项目计算缴纳个人所得税，但企业赠送的具有价格折扣或折让性质的消费券、代金券、抵用券、优惠券等礼品除外。

上述第(一)项至第(四)项所得统称"综合所得"。对于综合所得，居民个人应按纳税年度合并计算个人所得税；非居民个人应按月或者按次分项计算个人所得税；第(五)项至第(九)项所得，应当分别计算个人所得税。

三、个人所得税税率的判定

个人所得税根据不同应税所得项目，适用不同的税率和不同的征收方式，现行个人所得税法的税率采用超额累进税率和比例税率两种形式。

(一) 居民个人综合所得适用的预扣预缴个人所得税的预扣率

1. 居民个人工资、薪金所得预扣预缴个人所得税的预扣率

居民个人工资、薪金所得预扣预缴个人所得税的预扣率如表 5-1 所示。

表 5-1　居民个人工资、薪金所得预扣预缴个人所得税的预扣率

级数	累计预扣预缴应纳税所得额	预扣率/%	速算扣除数
1	不超过 36 000 元	3	0
2	超过 36 000 元至 144 000 元的部分	10	2 520
3	超过 144 000 元至 300 000 元的部分	20	16 920
4	超过 300 000 元至 420 000 元的部分	25	31 920
5	超过 420 000 元至 660 000 元的部分	30	52 920
6	超过 660 000 元至 960 000 元的部分	35	85 920
7	超过 960 000 元的部分	45	181 920

2. 居民个人劳务报酬所得预扣预缴个人所得税的预扣率

居民个人劳务报酬所得预扣预缴个人所得税的预扣率如表 5-2 所示。

表 5-2 居民个人劳务报酬所得预扣预缴个人所得税的预扣率

级数	累计预扣预缴应纳税所得额	预扣率/%	速算扣除数
1	不超过 20 000 元	20	0
2	超过 20 000 元至 50 000 元的部分	30	2 000
3	超过 50 000 元的部分	40	7 000

3. 居民个人稿酬所得、特许权使用费所得预扣预缴个人所得税的预扣率

居民个人稿酬所得、特许权使用费所得预扣预缴个人所得税的预扣率为 20%。

(二) 个人所得税的适用税率

1. 居民个人综合所得个人所得税的适用税率(按年汇算清缴)

居民个人取得的综合所得按年汇算清缴时适用 3%至 45%的七级超额累进税率。居民个人综合所得个人所得税的税率表(按年)如表 5-3 所示。

表 5-3 居民个人综合所得个人所得税的税率表(按年)

级数	全年应纳税所得额	税率/%	速算扣除数
1	不超过 36 000 元	3	0
2	超过 36 000 元至 144 000 元的部分	10	2 520
3	超过 144 000 元至 300 000 元的部分	20	16 920
4	超过 300 000 元至 420 000 元的部分	25	31 920
5	超过 420 000 元至 660 000 元的部分	30	52 920
6	超过 660 000 元至 960 000 元的部分	35	85 920
7	超过 960 000 元的部分	45	181 920

注: 表中所称全年应纳税所得额是指依照个人所得税法第六条的规定, 居民个人取得综合所得以每一纳税年度收入额减除费用 60 000 元以及专项扣除、专项附加扣除和依法确定的其他扣除后的余额。

2. 非居民个人工资、薪金所得, 劳务报酬所得, 稿酬所得, 特许权使用费所得个人所得税适用税率

非居民个人工资、薪金所得, 劳务报酬所得, 稿酬所得, 特许权使用费所得个人所得税适用税率表如表 5-4 所示(依照表 5-3 按月换算后)。

表 5-4 非居民个人工资、薪金所得, 劳务报酬所得, 稿酬所得, 特许权使用费所得个人所得税的税率表

级数	应纳税所得额	税率/%	速算扣除数
1	不超过 3 000 元	3	0
2	超过 3 000 元至 12 000 元的部分	10	210
3	超过 12 000 元至 25 000 元的部分	20	1 410
4	超过 25 000 元至 35 000 元的部分	25	2 660
5	超过 35 000 元至 55 000 元的部分	30	4 410
6	超过 55 000 元至 80 000 元的部分	35	7 160
7	超过 80 000 元的部分	45	15 160

3. 经营所得个人所得税的适用税率

经营所得适用5%至35%的五级超额累进税率。经营所得个人所得税的税率表如表5-5所示。

表5-5　经营所得个人所得税的税率表

级数	全年应纳税所得额	税率/%	速算扣除数
1	不超过30 000元	5	0
2	超过30 000元至90 000元的部分	10	1 500
3	超过90 000元至300 000元的部分	20	10 500
4	超过300 000元至500 000元的部分	30	40 500
5	超过500 000元的部分	35	65 500

4. 利息、股息、红利所得，财产租赁所得，财产转让所得和偶然所得个人所得税的适用税率

利息、股息、红利所得，财产租赁所得，财产转让所得和偶然所得，适用比例税率，税率为20%。另外，从2008年3月1日起，对个人出租住房取得的所得暂减按10%的税率征收个人所得税。

四、个人所得税优惠政策的运用

个人所得税优惠政策包括免税、减税、暂免征税等，具体可见二维码5-7。

5-7 个人所得税
优惠政策的运用

任务实施

根据【任务导入】情境资料和任务要求，任务实施如下。

【任务导入】中李某取得的4项收入，分别属于综合所得，从宏达公司领取的23 000元工资收入属于"工资、薪金所得"项目，由宏达公司在发放工资时预扣预缴个人所得税；从乙公司取得的5 800元收入属于"劳务报酬所得"项目，由乙公司在发放时预扣预缴个人所得税；从丙出版社取得的1 000元收入，属于"稿酬所得"项目，由丙出版社在发放时预扣预缴个人所得税；从丁公司取得的26 000元收入属于"特许权使用费收入"项目，由丁公司在发放时预扣预缴个人所得税。李某自己需要在取得4项收入的次年3月1日至6月30日内办理全年综合所得的汇算清缴。

任务考核

一、单项选择题

1. 根据个人所得税法律制度的规定，下列不属于来源于中国境内的所得的是(　　)。
   A. 中国境内的出租人将财产出租给承租人在境外使用而取得的所得
   B. 从中国境内的企业、事业单位、其他组织以及居民个人取得的利息、股息、红利所得
   C. 许可各种特许权在中国境内使用而取得的所得
   D. 因任职、受雇、履约等而在中国境内提供劳务取得的所得
2. 居民个人取得的下列所得中，应按"工资、薪金所得"项目计缴个人所得税的是(　　)。
   A. 国债利息所得
   B. 出租闲置住房取得的所得

    C. 参加商场有奖销售活动中奖取得的所得

    D. 单位全勤奖

3. 下列从事非雇佣劳动取得的收入中，应按"稿酬所得"项目缴纳个人所得税的是(　　)。

    A. 审稿收入　　　　　　B. 翻译收入　　　　　　C. 题字收入　　　　　　D. 出版作品收入

4. 个人取得特许权的经济赔偿收入，应按照(　　)缴纳个人所得税。

    A. 劳务报酬所得　　　　　　　　　　　B. 利息、股息、红利所得

    C. 特许权使用费所得　　　　　　　　　D. 偶然所得

5. 根据个人所得税法律制度的规定，下列各项中，应缴纳个人所得税的是(　　)。

    A. 公务员王某取得的国债利息

    B. 退役士兵张某取得的退役金

    C. 退休职工林某取得的按国家统一规定发放的基本养老金

    D. 教师李某获得的县人民政府为其颁发的优秀教师奖金

二、多项选择题

1. 将个人所得税的纳税人区分为居民个人和非居民个人，依据的标准有(　　)。

    A. 境内有无住所　　　　　　　　　　　B. 境内时间

    C. 取得收入的工作地　　　　　　　　　D. 境内居住时间

2. 根据个人所得税法律制度规定，下列属于综合所得的有(　　)。

    A. 工资薪金所得　　　　　　　　　　　B. 财产租赁所得

    C. 劳务报酬所得　　　　　　　　　　　D. 财产转让所得

3. 下列个人所得中，应按"劳务报酬所得"项目征收个人所得税的有(　　)。

    A. 某大学教授从甲企业取得的咨询费

    B. 某公司高管从乙大学取得的讲课费

    C. 某设计院设计师从丙服装公司取得的设计费

    D. 某编剧从丁电视剧制作单位取得的剧本使用费

4. 下列各项中，按照"财产转让所得"项目缴纳个人所得税的有(　　)。

    A. 转让著作权收入　　　　　　　　　　B. 转让股权收入

    C. 转让非专利技术收入　　　　　　　　D. 转让机器设备收入

5. 个人所得税的下列各项所得中，适用超额累进税率计征个人所得税的有(　　)。

    A. 偶然所得　　　　　　B. 综合所得　　　　　　C. 经营所得　　　　　　D. 财产转让所得

三、判断题

1. 在中国境内无住所而在一个纳税年度中在中国境内连续或累计居住不超过90天的个人，由中国境外雇主支付并且不是由该雇主的中国境内机构负担的工资、薪金，免于申报缴纳个人所得税。(　　)

2. 根据个人所得税法律制度规定，个人所得税以所得人为纳税人，以支付所得的单位或者个人为扣缴义务人。(　　)

3. 王律师以个人名义聘请助理刘某辅助其工作，每月向刘某支付 1 万元。根据个人所得税法律制度的规定，刘某每月取得的收入应当按"工资、薪金所得"缴纳个人所得税。(　　)

4. 企业或个人取得的国债利息收入和国家发行的金融债券利息收入，分别免征企业所得税和个人所得税。(　　)

5. 对国有企业职工，因企业依法宣告破产，从破产企业取得的一次性安置费收入，免于征收个人所得税。(　　)

 **任务二　个人所得税的计算与会计核算**

任务导入

中国公民李某(身份证号码为211×××19780513××××)任职于国内宏达公司(统一社会信用代码为9124326258322152××)，其独生子正在读小学，其父母健在，并均已达到法定退休年龄，无其他附加扣除项目。2020年度李某有关收支情况如下。

(1) 每月工资、薪金所得23 000元，每月缴纳的基本养老保险费1 840元、医疗保险费460元、失业保险费115元、住房公积金2 300元。1—11月工资、薪金所得累计已预扣预缴个人所得税税额9 893.5元。

(2) 3月为乙公司提供一次咨询服务，取得咨询服务收入5 800元，已由乙公司代扣代缴个人所得税928元。

(3) 5月撰写一篇论文，并将该论文刊登在丙出版社杂志上，取得稿酬所得1 000元，已由丙公司代扣代缴个人所得税28元。

(4) 6月将自有的一项非职务技术专利技术提供给丁公司使用，一次性取得特许权使用费收入26 000元，已由丁公司代扣代缴个人所得税4 160元。

(5) 12月取得全年一次性奖金33 600元，李某选择不并入当年综合所得计算纳税。

已知：工资、薪金所得预扣预缴个人所得税减除费用为5 000元/月；综合所得减除费用为60 000元；子女教育专项附加扣除标准为1 000元/月，由李某按扣除标准的100%扣除；赡养老人专项扣除标准为2 000元/月，由李某和他的哥哥分别按扣除标准的50%扣除；综合所得汇算清缴时，劳务报酬所得、稿酬所得、特许权使用费所得以收入减除20%费用后的余额为收入额，其中稿酬所得的收入额减按70%计算；全年一次性奖金适用税率按照按月换算后的综合所得税率表(见表5-4)计算。

任务要求：

1. 计算宏达公司应预扣预缴李某2020年12月的个人所得税并做出相应的会计处理。

2. 根据上述个人所得税相关资料，对李某2020年取得的综合所得进行汇算清缴。

任务准备

一、个人所得税应纳税额的计算

目前，我国的个人所得税采用综合与分类相结合的所得税制，居民个人取得的工资、薪金所得，劳务报酬所得，稿酬所得和特许权使用费所得按纳税年度合并计算个人所得税，有扣缴义务人的，由扣缴义务人按月或者按次预扣预缴税款，需要办理汇算清缴的，在取得所得的次年规定时间内办理汇算清缴；非居民个人取得的工资、薪金所得，劳务报酬所得，稿酬所得和特许权使用费所得按月或者按次分项计算个人所得税；对纳税人取得的经营所得，利息、股息、红利所得，财产租赁所得，财产转让所得和偶然所得分别适用不同的费用扣除标准、不同的税率和不同的计税方法。

（一）居民个人综合所得预扣预缴个人所得税应纳税额的计算

扣缴义务人向居民个人支付工资、薪金所得，劳务报酬所得，稿酬所得，特许权使用费所得时，按以下方法预扣预缴个人所得税，并向主管税务机关报送"个人所得税扣缴申报表"。年度预扣预缴税额与年度应纳税额不一致的，由居民个人于次年 3 月 1 日至 6 月 30 日向主管税务机关办理综合所得年度汇算清缴，税款多退少补。

1. 扣缴义务人向居民个人支付工资、薪金所得预扣预缴个人所得税的计算

(1) 扣缴义务人向居民个人支付工资、薪金所得预扣预缴个人所得税的基本规定。

扣缴义务人向居民个人支付工资、薪金所得时，应当按照累计预扣法计算预扣税款，并按月办理全员全额扣缴申报。累计预扣法，是指扣缴义务人在一个纳税年度内预扣预缴税款时，以纳税人在本单位截至当前月份工资、薪金所得累计收入减除累计免税收入、累计减除费用、累计专项扣除、累计专项附加扣除和累计依法确定的其他扣除后的余额为累计预扣预缴应纳税所得额，计算累计应预扣预缴税额，再减除累计减免税额和累计已预扣预缴税额，其余额为本期应预扣预缴税额。余额为负值时，暂不退税。纳税年度终了后余额仍为负值时，由纳税人通过办理综合所得年度汇算清缴，税款多退少补。具体计算公式为

$$\begin{array}{l}\text{累计预扣预缴} \\ \text{应纳税所得额}\end{array} = \begin{array}{l}\text{累计}\\\text{收入}\end{array} - \begin{array}{l}\text{累计免税}\\\text{收入}\end{array} - \begin{array}{l}\text{累计减除}\\\text{费用}\end{array} - \begin{array}{l}\text{累计专项}\\\text{扣除}\end{array} - \begin{array}{l}\text{累计专项}\\\text{附加扣除}\end{array} - \begin{array}{l}\text{累计依法确定}\\\text{的其他扣除}\end{array}$$

$$\begin{array}{l}\text{本期应预扣}\\\text{预缴税额}\end{array} = \left(\begin{array}{l}\text{累计预扣预缴}\\\text{应纳税所得额}\end{array} \times \text{预扣率} - \begin{array}{l}\text{速算}\\\text{扣除数}\end{array}\right) - \begin{array}{l}\text{累计减免}\\\text{税额}\end{array} - \begin{array}{l}\text{累计已预扣}\\\text{预缴税额}\end{array}$$

其中：累计减除费用，按照 5 000 元/月乘以纳税人当年截至本月在本单位的任职受雇月份数计算。

专项扣除，包括居民个人按照国家规定的范围和标准缴纳的基本养老保险、基本医疗保险、失业保险等社会保险费和住房公积金等(即"三险一金")；专项附加扣除，包括子女教育、继续教育、大病医疗、住房贷款利息或者住房租金、赡养老人等支出，具体范围、标准和实施步骤由国务院确定，并报全国人民代表大会常务委员会备案；其他扣除，包括个人缴付符合国家规定的企业年金、职业年金，个人购买符合国家规定的商业健康保险、税收递延型商业养老保险的支出，以及国务院规定可以扣除的其他项目。

专项扣除、专项附加扣除和依法确定的其他扣除，以居民个人一个纳税年度的应纳税所得额为限额；一个纳税年度扣除不完的，不结转以后年度扣除。

上述公式中，计算居民个人工资、薪金所得预扣预缴税额的预扣率、速算扣除数，按表 5-1 执行。

自 2020 年 7 月 1 日起，对一个纳税年度内首次取得工资、薪金所得的居民个人，扣缴义务人在预扣预缴个人所得税时，可按照 5 000 元/月乘以纳税人当年截至本月月份数计算累计减除费用。首次取得工资、薪金所得的居民个人，是指自纳税年度首月起至新入职时，未取得工资、薪金所得或者未按照累计预扣法预扣预缴过连续性劳务报酬所得个人所得税的居民个人。

(2) 个人所得税专项附加扣除的基本规定。

有关个人所得税专项附加扣除的基本规定，可见二维码 5-8。

5-8 个人所得税专项附加扣除的基本规定

【例 5-1】中国公民王某在国内甲公司任职，每月取得工资、薪金所得 23 500 元，由任职单位扣缴"三险一金" 5 280 元；王某夫妇有 1 个儿子正在上小学，夫妻双方约定子女教育专项附加扣除由王某按扣除标准的 100%扣

除。已知：纳税人的子女接受全日制学历教育的相关支出，按照每个子女每月 1 000 元的标准定额扣除。王某没有减免收入及减免税额等情况。居民个人工资、薪金所得预扣预缴个人所得税的预扣率按表 5-1 执行。计算甲公司应预扣预缴王某本年每月工资、薪金所得的个人所得税。

甲公司应当按照以下方法计算预扣预缴王某 1—12 月工资、薪金所得的个人所得税税额。

1 月：(23 500−5 000−5 280−1 000)×3%＝12 220×3%＝366.6(元)

2 月：(23 500×2−5 000×2−5 280×2−1 000×2)×3%−366.6

  ＝24 440×3%−366.6

  ＝733.2−366.6＝366.6(元)

3 月：(23 500×3−5 000×3−5 280×3−1 000×3)×10%−2 520−366.6−366.6

  ＝36 660×10%−2 520−366.6−366.6

  ＝3 666−2 520−366.6−366.6

  ＝412.8(元)

4 月：(23 500×4−5 000×4−5 280×4−1 000×4)×10%−2 520−366.6−366.6−412.8

  ＝48 880×10%−2 520−366.6−366.6−412.8

  ＝4 888−2 520−366.6−366.6−412.8＝1 222(元)

5 月：(23 500×5−5 000×5−5 280×5−1 000×5)×10%−2 520−366.6−366.6−412.8−1 222

  ＝61 100×10%−2 520−366.6−366.6−412.8−1 222

  ＝6 110−2 520−366.6−366.6−412.8−1 222

  ＝1 222(元)

6 月：(23 500×6−5 000×6−5 280×6−1 000×6)×10%−2 520−366.6−366.6−412.8−1 222−1 222

  ＝73 320×10%−2 520−366.6−366.6−412.8−1 222−1 222

  ＝7 332−2 520−366.6−366.6−412.8−1 222−1 222

  ＝1 222(元)

7 月：(23 500×7−5 000×7−5 280×7−1 000×7)×10%−2 520−733.2

  ＝85 540×10%−2 520−366.6−366.6−412.8−1 222−1 222−1 222

  ＝8 554−2 520−366.6−366.6−412.8−1 222−1 222−1 222

  ＝1 222(元)

8 月：(23 500×8−5 000×8−5 280×8−1 000×8)×10%−2 520−366.6−366.6−412.8−1 222−1 222−1 222−1 222

  ＝97 760×10%−2 520−366.6−366.6−412.8−1 222−1 222−1 222−1 222

  ＝9 776−2 520−366.6−366.6−412.8−1 222−1 222−1 222−1 222

  ＝1 222(元)

9 月：(23 500×9−5 000×9−5 280×9−1 000×9)×10%−2 520−366.6−366.6−412.8−1 222−1 222−1 222−1 222−1 222

  ＝109 980×10%−2 520−366.6−366.6−412.8−1 222−1 222−1 222−1 222−1 222

  ＝10 998−2 520−366.6−366.6−412.8−1 222−1 222−1 222−1 222−1 222

  ＝1 222(元)

10 月：(23 500×10−5 000×10−5 280×10−1 000×10)×10%−2 520−366.6−366.6−412.8−1 222−1 222−1 222−1 222−1 222−1 222

  ＝122 200×10%−2 520−366.6−366.6−412.8−1 222−1 222−1 222−1 222−1 222−1 222

$$=12\,220-2\,520-366.6-366.6-412.8-1\,222-1\,222-1\,222-1\,222-1\,222-1\,222$$
$$=1\,222(元)$$

11 月：$(23\,500\times11-5\,000\times11-5\,280\times11-1\,000\times11)\times10\%-2\,520-366.6-366.6-$

$\qquad 412.8-1\,222-1\,222-1\,222-1\,222-1\,222-1\,222-1\,222$

$\qquad =134\,420\times10\%-2\,520-366.6-366.6-412.8-1\,222-1\,222-1\,222-1\,222-$

$\qquad\quad 1\,222-1\,222-1\,222$

$\qquad =13\,442-2\,520-366.6-366.6-412.8-1\,222-1\,222-1\,222-1\,222-1\,222-$

$\qquad\quad 1\,222-1\,222$

$\qquad =1\,222(元)$

12 月：$(23\,500\times12-5\,000\times12-5\,280\times12-1\,000\times12)\times20\%-16\,920-366.6-366.6-412.8-$

$\qquad 1\,222-1\,222-1\,222-1\,222-1\,222-1\,222-1\,222-1\,222$

$\qquad =146\,640\times20\%-16\,920-366.6-366.6-412.8-1\,222-1\,222-1\,222-1\,222-1\,222-$

$\qquad\quad 1\,222-1\,222=29\,328-16\,920-366.6-366.6-412.8-1\,222-1\,222-1\,222-1\,222-$

$\qquad\quad 1\,222-1\,222-1\,222-1\,222$

$\qquad =1\,486(元)$

甲公司预扣预缴王某本年工资、薪金所得的个人所得税税额合计

$=366.6+366.6+412.8+1\,222+1\,222+1\,222+1\,222+1\,222+1\,222+1\,222+1\,222+1\,486$

$=12\,408(元)$

2. 扣缴义务人向居民个人支付劳务报酬所得、稿酬所得、特许权使用费所得预扣预缴个人所得税的计算

扣缴义务人向居民个人支付劳务报酬所得、稿酬所得、特许权使用费所得，按次或者按月预扣预缴个人所得税。劳务报酬所得，属于一次性收入的，以取得该收入为一次；属于同一项目连续性收入的，以一个月内取得的收入为一次。具体预扣预缴方法如下。

劳务报酬所得、稿酬所得、特许权使用费所得以收入减除费用后的余额为收入额。其中，稿酬所得的收入额减按 70%计算。

劳务报酬所得、稿酬所得、特许权使用费所得每次收入不超过 4 000 元的，减除费用按 800 元计算；每次收入 4 000 元以上的，减除费用按 20%计算。

劳务报酬所得、稿酬所得、特许权使用费所得，以每次收入额为预扣预缴应纳税所得额。劳务报酬所得适用 20%～40%的超额累进预扣率(见表 5-2)，稿酬所得、特许权使用费所得适用 20%的比例预扣率。

劳务报酬所得应预扣预缴税额＝预扣预缴应纳税所得额×预扣率−速算扣除数

稿酬、特许权使用费所得应预扣预缴税额＝预扣预缴应纳税所得额×20%

【例 5-2】居民个人王某本年 5 月从兼职单位乙公司取得一次性劳务报酬收入共计 30 000 元，本年 6 月从丙出版社取得一次性稿酬收入共计 15 000 元，本年 9 月转让给丁公司专利权取得一次性特许权使用费收入共计 3 500 元。上述收入均为税前收入，且均来源于中国境内。假设不考虑增值税等因素。居民个人劳务报酬所得预扣预缴个人所得税的预扣率按表 5-2 执行。分别计算乙公司、丙公司、丁公司预扣预缴王某劳务报酬所得、稿酬所得、特许权使用费所得的个人所得税。

乙公司预扣预缴王某劳务报酬所得的个人所得税税额＝30 000×(1−20%)×30%−2 000＝5 200(元)

丙公司预扣预缴王某稿酬所得的个人所得税税额＝15 000×(1−20%)×70%×20%＝

1 680(元)

丁公司预扣预缴王某特许权使用费所得的个人所得税税额＝(3 500-800)×20%＝540(元)

(二) 居民个人综合所得汇算清缴个人所得税应纳税额的计算

居民个人的综合所得(工资、薪金所得，劳务报酬所得，稿酬所得，特许权使用费所得)，以每一纳税年度的收入额减除费用 60 000 元以及专项扣除、专项附加扣除和依法确定的其他扣除后的余额，为应纳税所得额。居民个人的综合所得适用七级超额累进税率，其计算公式为

$$\begin{aligned}每一纳税年度的收入额 &= 工资、薪金收入额 + 劳务报酬收入 \times (1-20\%) + 稿酬收入 \times (1-20\%) \times 70\% \\&+ 特许权使用费收入 \times (1-20\%)\end{aligned}$$

$$年应纳税所得额 = 每一纳税年度的收入额 - 60\,000 - 专项扣除 - 专项附加扣除 - 依法确定的其他扣除$$

$$应纳税额 = 年应纳税所得额 \times 适用税率 - 速算扣除数$$

其中，专项扣除包括居民个人按照国家规定的范围和标准缴纳的基本养老保险、基本医疗保险、失业保险等社会保险费和住房公积金等(即"三险一金")；专项附加扣除包括子女教育、继续教育、大病医疗、住房贷款利息或者住房租金、赡养老人等支出，具体范围、标准和实施步骤由国务院确定，并报全国人民代表大会常务委员会备案；其他扣除包括个人缴付符合国家规定的企业年金、职业年金，个人购买符合国家规定的商业健康保险、税收递延型商业养老保险的支出，以及国务院规定可以扣除的其他项目。

专项扣除、专项附加扣除和依法确定的其他扣除，以居民个人一个纳税年度的应纳税所得额为限额；一个纳税年度扣除不完的，不结转以后年度扣除。

上述公式中，居民个人综合所得个人所得税的适用税率、速算扣除数，按表5-3(按年)执行。

居民个人取得综合所得，按年计算个人所得税；有扣缴义务人的，由扣缴义务人按月或者按次预扣预缴款；需要办理汇算清缴的，应当在取得所得的次年 3 月 1 日至 6 月 30 日内办理汇算清缴。预扣预缴办法由国务院税务主管部门制定。

【例5-3】接【例5-1】【例5-2】，居民王某次年 3 月 1 日至 6 月 30 日内办理个人综合所得税的个人所得税汇算清缴。居民个人综合所得个人所得税的税率按表5-3执行。计算王某次年 3 月 1 日至 6 月 30 日内汇算清缴应补缴(或申请退回)的个人所得税。

王某本年综合所得的收入额＝23 500×12＋30 000×(1-20%)＋15 000×(1-20%)×70%＋3 500×(1-20%)＝282 000＋24 000＋8 400＋2 800＝317 200(元)

王某本年综合所得的应纳税所得额＝317 200-60 000-5 280×12-1 000×12＝317 200-60 000-63 360-12 000＝181 840(元)

王某本年综合所得的应纳个人税税额＝181 840×20%-16 920＝19 448(元)

本年度各相关单位已经预扣预缴了王某个人所得额税款 19 828 元(12 408＋5 200＋1 680＋540)。因此，王某次年 3 月 1 日至 6 月 30 日内汇算清缴时，应向税务机关申请退回税款 380 元(19 828-19448)。

(三) 非居民个人取得的工资、薪金所得，劳务报酬所得，稿酬所得，特许权使用费所得个人所得税应纳税额的计算

非居民个人取得的工资、薪金所得，劳务报酬所得，稿酬所得，特许权使用费所得，有扣缴义务人的，由扣缴义务人向非居民个人支付工资、薪金所得，劳务报酬所得，稿酬所得和特许权使用费所得时，按月或者按次代扣代缴个人所得税税款，不办理汇算清缴。

非居民个人的工资、薪金所得，以每月收入额减除费用 5 000 元后的余额为应纳税所得额；劳务报酬所得、稿酬所得、特许权使用费所得，以每次收入额为应纳税所得额。其中，劳务报酬所得、稿酬所得、特许权使用费所得以收入减除 20% 的费用后的余额为收入额。稿酬所得的收入额减按 70% 计算。其具体计算公式为

$$\text{非居民个人取得的工资、薪金所得，劳务报酬所得，稿酬所得，特许权使用费所得应纳税额} = \text{应纳税所得额} \times \text{税率} - \text{速算扣除数}$$

上述公式中，非居民个人取得的工资、薪金所得，劳务报酬所得，稿酬所得，特许权使用费所得个人所得税的适用税率、速算扣除数，依照按月换算后的非居民个人月度税率表(见表 5-4)执行。

(四) 经营所得个人所得税应纳税额的计算

经营所得应以每一纳税年度的收入总额减除成本、费用以及损失后的余额为应纳税所得额。经营所得适用五级超额累进税率，其具体的计算公式为

$$\text{应纳税额} = \text{应纳税所得额} \times \text{税率} - \text{速算扣除数} = (\text{全年收入总额} - \text{成本、费用、损失}) \times \text{税率} - \text{速算扣除数}$$

成本、费用是指生产、经营活动中发生的各项直接支出和分配后计入成本的间接费用以及销售费用、管理费用、财务费用；损失是指生产、经营活动中发生的固定资产和存货的盘亏、毁损、报废损失，转让财产损失，坏账损失，自然灾害等不可抗力因素造成的损失以及其他损失。

上述公式中，经营所得个人所得税的适用税率、速算扣除数，按表 5-5 执行。

取得经营所得的个人，没有综合所得的，计算其每一纳税年度的应纳税所得额时，应当减除费用 60 000 元、专项扣除、专项附加扣除以及依法确定的其他扣除。专项附加扣除在办理汇算清缴时减除。

从事生产、经营活动，未提供完整、准确的纳税资料，不能正确计算应纳税所得额的，由主管税务机关核定应纳税所得额或者应纳税额。

纳税人取得经营所得，按年计算个人所得税，由纳税人在月度或者季度终了后 15 日内向税务机关报送纳税申报表，并预缴税款；在取得所得的次年 3 月 31 日前办理汇算清缴。

1. 个体工商户的生产、经营所得个人所得税的计税规定

个体工商户的生产、经营所得，以每一纳税年度的收入总额，减除成本、费用、税金、损失、其他支出以及允许弥补的以前年度亏损后的余额，为应纳税所得额。

(1) 个体工商户下列支出不得扣除：①个人所得税税款；②税收滞纳金；③罚金、罚款和被没收财物的损失；④不符合扣除规定的捐赠支出；⑤赞助支出；⑥用于个人和家庭的支出；⑦与取得生产经营收入无关的其他支出；⑧国家税务总局规定不准扣除的支出。

(2) 个体工商户生产经营活动中，应当分别核算生产经营费用和个人家庭费用。对于生产经营与个人、家庭生活混用难以分清的费用，其 40% 视为与生产经营有关的费用，准予扣除。

(3) 个体工商户纳税年度发生的亏损，准予向以后年度结转，用以后年度的生产经营所得弥补，但结转年限最长不得超过 5 年。

(4) 个体工商户实际支付给从业人员的、合理的工资薪金支出，准予扣除。个体工商户业主的工资薪金支出不得税前扣除。

(5) 个体工商户按照国务院有关主管部门或者省级人民政府规定的范围和标准为其业主和从业人员缴纳的基本养老保险费、基本医疗保险费、失业保险费、工伤保险费和住房公积金，准予扣除。

个体工商户为从业人员缴纳的补充养老保险费、补充医疗保险费，分别在不超过从业人员工资总额 5%标准内的部分据实扣除；超过部分，不得扣除。

个体工商户业主本人缴纳的补充养老保险费、补充医疗保险费，以当地(地级市)上年度社会平均工资的 3 倍为计算基数，分别在不超过该计算基数 5%标准内的部分据实扣除；超过部分，不得扣除。

除个体工商户依照国家有关规定为特殊工种从业人员支付的人身安全保险费和财政部、国家税务总局规定可以扣除的其他商业保险费外，个体工商户业主本人或者为从业人员支付的商业保险费，不得扣除。

(6) 个体工商户在生产经营活动中发生的合理的不需要资本化的借款费用，准予扣除。

(7) 个体工商户在生产经营活动中发生的下列利息支出，准予扣除：①向金融企业借款的利息支出；②向非金融企业和个人借款的利息支出，不超过按照金融企业同期同类贷款利率计算的数额的部分。

(8) 个体工商户向当地工会组织拨缴的工会经费、实际发生的职工福利费支出、职工教育经费支出分别在工资薪金总额的 2%、14%、2.5%的标准内据实扣除。

工资薪金总额是指允许在当期税前扣除的工资薪金支出数额。

职工教育经费的实际发生数额超出规定比例当期不能扣除的数额，准予在以后纳税年度结转扣除。

个体工商户业主本人向当地工会组织缴纳的工会经费、实际发生的职工福利费支出、职工教育经费支出，以当地(地级市)上年度社会平均工资的 3 倍为计算基数，在规定比例内据实扣除。

(9) 个体工商户发生的与生产经营活动有关的业务招待费，按照实际发生额的 60%扣除，但最高不得超过当年销售(营业)收入的 5‰。

业主自申请营业执照之日起至开始生产经营之日止所发生的业务招待费，按照实际发生额的 60%计入个体工商户的开办费。

(10) 个体工商户每一纳税年度发生的与其生产经营活动直接相关的广告费和业务宣传费不超过当年销售(营业)收入 15%的部分，可以据实扣除；超过部分，准予在以后纳税年度结转扣除。

(11) 个体工商户代其从业人员或者他人负担的税款，不得税前扣除。

(12) 个体工商户按照规定缴纳的摊位费、行政性收费、协会会费等，按实际发生数额扣除。

(13) 个体工商户参加财产保险，按照规定缴纳的保险费，准予扣除。

(14) 个体工商户发生的合理的劳动保护支出，准予扣除。

(15) 个体工商户自申请营业执照之日起至开始生产经营之日止所发生符合规定的费用，除为取得固定资产、无形资产的支出，以及应计入资产价值的汇兑损益、利息支出外，作为开办费，个体工商户可以选择在开始生产经营的当年一次性扣除，也可以自生产经营月份起在不短于 3 年期限内摊销扣除，但一经选定，不得改变。

(16) 个体工商户通过公益性社会团体或者县级以上人民政府及其部门，用于《中华人民共和国公益事业捐赠法》规定的公益事业的捐赠，捐赠额不超过其应纳税所得额 30%的部分可以据实扣除。

财政部、国家税务总局规定可以全额在税前扣除的捐赠支出项目，按有关规定执行。

个体工商户直接对受益人的捐赠不得扣除。

(17) 个体工商户研究开发新产品、新技术、新工艺所发生的开发费用，以及研究开发新产品、新技术而购置单台价值在 10 万元以下的测试仪器和试验性装置的购置费准予直接扣除；单台价值在 10 万元以上(含 10 万元)的测试仪器和试验性装置，按固定资产管理，不得在当期直接扣除。

从 2021 年 1 月 1 日至 2022 年 12 月 31 日，对个体工商户经营所得年应纳税所得额不超过 100 万元的部分，在现行优惠政策基础上，再减半征收个人所得税。个体工商户不区分征收方式，均可享受。

2. 个人独资企业、合伙企业投资者的生产、经营所得个人所得税的计税规定

个体工商户、个人独资企业的投资者以全部生产经营所得为应纳税所得额；合伙企业的投资者通常应按照合伙协议的全部生产经营所得和合伙协议约定的分配比例确定应纳税所得额。

个人独资企业的投资者以全部生产经营所得为应纳税所得额；合伙企业的投资者按照合伙企业的全部生产经营所得和合伙协议约定的分配比例确定应纳税所得额，合伙协议没有约定分配比例的，以全部生产经营所得和合伙人数量平均计算每个投资者的应纳税所得额。生产经营所得包括企业分配给投资者个人的所得和企业当年留存的所得(利润)。

查账征收的个人独资企业和合伙企业的扣除项目比照个体工商户个人所得税计税规定确定。

投资者兴办两个或两个以上企业，并且企业性质全部是个人独资的，年度终了后汇算清缴时，应汇总其投资兴办的所有企业的经营所得作为应纳税所得额，以此确定适用税率，计算出全年经营所得的应纳税额，再根据每个企业的经营所得占所有企业经营所得的比例，分别计算出每个企业的应纳税额和应补缴税额。

投资者兴办两个或两个以上企业的，其投资者个人费用扣除标准由投资者选择在其中一个企业的生产经营所得中扣除。

计提的各种准备金不得扣除。

国家对下列情形的个人独资企业和合伙企业实行核定征收个人所得税，具体包括：①依照国家有关规定应当设置但未设置账簿的；②虽设置账簿，但账目混乱或者成本资料、收入凭证、费用凭证残缺不全，难以查账的；③纳税人发生纳税义务，未按照规定的期限办理纳税申报，经税务机关责令限期申报，逾期仍不申报的。

(五) 利息、股息、红利所得和偶然所得个人所得税应纳税额的计算

利息、股息、红利所得和偶然所得个人所得税按次征收。利息、股息、红利所得，以支付利息、股息、红利时取得的收入为一次。偶然所得，以每次取得该项收入为一次。利息、股息、红利所得和偶然所得的应纳税所得额即为每次收入额。其应纳税额的计算公式为

$$应纳税额 = 应纳税所得额 \times 适用税率 = 每次收入额 \times 20\%$$

(六) 财产租赁所得个人所得税应纳税额的计算

1. 应纳税所得额的计算

财产租赁所得，以一个月内取得的收入为一次。财产租赁所得以每次取得的收入减除规定费用后的余额为应纳税所得额。每次收入不超过 4 000 元的，收入减除费用 800 元后的余额为应纳税所得额；每次收入在 4 000 元以上的，收入减除 20% 的费用后的余额为应纳税所得额。

个人出租财产取得的财产租赁收入，在计算缴纳个人所得税时，应依次扣除以下费用。

(1) 财产租赁过程中缴纳的税费。该项税费必须提供完税凭证，才能从其财产租赁收入中扣除。

(2) 由纳税人负担的该出租财产实际开支的修缮费用。修缮费的扣除以每次 800 元为限。一次扣除不完的，准予在下一次继续扣除，直到扣完为止。

(3) 税法规定的费用扣除标准：每次收入不超过 4 000 元的，减除费用为 800 元；每次收入在 4 000 元以上的，减除费用为收入的 20%。

个人出租房屋的个人所得税应税收入不含增值税，计算房屋出租所得可扣除的税费不包括本次出租缴纳的增值税。个人转租房屋的，其向房屋出租方支付的租金及增值税税额，在计算转租所得时予以扣除。免征增值税的，确定计税依据时，租金收入不扣减增值税税额。

2. 应纳税额的计算

财产租赁所得适用 20% 的比例税率，但对个人出租住房取得的所得暂减按 10% 的税率征收个人所得税，其具体计算公式如下。

(1) 每次(月)收入不超过 4 000 元的计算公式为

应纳税额＝[每次(月)收入额−准予扣除项目−修缮费用(800 元为限)−800]×适用税率

(2) 每次(月)收入超过 4 000 元的计算公式为

应纳税额＝[每次(月)收入额−准予扣除项目−修缮费用(800 元为限)]×(1−20%)×适用税率

【例 5-4】2020 年 11 月，刘某出租自有住房取得租金收入 7 000 元，房屋租赁过程中缴纳的可以税前扣除的税费 280 元，支付该房屋的修缮费 1 000 元。分别计算刘某 2020 年 11 月和 12 月出租住房应缴纳个人所得税。

刘某 11 月应纳个人所得税税额＝(7 000−280−800)×(1−20%)×10%＝473.6(元)

刘某 12 月应纳个人所得税税额＝(7 000−280−200)×(1−20%)×10%＝521.6(元)

(七) 财产转让所得个人所得税应纳税额的计算

1. 应纳税所得额的计算

财产转让所得应按照一次转让财产的收入额减除财产原值和合理费用后的余额为应纳税所得额。其计算公式为

$$应纳税所得额＝收入总额−财产原值−合理费用$$

计算财产转让所得的应纳税所得额时有如下规定。

(1) 财产原值，按照下列方法确定：

① 有价证券，为买入价以及买入时按照规定交纳的有关费用；

② 建筑物，为建造费或者购进价格以及其他有关费用；

③ 土地使用权，为取得土地使用权所支付的金额、开发土地的费用以及其他有关费用；

④ 机器设备、车船，为购进价格、运输费、安装费以及其他有关费用；

⑤ 其他财产，参照上述方法确定财产原值。

纳税人未提供完整、准确的财产原值凭证，不能按照上述规定的方法确定财产原值的，由主管税务机关核定财产原值。

(2) 合理费用，是指卖出财产时按照规定支付的有关税费。

(3) 个人转让房屋的个人所得税应税收入不含增值税，其取得房屋时所支付价款中包含的增值税计入财产原值，计算转让所得时可扣除的税费不包括本次转让缴纳的增值税。免征增值税的，计算应纳税所得额时，转让房地产取得的收入不扣减增值税税额。

(4) 受赠人转让受赠房屋的,以其转让受赠房屋的收入减除原捐赠人取得该房屋的实际购置成本以及赠与和转让过程中受赠人支付的相关税费后的余额,为受赠人的应纳税所得额。受赠人转让受赠房屋价格明显偏低且无正当理由的,税务机关可以依据该房屋的市场评估价格或其他合理方式确定的价格核定其转让收入。

2. 应纳税额的计算

财产转让所得适用 20%的比例税率,其应纳税额的计算公式为

$$应纳税额＝(收入总额-财产原值-合理费用)×适用税率$$

【例 5-5】刘某持有某有限责任公司股权,2020 年 11 月初取得该公司第 3 季度红利 2 000 元;2020 年 11 月底,刘某将持有的该公司股权出售给李某,取得转让款 50 000 元。已知该股权原值为 20 000 元,按照规定可以扣除的费用是 5 000 元。计算刘某 2020 年 11 月取得红利所得和转让股权所得各应纳的个人所得税。

取得红利所得应纳的个人所得税税额＝2 000×20%＝400(元)

转让股权所得应纳的个人所得税税额＝(50 000-20 000-5 000)×20%＝5 000(元)

(八) 个人所得税应纳税额计算的其他规定

1. 取得全年一次性奖金及其他奖金时个人所得税的计算

居民个人取得全年一次性奖金,如按照有关规定可以不并入当年综合所得,以全年一次性奖金收入除以 12(个月)得到的数额,依照按月换算后的综合所得税率表(见表 5-4),确定适用税率和速算扣除数,单独计算纳税。计算公式为

$$应纳个人所得税税额＝全年一次性奖金×适用税率-速算扣除数$$

在一个纳税年度内,对每一个纳税人,该计税方法只允许采用一次。雇员取得除全年一次性奖金以外的其他各种名目奖金,如半年奖、季度奖、加班奖、考勤奖等,一律与当月工资、薪金收入合并,按综合所得缴纳个人所得税。

居民个人取得全年一次性奖金,也可以选择并入当年综合所得计算纳税。自 2022 年 1 月 1 日起,居民个人取得全年一次性奖金应并入当年综合所得计算缴纳个人所得税。

2. 个人发生公益、救济性捐赠时个人所得税的计算

个人将其所得通过境内的公益性社会组织、国家机关向教育、扶贫、济困等公益慈善事业进行捐赠,捐赠额未超过纳税人申报的应纳税所得额 30%的部分,可以从其应纳税所得额中扣除;国务院规定对公益慈善事业捐赠实行全额扣除的,从其规定。

个人通过境内非营利的社会团体、国家机关向红十字事业、农村义务教育、公益性青少年活动场所(其中包括新建)的捐赠,在计算缴纳个人所得税时,准予在税前的应纳税所得额中全额扣除;个人通过非营利性的社会团体和政府部门向福利性、非营利性老年服务机构捐赠,通过特定的基金会用于公益救济性的捐赠,符合相关条件的,准予在缴纳个人所得税税前全额扣除。

【例 5-6】2020 年 11 月刘某购买福利彩票取得一次中奖收入 40 000 元,将其中 8 000 元通过国家机关向农村义务教育捐赠。已知偶然所得个人所得税税率为 20%。计算刘某中奖收入应缴纳个人所得税。

张某中奖收入应缴纳的个人所得税税额＝(40 000-8 000)×20%＝6 400(元)

3. 个人购买符合规定的商业健康保险产品时个人所得税的计算

对个人购买符合规定的商业健康保险产品的支出，允许在当年(月)计算应纳税所得额时予以税前扣除，扣除限额为 2 400 元/年(200 元/月)。单位统一为员工购买符合规定的商业健康保险产品的支出，应分别计入员工个人工资、薪金，视同个人购买，按上述限额予以扣除。2400元/年(200 元/月)的限额扣除为个人所得税法规定减除费用标准之外的扣除。适用商业健康保险税收优惠政策的纳税人，是指取得工资薪金所得、连续性劳务报酬所得的个人，以及取得个体工商户生产经营所得、对企事业单位的承包承租经营所得的个体工商户业主、个人独资企业投资者、合伙企业合伙人和承包承租经营者。

4. 居民个人取得一次性大额收入时个人所得税的计算

(1) 居民个人取得股票期权、股票增值权、限制性股票、股权奖励等股权激励，符合规定的相关条件的，在 2021 年 12 月 31 日前，不并入当年综合所得，全额单独适用按月换算后的综合所得税率表(见表 5-4)，计算纳税。计算公式为

$$应纳个人所得税税额＝股权激励收入×适用税率-速算扣除数$$

居民个人一个纳税年度内取得两次以上(含两次)股权激励的，应合并计算纳税。

(2) 个人缴付符合国家规定的企业年金、职业年金，属于"依法确定的其他扣除"，可以从收入额中减除；个人达到国家规定的退休年龄，领取的企业年金、职业年金，符合相关规定的，不并入综合所得，全额单独计算应纳税款；个人因出境定居而一次性领取的年金个人账户资金，或个人死亡后，其指定的受益人或法定继承人一次性领取的年金个人账户余额，适用综合所得税率表(见表 5-3)计算纳税。对个人除上述特殊原因外一次性领取年金个人账户资金或余额的，适用月度税率表(见表 5-4)计算纳税。

(3) 个人与用人单位解除劳动关系取得一次性补偿收入(包括用人单位发放的经济补偿金、生活补助费和其他补助费)，在当地上年职工平均工资 3 倍数额以内的部分，免征个人所得税；超过 3 倍数额的部分，不并入当年综合所得，单独计算纳税。

个人办理提前退休手续而取得的一次性补贴收入，应按照办理提前退休手续至法定离退休年龄之间实际年度数平均分摊，确定适用税率和速算扣除数，单独计算纳税。

个人办理内部退养手续而取得的一次性补贴收入，按照"工资、薪金所得"项目依法计算纳税。

(4) 单位按低于购置或建造成本价格出售住房给职工，职工因此而少支出的差价部分，符合相关规定的，不并入当年综合所得，以差价收入除以 12 个月得到的数额，按照月度税率表(见表 5-4)确定适用税率和速算扣除数，单独计算纳税。

5. 境外所得已纳税款抵免的计算

居民个人从中国境内和境外取得的综合所得、经营所得，应当分别合并计算应纳税额；从中国境内、境外取得的其他所得，应当分别单独计算应纳税额。

居民个人从中国境外取得的所得，可以从其应纳税额中抵免已在境外缴纳的个人所得税税额，但抵免额不得超过该纳税人境外所得依照个人所得税法规定计算的应纳税额。已在境外缴纳的个人所得税税额，是指居民个人来源于中国境外的所得，依照该所得来源国家(地区)的法律应当缴纳并且实际已经缴纳的所得税税额。

纳税人境外所得依照个人所得税法规定计算的应纳税额，是居民个人抵免已在境外缴纳的综合所得、经营所得以及其他所得的所得税税额的限额(以下简称"抵免限额")。除国务院财政、税务主管部门另有规定外，来源于中国境外一个国家(地区)的综合所得抵免限额、经营所

得抵免限额以及其他所得抵免限额之和，为来源于该国家(地区)所得的抵免限额。

居民个人在中国境外一个国家(地区)实际已经缴纳的个人所得税税额，低于依照规定计算出的来源于该国家(地区)所得的抵免限额的，应当在中国缴纳差额部分的税款；超过来源于该国家(地区)所得的抵免限额的，其超过部分不得在本纳税年度的应纳税额中抵免，但是可以在以后纳税年度来源于该国家(地区)所得的抵免限额的余额中补扣。补扣期限最长不得超过 5 年。

居民个人申请抵免已在境外缴纳的个人所得税税额，应当提供境外税务机关出具的税款所属年度的有关纳税凭证。

(九) 个人所得税的纳税调整

有下列情形之一的，税务机关有权按照合理方法进行纳税调整。

(1) 个人与其关联方之间的业务往来不符合独立交易原则而减少本人或者其关联方应纳税额，且无正当理由。

(2) 居民个人控制的，或者居民个人和居民企业共同控制的设立在实际税负明显偏低的国家(地区)的企业，无合理经营需要，对应当归属于居民个人的利润不做分配或者减少分配。

(3) 个人实施其他不具有合理商业目的的安排而获取不当税收利益。

税务机关依照以上规定做出纳税调整，需要补征税款的，应当补征税款，并依法加收利息。

上述利息，应当按照税款所属纳税申报期最后一日中国人民银行公布的与补税期间同期的人民币贷款基准利率计算，自税款纳税申报期满次日起至补缴税款期限届满之日止按日加收。纳税人在补缴税款期限届满前补缴税款的，利息加收至补缴税款之日。

(十) 个人所得税的信息管理规定

公安、人民银行、金融监督管理等相关部门应当协助税务机关确认纳税人的身份、金融账户信息。教育、卫生、医疗保障、民政、人力资源社会保障、住房城乡建设、公安、人民银行、金融监督管理等相关部门应当向税务机关提供纳税人子女教育、继续教育、大病医疗、住房贷款利息、住房租金、赡养老人等专项附加扣除信息。

个人转让不动产的，税务机关应当根据不动产登记等相关信息核验应缴的个人所得税，登记机构办理转移登记时，应当查验与该不动产转让相关的个人所得税的完税凭证。个人转让股权办理变更登记的，市场主体登记机关应当查验与该股权交易相关的个人所得税的完税凭证。

有关部门依法将纳税人、扣缴义务人遵守本法的情况纳入信用信息系统，并实施联合激励或者惩戒。

二、个人所得税的会计核算

(一) 会计科目的设置

对采用自行申报缴纳个人所得税的纳税人，除实行查账征收的个体工商户外，一般不需要进行会计核算。实行查账征收的个体工商户，应设置"应交税费——应交个人所得税"科目，核算其应缴纳的个人所得税；一般企业涉及的代(预)扣代(预)缴个人所得税业务，应设置"应交税费——代(预)扣代(预)缴个人所得税"科目，核算其代(预)扣代(预)缴税款情况。

（二）个人所得税的会计核算

1. 个体工商户生产、经营所得个人所得税的会计核算

实行查账征收的个体工商户，其应缴纳的个人所得税会计核算应通过"所得税费用"和"应交税费——应交个人所得税"等科目进行。在计算应纳个人所得税时，借记"所得税费用"科目，贷记"应交税费——应交个人所得税"科目；实际上缴税款时，借记"应交税费——应交个人所得税"科目，贷记"银行存款"科目。

【例5-7】个体工商户张某2020年度取得经营收入1 300 000元，发生生产经营成本、费用总额为1 050 000元，计算张某全年应纳的个人所得税并做出相应的会计处理。

有关会计处理如下。

应纳税所得额＝1 300 000－1 050 000＝250 000(元)

应纳个人所得税税额＝250 000×20%－10 500＝39 500(元)

(1) 计算应缴纳个人所得税税额时：

借：所得税费用　　　　　　　　　　　　　　　39 500

　　贷：应交税费——应交个人所得税　　　　　　　　39 500

(2) 实际缴纳个人所得税税款时：

借：应交税费——应交个人所得税　　　　　　　39 500

　　贷：银行存款　　　　　　　　　　　　　　　　　39 500

2. 代(预)扣代(预)缴工资、薪金所得个人所得税的会计核算

职工工资、薪金所得应纳个人所得税，由企业每月向职工支付工资、薪金时扣缴。企业对扣缴的个人所得税，通过"应交税费——代(预)扣代(预)缴个人所得税"科目核算。企业在向职工支付工资、薪金并预扣预缴个人所得税时，借记"应付职工薪酬""应付账款"等科目，贷记"应交税费——预扣预缴个人所得税"科目；实际缴纳个人所得税税款时，借记"应交税费——预扣预缴个人所得税"科目，贷记"银行存款"科目。

【例5-8】接【例5-1】，做出甲公司预扣预缴王某2020年1月工资、薪金所得个人所得税的会计处理。

甲公司会计处理如下：

(1) 支付工资、薪金同时预扣预缴个人所得税时：

借：应付职工薪酬　　　　　　　　　　　　　　366.60

　　贷：应交税费——预扣预缴个人所得税　　　　　　366.60

(2) 实际缴纳个人所得税税款时：

借：应交税费——预扣预缴个人所得税　　　　　366.60

　　贷：银行存款　　　　　　　　　　　　　　　　　366.60

3. 代扣代缴其他所得个人所得税的会计核算

企业代扣除工资薪金所得以外的个人所得税时，根据个人所得项目不同，代扣个人所得税时，应分别借记"应付债券""应付股利""应付账款""其他应付款"等科目，贷记"应交税费——代(预)扣代(预)缴个人所得税"科目；实际缴纳个人所得税税款时，借记"应交税费——代(预)扣代(预)缴个人所得税"科目，贷记"银行存款"科目。

【例5-9】接【例5-2】，做出丁公司预扣预缴王某特许权使用费所得个人所得税的会计处理。

丁公司会计处理如下：

借：无形资产　　　　　　　　　　　　　　　3 500

　　贷：应交税费——预扣预缴个人所得税　　　540

　　　　银行存款　　　　　　　　　　　　2 960

任务实施

根据【任务导入】情境资料和任务要求，任务实施如下。

实施任务 1：计算宏达公司 2020 年 12 月预扣预缴李某的个人所得税并做出相应的会计处理。

第一步：计算预扣预缴李某 12 月工资、薪金所得的个人所得税。

1—12 月累计应纳税所得额＝23 000×12－5 000×12－1 840×12－460×12－115×12－2 300×12－1 000×12－2 000×50%×12＝276 000－60 000－22 080－5 520－1 380－27 600－12 000－12 000＝135 420(元)

12 月预扣预缴个人所得税税额＝135 420×10%－2 520－9 893.5＝13 542－2 520－9 893.5＝1 128.5(元)

第二步：计算代扣代缴李某全年一次性奖金所得的个人所得税。

全年一次性奖金所得不并入综合所得，单独计算应纳的个人所得税税额。

全年一次性奖金 33 600 元，除以 12 得 2 800 元，选择表 5-4 中第 1 档税率 3%计算。

代扣代缴全年一次性奖金所得的个人所得税税额＝33 600×3%＝1 008(元)

宏达公司 2020 年 12 月应代扣代缴李某的个人所得税税额＝1 128.5＋1 008＝2 136.5(元)

第三步：宏达公司做出如下代(预)扣代(预)缴李某 12 月个人所得税的会计处理。

借：应付职工薪酬　　　　　　　　　　2 136.5

　　贷：应交税费——预扣预缴个人所得税　　1 128.5

　　　　　　　　——代扣代缴个人所得税　　1 008

实施任务 2：对李某 2020 年综合所得进行年度汇算清缴。

综合所得应纳税所得额＝23 000×12＋5 800×(1－20%)＋1 000×(1－20%)×70%＋

　　　　　　　　　　26 000×(1－20%)－60 000－1 840×12－460×12－115×

　　　　　　　　　　12－2 300×12－1 000×12－2 000×50%×12

　　　　　　　　　＝276 000＋4 640＋560＋20 800－60 000－22 080－5 520－

　　　　　　　　　　1 380－27 600－12 000－12 000

　　　　　　　　　＝161 420(元)

综合所得应纳个人所得税税额＝161 420×20%－16 920＝32 284－16 920＝15 364(元)

已预缴个人所得税税额＝9 893.5＋1 128.5＋928＋28＋4 160＝16 138(元)

汇算清缴应退税款＝16 138－15 364＝774(元)

汇算清缴后税务机关应退给李某税款 774 元。

任务考核

一、单项选择题

1. 根据个人所得税法律制度的规定，下列各项中属于专项扣除的是(　　)。

　　A. 个人购买符合国家规定的商业健康保险

　　B. 个人缴付符合国家规定的企业年金

  C. 个人缴付符合国家规定的职业年金

  D. 个人缴付符合国家规定的基本养老保险

  2. 继续教育专项附加扣除中，纳税人接受技能人员职业资格继续教育、专业技术人员职业资格继续教育支出，在取得相关证书的年度，按照每年(　　)元定额扣除。

  A. 14 400   B. 3 600   C. 4800   D. 9600

  3. 中国公民赵某 2020 年 1 月取得工资 12 000 元，缴纳基本养老保险费、基本医疗保险费、失业保险费、住房公积金 2 000 元，支付首套住房贷款本息 2 800 元。已知，工资、薪金所得个人所得税预扣率为 3%，减除费用为 5 000 元/月，住房贷款利息专项附加扣除标准为 1 000 元/月，由赵某按扣除标准的 100%扣除。计算赵某当月工资应预扣预缴个人所得税税额的下列算式中，正确的是(　　)。

  A. (12 000−5 000−2 000−1 000)×3%   B. (12 000−5 000−2 000−2 800)×3%

  C. (12 000−5 000−2 000)×3%   D. (12 000−2 800)×3%

  4. 2020 年 11 月中国公民孙某在某杂志发表专业文章一篇，取得稿酬 3 800 元。根据个人所得税法律制度的规定，有关在计算孙某 2020 年综合所得的应纳税所得额时该项收入应确认的收入额，下列计算列式正确的是(　　)。

  A. 3 800×(1−20%)   B. 3 800×(1−20%)×70%

  C. 3 800−800   D. (3 800−800)×70%

  5. 中国公民陈某 2020 年 10 月提供咨询服务，取得劳务报酬 8 200 元，支付交通费 200 元。计算陈某当月该笔劳务报酬应预扣预缴个人所得税税额的下列算式中，正确的是(　　)。

  A. (8 200−200) ×20%   B. 8 200×20%

  C. 8 200×(1−20%)×20%   D. (8 200−200)×(1−20%)×20%

  6. 在计算个人所得税时，个体工商户不得税前扣除的项目为(　　)。

  A. 实际合理支出的员工工资   B. 代他人负担的税款

  C. 特殊工种从业人员的人身安全保险费   D. 合理的劳动保护支出

  7. 2020 年 11 月，范某出租自有住房取得租金收入 6 000 元(不含增值税)，房屋租赁过程中缴纳的可以税前扣除的税费 240 元，支付该房屋的修缮费 1 000 元。计算范某当月出租住房应缴纳个人所得税税额的下列算式中正确的是(　　)。

  A. (6 000−240−800)×10%   B. (6 000−240−1000)×10%

  C. (6 000−240−1000)×(1−20%)×10%   D. (6 000−240−800)×(1−20%)×10%

  8. 2020 年 3 月，中国公民林某在境内公开发行和转让市场购入某上市公司股票，当年 7 月取得该上市公司分配的股息 8 000 元，12 月将持有的股票全部卖出。计算林某该笔股息所得应缴纳个人所得税税额的下列算式中，正确的是(　　)。

  A. 8 000×20%   B. 8 000×(1−20%)×20%

  C. 8 000×(1−20%)×50%×20%   D. 8 000×50%×20%

  9. 根据个人所得税法律制度的规定，下列各项中以一个月内取得的收入为一次的是(　　)。

  A. 偶然所得   B. 利息、股息、红利所得

  C. 财产租赁所得   D. 财产转让所得

  10. 企业作为个人所得税的扣缴义务人，在代扣代缴个人所得税时，必须设置(　　)科目进行会计核算。

  A. "应交税费——应交个人所得税"   B. "应交税费——代扣代缴个人所得税"

  C. "其他业务收入"   D. "留存收益"

二、多项选择题

1. 根据个人所得税法律制度的规定，下列各项中，可以作为个人专项附加扣除的有(   )。
   A. 子女抚养   B. 继续教育   C. 赡养老人   D. 子女教育

2. 继续教育专项附加扣除中，下列说法正确的有(   )。
   A. 纳税人接受学历(学位)教育期间按照每月400元定额扣除
   B. 纳税人接受职业资格继续教育，在取得相关证书的年度按照每年3 600元定额扣除
   C. 纳税人接受学历教育期间按照每月1 000元定额扣除
   D. 纳税人接受职业资格继续教育，在取得相关证书的年度按照每年3 600元(每月300元)定额扣除

3. 住房租金专项附加扣除是指纳税人本人及配偶在纳税人的主要工作城市没有住房，而在主要工作城市租赁住房发生的租金支出，可以按照(   )标准定额扣除住房租金。
   A. 承租的住房位于直辖市、省会城市、计划单列市以及国务院确定的其他城市，扣除标准为每月1 500元
   B. 承租的住房位于其他城市的，市辖区户籍人口超过100万的，扣除标准为每月1 100元
   C. 承租的住房位于其他城市的，市辖区户籍人口不超过100万(含)的，扣除标准为每月800元
   D. 承租的住房位于地(市)级城市的，扣除标准为每月900元

4. 下列支出中，在计算个体工商户个人所得税应纳税所得额时，不得扣除的有(   )。
   A. 从业人员合理工资   B. 计提的各项准备金
   C. 业主本人工资   D. 业主家庭生活费用

5. 下列各项中，以取得的收入为应纳税所得额直接计征个人所得税的有(   )。
   A. 稿酬所得   B. 偶然所得
   C. 股息所得   D. 特许权使用费所得

6. 在计算财产租赁所得的应纳税所得额时，允许扣除的项目有(   )。
   A. 按每次取得的收入定额扣除800元或定率扣除20%的费用
   B. 教育费附加
   C. 有效凭证上的纳税人负担的该出租财产实际开支的修缮费用
   D. 财产所有者缴纳的个人所得税

7. 关于个人出租房屋适用的税率，下列说法中正确的有(   )。
   A. 出租商业用房适用20%的税率   B. 出租商业用房适用10%的税率
   C. 出租居民住房适用20%的税率   D. 出租居民住房适用10%的税率

8. 下列各项中，按次计征个人所得税的有(   )。
   A. 工资、薪金所得   B. 财产租赁所得
   C. 偶然所得   D. 非居民个人的劳务报酬所得

9. 根据个人所得税法律制度的规定，个人发生的下列公益性捐赠支出中，准予税前全额扣除的有(   )。
   A. 通过非营利社会团体向公益性青少年活动场所的捐赠
   B. 通过国家机关向贫困地区的捐赠
   C. 通过非营利社会团体向农村义务教育的捐赠
   D. 通过国家机关向红十字事业的捐赠

10. 李工程师向一家公司提供一项专利使用权，一次取得收入 50 000 元，则下列处理正确的有(　　)。

A. 公司负有代扣李工程师个人所得税的义务

B. 公司应预扣李工程师个人所得税 8 000 元

C. 公司购买专利时，编制会计分录如下：

借：管理费用 50 000

　　贷：应交税费——预扣预缴个人所得税 8 000

　　　　银行存款 42 000

D. 实际上缴代扣的个人所得税时，编制如下会计分录：

借：应交税费——预扣预缴个人所得税 8 000

　　贷：银行存款 8 000

三、判断题

1. 专项扣除，包括居民个人按照国家规定的范围和标准缴纳的基本养老保险、基本医疗保险、失业保险等社会保险费和住房公积金等，即"三险一金"。 (　　)

2. 个人所得税的专项附加扣除，一个纳税年度扣除不完，可以结转以后年度扣除。 (　　)

3. 个体工商户业主的工资薪金支出，在计算个人所得税经营所得应纳税所得额时，准予扣除。 (　　)

4. 个人转租房屋的，其向房屋出租方支付的租金及增值税税额，在计算个人所得税财产租赁所得时，准予扣除。 (　　)

5. 个人将其所得对教育、扶贫、济困等公益慈善事业进行捐赠，捐赠额未超过纳税人申报的收入额30%的部分，可以从其应纳税所得额中扣除；国务院规定对公益慈善事业捐赠实行全额税前扣除的，从其规定。 (　　)

6. 集体所有制企业职工个人在企业改制过程中，以股份形式取得的仅作为分红依据，不拥有所有权的企业量化资产，应按"利息、股息、红利所得"计缴个人所得税。 (　　)

7. 纳税人从中国境外取得的所得，已在境外缴纳个人所得税的，只要有正式凭证，无论多少，均可在其应纳税额中扣除。 (　　)

8. 纳税人在中国境外一个国家或地区实际已经缴纳的个人所得税税款，高于按规定计算出的该国家或地区扣除限额的，其超过部分，不得在本年度或以后年度扣除。 (　　)

9. 企业支付劳务报酬、稿酬等各项所得，由支付单位在向纳税人支付时预扣预缴个人所得税，并计入该企业的有关费用账户。 (　　)

10. 企业向个人购买属于固定资产的财产时，所应代扣代缴的个人所得税应计入固定资产原值。 (　　)

四、会计核算实务题

中国公民张某(身份证号码：221×××19731012××××)任职于兴华有限责任公司(统一社会信用代码为 9127074856493135××)，其独生子正在读中学，无其他附加扣除项目。2020年度张某有关收支情况如下。

(1) 每月工资、薪金所得 21 000 元，每月缴纳的基本养老保险费 1 680 元、医疗保险费 420元、失业保险费 105 元、住房公积金 2 100 元。1—11 月工资、薪金所得累计已预扣预缴个人所得税税额 9 244.5 元。

(2) 4月为乙公司提供一次咨询服务，取得劳务报酬 24 000 元。

(3) 6 月购买福利彩票，取得中奖收入 20 000 元，购买体育彩票支出 450 元。

(4) 8 月在商场购买洗衣机，获赠一台价值 180 元的榨汁机。

(5) 10 月转让公寓一套给丁公司，取得不含税销售收入 850 000 元，转让时发生合理费用 55 000 元；该公寓原值 465 000 元，所有税费均取得合法凭证。

已知：工资、薪金所得预扣预缴个人所得税减除费用为 5 000 元/月；综合所得减除费用为 60 000 元；子女教育专项附加扣除标准为 1 000 元/月，由李某按扣除标准的 100%扣除；劳务报酬所得个人所得税预扣率为 20%，每次收入 4 000 元以上的，减除费用按收入 20%计算，劳务报酬所得以收入减除 20%的费用后的余额为收入额。偶然所得、财产转让所得按照 20%税率计算。

要求：

1. 根据张某 2020 年各项所得的相关资料，计算分析有关单位应预扣预缴张某的个人所得税并做出相应的会计处理。

2. 对张某 2020 年综合所得进行年度汇算清缴。

任务三 个人所得税的纳税申报与缴纳

任务导入

接本项目任务二中【任务导入】中的情境资料以及结合任务二中【任务实施】的操作内容，完成下面任务要求。

任务要求：

1. 宏达公司 2021 年 1 月 10 日对预扣预缴李某 2020 年 12 月的个人所得税进行纳税申报，填写 2020 年 12 月的个人所得税扣缴申报表。

2. 李某 2021 年 4 月 15 日自行申报个人所得税，填写个人所得税年度自行纳税申报表。

任务准备

一、个人所得税的扣缴申报实务

扣缴申报是指按照税法规定负有扣缴税款义务的单位或个人，在向个人支付应纳税所得时，应当依照个人所得税法规定预扣或代扣税款，按时向税务机关报送扣缴个人所得税申报表。这种做法的目的是控制税源，防止偷漏税和逃税。

(一) 个人所得税的扣缴义务人

个人所得税以支付所得的单位或者个人为扣缴义务人。纳税人有中国居民身份证号码的，以中国公民身份号码为纳税人识别号；纳税人没有中国公民身份号码的，由税务机关赋予其纳税人识别号。扣缴义务人扣缴税款时，纳税人应当向扣缴义务人提供纳税人识别号，扣缴义务人应当按照国家规定办理全员全额扣缴申报，并向纳税人提供其个人所得和已扣缴税款等信息。扣缴义务人在向纳税人支付各项应纳税所得时，必须履行代扣代缴税款的义务。扣缴义务人对纳税人的应扣未扣税款应由纳税人予以补缴。

(二) 个人所得税代(预)扣代(预)缴的范围

居民个人取得综合所得,按年计算个人所得税;有扣缴义务人的,由扣缴义务人按月或按次预扣预缴个人所得税税款;需要办理汇算清缴的,应当在取得所得的次年3月1日至6月30日内办理汇算清缴。预扣预缴办法由国务院税务主管部门制定。

居民个人向扣缴义务人提供专项附加扣除信息的,扣缴义务人按月预扣预缴税款时应当按照规定予以扣除,不得拒绝。

非居民个人取得工资、薪金所得,劳务报酬所得,稿酬所得和特许权使用费所得,有扣缴义务人的,由扣缴义务人按月或者按次代扣代缴税款,不办理汇算清缴。

纳税人取得利息、股息、红利所得,财产租赁所得,财产转让所得和偶然所得,按月或者按次计算个人所得税,有扣缴义务人的,由扣缴义务人按月或者按次代扣代缴个人所得税税款。

扣缴义务人向个人支付应纳税所得(包括现金、实物和有价证券)时,不论纳税人是否属于本单位人员,均应代扣代缴其应纳的个人所得税税款。

扣缴义务人首次向纳税人支付所得时,应当按照纳税人提供的纳税人识别号等基础信息,填写"个人所得税基础信息表(A表)",并于次月扣缴申报时向税务机关报送。

扣缴义务人对纳税人向其报告的相关基础信息变化情况,应当于次月扣缴申报时向税务机关报送。

税务机关应根据扣缴义务人所扣(预)缴的税款,付给2%的手续费,扣缴义务人领取的扣缴手续费可用于提升办税能力、奖励办税人员。

全员全额扣缴申报,是指扣缴义务人在代扣税款的次月15日内,向主管税务机关报送其支付所得的所有个人的有关信息、支付所得数额、扣除事项和数额、扣缴税款的具体数额和总额以及其他相关涉税信息资料。实行个人所得税全员全额扣缴申报的应税所得包括:

(1) 工资、薪金所得;

(2) 劳务报酬所得;

(3) 稿酬所得;

(4) 特许权使用费所得;

(5) 利息、股息、红利所得;

(6) 财产租赁所得;

(7) 财产转让所得;

(8) 偶然所得。

(三) 个人所得税代(预)扣代(预)缴期限

扣缴义务人每月或者每次预扣、代扣的税款,应当在次月15日内缴入国库,并向税务机关报送"个人所得税扣缴申报表"。

支付工资、薪金所得的扣缴义务人应当于年度终了后两个月内,向纳税人提供其个人所得和已扣缴税款等信息。纳税人年度中间需要提供上述信息的,扣缴义务人应当提供。

纳税人取得除工资、薪金所得以外的其他所得,扣缴义务人应当在扣缴税款后,及时向纳税人提供其个人所得和已扣缴税款等信息。

(四) 个人所得税代(预)扣代(预)缴的纳税申报实务

扣缴义务人代(预)扣代(预)缴个人所得税时,应当填报"个人所得税扣缴申报表"(见表5-6)。

表5-6　个人所得税扣缴申报表

税款所属期: 2020年12月01日至2020年12月31日

扣缴义务人名称: 宏达股份有限公司

扣缴义务人纳税人识别号(统一社会信用代码): 9124326258322152××

金额单位: 人民币元(列至角分)

序号	姓名	身份证件类型	身份证件号码	纳税人识别号	是否为非居民个人	所得项目	收入	费用	免税收入	减除费用	基本养老保险费	基本医疗保险费	失业保险费	住房公积金	年金	商业健康保险	税延养老保险	财产原值	允许扣除的税费	其他	累计收入额	累计减除费用	累计专项扣除	子女教育	赡养老人	住房贷款利息	住房租金	继续教育	累计其他扣除	减按计税比例	准予扣除的捐赠额	应纳税所得额	税率/预扣率	速算扣除数	应纳税额	减免税额	已缴税额	应补退税额	备注
1	2	3	4	5	6	7	8	9	10	11	12	13	14	15	16	17	18	19	20	21	22	23	24	25	26	27	28	29	30	31	32	33	34	35	36	37	38	39	40
1	李某	身份证	211****19780513****#	211****19780513****#	否	工资薪金所得	23 000			5 000	1 840	460	115	2 300							276 000	60 000	56 580	12 000	12 000							135 420	10%	2 520	11 022		9 893.5	1 128.5	
	李某	身份证	211****19780513****#	211****19780513****#	否	年终一次性奖金	33 600																									33 600	3%	0	1 008		0	1 008	
合计							56 600			5 000	1 840	460	115	2 300							276 000	60 000	56 580	12 000	12 000							169 020			12 030		9 893.5	2 136.5	

谨声明: 本表是根据国家税收法律法规及相关规定填报的, 是真实的、可靠的、完整的。

经办人签字:

经办人身份证件号码:

代理机构签章:

代理机构统一社会信用代码:

扣缴义务人签章: 宏达股份有限公司　　2021年01月10日

受理人:

受理税务机关(章):

受理日期: 年　月　日

二、个人所得税的自行申报实务

自行申报纳税是指由纳税人自行在税法规定的纳税期限内，向税务机关申报取得的应税所得项目和数额，如实填写个人所得税纳税申报表，并按照税法规定计算应纳税额，据此缴纳个人所得税的一种方法。

(一) 个人所得税自行申报的范围

1. 纳税人应当依法办理自行纳税申报的情况

有下列情形之一的，纳税人应当依法办理自行纳税申报：

(1) 取得综合所得需要办理汇算清缴；

(2) 取得应税所得没有扣缴义务人；

(3) 取得应税所得，扣缴义务人未扣缴税款；

(4) 取得境外所得；

(5) 因移居境外注销中国户籍；

(6) 非居民个人在中国境内从两处以上取得工资、薪金所得；

(7) 国务院规定的其他情形。

2. 取得综合所得需要办理汇算清缴的情形

居民个人取得下列情形的综合所得时，需要办理汇算清缴：

(1) 在两处或者两处以上取得综合所得，且综合所得年收入额减去专项扣除的余额超过 60 000 元；

(2) 取得劳务报酬所得、稿酬所得、特许权使用费所得中一项或者多项所得，且综合所得年收入额减去专项扣除的余额超过 60 000 元；

(3) 纳税年度内预缴税额低于应纳税额的；

(4) 纳税人申请退税。

3. 其他规定

纳税人申请退税，应当提供其在中国境内开设的银行账户，并在汇算清缴地就地办理税款退库。纳税人办理综合所得汇算清缴，应当准备与收入、专项扣除、专项附加扣除、依法确定的其他扣除、捐赠、享受税收优惠等相关的资料，并按规定留存备查或报送。纳税人申请退税时提供的汇算清缴信息有错误的，税务机关应当告知其更正；纳税人更正的，税务机关应当及时办理退税。扣缴义务人未将扣缴的税款解缴入库的，不影响纳税人按照规定申请退税，税务机关应当凭纳税人提供的有关资料办理退税。纳税人可以委托扣缴义务人或者其他单位和个人办理汇算清缴。

(二) 个人所得税自行申报的期限

(1) 居民个人取得综合所得，按年计算个人所得税；有扣缴义务人的，由扣缴义务人按月或者按次预扣预缴税款；需要办理汇算清缴的，应当在取得所得的次年 3 月 1 日至 6 月 30 日内办理汇算清缴。

(2) 纳税人取得经营所得，按年计算个人所得税，由纳税人在月度或者季度终了后 15 日内向税务机关报送纳税申报表，并预缴税款；在取得所得的次年 3 月 31 日前办理汇算清缴。

(3) 纳税人取得应税所得没有扣缴义务人的，应当在取得所得的次月 15 日内向税务机关报送纳税申报表,并缴纳税款。

(4) 纳税人取得应税所得,扣缴义务人未扣缴税款的,纳税人应当在取得所得的次年 6 月 30 日前,缴纳税款;税务机关通知限期缴纳的,纳税人应当按照期限缴纳税款。非居民个人在次年 6 月 30 日之前离境(临时离境除外)的,应当在离境前办理纳税申报。

(5) 居民个人从中国境外取得所得的,应当在取得所得的次年 3 月 1 日至 6 月 30 日内申报纳税。

(6) 非居民个人在中国境内从两处以上取得工资薪金所得的,应当在取得所得的次月 15 日内,向其中一处任职、受雇单位所在地主管税务机关办理申报纳税,并报送"个人所得税自行申报纳税申报表(A 表)"。

(7) 纳税人因移居境外注销中国户籍的,应当在注销中国户籍前办理税款清算。

(8) 纳税人取得利息、股息、红利所得,财产租赁所得,财产转让所得和偶然所得,按月或者按次计算个人所得税,有扣缴义务人的,由扣缴义务人按月或者按次代扣代缴税款。扣缴义务人每月或者每次预扣、代扣的税款,应当在次月 15 日内缴入国库,并向税务机关报送扣缴个人所得税申报表。

纳税人办理汇算清缴退税或者扣缴义务人为纳税人办理汇算清缴退税的,税务机关审核后,按照国库管理的有关规定办理退税。

(三) 个人所得税自行申报的地点

(1) 取得综合所得需要办理汇算清缴的纳税人,纳税申报地点分别为:

① 在中国境内有任职、受雇单位的,向任职、受雇单位所在地主管税务机关申报;

② 在中国境内有两处或者两处以上任职、受雇单位的,选择并向其中一处任职、受雇单位所在地主管税务机关申报;

③ 在中国境内无任职、受雇单位,向户籍所在地或经常居住地主管税务机关申报。

(2) 取得经营所得的纳税人,按月向经营管理所在地主管税务机关办理预缴纳税申报,次年办理汇算清缴;从两处以上取得经营所得的,选择向其中一处经营管理地主管税务机关办理年度汇总申报。

(3) 非居民个人取得工资薪金所得,劳务报酬所得,稿酬所得,特许权使用费所得,扣缴义务人未扣缴税款的,向扣缴义务人所在地主管税务机关申报;有两个以上扣缴义务人均未扣缴税款的,选择向其中一处扣缴义务人所在地主管税务机关办理纳税申报。

(4) 居民个人从中国境外取得所得的,向中国境内任职、受雇单位所在地主管税务机关办理纳税申报;没有任职、受雇单位的,向户籍所在地或中国境内经常居住地主管税务机关申报;户籍所在地与中国境内经常居住地不一致的,选择其中一地主管税务机关申报;在中国境内没有户籍的,向中国境内经常居住地主管税务机关申报。

(5) 纳税人因移居境外注销中国户籍的,应当在申请注销户籍前,向户籍所在地主管税务机关办理纳税申报,进行税款清算。

(6) 非居民个人在中国境内从两处以上取得工资、薪金所得的,向其中一处任职、受雇单位所在地主管税务机关办理纳税申报。

(7) 纳税人取得利息、股息、红利所得,财产租赁所得,财产转让所得和偶然所得,扣缴义务人未扣缴税款的,按相关规定向主管税务机关办理纳税申报。

纳税人不得随意变更纳税申报地点,因特殊情况需变更纳税申报地点的,须报原主管税务机关备案。

(四) 个人所得税自行申报的方式

纳税人可以采用远程办税端、邮寄等方式申报，也可以直接到主管税务机关申报。

纳税人办理自行纳税申报时，应当一并报送税务机关要求报送的其他有关资料。首次申报或者个人基础信息发生变化的，还应报送"个人所得税基础信息表(B表)"。纳税人采取远程办税端方式申报的，应当按照税务机关规定的期限和要求保存有关纸质资料；采取邮寄方式申报的，以邮政部门挂号信函收据作为申报凭据，以寄出的邮戳日期为实际申报日期。纳税人也可以委托有税务代理资质的中介机构或者他人代为办理纳税申报。

(五) 个人所得税自行申报的纳税申报实务

需要办理汇算清缴的纳税人，应当在取得所得的次年3月1日至6月30日内，向任职、受雇单位所在地主管税务机关办理纳税申报，居民个人纳税年度内仅从中国境内取得工资薪金所得、劳务报酬所得、稿酬所得、特许权使用费所得者，填报"个人所得税年度自行纳税申报表(A表)(仅取得境内综合所得年度汇算适用)"(见表5-7)。居民个人纳税年度内取得境外所得的，按照税法规定办理取得境外所得个人所得税自行申报，填报"个人所得税年度自行纳税申报表(B表)"(略)，同时一并附报"境外所得个人所得税抵免明细表"(略)。纳税人有两处以上任职、受雇单位的，选择向其中一处任职、受雇单位所在地主管税务机关办理纳税申报；纳税人没有任职、受雇单位的，向户籍所在地或经常居住地主管税务机关办理纳税申报。

纳税人取得经营所得，按年计算个人所得税，由纳税人在规定时间内，向经营管理所在地主管税务机关办理预缴纳税申报，并报送"个人所得税经营所得纳税申报表"(略)。

表5-7 个人所得税年度自行纳税申报表(A表)(仅取得境内综合所得年度汇算适用)

税款所属期：2020年01月01日至2020年12月31日
纳税人名称：李某
纳税人识别号：211***19780513***# 　　　　　　　　　　　　　金额单位：人民币元(列至角分)

基本情况					
手机号码	***	电子邮箱	******	邮政编码	******
联系地址	____省(区、市)____市____区(县)____街道(乡、镇)____				
纳税地点(单选)					
1. 有任职受雇单位的,需选本项并填写"任职受雇单位信息"：			☑ 任职受雇单位所在地		
任职受雇单位信息	名称		宏达股份有限公司		
	纳税人识别号		9124326258322152××		
2. 没有任职受雇单位的,可以从本栏次选择一地：			□户籍所在地	□经常居住地	
户籍所在地/经常居住地	____省(区、市)____市____区(县)____街道(乡、镇)____				
申报类型(单选)					
☑ 首次申报			☑ 更正申报		

(续表)

综合所得个人所得税计算		
项目	行次	金额
一、收入合计(第1行=第2行+第3行+第4行+第5行)	1	308 800
（一）工资、薪金	2	276 000
（二）劳务报酬	3	5 800
（三）稿酬	4	1 000
（四）特许权使用费	5	26 000
二、费用合计 [第6行=(第3行+第4行+第5行)×20%]	6	6 560
三、免税收入合计(第7行=第8行+第9行)	7	240
（一）稿酬所得免税部分[第8行=第4行×(1-20%)×30%]	8	240
（二）其他免税收入(附报《个人所得税减免税事项报告表》)	9	
四、减除费用	10	60 000
五、专项扣除合计(第11行=第12行+第13行+第14行+第15行)	11	56 580
（一）基本养老保险费	12	22 080
（二）基本医疗保险费	13	5 520
（三）失业保险费	14	1 380
（四）住房公积金	15	27 600
六、专项附加扣除合计(附报《个人所得税专项附加扣除信息表》)(第16行=第17行+第18行+第19行+第20行+第21行+第22行)	16	24 000
（一）子女教育	17	12 000
（二）继续教育	18	
（三）大病医疗	19	
（四）住房贷款利息	20	
（五）住房租金	21	
（六）赡养老人	22	12 000
七、其他扣除合计(第23行=第24行+第25行+第26行+第27行+第28行)	23	
（一）年金	24	
（二）商业健康保险(附报《商业健康保险税前扣除情况明细表》)	25	
（三）税延养老保险(附报《个人税收递延型商业养老保险税前扣除情况明细表》)	26	
（四）允许扣除的税费	27	
（五）其他	28	
八、准予扣除的捐赠额 (附报《个人所得税公益慈善事业捐赠扣除明细表》)	29	
九、应纳税所得额(第30行=第1行-第6行-第7行-第10行-第11行-第16行-第23行-第29行)	30	161 420
十、税率(%)	31	20%

（续表）

十一、速算扣除数	32	16 920
十二、应纳税额(第33行=第30行×第31行-第32行)	33	15 364
全年一次性奖金个人所得税计算		
(无住所居民个人预判为非居民个人取得的数月奖金，选择按全年一次性奖金计税的填写本部分)		
一、全年一次性奖金收入	34	
二、准予扣除的捐赠额 (附报《个人所得税公益慈善事业捐赠扣除明细表》)	35	
三、税率(%)	36	
四、速算扣除数	37	
五、应纳税额[第38行=(第34行-第35行)×第36行-第37行]	38	
税额调整		
一、综合所得收入调整额(需在"备注"栏说明调整具体原因、计算方式等)	39	
二、应纳税额调整额	40	
应补/退个人所得税计算		
一、应纳税额合计(第41行=第33行+第38行+第40行)	41	15 364
二、减免税额(附报《个人所得税减免税事项报告表》)	42	
三、已缴税额	43	16 138
四、应补/退税额(第44行=第41行-第42行-第43行)	44	-774

无住所个人附报信息		
纳税年度内在中国境内居住天数		已在中国境内居住年数	

退税申请

(应补/退税额小于0的填写本部分)

☑ 申请退税(需填写"开户银行名称""开户银行省份""银行账号")		□ 放弃退税	
开户银行名称	******	开户银行省份	***
银行账号	************		

备注

退税申请

谨声明：本表是根据国家税收法律法规及相关规定填报的，本人对填报内容(附带资料)的真实性、可靠性、完整性负责。

纳税人签字：李某 　　2021 年 04 月 15 日

经办人签字：	受理人：
经办人身份证件类型：	
经办人身份证件号码：	受理税务机关(章)：
代理机构签章：	
代理机构统一社会信用代码：	受理日期：　　年　月　日

 **任务实施**

根据【任务导入】情境资料和任务要求，任务实施如下。

实施任务1：

根据本项目任务二中【任务导入】中的情境资料以及【任务实施】的个人所得税预扣预缴的计算，宏达公司在申报期内填报预扣预缴李某2020年12月"个人所得税扣缴申报表"(见表5-6)。

实施任务2：

根据本项目任务二中【任务导入】中的情境资料以及【任务实施】的操作内容中个人所得税综合所得汇算清缴的计算，李某在申报期内填写"个人所得税年度自行纳税申报表(A表)(仅取得境内综合所得年度汇算适用)"(见表5-7)。在自行申报2020年综合所得个人所得税后，李某应于2021年3月1日至6月30日期间到主管税务机关申请退回税款774元(16 138−15 364)。

任务考核

一、单项选择题

1. 税务机关对扣缴义务人按照所扣缴的税款，付给一定比例的手续费。该比例为(   )。
   A. 1%   B. 2%   C. 3%   D. 5%

2. 居民个人取得综合所得需要办理汇算清缴的，应当在法定期限内办理。该法定期限为(   )。
   A. 当年12月31日前
   B. 次年1月1日至5月31日
   C. 次年1月1日至6月30日
   D. 次年3月1日至6月30日

3. 居民个人从境外取得所得的，应当在取得所得的次年(   )内申报纳税。
   A. 3月1日至6月30日
   B. 1月1日至2月28日
   C. 1月1日至5月31日
   D. 3月1日至5月31日

4. 纳税人取得经营所得，应在取得所得的次年一定日期前办理汇算清缴。该日期为(   )。
   A. 5月31日   B. 6月30日
   C. 3月31日   D. 4月15日

5. 李某是个体工商户，其家庭所在地在甲市A区，注册登记地在甲市B区，实际经营地在甲市C区。则下列说法中正确的是(   )。
   A. 李某应在A区申报缴纳个人所得税
   B. 李某应在B区申报缴纳个人所得税
   C. 李某应在C区申报缴纳个人所得税
   D. 李某可以任意选择A区、B区或C区申报缴纳个人所得税

二、多项选择题

1. 根据个人所得税法律制度的规定,下列情形中,纳税人应当依法办理纳税申报的有( )。
   A. 取得综合所得需要办理汇算清缴的
   B. 取得应税所得没有扣缴义务人的
   C. 取得境外所得的
   D. 非居民个人在中国境内从两处以上取得工资、薪金所得的

2. 纳税人发生的下列情形中,应当按照规定向主管税务机关办理个人所得税自行纳税申报的有( )。
   A. 王某从英国取得所得
   B. 林某从出版社取得稿酬所得1万元
   C. 非居民个人汤姆从中国境内两家公司取得工资、薪金所得
   D. 张某2020年度内预缴税额低于应纳税额

3. 下列关于个人所得税征收管理的表述中,错误的有( )。
   A. 居民个人取得综合所得,需要办理汇算清缴的,应当在取得所得的次年6月30日前办理汇算清缴
   B. 纳税人取得经营所得在取得所得的次年6月30日前办理汇算清缴
   C. 非居民个人在中国境内从两处以上取得工资、薪金所得应当在取得所得的次月15日内申报纳税
   D. 纳税人因移居境外注销中国户籍应当在注销中国户籍前办理税款清算

4. 居民个人取得综合所得,需要办理汇算清缴的有( )。
   A. 在两处或者两处以上取得综合所得,且综合所得年收入额减去专项扣除的余额超过60 000元
   B. 取得劳务报酬所得、稿酬所得、特许权使用费所得中一项或者多项所得,且综合所得年收入额减去专项扣除的余额超过60 000元
   C. 纳税年度内预缴税额低于应纳税额的
   D. 纳税人申请退税的

5. 从中国境外取得所得的纳税人,其来源于中国境外的应纳税所得,应在何时申报纳税( )。
   A. 在境外以纳税年度计算缴纳个人所得税的,应在居住国的纳税年度终了,结清税款后的30日内,向中国主管税务机关申报纳税
   B. 在境外以纳税年度计算缴纳个人所得税的,应在所得来源国的纳税年度终了,结清税款后的30日内,向中国主管税务机关申报纳税
   C. 在取得境外所得时结清税款的,应在次年3月1日至6月30日内向中国主管税务机关申报纳税
   D. 在境外按所得来源国税法的规定免予缴纳个人所得税的,应在次年3月1日至6月30日内向中国主管税务机关申报纳税

三、判断题

1. 偶然所得应缴纳的个人所得税税款,一律由发放单位或者机构代扣代缴。 ( )
2. 我国个人所得税采取由支付单位源泉扣缴和纳税人自行申报纳税两种方式。 ( )
3. 扣缴义务人未履行扣缴个人所得税义务的,由扣缴义务人承担应纳的税款、滞纳金和罚款。 ( )

4. 居民个人取得综合所得，按年计算个人所得税；有扣缴义务人的，由扣缴义务人按月或者按次预扣预缴税款；需要办理汇算清缴的，应当在取得所得的次年 3 月 1 日至 6 月 30 日内办理汇算清缴。 （ ）

5. 在中国境内有两处或者两处以上任职、受雇单位，取得工资、薪金所得的，选择并固定向其中一处单位所在地主管税务机关申报。 （ ）

四、纳税申报操作题

根据本项目任务二【任务考核】会计核算实务题中的资料及相关操作内容，完成下面纳税申报要求。

要求：

1. 兴华有限责任公司 2021 年 1 月 10 日对预扣预缴张某 2020 年 12 月工资、薪金所得的个人所得税进行纳税申报，填写 2020 年 12 月的个人所得税扣缴申报表。

2. 张某 2021 年 3 月 25 日自行申报个人所得税，填写个人所得税年度自行纳税申报表。

 **案例分析**

组织员工旅游 勿忘扣缴税款

小周是某 4S 店的销售员，凭借精湛的汽车专业知识和热情友好的服务态度，赢得了公司本年度销售冠军的称号。按照公司规定，年度销售冠军可以免费参加为期一周的海岛旅游，费用由公司承担。小周的妻子小李是一名税务师，得知这个消息后，她第一时间询问小周，4S 店有没有就该笔旅游费代扣代缴个人所得税。小周不假思索地答道："这是公司给我的奖励，是公司出的钱，我当然不用纳税啦！"

思考：你认为小周的想法对吗？为什么？

注：分析提示见二维码 5-9。

5-9 分析提示

 **项目小结**

本项目主要介绍了我国现行个人所得税的纳税人、征税对象、税率、税收优惠政策；居民个人综合所得个人所得税预扣预缴以及年度汇算清缴应纳税额的计算，非居民个人工资、薪金所得、劳务报酬所得、稿酬所得、特许权使用费所得应纳税额的计算，经营所得应纳税额的计算，利息、股息、红利所得应纳税额的计算，财产租赁、财产转让所得应纳税额的计算，偶然所得应纳税额的计算；个人所得税相关涉税的会计核算；个人所得税的扣缴纳税申报和自行纳税申报。

本项目内容结构如图 5-1 所示。

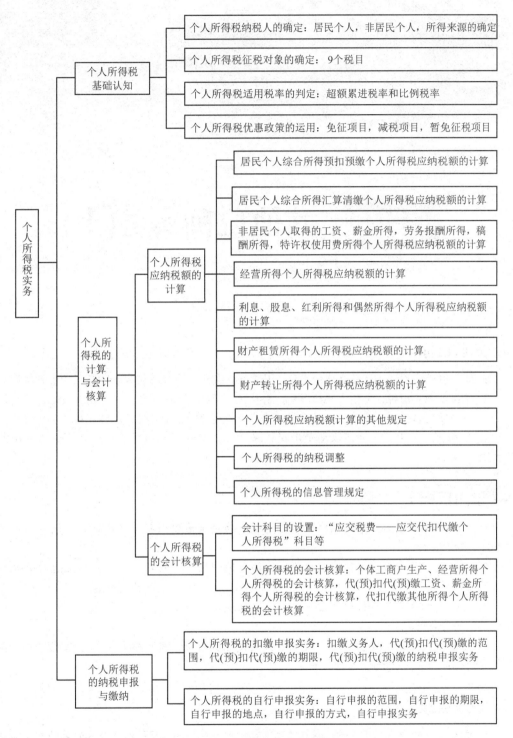

图 5-1 个人所得税实务内容结构图

项目六　其他税种实务(上)

🔍 **知识目标**

1. 掌握耕地占用税、城镇土地使用税、房产税、契税、土地增值税和印花税的基本法律知识
2. 掌握耕地占用税、城镇土地使用税、房产税、契税、土地增值税和印花税应纳税额的计算
3. 熟悉耕地占用税、城镇土地使用税、房产税、契税、土地增值税和印花税的会计核算方法
4. 熟悉耕地占用税、城镇土地使用税、房产税、契税、土地增值税和印花税的纳税申报及税款缴纳

🔍 **能力目标**

1. 能判定哪些经济业务应缴纳耕地占用税、城镇土地使用税、房产税、契税、土地增值税和印花税
2. 能根据业务资料计算耕地占用税、城镇土地使用税、房产税、契税、土地增值税和印花税的应纳税额
3. 能根据业务资料进行耕地占用税、城镇土地使用税、房产税、契税、土地增值税和印花税税款的会计处理
4. 能根据业务资料填制耕地占用税、城镇土地使用税、房产税、契税、土地增值税和印花税的纳税申报表，并进行纳税申报

🔍 **思政目标**

1. 树立正确的依法纳税意识，明确依法纳税、建立良好的信用等级是企业发展的重要前提
2. 培养诚实守信的职业道德
3. 树立风险防范意识，明确税收违章应负担的法律责任
4. 树立筹划意识，最大限度地维护纳税人的合法权益，实现企业财务利益最大化

法规导航

6-1 中华人民共和国耕地占用税法

6-2 中华人民共和国城镇土地使用税暂行条例

6-3 中华人民共和国房产税暂行条例

6-4 中华人民共和国契税法

6-5 中华人民共和国土地增值税暂行条例

6-6 中华人民共和国土地增值税暂行条例实施细则

6-7 中华人民共和国印花税法(征求意见稿)

项目情境

我们在项目二中已经学过,当企业转让土地使用权,房屋及地上建筑物、构筑物时,应在取得收入时计算缴纳增值税,除此之外,还需要缴纳其他税种吗?

企业取得、拥有或转让土地使用权,房屋及地上建筑物、构筑物时,需要缴纳相关的其他税种,相关的其他税种包括耕地占用税、城镇土地使用税、房产税、契税、土地增值税、印花税。你知道这6个税种的纳税人、征税范围、税率及税收优惠是如何规定的吗?

你知道这6个税种的应纳税额是如何计算的吗?准确计算出这6个税种的应纳税额后,你会进行相应的会计核算并准确填制纳税申报表,完成向税务机关进行的纳税申报工作吗?

任务一 耕地占用税实务

任务导入

宏达股份有限公司(简称"宏达公司")为增值税一般纳税人,统一社会信用代码为9124326258322152××,办税员为王某,身份证号为210××××××××××××××。宏达公司2020年1月经批准占用耕地(非基本农田)用于开发住宅社区,占用该耕地面积150 000平方米,其中500平方米兴建幼儿园,8 000平方米修建学校。所占耕地适用税率为30元/平方米。本月接到自然资源主管部门通知需缴纳耕地占用税。公司于2020年2月6日对耕地占用税进行纳税申报。

任务要求:

1. 计算宏达公司2020年1月应缴纳的耕地占用税并做出相应的会计处理。

2. 宏达公司于2020年2月6日进行纳税申报,填写相关纳税申报表。

任务准备

耕地占用税是为了合理利用土地资源,加强土地管理,保护耕地,对占用耕地建设建筑物、构筑物或者从事非农业建设的单位和个人征收的一种税。

一、耕地占用税的认知

(一) 耕地占用税纳税人的确定

在我国境内占用耕地建设建筑物、构筑物或者从事非农业建设的单位和个人,为耕地占用税的纳税人。单位包括企业、事业单位、社会团体、国家机关、部队及其他单位;个人包括个体工商户、农村承包经营户及其他个人。

经申请批准占用耕地的,纳税人为农用地转用审批文件中标明的建设用地人;农用地转用审批文件中未标明建设用地人的,纳税人为用地申请人,其中用地申请人为各级人民政府的,由同级土地储备中心、自然资源主管部门或政府委托的其他部门、单位履行耕地占用税申报纳税义务。未经批准占用耕地的,纳税人为实际用地人。

(二) 耕地占用税征税范围的确定

耕地占用税的征税范围包括纳税人为建设建筑物、构筑物或从事其他非农业建设而占用的国家所有和集体所有的耕地。耕地是指用于种植农作物的土地。

占用园地、林地、草地、农田水利用地、养殖水面、渔业水域滩涂以及其他农用地建设建筑物、构筑物或者从事非农业建设的,按规定缴纳耕地占用税。占用上述农用地建设直接为农业生产服务的生产设施的,不缴纳耕地占用税。

纳税人因建设项目施工或者地质勘查临时占用耕地,应当依法缴纳耕地占用税。纳税人在批准临时占用耕地期满之日起 1 年内依法复垦,恢复种植条件的,全额退还已经缴纳的耕地占用税。

因挖损、采矿塌陷、压占、污染等损毁耕地属于税法所称的非农业建设,应依法缴纳耕地占用税;自自然资源、农业农村等相关部门认定损毁耕地之日起 3 年内依法复垦或修复,恢复种植条件的,依法办理退税。

二、耕地占用税的计算

(一) 耕地占用税计税依据的确定

耕地占用税以纳税人实际占用耕地的面积为计税依据。

(二) 耕地占用税税率的判定

耕地占用税实行定额税率。根据不同地区的人均耕地面积和经济发展情况实行有地区差别的幅度税额标准,税率具体标准如表 6-1 所示。

表6-1 耕地占用税税率表

级数	人均耕地面积/亩	每平方米税额/元	级数	人均耕地面积/亩	每平方米税额/元
1	≤1	10～50	3	>2～≤3	6～30
2	>1～≤2	8～40	4	>3	5～25

各地区耕地占用税的适用税额,由省、自治区、直辖市人民政府根据人均耕地面积和经济发展等情况,在规定的税额幅度内提出,报同级人民代表大会常务委员会决定,并报全国人民代表大会常务委员会和国务院备案。各省、自治区、直辖市耕地占用税适用税额的平均水平,不得低于"各省、自治区、直辖市耕地占用税平均税额表"(见表6-2)规定的平均税额。

表6-2 各省、自治区、直辖市耕地占用税平均税额表

单位:元

省、自治区、直辖市	平均税额每平方米	省、自治区、直辖市	平均税额每平方米	省、自治区、直辖市	平均税额每平方米
上海	45	江苏、浙江、福建、广东	30	广西、海南、贵州、云南、陕西	20
北京	40	辽宁、湖北、湖南	25	山西、吉林、黑龙江	17.5
天津	35	河北、安徽、江西、山东、河南、重庆、四川	22.5	内蒙古、西藏、甘肃、青海、宁夏、新疆	12.5

在人均耕地低于0.5亩的地区,省、自治区、直辖市可以根据当地经济发展情况,适当提高耕地占用税的适用税额,但提高的部分不得超过确定的适用税额的50%。

占用基本农田的,应当按照当地适用税额,加按150%征收。

占用园地、林地、草地、农田水利用地、养殖水面、渔业水域滩涂以及其他农用地建设建筑物、构筑物或者从事非农业建设的,适用税额可以适当低于本地区确定的适用税额,但降低的部分不得超过50%。具体适用税额由省、自治区、直辖市人民政府提出,报同级人民代表大会常务委员会决定,并报全国人民代表大会常务委员会和国务院备案。

(三) 耕地占用税优惠政策的运用

(1) 军事设施、学校、幼儿园、社会福利机构、医疗机构占用耕地,免征耕地占用税。

(2) 农村居民在规定用地标准以内占用耕地新建自用住宅,按照当地适用税额减半征收耕地占用税;其中农村居民经批准搬迁,新建自用住宅占用耕地不超过原宅基地面积的部分,免征耕地占用税。

(3) 农村烈士遗属、因公牺牲军人遗属、残疾军人以及符合农村最低生活保障条件的农村居民,在规定用地标准以内新建自用住宅,免征耕地占用税。

(4) 铁路线路、公路线路、飞机场跑道、停机坪、港口、航道、水利工程占用耕地,减按每平方米2元的税额征收耕地占用税。

(5) 根据国民经济和社会发展的需要,国务院可以规定免征或者减征耕地占用税的其他情形,报全国人民代表大会常务委员会备案。

(6) 按规定免征或者减征耕地占用税后,纳税人改变原占地用途,不再属于免征或者减征耕地占用税情形的,应当按照当地适用税额补缴耕地占用税。

(四) 耕地占用税应纳税额的计算

耕地占用税以纳税人实际占用的耕地面积(包括经批准占用的耕地面积和未经批准占用的

耕地面积)为计税依据，按照规定的适用税额一次性征收，计算公式为

$$应纳税额＝纳税人实际占用的耕地面积(平方米)×适用税额$$

三、耕地占用税的会计核算

耕地占用税属于一次性征收，不通过"应交税费"科目进行核算。企业按规定计算缴纳的耕地占用税，借记"开发成本""在建工程"科目，贷记"银行存款"科目。

四、耕地占用税的纳税申报

(一) 耕地占用税的纳税义务发生时间

耕地占用税由税务机关负责征收。耕地占用税的纳税义务发生时间为纳税人收到自然资源主管部门办理占用耕地手续的书面通知的当日。

(二) 耕地占用税的纳税期限

纳税人应当自纳税义务发生之日起 30 日内申报缴纳耕地占用税。自然资源主管部门凭耕地占用税完税凭证或者免税凭证和其他有关文件发放建设用地批准书。

纳税人改变原占地用途，不再属于免征或减征情形，应自改变用途之日起 30 日内申报补缴税款，补缴税款按改变用途的实际占用耕地面积和改变用途时当地适用税额计算。

(三) 耕地占用税的地点

纳税人占用耕地或其他农用地，应当在耕地或其他农用地所在地申报纳税。

(四) 耕地占用税的纳税申报实务

自 2021 年 6 月 1 日起，纳税人申报缴纳城镇土地使用税、房产税、车船税、印花税、耕地占用税、资源税、土地增值税、契税、环境保护税、烟叶税中一个或多个税种时，使用"财产和行为税纳税申报表"。纳税人新增税源或税源变化时，需先填报"财产和行为税税源明细表"。

纳税人对耕地占用税进行纳税申报，应填报"耕地占用税税源明细表"(见表 6-3)、"财产和行为税减免明细表"(略)、"财产和行为税纳税申报表"(见表 6-4)。

表 6-3　耕地占用税税源明细表

纳税人识别号(统一社会信用代码)：9124326258322152××

纳税人名称：宏达股份有限公司　　　　面积单位：平方米　　　　金额单位：人民币元(列至角分)

占地方式	项目(批次)名称	**	批准占地文号	**
1.经批准按批次转用 ☑ 2.经批准单独选址转用 □ 3.经批准临时占用 □	批准占地部门	**	经批准占地面积	150 000
	收到书面通知日期(或收到经批准改变原占地用途日期)	****年**月**日	批准时间	****年**月**日
4.未批先占 □	认定的实际占地日期(或认定的未经批准改变原占地用途日期)	****年**月**日	认定的实际占地面积	

(续表)

毁损耕地	挖损□ 采矿塌陷□ 压占□ 污染□		认定的毁损耕地日期	年 月 日	认定的毁损耕地面积	
税源编号	占地位置	占地用途	征收品目	适用税额	计税面积	减免性质代码和项目名称	减免税面积
**	**	住宅建设	耕地_非基本农田	30	150 000	**	8 500

表6-4 财产和行为税纳税申报表

纳税人识别号(统一社会信用代码):9124326258322152××

纳税人名称:宏达股份有限公司　　　　　　　　　　　　金额单位:人民币元(列至角分)

序号	税种	税目	税款所属期起	税款所属期止	计税依据	税率	应纳税额	减免税额	已缴税额	应补(退)税额
1	耕地占用税				150 000	30	4 500 000	255 000		4 245 000
2										
3										
4	合计	—	—	—	—	—	4 500 000	255 000		4 245 000

声明:本表是根据国家税收法律法规及相关规定填写的,本人(单位)对填报内容(及附带资料)的真实性、可靠性、完整性负责。

纳税人 (签章):宏达股份有限公司　2020 年 02 月 06 日

经办人:王某 经办人身份证号:210×××××××××××××××× 代理机构签章: 代理机构统一社会信用代码:	受理人: 受理税务机关(章): 受理日期:　　年　　月　　日

✎ 任务实施

根据【任务导入】情境资料和任务要求,通过如下操作步骤进行任务实施。

实施任务 1:根据经济业务计算 2020 年 1 月应缴纳的耕地占用税并做出相应的会计处理。

第一步:计算应缴纳的耕地占用税。

应纳耕地占用税税额＝150 000×30＝4 500 000(元)

减免耕地占用税税额＝(500＋8 000)×30＝255 000(元)

应补(退)耕地占用税税额＝4 500 000−255 000＝4 245 000(元)

第二步:宏达公司做出如下会计处理。

借:开发成本　　　　　　　　4 245 000

　　贷:银行存款　　　　　　　　4 245 000

实施任务 2:对耕地占用税进行纳税申报。

填写"耕地占用税税源明细表"(见表 6-3)、"财产和行为税减免税明细表"(略)、"财产和行为税纳税申报表"(见表 6-4),完成纳税申报工作。

任务考核

一、单项选择题

1. 根据耕地占用税的相关规定，下列各项中不属于耕地的是( )。
  A. 园地   B. 林地   C. 墓地   D. 草地

2. 根据耕地占用税法律制度的规定，下列情形中不缴纳耕地占用税的是( )。
  A. 占用渔业水域滩涂建设游乐园的   B. 占用林地修建木材集材道的
  C. 占用养殖水面建设城市花园的   D. 占用耕地建设经济技术开发区的

3. 耕地占用税实行( )。
  A. 定额税率   B. 比例税率
  C. 超额累进税率   D. 超率累进税率

4. 2020 年 10 月，农村居民刘某经批准在本村占用耕地 150 平方米新建住宅，另占用园地 20 平方米用于修建大型鱼塘增氧泵。已知当地适用的耕地占用税税额为每平方米 45 元，有关刘某就上述业务应当缴纳的耕地占用税，下列计算列式正确的是( )。
  A. 150×45   B. 150×45×50%
  C. (150+20)×45   D. (150+20)×45×50%

5. 获准占用耕地的单位或个人应当在收到自然资源主管部门办理占用耕地手续的书面通知之日起( )日内缴纳耕地占用税。
  A. 7   B. 15   C. 30   D. 60

二、多项选择题

1. 根据耕地占用税法律制度的规定，下列各项中属于耕地占用税征税范围的有( )。
  A. 园地   B. 林地
  C. 草地   D. 农田水利用地

2. 下列各项中应征收耕地占用税的有( )。
  A. 铁路线路占用耕地   B. 学校占用耕地
  C. 公路线路占用耕地   D. 军事设施占用耕地

3. ( )经批准征用的耕地，免征耕地占用税。
  A. 军事设施用地   B. 学校教学楼用地
  C. 敬老院用地   D. 农村居民用于新建住宅用地

4. 下列减按每平方米 2 元的税额征收耕地占用税的有( )。
  A. 铁路线路占用耕地   B. 停机坪占用耕地
  C. 航道占用耕地   D. 学校占用耕地

5. 应交耕地占用税税额的大小取决于下列因素( )。
  A. 实际占用的应税土地面积   B. 适用税额
  C. 取得耕地的价款   D. 占用耕地的时间

三、判断题

1. 农村居民在规定标准内占用耕地新建自用住宅，可以免征耕地占用税。( )
2. 某农场占用苗圃修建水渠用于灌溉，不缴纳耕地占用税。( )
3. 纳税人因建设项目施工临时占用耕地的，无须缴纳耕地占用税。( )
4. 占用基本农田建设建筑物、构筑物或者从事非农业建设的，应当按照法定的当地耕地占用税税额，加按 200%征收。( )

5. 耕地占用税是按年计算、分次征收的。 ( )

四、纳税申报操作题

兴华有限责任公司(简称"兴华公司")为增值税一般纳税人,公司统一社会信用代码为9127074856493135××,办税员为赵某,身份证号为 210×××××××××××××××。兴华公司 2019 年 12 月经批准新占耕地(非基本农田)用于工业建设,占用该耕地面积 50 000平方米,所占耕地适用税率为 18 元/平方米。兴华公司于 2020 年 1 月 10 日对该项业务应纳的耕地占用税进行纳税申报。

要求:

1. 计算兴华公司 2019 年 12 月应缴纳的耕地占用税并做出相应的会计处理。
2. 兴华公司于 2020 年 1 月 10 日进行纳税申报,填写耕地占用税相关纳税申报表。

任务二 城镇土地使用税实务

任务导入

宏达公司为增值税一般纳税人,公司统一社会信用代码为 9124326258322152××,办税员为王某,身份证号为 210×××××××××××××××。宏达公司生产经营用地面积 50 000 平方米,其中幼儿园占地 1 500 平方米,公司绿化占地 3 000 平方米,该土地为一级土地,城镇土地使用税的适用税率为 10 元/平方米。按照当地规定,城镇土地使用税按年计算、每季度缴纳一次。公司于 2020 年 4 月 10 日对 2020 年第一季度的城镇土地使用税进行纳税申报。

任务要求:

1. 计算宏达公司 2020 年第一季度应补(退)的城镇土地使用税并做出相应的会计处理。
2. 宏达公司于 2020 年 4 月 10 日对 2020 年第一季度的城镇土地使用税进行纳税申报,填写城镇土地使用税相关纳税申报表。

任务准备

城镇土地使用税是国家在城市、县城、建制镇和工矿区范围内,对使用土地的单位和个人,以其实际占用的土地面积为计税依据,按照规定的税额计算征收的一种税。

一、城镇土地使用税的认知

(一) 城镇土地使用税纳税人的确定

在我国境内城市、县城、建制镇和工矿区范围内使用土地的单位和个人,为城镇土地使用税的纳税人。单位包括国有企业、集体企业、私营企业、股份制企业、外商投资企业、外国企业以及其他企业和事业单位、社会团体、国家机关、军队以及其他单位;个人包括个体工商户及其他个人。

城镇土地使用税的纳税人,根据用地者的情况具体规定如下。

(1) 拥有土地使用权的单位和个人，为纳税人。

(2) 拥有土地使用权的单位和个人不在土地所在地的，其土地的实际使用人和代理人为纳税人。

(3) 土地使用权未确定或权属纠纷未解决的，其实际使用人为纳税人。

(4) 土地使用权共有的，共有各方都是纳税人，以共有各方实际使用土地的面积占总面积的比例，分别计算城镇土地使用税，由共有各方分别缴纳。

(二) 城镇土地使用税征税范围的确定

城镇土地使用税的征税范围是税法规定的纳税区域内的土地。凡在城市、县城、建制镇、工矿区范围内的土地，不论是属于国家所有的土地，还是集体所有的土地，都属于城镇土地使用税的征税范围。

公园、名胜古迹内的索道公司经营用地，应按规定缴纳城镇土地使用税。

二、城镇土地使用税的计算

(一) 城镇土地使用税计税依据的确定

城镇土地使用税以纳税人实际占用的土地面积为计税依据。土地面积以平方米为计量标准。具体按以下方法确定：

(1) 由省、自治区、直辖市人民政府确定的单位组织测定土地面积的，以测定的面积为准。

(2) 尚未组织测量，但纳税人持有政府部门核发的土地使用证书的，以证书确认的土地面积为准。

(3) 尚未核发土地使用证书的，应由纳税人申报土地面积，据以纳税，待核发土地使用证以后再做调整。

(二) 城镇土地使用税税率的判定

城镇土地使用税采用定额税率，即采用有幅度的差别税额，按大、中、小城市和县城、建制镇、工矿区分别规定每平方米城镇土地使用税年应纳税额。

大、中、小城市以公安部门登记在册的非农业正式户口人数为依据。人口在 50 万以上的为大城市；人口在 20 万~50 万的为中等城市；人口在 20 万以下的为小城市。城镇土地使用税税率表，如表 6-5 所示。

表 6-5 城镇土地使用税税率表

级 别	人口/人	每平方米税额/元
大城市	50 万以上	1.5~30
中等城市	20 万~50 万	1.2~24
小城市	20 万以下	0.9~18
县城、建制镇、工矿区	—	0.6~12

经济落后地区，城镇土地使用税的适用税额标准可适当降低，但降低幅度不得超过上述规定最低税额的 30%。

(三) 城镇土地使用税优惠政策的运用

城镇土地使用税优惠政策的运用见二维码 6-8。

6-8 城镇土地使用税优惠政策的运用

(四) 城镇土地使用税应纳税额的计算

城镇土地使用税以纳税人实际占用的土地面积为计税依据，按照规定的适用税额计算征收，计算公式为

全年应纳税额＝实际占用应税土地面积(平方米)×适用税额

三、城镇土地使用税的会计核算

城镇土地使用税的会计核算应设置"应交税费——应交城镇土地使用税"科目。该科目贷方登记本期应缴纳的城镇土地使用税税额；借方登记企业实际缴纳的城镇土地使用税税额；期末贷方余额表示企业应交而未交的城镇土地使用税税额。

企业按规定计提应交的城镇土地使用税，借记"税金及附加"科目，贷记"应交税费——应交城镇土地使用税"科目；实际缴纳城镇土地使用税时，借记"应交税费——应交城镇土地使用税"科目，贷记"银行存款"科目。

四、城镇土地使用税的纳税申报

(一) 城镇土地使用税的纳税义务发生时间

(1) 纳税人购置新建商品房，自房屋交付使用之次月起，缴纳城镇土地使用税。

(2) 纳税人购置存量房，自办理房屋权属转移、变更登记手续，房地产权属登记机关签发房屋权属证书之次月起，缴纳城镇土地使用税。

(3) 纳税人出租、出借房产(由房产所有人缴纳)，自交付出租、出借房产之次月起，缴纳城镇土地使用税。

(4) 以出让或转让方式有偿取得土地使用权的，应由受让方从合同约定交付土地时间的次月起缴纳城镇土地使用税；合同未约定交付时间的，由受让方从合同签订的次月起缴纳城镇土地使用税。

(5) 纳税人新征用的耕地，自批准征用之日起满 1 年时开始缴纳城镇土地使用税。

(6) 纳税人新征用的非耕地，自批准征用次月起缴纳城镇土地使用税。

(二) 城镇土地使用税的纳税期限

城镇土地使用税按年计算、分期缴纳，具体纳税期限由省、自治区、直辖市人民政府确定。

(三) 城镇土地使用税的纳税地点

城镇土地使用税在土地所在地缴纳。

纳税人使用的土地不属于同一省、自治区、直辖市管辖的，由纳税人分别向土地所在地的税务机关缴纳城镇土地使用税；在同一省、自治区、直辖市管辖范围内，纳税人跨地区使用的土地，其纳税地点由各省、自治区、直辖市税务局确定。

(四) 城镇土地使用税的纳税申报实务

纳税人对城镇土地使用税进行纳税申报时，应填报"城镇土地使用税税源明细表"(略)、

"财产和行为税减免税明细表"(略)、"财产和行为税纳税申报表"(见表6-6)。

表6-6　财产和行为税纳税申报表

纳税人识别号(统一社会信用代码)：9124326258322152××

纳税人名称：宏达股份有限公司 　　　　　　　　　　　金额单位：人民币元(列至角分)

序号	税种	税目	税款所属期起	税款所属期止	计税依据	税率	应纳税额	减免税额	已缴税额	应补(退)税额
1	城镇土地使用税		2020年01月01日	2020年03月31日	50 000	10	125 000	3 750		121 250
2										
3										
4	合计	—	—	—	—	—	125 000	3 750		121 250

声明：本表是根据国家税收法律法规及相关规定填写的，本人(单位)对填报内容(及附带资料)的真实性、可靠性、完整性负责。

纳税人(签章)：宏达股份有限公司　2020年04月10日

经办人：王某 经办人身份证号：210×××××××××××××××× 代理机构签章： 代理机构统一社会信用代码：	受理人： 受理税务机关(章)： 受理日期：　　年　　月　　日

 任务实施

根据【任务导入】情境资料和任务要求，通过如下操作步骤进行任务实施。

实施任务1：根据经济业务计算2020年第一季度应缴纳的城镇土地使用税并做出相应的会计处理。

第一步：计算应缴纳的城镇土地使用税。

2020年应纳城镇土地使用税税额＝50 000×10＝500 000(元)

2020年减免城镇土地使用税税额＝1 500×10＝15 000(元)

其中，2020年第一季度应纳城镇土地使用税税额＝500 000÷4＝125 000(元)

2020年第一季度减免城镇土地使用税税额＝15 000÷4＝3 750(元)

2020年第一季度应补(退)城镇土地使用税税额＝125 000−3 750＝121 250(元)

第二步：宏达做出如下会计处理。

(1) 计提2020年第一季度城镇土地使用税时：

借：税金及附加　　　　　　　　　　　　121 250

　　贷：应交税费——应交城镇土地使用税　　　121 250

(2) 实际缴纳2020年第一季度城镇土地使用税时：

借：应交税费——应交城镇土地使用税　　121 250

　　贷：银行存款　　　　　　　　　　　　　121 250

实施任务2：对城镇土地使用税进行纳税申报。

填写"财产和行为税减免税明细表"(略)、"财产和行为税纳税申报表"(见表6-6)，完成纳税申报工作。

任务考核

1. 根据城镇土地使用税法律制度的规定,下列城市土地中,应缴纳城镇土地使用税的是( )。

    A. 企业生活区用地   B. 国家机关自用的土地

    C. 名胜古迹自用的土地   D. 市政街道公共用地

2. 城镇土地使用税的计税依据是( )。

    A. 纳税人使用土地而产生的收益

    B. 纳税人因地理位置不同而产生的级差收入

    C. 纳税人出租场地而取得的租金收入

    D. 纳税人实际占用的土地面积

3. 甲公司位于市区,实际占地面积为 5 000 平方米,其中办公区占地 4 000 平方米,生活区占地 1 000 平方米。甲公司还有一处位于农村的仓库,租给乙公司使用,实际占地面积为 1 500 平方米。已知城镇土地使用税适用税率为每平方米税额 5 元。甲公司全年应缴纳城镇土地使用税税额的下列计算中,正确的是( )。

    A. 5 000×5＝25 000(元)

    B. (5 000＋1500)×5＝32 500(元)

    C. (4 000＋1500)×5＝27 500(元)

    D. 4 000×5＝20 000(元)

4. 2020 年位于某县城的甲公司实际占地面积 30 000 平方米,其中办公楼占地面积 500 平方米,厂房仓库占地面积 22 000 平方米,厂区内铁路专用线、公路等用地 7 500 平方米,已知当地规定的城镇土地使用税每平方米年税额为 5 元。甲公司当年应缴纳城镇土地使用税税额的下列计算中,正确的是( )。

    A. 30 000×5＝150 000(元)

    B. (30 000−7 500)×5＝112 500(元)

    C. (30 000−500)×5＝147 500(元)

    D. (30 000−22 000)×5＝40 000(元)

5. 乙公司 2020 年年初实际占地面积为 5 000 平方米,2020 年 7 月 10 日,乙公司经有关部门批准新征用非耕地 2 000 平方米。已知甲公司所占用的土地适用的城镇土地使用税年单位税额为 5 元/平方米,有关甲公司 2020 年应当缴纳的城镇土地使用税,下列算式正确的是( )。

    A. 5 000×5

    B. 5 000×5＋2 000×5

    C. 5 000×5＋2 000×5×5/12

    D. 5 000×5＋2 000×5×6/12

二、多项选择题

1. 根据城镇土地使用税法律制度的规定,下列关于城镇土地使用税纳税人的表述中,正确的有( )。

    A. 土地使用权未确定或权属纠纷未解决的,由实际使用人纳税

    B. 土地使用权共有的,共有各方均为纳税人,由共有各方分别纳税

    C. 拥有土地使用权的纳税人不在土地所在地的,由代管人或实际使用人纳税

    D. 城镇土地使用税由拥有土地使用权的单位或个人缴纳

2. 甲、乙两家企业共有一项土地使用权，土地面积为 1 500 平方米，甲、乙企业的实际占用比例为 3∶2。已知该土地适用的城镇土地使用税税额为每平方米 5 元。关于甲、乙企业共用该土地应缴纳的城镇土地使用税，下列处理正确的有(　　)。

    A. 甲企业应纳城镇土地使用税税额＝1 500×3/5×5＝4 500(元)

    B. 甲企业应纳城镇土地使用税税额＝1 500×5＝7 500(元)

    C. 乙企业应纳城镇土地使用税税额＝1 500×2/5×5＝3 000(元)

    D. 乙企业应纳城镇土地使用税税额＝1 500×5＝7 500(元)

3. 下列有关城镇土地使用税计税依据的表述中，正确的有(　　)。

    A. 凡由省级人民政府确定的单位组织测定土地面积的，以测定的土地面积为准

    B. 尚未组织测定，但纳税人持有政府部门核发的土地使用证书的，以证书确定的土地面积为准

    C. 尚未核发土地使用证书的，应当由纳税人据实申报土地面积，并据以纳税，待核发土地使用证书后再做调整

    D. 纳税人计算城镇土地使用税的计税依据是实际占用的土地面积

4. 根据城镇土地使用税法律制度的规定，下列城市用地中应缴纳城镇土地使用税的有(　　)。

    A. 民航机场内道路用地　　　　　　B. 商业企业经营用地

    C. 火电厂厂区围墙内的用地　　　　D. 市政街道公共用地

5. 根据城镇土地使用税法律制度的规定，下列关于城镇土地使用税纳税义务发生时间的表述中，正确的有(　　)。

    A. 纳税人购置新建商品房，自房屋交付使用之次月起缴纳城镇土地使用税

    B. 纳税人以出让方式有偿取得土地使用权，应从合同约定交付土地时间的次月起缴纳城镇土地使用税

    C. 纳税人新征用的耕地，自批准征用之日起满 1 年时开始缴纳城镇土地使用税

    D. 纳税人新征用的非耕地，自批准征用次月起缴纳城镇土地使用税

三、判断题

1. 拥有土地使用权的纳税人不在土地所在地的，由代管人或实际使用人缴纳城镇土地使用税。　　　　　　　　　　　　　　　　　　　　　　　　　　　　(　　)

2. 由国家财政部门拨付事业经费的单位自用的土地免征城镇土地使用税。　(　　)

3. 纳税人新征用的耕地，自批准征用之日起满 2 年时开始缴纳城镇土地使用税。(　　)

4. 城镇土地使用税采用按年计算、分期缴纳的办法征收。　　　　　　　(　　)

5. 纳税人使用的土地不属于同一省、自治区、直辖市管辖的，由纳税人统一缴纳城镇土地使用税。　　　　　　　　　　　　　　　　　　　　　　　　　　　(　　)

四、纳税申报操作题

兴华公司为增值税一般纳税人，公司统一社会信用代码为9127074856493135××，办税员为赵某，身份证号为210××××××××××××××××。公司拥有一级土地用地面积45 000 平方米，二级土地用地面积 36 000 平方米，当地政府规定城镇土地使用税适用税率为：一级土地 20 元/平方米，二级土地 15 元/平方米。兴华公司城镇土地使用税按年计算、每季度缴纳一次。该公司于 2020 年 7 月 12 日对 2020 年第二季度的城镇土地使用税进行纳税申报。

要求:

1. 计算兴华公司 2020 年第二季度应补(退)的城镇土地使用税并做出相应的会计处理;

2. 兴华公司于 2020 年 7 月 12 日对 2020 年第二季度的城镇土地使用税进行纳税申报,填写城镇土地使用税相关纳税申报表。

 **任务三　房产税实务**

 **任务导入**

丁咨询有限责任公司为小规模纳税人,公司统一社会信用代码为 9136512452302731××,办税员为李某,身份证号为 210××××××××××××××××。公司 2020 度拥有办公用房房产原值 500 万元,建筑面积 430 平方米。按照当地政府规定,房产税按年计算、每季度缴纳一次(房产原值的扣除比例为 30%),房产税从价计征比例税率为 1.2%。该公司于 2020 年 4 月 11 日对 2020 年第一季度的房产税进行纳税申报。

任务要求:

1. 计算丁咨询有限责任公司 2020 年第一季度应补(退)的房产税并做出相应的会计处理。

2. 丁咨询有限责任公司于 2020 年 4 月 11 日对 2020 年第一季度的房产税进行纳税申报,填写房产税相关纳税申报表。

 **任务准备**

房产税是以房产为征税对象,按照房产计税价值或房产租金收入向产权所有人征收的一种税。

一、房产税的认知

(一) 房产税纳税人的确定

房产税的纳税人是指在我国城市、县城、建制镇和工矿区内拥有房屋产权的单位和个人。单位包括国有企业、集体企业、私营企业、股份制企业、外商投资企业、外国企业、其他企事业单位、社会团体、国家机关、军队以及其他单位;个人包括个体工商户以及其他个人。房产税的纳税人具体包括产权所有人、承典人、房产代管人或者使用人。

(1) 产权属于国家所有的,其经营管理的单位为纳税人。

(2) 产权属于集体和个人的,集体单位和个人为纳税人。

(3) 产权出典的,承典人为纳税人。

(4) 产权所有人、承典人均不在房产所在地的,房产代管人或者使用人为纳税人。

(5) 产权未确定以及租典纠纷未解决的,房产代管人或者使用人为纳税人。

(6) 纳税单位和个人无租使用房产管理部门、免税单位及纳税单位的房产,由使用人代为缴纳房产税。

(7) 房地产开发企业建造的商品房,在出售前,不征收房产税,但对出售前房地产开发企业已使用或出租、出借的商品房应按规定征收房产税。

(二) 房产税征税范围的确定

房产税的征税对象是房屋，即有屋面和围护结构(有墙或两边有柱)，能够遮风避雨，可供人们在其中生产、工作、学习、娱乐、居住或储藏物资的场所。

房产税的征税范围为城市、县城、建制镇和工矿区的房屋。

独立于房屋之外的建筑物，如围墙、烟囱、水塔、菜窖、室外游泳池等不属于房产税的征税范围。

二、房产税的计算

(一) 房产税计税依据的确定

房产税以房产的计税价值或房产租金收入为计税依据。

(二) 房产税税率的判定

按房产计税价值征税的，称为从价计征；按房产租金收入征税的，称为从租计征。我国现行房产税采用比例税率，从价计征和从租计征实行不同标准的比例税率。

1. 从价计征的计税依据及税率

从价计征的房产税是以房产余值为计税依据。房产税依照房产原值一次减除 10%~30% 后的房产余值计算缴纳。具体扣减比例由省、自治区、直辖市人民政府确定。从价计征的，税率为 1.2%。

关于房产原值的规定主要有以下几点。

(1) 房产原值是指纳税人按照会计制度规定，在会计账簿"固定资产"科目中记载的房屋原价。因此，凡按会计制度规定在账簿中记载有房屋原价的，应以房屋原价按规定减除一定比例后作为房产余值计征房产税；没有记载房屋原价的，按照上述原则，并参照同类房屋确定房产原值，按规定计征房产税。

自 2009 年 1 月 1 日起，对依照房产原值计税的房产，不论是否记载在会计账簿"固定资产"科目中，均应按照房屋原价计算缴纳房产税。房屋原价应根据国家有关会计制度规定进行核算。对纳税人未按国家会计制度核算并记载的，应按规定予以调整或重新评估。

(2) 房产原值应包括与房屋不可分割的各种附属设备或一般不单独计算价值的配套设施。其主要有：暖气、卫生、通风、照明、煤气等设备；各种管线，如蒸汽、压缩空气、石油、给水排水等管道及电力、电讯、电缆导线；电梯、升降机、过道、晒台等。凡以房屋为载体，不可随意移动的附属设备和配套设施，如给排水、采暖、消防中央空调、电气及智能化楼宇设备等，无论在会计核算中是否单独记账与核算，都应计入房产原值，计征房产税。

(3) 纳税人对原有房屋进行改建、扩建的，要相应增加房屋的原值。对更换房屋附属设备和配套设施的，在将其价值计入房产原值时，可扣减原来相应设备和设施的价值；对附属设备和配套设施中易损坏、需要经常更换的零配件，更新后不再计入房产原值。

(4) 对以房产投资联营、投资者参与投资利润分红、共担风险的，按房产余值作为计税依据计缴房产税；对以房产投资收取固定收入、不承担经营风险的，实际上以联营名义取得房屋租金，应以出租方取得的租金收入为计税依据计缴房产税。

(5) 融资租赁房屋的房产税，由承租人自融资租赁合同约定开始日的次月起依照房产余值缴纳房产税；合同未约定开始日的，由承租人自合同签订的次月起依照房产余值缴纳房产税。

2. 从租计征的计税依据及税率

房产出租的，以房屋出租取得的租金收入为计税依据，计缴房产税。从租计征的，税率为12%。计征房产税的租金收入不含增值税。房产的租金收入是指房屋产权所有人出租房产使用权所取得的报酬，包括货币收入和实物收入。对以劳务或其他形式为报酬抵付房租收入的，应根据当地同类房产的租金水平，确定一个标准租金额从租计征。

对个人出租住房，不区分用途，按 4%的税率征收房产税；对企事业单位、社会团体以及其他组织按市场价格向个人出租用于居住的住房，减按 4%的税率征收房产税。

(三) 房产税优惠政策的运用

房产税优惠政策的运用见二维码 6-9。

6-9 房产税的优惠政策运用

(四) 房产税应纳税额的计算

(1) 从价计征房产税的，计算公式为

$$应纳税额(全年税额)=房产原值×(1-扣除比例)×1.2\%$$

(2) 从租计征房产税的，计算公式为

$$应纳税额＝租金收入×12\%(或 4\%)$$

三、房产税的会计核算

房产税的会计核算应设置"应交税费——应交房产税"科目。该科目贷方登记本期应缴纳的房产税税额，借方登记企业实际缴纳的房产税税额，期末贷方余额表示企业应交而未交的房产税税额。

企业按规定计提应交房产税时，借记"税金及附加"科目，贷记"应交税费——应交房产税"科目；实际缴纳房产税时，借记"应交税费——应交房产税"科目，贷记"银行存款"科目。

四、房产税的纳税申报

(一) 房产税的纳税义务发生时间

(1) 纳税人将原有房产用于生产经营，从生产经营之月起，缴纳房产税。

(2) 纳税人自行新建房屋用于生产经营，从建成之日的次月起缴纳房产税。

(3) 纳税人委托施工企业建设的房屋，从办理验收手续的次月起，缴纳房产税。

(4) 纳税人购置新建商品房，自房屋交付使用之次月起，缴纳房产税。

(5) 纳税人购置存量房，自办理房屋权属转移、变更登记手续，从房地产权属登记机关签发房屋权属证书之次月起，缴纳房产税。

(6) 纳税人出租、出借房产，自交付出租、出借房产之次月起，缴纳房产税。

(7) 房地产开发企业自用、出租、出借本企业建造的商品房，自房屋使用或交付之次月起，缴纳房产税。

(8) 自 2009 年起，纳税人因房产的实物或权利状态发生变化而依法终止房产税的纳税义务的，其应纳税款的计算应截止到房产的实物或权利发生变化的当月末。

(二) 房产税的纳税期限

房产税实行按年计算，分期缴纳的征收办法。具体纳税期限由省、自治区、直辖市人民政府规定。一般可采取按季或半年缴纳，按季缴纳的可在 1 月、4 月、7 月、10 月缴纳，按半年缴纳的可在 1 月、7 月缴纳；税额比较大的，可按月缴纳；个人出租房产的，可按次缴纳。

(三) 房产税的纳税地点

房产税在房产所在地缴纳。对房产不在同一地方的纳税人，应按房产的坐落地点分别向房产所在地的税务机关缴纳。

(四) 房产税的纳税申报实务

纳税人对从价计征房产税进行纳税申报时，应填报"房产税税源明细表"(略)、"财产和行为税减免税明细表"(略)、"财产和行为税纳税申报表"(见表 6-7)。

表 6-7　财产和行为税纳税申报表

纳税人识别号(统一社会信用代码)：9136512452302731××

纳税人名称：丁咨询有限责任公司　　　　　　　　　　　金额单位：人民币元(列至角分)

序号	税种	税目	税款所属期起	税款所属期止	计税依据	税率	应纳税额	减免税额	已缴税额	应补(退)税额
1	房产税		2020 年01 月 01 日	2020 年03 月 31 日	875 000	1.2%	10 500	5 250		5 250
2										
3										
4	合计	—	—	—	—	—	10 500	5 250		5 250

声明：本表是根据国家税收法律法规及相关规定填写的，本人(单位)对填报内容(及附带资料)的真实性、可靠性、完整性负责。
纳税人 (签章)：丁咨询有限责任公司　2020 年 04 月 11 日

经办人：李某 经办人身份证号：210×××××××××××××××× 代理机构签章： 代理机构统一社会信用代码：	受理人： 受理税务机关(章)： 受理日期：　　年　　月　　日

◥ **任务实施**

根据【任务导入】情境资料和任务要求，通过如下操作步骤进行任务实施。

实施任务 1：根据经济业务计算 2020 年第一季度应缴纳的房产税并做出相应的会计处理。

第一步：计算 2020 年第一季度应缴纳的房产税。

2020 年应纳房产税税额＝5 000 000×(1−30%)×1.2%＝42 000(元)

2020 年该公司作为增值税小规模纳税人减征房产税税额＝42 000×50%＝21 000(元)

其中，2020 年第一季度应纳房产税税额＝42 000÷4＝10 500(元)

2020 年第一季度该公司作为增值税小规模纳税人减征房产税税额＝21 000÷4＝5 250(元)

2020 年第一季度应补(退)城镇土地使用税税额＝10 500−5 250＝5 250(元)

第二步：丁咨询有限责任公司做出如下会计处理。

(1) 计提 2020 年第一季度房产税时：

借：税金及附加　　　　　　　　　　5 250

　　贷：应交税费——应交房产税　　　　5 250

(2) 实际缴纳 2020 年第一季度房产税时：

借：应交税费——应交房产税　　　　5 250

　　贷：银行存款　　　　　　　　　　5 250

实施任务 2：对房产税进行纳税申报。

填写"财产和行为税减免税明细表"(略)、"财产和行为税纳税申报表"(见表6-7)，完成纳税申报工作。

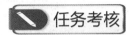 **任务考核**

一、单项选择题

1. 关于房产税纳税人的下列表述中，不符合法律制度规定的是(　　)。

　　A. 房屋出租的，承租人为纳税人

　　B. 房屋产权所有人不在房产所在地的，房产代管人或使用人为纳税人

　　C. 房屋产权属于国家的，其经营管理单位为纳税人

　　D. 房屋产权未确定的，房产代管人或使用人为纳税人

2. 根据房产税法律制度的规定，下列各项中不属于房产税征税范围的是(　　)。

　　A. 建制镇工业企业的厂房

　　B. 农村的村民住宅

　　C. 市区商场的地下车库

　　D. 县城商业企业的办公楼

3. 2020 年甲公司的房产原值为 1 000 万元，已提折旧 400 万元，已知从价计征房产税税率为 1.2%，当地规定的房产税扣除比例为30%。甲公司当年应缴纳房产税税额的下列计算中，正确的是(　　)。

　　A. (1 000–400)×(1–30%)×1.2%＝5.04(万元)

　　B. (1 000–400)×1.2%＝7.2(万元)

　　C. 1 000×(1–30%)×1.2%＝8.4(万元)

　　D. 1000×1.2%＝12(万元)

4. 2020 年 7 月 1 日，甲公司出租商铺，租期半年(至 2020 年 12 月 31 日租期届满)，一次性收取含增值税租金 126 000 元。已知增值税征收率为 5%，房产税从租计征的税率为 12%。计算甲公司出租商铺应缴纳房产税税额的下列计算中，正确的是(　　)。

　　A. 126 000÷(1+5%)×(1–30%)×12%＝10 080(元)

　　B. 126000÷(1+5%)×12%＝14 400(元)

　　C. 126 000×(1–30%)×12%＝10 584(元)

　　D. 126 000×12%＝15 120(元)

5. 乙企业厂房原值 2 000 万元，2019 年 11 月对该厂房进行扩建，2019 年底扩建完工并办理验收手续，增加房产原值 500 万元。已知，房产税的原值扣除比例为30%，房产税比例税率为 1.2%。计算乙企业 2020 年应缴纳房产税税额的下列计算中，正确的是(　　)。

　　A. 2 000×(1–30%)×1.2%＋500×1.2%＝22.8(万元)

B. (2 000＋500)×(1−30%)×1.2%＝21(万元)

C. 2 000×1.2%＋500×(1−30%)×1.2%＝28.2(万元)

D. 2 000×(1−30%)×1.2%＝16.8(万元)

二、多项选择题

1. 根据房产税法律制度的规定，下列各项中应当计入房产原值，计征房产税的有(　　)。

A. 独立于房屋之外的烟囱　　　　　　B. 中央空调

C. 房屋的给水排水管道　　　　　　　D. 室外游泳池

2. 下列有关房产税减免税的规定中，表述正确的有(　　)。

A. 国家机关自用的办公楼，免征房产税

B. 公园附设的照相馆占用的房产，免征房产税

C. 某公立高校教室用房，免征房产税

D. 个人所有居住用房，免征房产税

3. 房产税的计税依据有(　　)。

A. 房产原值　　　　　　　　　　　　B. 房产租金收入

C. 房产售价　　　　　　　　　　　　D. 房产余值

4. 下列关于房产税的说法中，正确的有(　　)。

A. 融资租赁房屋的，以租金总额计征房产税

B. 以房产投资联营，参与投资利润分红，共担投资风险的，以房产余值计征房产税

C. 出租的房产，由出租方以租金计征

D. 出租的房产，由承租方以租金计征

5. 下列有关房产税的纳税义务发生时间，表述不正确的有(　　)。

A. 纳税人将原有房产用于生产经营，从生产经营之次月起，缴纳房产税

B. 纳税人自行新建房屋用于生产经营，从建成之次月起，缴纳房产税

C. 纳税人购置新建商品房，从办理验收手续之次月起，缴纳房产税

D. 纳税人购置存量房，自房屋交付使用之次月起，缴纳房产税

三、判断题

1. 公园门票售票处使用的房产免征房产税，公园出租给旅游企业开办旅游用品商店的房产应当照章征收房产税。　　　　　　　　　　　　　　　　　　　　　　　　(　　)

2. 我国现行房产税对从价计征和从租计征实行不同标准的比例税率。　　　(　　)

3. 凡以房屋为载体，不可随意移动的附屋设备和配套设施，无论在会计核算中是否单独记账与核算，都应计入房产原值，计征房产税。　　　　　　　　　　　　　　(　　)

4. 申报缴纳房产税时，应借记"应交税费——应交房产税"科目。　　　　(　　)

5. 居住在甲市的李某将位于乙市的一处自有住房对外出租，李某应向甲市税务机关申报缴纳该处住房的房产税。　　　　　　　　　　　　　　　　　　　　　　　(　　)

四、纳税申报操作题

兴华公司为增值税一般纳税人，公司统一社会信用代码为 9127074856493135××，办税员为赵某，身份证号为 210××××××××××××××××。公司 2020 年年度拥有两处房产，一处房产自用，原值为 8 000 万元；另外一处房产对外出租，每月收取不含增值税租金 8 万元，房产原值为 4 000 万元。当地政府规定，房产税按年计算、每季度缴纳一次(房产原值的扣除比例为 30%)，房产税从价计征比例税率为 1.2%，房产税从租计征比例税率为 12%。该公司于 2020 年 7 月 11 日对 2020 年第二季度的房产税进行纳税申报。

要求：

1. 计算兴华公司 2020 年第二季度应补(退)的房产税并做出相应的会计处理。

2. 兴华公司于 2020 年 7 月 11 日对 2020 年第二季度的房产税进行纳税申报，填写房产税相关纳税申报表。

任务四　契税实务

任务导入

宏达公司为增值税一般纳税人，公司统一社会信用代码为 9124326258322152××，宏达公司 2020 年 1 月 15 日从乙房地产开发股份有限公司(统一社会信用代码为 9123265324826325××)购入一处办公用房，面积为 6 000 平方米，不含增值税成交价格为 90 000 000 元，当地省政府规定契税税率为 3%。宏达公司于 2020 年 1 月 23 日对该项业务应缴纳的契税进行纳税申报。

任务要求：

1. 计算宏达公司 2020 年 1 月应缴纳的契税并做出相应的会计处理。

2. 宏达公司于 2020 年 1 月 23 日进行纳税申报，填写契税相关纳税申报表。

任务准备

契税是指国家在土地、房屋权属转移时，按照当事人双方签订的合同(契约)以及所确定价格的一定比例，向权属承受人征收的一种税。

一、契税的认知

(一) 契税纳税人的确定

契税的纳税人是在我国境内承受土地、房屋权属转移的单位和个人。契税由权属的承受人缴纳。"承受"是指以受让、受赠、互换等方式取得土地、房屋权属的行为。土地、房屋权属是指土地使用权和房屋所有权。单位是指企业单位、事业单位、国家机关、军事单位和社会团体以及其他组织；个人是指个体经营者及其他个人。

(二) 契税征税范围的确定

契税以在我国境内转移土地、房屋权属的行为作为征税对象。土地、房屋权属未发生转移的，不征收契税。

(1) 国有土地使用权出让。

(2) 土地使用权转让(包括出售、赠与、交换)。土地使用权的转让不包括土地承包经营权和土地经营权的转移。

(3) 房屋买卖、赠与、交换。

以作价投资(入股)、偿还债务、划转、奖励等方式转移土地、房屋权属的，应当依照税法规定征收契税。对于这些转移土地、房屋权属的形式，可以分别视同土地使用权转让、房屋买卖或者房屋赠与征收契税。土地使用权受让人通过完成土地使用权转让方约定的投资额度或投资特定项目，以此获取低价转让或无偿赠与的土地使用权的，属于契税征收范围，其计税价格由征收机关参照纳税义务发生时当地的市场价格核定。此外，公司增资扩股中，对以土地、房屋权属作价入股或作为出资投入企业的，征收契税；企业破产清算期间，对非债权人承受破产企业土地、房屋权属的，征收契税。

土地、房屋典当、分拆(分割)、抵押以及出租等行为，不属于契税的征税范围。

二、契税的计算

(一) 契税计税依据的确定

契税的计税依据是在土地、房屋权属转移时双方当事人签订的签约价格，按照土地、房屋权属转移的形式、定价方法的不同，具体规定如下。

(1) 国有土地使用权出让、出售、房屋买卖，以成交价格作为计税依据。成交价格是指土地、房屋权属转移合同确定的价格，包括承受者应交付的货币、实物、无形资产或其他经济利益对应的价款。计征契税的成交价格不含增值税。

(2) 土地使用权赠与、房屋赠与以及其他没有价格的转移土地、房屋权属行为，为税务机关参照土地使用权出售、房屋买卖的市场价格依法核定的价格。

(3) 土地使用权互换和房屋互换，以所互换的土地使用权、房屋价格的差额为计税依据。互换价格相等的，免征契税；互换价格不相等的，由多交付货币、实物、无形资产或其他经济利益的一方缴纳契税。

(4) 以划拨方式取得土地使用权，经批准转让房地产时应补交的契税，以补交的土地使用权出让费用或土地收益作为计税依据。

为了防止纳税人隐瞒、虚报成交价格以偷、逃税款，对纳税人申报的成交价格、互换价格差额明显偏低且无正当理由的，由税务机关依照《中华人民共和国税收征收管理法》的规定核定。

(二) 契税税率的判定

契税采用比例税率，实行 3%～5% 的幅度税率。具体适用税率由各省、自治区、直辖市人民政府在幅度税率规定范围内，按照本地区的实际情况提出，报同级人民代表大会常务委员会决定，并报全国人民代表大会常务委员会和国务院备案。

同时，各省、自治区、直辖市可以依照税法规定的程序对不同主体、不同地区、不同类型的住房的权属转移确定差别税率。

(三) 契税优惠政策的运用

1. 契税减免的基本规定

(1) 国家机关、事业单位、社会团体、军事单位承受土地、房屋权属用于办公、教学、医疗、科研、军事设施的，免征契税。

(2) 非营利性的学校、医疗机构、社会福利机构承受土地、房屋权属用于办公、教学、医疗、科研、养老、救助的，免征契税。

(3) 承受荒山、荒地、荒滩土地使用权用于农、林、牧、渔业生产的，免征契税。

(4) 婚姻关系存续期间夫妻之间变更土地、房屋权属的，免征契税。

(5) 法定继承人通过继承承受土地、房屋权属的，免征契税。

(6) 依照法律规定应当予以免税的外国驻华使馆、领事馆和国际组织驻华代表机构承受土地、房屋权属的,免征契税。

根据国民经济和社会发展的需要,国务院对居民住房需求保障、企业改制重组、灾后重建等情形可以规定免征或者减征契税,报全国人民代表大会常务委员会备案。

2. 省、自治区、直辖市可以决定的免征或者减征契税项目

(1) 因土地、房屋被县级以上人民政府征收、征用,重新承受土地、房屋权属。

(2) 因不可抗力灭失住房,重新承受住房权属。

上述规定的免征或者减征契税的具体办法,由省、自治区、直辖市人民政府提出,报同级人民代表大会常务委员会决定,并报全国人民代表大会常务委员会和国务院备案。

经批准减征、免征契税的纳税人,改变有关土地、房屋的用途,或者有其他不再属于税法规定的减征、免征契税情形的,就不再属于减征、免征契税范围,并且应当补缴已经减征、免征的税款。

(四) 契税应纳税额的计算

契税应纳税额依照省、自治区、直辖市人民政府确定的适用税率和税法规定的计税依据计算征收,计算公式为

$$应纳税额=计税依据×税率$$

三、契税的会计核算

房契税的会计核算应设置"应交税费——应交契税"科目。该科目贷方登记本期应缴纳的契税税额,借方登记企业实际缴纳的契税税额,期末贷方余额表示企业应交而未交的契税税额。

计提契税时,应借记"固定资产""开发成本""无形资产"等科目,贷记"应交税费——应交契税"科目;实际缴纳契税时,应借记"应交税费——应交契税"科目,贷记"银行存款"科目。

企业也可以不设置"应交税费——应交契税"科目。在缴纳契税时,直接借记"固定资产"等科目,贷记"银行存款"科目。

四、契税的纳税申报

(一) 契税的纳税义务发生时间

契税的纳税义务发生时间是纳税人签订土地、房屋权属转移合同的当日,或者纳税人取得其他具有土地、房屋权属转移合同性质凭证的当日。

(二) 契税的纳税期限

纳税人应当在依法办理土地、房屋权属登记手续前申报缴纳契税。纳税人办理纳税事宜后,税务机关应当开具契税完税凭证。

在依法办理土地、房屋权属登记前,权属转移合同、权属转移合同性质凭证不生效、无效、被撤销或者被解除的,纳税人可以向税务机关申请退还已缴纳的税款,税务机关应当依法办理。

(三) 契税的纳税地点

契税实行属地征收管理。纳税人发生契税纳税义务时，应向土地、房屋所在地的税务征收机关申报纳税。

(四) 契税的纳税申报实务

纳税人对契税进行纳税申报时，应填报"契税税源明细表"(见表6-8)、"财产和行为税减免税明细表"(略)、"财产和行为税纳税申报表"(见表6-9)。

表6-8 契税税源明细表

纳税人识别号(统一社会信用代码): 9124326258322152××

纳税人名称: 宏达股份有限公司　　面积单位: 平方米　　　　　　　　金额单位: 人民币元(列至角分)

*税源编号	**	*土地房屋坐落地址	******	不动产单元代码	**
合同编号	****	*合同签订日期	2020年01月15日	*共有方式	☑ 单独所有/按份共有 □ 共同共有 (共有人: _____)
*权属转移对象	非住房	*权属转移方式	房屋买卖	*用途	办公
*成交价格	90 000 000	*权属转移面积	6 000	*成交单价	15 000
*评价价格			*计税价格	90 000 000	
*适用税率	3%		减免性质代码和项目名称	**	

表6-9 财产和行为税纳税申报表

纳税人识别号(统一社会信用代码): 9124326258322152××

纳税人名称: 宏达股份有限公司　　　　　　　　　　　金额单位: 人民币元(列至角分)

序号	税种	税目	税款所属期起	税款所属期止	计税依据	税率	应纳税额	减免税额	已缴税额	应补(退)税额
1	契税				90 000 000	3%	2 700 000			2 700 000
2										
3										
4	合计	—	—	—	—	—	2 700 000			2 700 000

声明: 本表是根据国家税收法律法规及相关规定填写的, 本人(单位)对填报内容(及附带资料)的真实性、可靠性、完整性负责。

纳税人 (签章): 宏达股份有限公司　2020年01月23日

经办人: 经办人身份证号: 代理机构签章: 代理机构统一社会信用代码:	受理人: 受理税务机关(章): 受理日期:　　年　　月　　日

任务实施

根据【任务导入】情境资料和任务要求，通过如下操作步骤进行任务实施。

实施任务 1：根据经济业务计算 2020 年 1 月应缴纳的契税并做出相应的会计处理。

第一步：计算 2020 年 1 月应缴纳的契税。

应纳契税税额＝90 000 000×3%＝2 700 000(元)

第二步：宏达公司做出如下会计处理。

(1) 计提契税时：

借：固定资产 2 700 000

　　贷：应交税费——应交契税 2 700 000

(2) 实际缴纳契税时：

借：应交税费——应交契税 2 700 000

　　贷：银行存款 2 700 000

实施任务 2：对契税进行纳税申报。

填写"契税税源明细表"(见表 6-8)、"财产和行为税纳税申报表"(见表 6-9)，完成纳税申报工作。

任务考核

一、单项选择题

1. 根据契税法律制度的规定，下列各项中属于契税纳税人的是(　　)。

　　A. 抵押房屋的赵某　　　　　　　　　B. 转让土地使用权的甲公司

　　C. 出租住房的钱某　　　　　　　　　D. 受让土地使用权的乙公司

2. 根据契税法律制度的规定，下列各项中应缴纳契税的是(　　)。

　　A. 甲公司出租停车场　　　　　　　　B. 乙公司购买办公楼

　　C. 丙公司将房屋抵押给银行　　　　　D. 丁公司承租仓库

3. 2020 年 10 月王某购买一套住房，支付购房价款 97 万元、增值税税额 8.73 万元。已知契税适用税率为 3%，计算王某应缴纳契税税额的下列计算中，正确的是(　　)。

　　A. (97＋8.73)×3%＝3.17(万元)　　　B. 97÷(1−3%)×3%＝3(万元)

　　C. (97−8.73)×3%＝2.65(万元)　　　D. 97×3%＝2.91(万元)

4. 2020 年 10 月，甲公司从乙公司购入一处写字楼，支付不含增值税价款 800 万元。该写字楼乙公司账面原值 500 万元，已提折旧 125 万元。已知契税税率为 4%，计算甲公司当月该笔业务应缴纳契税税额的下列算式中，正确的是(　　)。

　　A. 500×4%　　　　　　　　　　　　B. 800×4%

　　C. [800−(500−125)]×4%　　　　　　D. (800−125)×4%

5. 企业取得土地使用权应交契税，借记(　　)会计科目。

　　A. "固定资产"　　　　　　　　　　　B. "无形资产"

　　C. "销售费用"　　　　　　　　　　　D. "其他业务成本"

二、多项选择题

1. 下列各项中，应当征收契税的有(　　)。
   A. 以房产抵债
   B. 将房产赠与他人
   C. 以房产投资
   D. 子女继承父母房产

2. 根据契税法律制度的规定，下列各项中属于契税征税范围的有(　　)。
   A. 国有土地使用权出让
   B. 房屋交换
   C. 农村集体土地承包经营权转移
   D. 土地使用权赠与

3. 根据契税法律制度的规定，下列各项中免征契税的有(　　)。
   A. 军事单位承受土地用于军事设施
   B. 国家机关承受房屋用于办公
   C. 纳税人承受荒山土地使用权用于农业生产
   D. 城镇居民购买商品房用于居住

4. 关于契税计税依据的下列表述中，符合法律制度规定的有(　　)。
   A. 受让国有土地使用权的，以成交价格为计税依据
   B. 受赠房屋的，由征收机关参照房屋买卖的市场价格核定计税依据
   C. 购入土地使用权的，以评估价格为计税依据
   D. 交换土地使用权的，以交换土地使用权的价格差额为计税依据

5. 下列各项中，以成交价格为依据计算契税的有(　　)。
   A. 土地使用权赠与
   B. 土地使用权出让
   C. 土地使用权交换
   D. 土地使用权转让

三、判断题

1. 房屋抵押不属于契税的征税范围。　　　　　　　　　　　　　　　　(　　)

2. 某公立高校将一处原用于教学已免缴契税的教学楼出租给某企业，要征收契税，但不需要补缴已经免缴的契税。　　　　　　　　　　　　　　　　　　　　　　(　　)

3. 甲企业以价值 300 万元的办公用房与乙企业交换一处厂房，并向乙企业支付差价款 100 万元，在这次互换中，乙企业不需要缴纳契税，应由甲企业缴纳。　　　　　(　　)

4. 契税的纳税义务发生时间是纳税人签订土地、房屋权属转移合同的当天。(　　)

5. 纳税人应当自纳税义务发生之日起 15 日内，向土地、房屋所在地的税收征收机关办理契税纳税申报。　　　　　　　　　　　　　　　　　　　　　　　　　　(　　)

四、纳税申报操作题

兴华公司(统一社会信用代码为 9127074856493135××)2020 年 10 月 12 日向乙房地产开发股份有限公司(统一社会信用代码为 9123265324826325××)购买一处厂房，面积为 5 000 平方米。合同注明的土地使用权价款 3 000 万元(不含增值税)，厂房及地上附着物价款 500 万元(不含增值税)。当地省政府规定的契税税率为 3%。该公司于 2020 年 10 月 25 日对该项业务应缴纳的契税进行纳税申报。

要求:

1. 计算兴华公司 2020 年 10 月应缴纳的契税并做出相应的会计处理。

2. 兴华公司于 2020 年 10 月 25 日进行纳税申报，填写契税相关纳税申报表。

任务五　土地增值税实务

任务导入

乙房地产开发股份有限公司统一社会信用代码为9123265324826325××，该公司2020年8月销售自行开发的一处住宅项目，取得不含增值税价款36 000万元，扣除项目中，该公司为取得土地使用权支付的金额为9 324万元，发生房地产开发成本6 000万元，发生开发费用2 000万元(其中利息支出600万元，能按转让房地产项目计算分摊且有金融机构证明)，已缴纳与转让该房地产有关的税金467.5万元。已知公司所在地政府规定的其他房地产开发费用的计算扣除比例为5%。乙房地产开发股份有限公司于2020年9月13日对该项业务应缴纳的土地增值税进行纳税申报。

任务要求：

1. 计算乙房地产开发股份有限公司2020年8月应缴纳的土地增值税并做出相应的会计处理。

2. 乙房地产开发股份有限公司于2020年9月13日进行纳税申报，填写土地增值税相关纳税申报表。

任务准备

土地增值税是对转让国有土地使用权、地上建筑物及其附着物并取得收入的单位和个人，就其转让房地产所取得的增值额征收的一种税。

一、土地增值税的认知

(一) 土地增值税纳税人的确定

土地增值税的纳税人是转让国有土地使用权、地上建筑物及其附着物(以下简称"转让房地产")并取得收入的单位和个人。单位包括各类企业单位、事业单位、国家机关和社会团体及其他组织。个人包括个体经营者和其他个人。此外，其还包括外商投资企业、外国企业、外国驻华机构及海外华侨、港澳台同胞和外国公民。

(二) 土地增值税征税范围的确定

土地增值税的征税对象是纳税人转让房地产所取得的增值额。土地增值税的征税范围有一般规定和特殊规定。

1. 土地增值税征税范围的一般规定

(1) 土地增值税是对转让国有土地使用权的行为征税，对出让国有土地使用权的行为不征税。

(2) 土地增值税既对转让国有土地使用权的行为征税，也对转让地上建筑物及其附着物产权的行为征税。

(3) 土地增值税只对有偿转让的房地产征税，对以继承、赠与等方式无偿转让的房地产，不予征税。

不征土地增值税的房地产赠与行为包括以下两种情况：

① 房产所有人、土地使用权所有人将房屋产权、土地使用权赠与直系亲属或承担直接赡养义务人的行为；

② 房产所有人、土地使用权所有人通过中国境内非营利的社会团体、国家机关将房屋产权、土地使用权赠与教育、民政和其他社会福利、公益事业的行为。

2. 土地增值税征税范围的特殊规定

(1) 企业改制重组的，对改制前的企业将国有土地使用权、地上建筑物及其附着物(以下简称"房地产")转移、变更到改制后的企业，暂不征收土地增值税。

(2) 房地产开发企业将开发的部分房地产转为企业自用或用于出租等商业用途时，如果产权未发生转移，不征收土地增值税。

(3) 房地产的交换行为，应征收土地增值税。但对个人之间互换自有居住用房地产的，经当地税务机关核实，可以免征土地增值税。

(4) 对于一方出地，另一方出资金，双方合作建房，建成后按比例分房自用的，暂免征收土地增值税；建成后转让的，应征收土地增值税。

(5) 房地产的出租行为，不属于土地增值税的征税范围。

(6) 房地产的抵押行为，在抵押期间不征收土地增值税；如果抵押期满后以房地产抵债，发生房地产权属转移的，应征收土地增值税。

(7) 房地产开发公司代客户进行房地产的开发，开发完成后向客户收取代建收入，由于没有发生房地产权属的转移，其取得的收入属于劳务收入性质，不属于土地增值税的征税范围。

(8) 国有企业在清产核资时对房地产进行重新评估而产生的评估增值，既没有发生房地产权属的转移，也未取得收入，不属于土地增值税的征税范围。

二、土地增值税的计算

(一) 土地增值税计税依据的确定

土地增值税的计税依据是纳税人转让房地产所取得的增值额。转让房地产的增值额为纳税人转让房地产的收入减除规定的扣除项目金额后的余额。因此，要确定增值额，需先准确确定转让房地产的收入和扣除项目金额。

1. 应税收入的确定

纳税人转让房地产取得的应税收入，包括转让房地产的全部价款及有关的经济收益，具体包括货币收入、实物收入、其他收入等形式。纳税人转让房地产取得的收入为不含增值税收入。

纳税人取得的收入为外国货币的，应当以取得收入当天或当月1日国家公布的市场汇价折合成人民币，据以计算土地增值税税额。当月以分期收款方式取得的外币收入，也应按实际收款日或收款当月1日国家公布的市场汇价折合成人民币。

2. 扣除项目及其金额的确定

准予纳税人从房地产转让收入中减除的扣除项目金额具体包括以下内容。

(1) 取得土地使用权所支付的金额。它包括纳税人为取得土地使用权所支付的地价款和纳税人在取得土地使用权时按国家统一规定缴纳的有关费用和税金。其中，以协议、招标、拍卖等出让方式取得土地使用权的，地价款为纳税人所支付的土地出让金；以行政划拨方式取得土地使用权的，地价款为按照国家有关规定补交的土地出让金；以转让方式取得土地使用权的，地价款为向原土地使用权人实际支付的金额。

(2) 房地产开发成本。房地产开发成本是指纳税人开发房地产项目实际发生的成本，包括土地的征用及拆迁补偿费、前期工程费、建筑安装工程费、基础设施费、公共配套设施费、开发间接费用等。

(3) 房地产开发费用。房地产开发费用是指与房地产开发项目有关的销售费用、管理费用、财务费用。从转让收入中扣除的房地产开发费用，不按实际发生的费用进行扣除，而是按照规定的标准计算扣除。具体计算方法视财务费用中利息支出的不同情况分别处理。

① 财务费用中的利息支出，凡能够按转让房地产项目计算分摊并提供金融机构证明的，允许据实扣除，但最高不能超过按商业银行同类同期贷款利率计算的金额。其他房地产开发费用，按取得土地使用权所支付的金额与房地产开发成本金额之和的 5% 以内计算扣除，计算扣除的具体比例，由各省、自治区、直辖市人民政府规定。房地产开发费用计算公式为

房地产开发费用＝利息＋(取得土地使用权所支付的金额＋房地产开发成本)×5%

② 财务费用中的利息支出，凡不能按转让房地产项目计算分摊利息支出或不能提供金融机构证明的，房地产开发费用按取得土地使用权所支付的金额与房地产开发成本金额之和的 10% 以内计算扣除，计算扣除的具体比例，由各省、自治区、直辖市人民政府规定。房地产开发费用计算公式为

房地产开发费用＝(取得土地使用权所支付的金额＋房地产开发成本)×10%

财政部、国家税务总局对扣除项目金额中利息支出的计算问题有两点专门规定：一是利息的上浮幅度按国家的有关规定执行，超过上浮幅度的部分不允许扣除；二是对超过贷款期限的利息部分和加罚的利息不允许扣除。

(4) 与转让房地产有关的税金。与转让房地产有关的税金是指在转让房地产时缴纳的城市维护建设税、印花税。因转让房地产缴纳的教育费附加视同税金扣除。土地增值税扣除项目涉及的增值税进项税额，允许在销项税额中计算抵扣的，不计入扣除项目，不允许在销项税额中计算抵扣的，可以计入扣除项目。

房地产开发企业按照有关规定，其在转让时缴纳的印花税如已列入管理费用中，则不允许单独再扣除。其他纳税人缴纳的印花税允许在此扣除。

(5) 财政部确定的其他扣除项目。财政部确定的其他扣除项目特指从事房地产开发的纳税人可按取得土地使用权时所支付的金额和房地产开发成本，加计 20% 的扣除，除此之外的其他纳税人不适用。计算公式为：

加计扣除费用=(取得土地使用权所支付的金额＋房地产开发成本)×20%

(6) 旧房及建筑物的扣除金额。

① 按评估价格扣除。旧房及建筑物的评估价格是指在转让已使用的房屋及建筑物时，由政府批准设立的房地产评估机构评定的重置成本价乘以成新度折扣率后的价格。评估价格须经当地税务机关确认。

转让旧房应按房屋及建筑物的评估价格、取得土地使用权所支付的地价款和按国家统一规定缴纳的有关费用，以及在转让环节缴纳的税金作为扣除项目金额计征土地增值税。对取得土地使用权时未支付的地价款或不能提供已支付的地价款凭据的，在计征土地增值税时不允许扣除。

② 按购房发票金额计算扣除。纳税人转让旧房及建筑物，凡不能取得评估价格，但能提供购房发票的，经当地税务部门确认，扣除项目的金额可按发票所载金额并从购买年度起至转让年度止每年加计 5% 计算。对于纳税人购房时缴纳的契税，凡能够提供契税完税凭证的，准予作为“与转让房地产有关的税金”予以扣除，但不作为加计 5% 的基数。

(二) 土地增值税税率的判定

土地增值税采用四级超率累进税率,是我国目前唯一采用超率累进税率的税种。土地增值税税率表如表 6-10 所示。

表 6-10　土地增值税税率表

级数	增值额与扣除项目金额的比率	税率/%	速算扣除系数/%
1	不超过 50%的部分	30	0
2	超过 50%~100%的部分	40	5
3	超过 100%~200%的部分	50	15
4	超过 200%的部分	60	35

(三) 土地增值税优惠政策的运用

(1) 纳税人建造普通标准住宅出售,增值额未超过扣除项目金额 20%的,免征土地增值税;增值额超过扣除项目金额 20%的,应就其全部增值额按规定计税。普通标准住宅是指按所在地一般民宅标准建造的居住用住宅。高级公寓、别墅、度假村等不属于普通标准住宅。

纳税人既建造普通标准住宅又从事其他房地产开发的,应分别核算增值额;未分别核算增值额或不能准确核算增值额的,其建造的普通标准住宅不适用该免税规定。

(2) 因国家建设需要依法征用、收回的房地产,免征土地增值税。因国家建设需要依法征用、收回的房地产是指因城市实施规划、国家建设的需要而被政府批准征用的房产或收回的土地使用权。

因城市实施规划、国家建设的需要而搬迁,由纳税人自行转让原房地产的,比照有关规定免征土地增值税。

(3) 企事业单位、社会团体以及其他组织转让旧房作为公共租赁住房房源且增值额未超过扣除项目金额 20%的,免征土地增值税。

(4) 自 2008 年 11 月 1 日起,对个人转让住房暂免征收土地增值税。

(四) 土地增值税应纳税额的计算

计算土地增值税的计算步骤和计算公式如下。

第一步,计算转让房地产收入总额。

第二步,计算扣除项目金额。

第三步,用转让房地产收入总额减除扣除项目金额计算增值额,计算公式为

$$增值额＝转让房地产收入总额－扣除项目金额$$

第四步,计算增值额与扣除项目金额之间的比例,以确定适用税率和速算扣除系数。

第五步,计算应纳税额,计算公式为

$$应纳税额＝增值额×税率－扣除项目金额×速算扣除系数$$

(五) 房地产开发企业土地增值税的清算

房地产开发企业土地增值税的清算见二维码 6-10。

6-10　房地产开发
企业土地增值税
的清算

三、土地增值税的会计核算

土地增值税的会计核算应设置"应交税费——应交土地增值税"科目。该科目贷方登记本

期应缴纳的土地增值税税额,借方登记企业实际缴纳的土地增值税税额,期末贷方余额表示企业应交而未交的土地增值税税额。土地增值税的具体会计核算,根据企业从事经济业务性质的不同而有所区别。

(一) 房地产企业土地增值税的会计核算

房地产企业销售商品房属于企业的商品经营业务。因此,转让房地产过程应缴纳的土地增值税,应借记"税金及附加""其他业务成本"等科目,贷记"应交税费——应交土地增值税"科目;实际缴纳土地增值税时,应借记"应交税费——应交土地增值税"科目,贷记"银行存款"科目。

(二) 非房地产企业土地增值税的会计核算

企业转让国有土地使用权连同地上已完工使用的建筑物及附着物时,通过"固定资产""固定资产清理""累计折旧"等科目核算。企业转让房地产时,借记"固定资产清理""累计折旧"等科目,贷记"固定资产"科目;企业收到转让收入时,借记"银行存款"等科目,贷记"固定资产清理"科目;企业计算土地增值税时,借记"固定资产清理"科目,贷记"应交税费——应交土地增值税"科目。企业实际缴纳土地增值税时,借记"应交税费——应交土地增值税"科目,贷记"银行存款"等科目。

四、土地增值税的纳税申报

(一) 土地增值税的纳税期限

土地增值税的纳税人应在转让房地产合同签订后的 7 日内,到房地产所在地主管税务机关办理纳税申报,并向税务机关提交房屋及建筑物产权、土地使用权证书,土地转让、房产买卖合同、房地产评估报告及其他与转让房地产有关的资料。纳税人因经常发生房地产转让而难以在每次转让后申报的,经税务机关审核同意后,可以定期进行纳税申报,具体期限由税务机关根据情况确定。

(二) 土地增值税的纳税地点

土地增值税的纳税人应向房地产所在地主管税务机关办理纳税申报,并在税务机关核定的期限内缴纳土地增值税。房地产所在地是指房地产的坐落地。纳税人转让的房地产坐落在两个或两个以上地区的,应按房地产所在地分别申报纳税。

纳税人地点的确定,根据纳税人性质的不同有如下两种情况。

(1) 纳税人是法人的。当转让的房地产坐落地与其机构所在地或经营所在地一致时,则在办理税务登记的原管辖税务机关申报纳税;如果转让的房地产坐落地与其机构所在地或经营所在地不一致时,则应在房地产坐落地所管辖的税务机关申报纳税。

(2) 纳税人是自然人的。当转让的房地产坐落地与其居住所在地一致时,则在住所所在地税务机关申报纳税;当转让的房地产坐落地与其居住所在地不一致时,则应在办理过户手续所在地的税务机关申报纳税。

(三) 土地增值税的纳税申报实务

纳税人对土地增值税进行纳税申报时,应填报"土地增值税税源明细表"(见表 6-11)、"财产和行为税减免税明细表"(略)、"财产和行为税纳税申报表"(见表 6-12)。

表6-11 土地增值税税源明细表

税款所属时间：自 2020 年 08 月 01 日至 2020 年 08 月 31 日

纳税人识别号(统一社会信用代码)：9123265324826325××

纳税人名称：乙房地产开发股份有限公司　　　金额单位：人民币元(列至角分)　　　面积单位：平方米

土地增值税项目登记表(从事房地产开发的纳税人适用)				
项目名称	****		项目地址	****
土地使用权受让(行政划拨)合同号			受让(行政划拨)时间	
建设项目起讫时间		总预算成本		单位预算成本
项目详细坐落地点				
开发土地总面积		开发建设总面积		房地产转让合同名称
转让次序	转让土地面积(按次填写)	转让建筑面积(按次填写)		转让合同签订日期(按次填写)
第1次				
第2次				
备注				
土地增值税申报计算及减免信息				
申报类型：				
1. 从事房地产开发的纳税人预缴适用□				
2. 从事房地产开发的纳税人清算适用☑				
3. 从事房地产开发的纳税人按核定征收方式清算适用□				
4. 纳税人整体转让在建工程适用□				
5. 从事房地产开发的纳税人清算后尾盘销售适用□				
6. 转让旧房及建筑物的纳税人适用□				
7. 转让旧房及建筑物的纳税人核定征收适用□				

(续表)

项目名称			****	项目编号			****
项目地址				****			
项目总可售面积				自用和出租面积			
已售面积		其中:普通住宅已售面积		其中:非普通住宅已售面积		其中:其他类型房地产已售面积	
清算时已售面积				清算时剩余可售面积			

申报类型	项目	序号	金额			
			普通住宅	非普通住宅	其他类型房地产	总额
1. 从事房地产开发的纳税人预缴适用	一、房产类型子目	1				
	二、应税收入	2=3+4+5				
	1. 货币收入	3				
	2. 实物收入及其他收入	4				
	3. 视同销售收入	5				
	三、预征率(%)	6				
2. 从事房地产开发的纳税人清算适用	一、转让房地产收入总额	1=2+3+4	360 000 000			360 000 000
	1. 货币收入	2	360 000 000			360 000 000
	2. 实物收入及其他收入	3				
	3. 视同销售收入	4				
	二、扣除项目金额合计	5=6+7+14+17+21+22	202 225 000			202 225 000
	1. 取得土地使用权所支付的金额	6	93 240 000			93 240 000
	2. 房地产开发成本	7=8+9+10+11+12+13	60 000 000			60 000 000
	其中:土地征用及拆迁补偿费	8				
	前期工程费	9				
	建筑安装工程费	10				
	基础设施费	11				
	公共配套设施费	12				
	开发间接费用	13				

(续表)

申报类型	项目	序号	金额			
			普通住宅	非普通住宅	其他类型房地产	总额
3. 从事房地产开发的纳税人按核定征收方式清算适用 4. 纳税人整体转让在建工程适用	3. 房地产开发费用	14=15+16	13 662 000			13 662 000
	其中：利息支出	15	6 000 000			6 000 000
	其他房地产开发费用	16				
	4. 与转让房地产有关的税金等	17=18+19+20	4 675 000			4 675 000
	其中：营业税	18				
	城市维护建设税	19				
	教育费附加	20				
	5. 财政部规定的其他扣除项目	21	30 648 000			30 648 000
	6. 代收费用(纳税人整体转让在建工程不填此项)	22				
	三、增值额	23=1-5	157 775 000			157 775 000
	四、增值额与扣除项目金额之比(%)	24=23÷5	78.02%			78.02%
	五、适用税率(核定征收率)(%)	25	40%			40%
	六、速算扣除系数(%)	26	5%			5%
	七、减免税额	27=29+31+33				
	其中：减免税(1) 减免性质代码及项目名称(1)	28				
	减免税额(1)	29				
	减免税(2) 减免性质代码及项目名称(2)	30				
	减免税额(2)	31				
	减免税(3) 减免性质代码(3)	32				
	减免税额(3)	33				
5.. 从事房地产开发的纳税人清算后尾盘销售适用	一、转让房地产收入总额	1=2+3+4				一、转让房地产收入总额
	1. 货币收入	2				1. 货币收入
	2. 实物收入及其他收入	3				2. 实物收入及其他收入
	3. 视同销售收入	4				3. 视同销售收入

(续表)

申报类型	项目		序号	金额			
				普通住宅	非普通住宅	其他类型房地产	总额
5. 从事房地产开发的纳税人清算后尾盘销售适用	二、扣除项目金额合计		5=6×7+8				
	1. 本次清算后尾盘销售的销售面积		6				
	2. 单位成本费用		7				
	3. 本次与转让房地产有关的税金		8=9+10+11				
	其中：营业税		9				
	城市维护建设税		10				
	教育费附加		11				
	三、增值额		12=1−5				
	四、增值额与扣除项目金额之比(%)		13=12÷5				
	五、适用税率(核定征收率)(%)		14				
	六、速算扣除系数(%)		15				
	七、减免税额		16=18+20+22				
	其中：减免税(1)	减免性质代码及项目名称(1)	17				
		减免税额(1)	18				
	减免税(2)	减免性质代码及项目名称(2)	19				
		减免税额(2)	20				
	减免税(3)	减免性质代码(3)	21				
		减免税额(3)	22				
6. 转让旧房及建筑物的纳税人适用	一、转让房地产收入总额		1=2+3+4				
	1. 货币收入		2				
	2. 实物收入及其他收入		3				
	3. 视同销售收入		4				

239

(续表)

申报类型	项目		序号	金额			
				普通住宅	非普通住宅	其他类型房地产	总额
7. 转让旧房及建筑物的纳税人核定征收适用	二、扣除项目金额合计		(1) 5=6+7+10+15 (2) 5=11+12+14+15				
	(1) 提供评估价格						
	1. 取得土地使用权所支付的金额		6				
	2. 旧房及建筑物的评估价格		7=8×9				
	其中：旧房及建筑物的重置成本价		8				
	成新度折扣率		9				
	3. 评估费用		10				
	(2) 提供购房发票						
	1. 购房发票金额		11				
	2. 发票加计扣除金额		12=11×5%×13				
	其中：房产实际持有年数		13				
	3. 购房契税		14				
	4. 与转让房地产有关的税金等		15=16+17+18+19				
	其中：营业税		16				
	城市维护建设税		17				
	印花税		18				
	教育费附加		19				
	三、增值额		20=1-5				
	四、增值额与扣除项目金额之比(%)		21=20÷5				
	五、适用税率(核定征收率)(%)		22				
	六、速算扣除系数(%)		23				
	七、减免税额		24=26+28+30				
	其中：减免税(1)	减免性质代码及项目名称(1)	25				
		减免税额(1)	26				
	减免税(2)	减免性质代码及项目名称(2)	27				
		减免税额(2)	28				
	减免税(3)	减免性质代码(3)	29				
		减免税额(3)	30				

表 6-12　财产和行为税纳税申报表

纳税人识别号(统一社会信用代码): 9123265324826325××

纳税人名称:乙房地产开发股份有限公司　　　　　　　　　　　　　金额单位:人民币元(列至角分)

序号	税种	税目	税款所属期起	税款所属期止	计税依据	税率	应纳税额	减免税额	已缴税额	应补(退)税额
1	土地增值税		2020年08月01日	2020年08月31日	157 775 000	40%	52 998 750			52 998 750
2										
3										
4	合计	—	—	—	—	—	52 998 750			52 998 750

声明:本表是根据国家税收法律法规及相关规定填写的,本人(单位)对填报内容(及附带资料)的真实性、可靠性、完整性负责。

　　　　　　　　　　纳税人 (签章):乙房地产开发股份有限公司　2020 年 09 月 13 日

经办人:	受理人:
经办人身份证号:	受理税务机关(章):
代理机构签章:	受理日期:　　年　　月　　日
代理机构统一社会信用代码:	

任务实施

根据【任务导入】情境资料和任务要求,通过如下操作步骤进行任务实施。

实施任务 1:根据经济业务计算 2020 年 8 月应缴纳的土地增值税并做出相应的会计处理。

第一步:计算 2020 年 8 月应缴纳的土地增值税。

(1) 取得土地使用权支付的金额=9 324(万元)

(2) 房地产开发成本=6 000(万元)

(3) 房地产开发费用=600+(9 324+6 000)×5%=600+766.2=1 366.2(万元)

(4) 可扣除与转让房地产有关税金=467.5(万元)

(5) 加计扣除=(9 324+6 000)×20%=3 064.8(万元)

转让房地产的扣除项目金额合计=9 324+6 000+1 366.2+467.5+3 064.8=20 222.5(万元)

转让房地产的增值额=36 000−20 222.5=15 777.5(万元)

增值额与扣除项目金额之间比率=15 777.5÷20 222.5×100%=78.02%,适用税率 40%,速算扣除系数 5%

应纳土地增值税税额=15 777.5×40%−20 222.5×5%=6 311−1 011.125=5 299.875(万元)

第二步:乙房地产开发股份有限公司做出如下会计处理。

(1) 计提土地增值税时:

借:税金及附加　　　　　　　　　　　　52 998 750

　　贷:应交税费——应交土地增值税　　　　　　52 998 750

(2) 实际土地增值税时:

借:应交税费——应交土地增值税　　　　52 998 750

　　贷:银行存款　　　　　　　　　　　　　　52 998 750

实施任务 2:对土地增值税进行纳税申报。

填写“土地增值税税源明细表”(见表 6-11)、“财产和行为税纳税申报表”(见表 6-12),完成纳税申报工作。

任务考核

一、单项选择题

1. 根据土地增值税法律制度的规定，下列各项中不属于土地增值税纳税人的是( )。

A. 出租商铺的甲公司
B. 转让国有土地使用权的乙公司
C. 出售商铺的赵某
D. 出售写字楼的丙公司

2. 根据土地增值税法律制度的规定，下列各项中免征土地增值税的是( )。

A. 由一方出地，另一方出资金，企业双方合作建房，建成后转让的房地产
B. 因城市实施规划、国家建设的需要而搬迁，企业自行转让的原房地产
C. 企业之间交换的房地产
D. 企业以房地产抵债而发生权属转移的房地产

3. 甲公司开发一项房地产项目，取得土地使用权支付的金额为 1 000 万元，发生开发成本 6 000 万元，发生开发费用 2 000 万元，其中利息支出 900 万元，无法提供金融机构贷款利息证明。已知，当地房地产开发费用的计算扣除比例为 10%。甲公司计算缴纳土地增值税时，可以扣除的房地产开发费用为( )万元。

A. 2 000−900＝1 100
B. 6 000×10%＝600
C. 2 000×10%＝200
D. (1 000＋6 000)×10%＝700

4. 2020 年 5 月甲公司转让一幢办公楼，该办公楼于 2010 年购入，购买价为 1 250 万元。当月由政府批准设立的房地产评估机构评定并经当地税务机关确认，该办公楼的重置成本价为 3 000 万元，成新度折扣率为七成。在计算甲公司该业务土地增值税计税依据时，准予扣除的评估价格是( )。

A. 3 000×70%＝2 100(万元)
B. (3 000−1250)×70%＝1 225(万元)
C. 3 000×(1−70%)＝900(万元)
D. 1 250×70%＝875(万元)

5. 某房地产开发企业，计算应交土地增值税时，其贷记的会计科目是( )。

A. "税金及附加"
B. "管理费用"
C. "固定资产清理"
D. "应交税费——应交土地增值税"

二、多项选择题

1. 根据土地增值税法律制度的规定，下列情形中免于缴纳土地增值税的有( )。

A. 因城市实施规划、国家建设的需要而搬迁，由纳税人自行转让原房地产
B. 纳税人建造高级公寓出售，增值额未超过扣除项目金额的 20%
C. 企事业单位转让旧房作为公共租赁住房房源，且增值额未超过扣除项目金额的 20%
D. 因国家建设需要依法征用、收回的房地产

2. 根据土地增值税法律制度的规定，下列各项中，在计算土地增值税计税依据时，应列入房地产开发成本的有( )。

A. 前期工程费
B. 公共配套设施费
C. 土地出让金
D. 耕地占用税

3. 根据土地增值税法律制度的规定，纳税人转让旧房及建筑物，在计算土地增值税税额时，准予扣除的项目有(　　)。

A. 评估价格

B. 转让环节缴纳的税金

C. 取得土地使用权所支付的地价款

D. 重置成本价

4. 下列各项中，属于土地增值税核定征收情形的有(　　)。

A. 依照法律、行政法规的规定应当设置但未设置账簿的

B. 擅自销毁账簿或者拒不提供纳税资料的

C. 虽设置账簿，但账目混乱或者成本资料、收入凭证、费用凭证残缺不全，难以确定转让收入或扣除项目金额的

D. 申报的计税依据明显偏低，又无正当理由的

5. 有关我国土地增值税和契税的下列表述中，不正确的有(　　)。

A. 转让房地产时，契税的纳税义务人同时也是土地增值税的纳税义务人

B. 契税采用有地区差别的定额税率，土地增值税采用四级超额累进税率

C. 契税和土地增值税都是向房地产所在地的主管税务机关申报缴纳

D. 契税和土地增值税均应在纳税义务发生之日起 10 日内申报纳税

三、判断题

1. 对于房地产的抵押，在抵押期间不征收土地增值税，但对以房地产抵债而发生房地产权属转移的，则应征收土地增值税。　　　　　　　　　　　　　　　　　　　　(　　)

2. 房产所有人将房屋产权赠与直系亲属的行为，不征收土地增值税。　　　　(　　)

3. 纳税人转让房地产取得收入，包括转让房地产的全部价款及有关的经济收益，但不包括实物收入。　　　　　　　　　　　　　　　　　　　　　　　　　　　　　(　　)

4. 根据土地增值税法律制度的规定，房地产开发企业取得房产销售许可证满 3 年仍未销售完毕的，税务机关可要求纳税人进行土地增值税清算。　　　　　　　　　　　(　　)

5. 纳税人是法人的，如果转让的房地产坐落地与其机构所在地或经营所在地不一致时，则应在房地产坐落地所管辖的税务机关申报缴纳土地增值税。　　　　　　　　(　　)

四、纳税申报操作题

乙房地产开发股份有限公司统一社会信用代码为9123265324826325××，该公司 2020 年 9 月整体转让一栋普通住宅，取得不含增值税价款 49 000 万元。在扣除项目中，该公司为取得土地使用权支付的金额为 5 150 万元，发生房地产开发成本 20 850 万元，发生开发费用 1 000 万元(不能按转让房地产项目计算分摊利息)，已缴纳与转让该房地产有关的税金 273.03 万元。已知公司所在地政府规定的房地产开发费用的计算扣除比例为10%。公司于 2020 年 10 月 15 日对该项业务应缴纳的土地增值税进行纳税申报。

要求：

1. 计算乙房地产开发股份有限公司 2020 年 9 月应缴纳的土地增值税并做出相应的会计处理。

2. 乙房地产开发股份有限公司于 2020 年 10 月 15 日进行纳税申报，填写土地增值税相关纳税申报表。

任务六 印花税实务

✎ 任务导入

　　甲饮用水有限责任公司(统一社会信用代码为 9122355623827246××，办税员为徐某，身份证号为 210×××××××××××××××)为增值税一般纳税人，2020 年 3 月开业，当月发生如下交易或事项：领取"一照一码"营业执照正副本各 1 件，不动产权证书 2 件，商标注册证 1 件；公司注册资本为 30 000 000 元；其他营业账簿 8 本；签订财产保险合同 1 份，投保金额为 5 000 000 元，交保险费 60 000 元；签订货物买卖合同 1 份，合同金额为 2 000 000 元。该公司于 2020 年 4 月 8 日对 2020 年 3 月的印花税进行纳税申报。

　　任务要求：

　　1. 计算甲饮用水有限责任公司 2020 年 3 月应补(退)的印花税并做出相应的会计处理。

　　2. 甲饮用水有限责任公司于 2020 年 4 月 8 日对印花税进行纳税申报，填写印花税相关纳税申报表。

✎ 任务准备

　　印花税是对经济活动和经济交往中书立、领受、使用的应税经济凭证征收的一种税。因纳税人主要是通过在应税凭证上粘贴印花税票来完成纳税义务，故名印花税。

一、印花税的认知

(一) 印花税纳税人的确定

　　印花税的纳税人是在中华人民共和国境内订立、领受具有法律效力的应税凭证，或者在中华人民共和国境内进行证券交易的单位和个人。单位是指企业、行政单位、事业单位、军事单位、社会团体及其他单位，个人是指个体工商户和其他个人。

　　如果一份合同或应税凭证由两方或两方以上当事人共同签订，签订合同或应税凭证的各方都是纳税人，应各就其所持合同或应税凭证的计税金额履行纳税义务。

　　根据书立、领受、使用应税凭证的不同，纳税人可分为立合同人、立账簿人、立据人和使用人等。

　　(1) 立合同人。各类合同的纳税人是立合同人。立合同人是指合同的当事人，即对凭证有直接权利义务关系的单位和个人，但不包括合同的担保人、证人、鉴定人。

　　(2) 立账簿人。营业账簿的纳税人是立账簿人。立账簿人是指开立并使用营业账簿的单位和个人。

　　(3) 立据人。书立产权转移书据的纳税人是立据人。

　　(4) 使用人。在国外书立、领受，但在国内使用的应税凭证，其纳税人是使用人。

(二) 印花税征税范围的确定

　　我国经济活动中发生的经济凭证种类繁多、数量巨大，现行印花税采取正列举形式，只对法律规定中列举的凭证征收，没有列举的凭证不征税。列举的凭证分为 5 类，即合同类，产权转移书据类，营业账簿类，权利、许可证照类和证券交易类，具体可见二维码 6-11。

二、印花税的计算

(一) 印花税计税依据的确定及税率的判定

印花税计税依据的确定及税率一般规定如表 6-13 所示。

6-11 印花税征税范围

表 6-13　印花税计税依据的确定及税率一般规定

税目		计税依据	税率	备注
合同	买卖合同	价款	0.3‰	指动产买卖合同
	借款合同	借款金额	0.05‰	
	租赁合同	租金	1‰	
	融资租赁合同	租金	0.05‰	
	承揽合同	报酬	0.3‰	
	建筑工程合同	价款	0.3‰	
	运输合同	运输费用	0.3‰	指货运合同和多式联运合同(不包括管道运输合同)
	技术合同	价款、报酬或者使用费	0.3‰	
	保管合同	保管费	1‰	
	仓储合同	仓储费	1‰	
	财产保险合同	保险费	1‰	不包括再保险合同
产权转移书据	土地使用权出让书据	价款	0.5‰	转让包括买卖(出售)、继承、赠与、互换、分割
	土地使用权、房屋等建筑物和构筑物所有权转让书据(不包括土地承包经营权和土地经营权转移)	价款	0.5‰	
	股权转让书据(不包括应缴纳证券交易印花税的)	价款	0.5‰	
	商标专用权、著作权、专利权、专有技术使用权转让书据	价款	0.3‰	
营业账簿		实收资本(股本)、资本公积合计金额	0.25‰	
证券交易		成交金额	1‰	

印花税计税依据有一些特殊规定,具体如下。

(1) 应税合同的计税依据,为合同列明的价款或者报酬,不包括增值税税款。合同中的价款或者报酬与增值税税款未分开列明的,按照合计金额确定。

(2) 应税产权转移书据的计税依据,为产权转移书据列明的价款,不包括增值税税款。产权转移书据中的价款与增值税税款未分开列明的,按照合计金额确定。

(3) 同一应税凭证记载有两个或两个以上经济事项并分别列明价款或者报酬的,按照各自适用税目税率计算应纳税额,未分别列明价款或者报酬的,按税率高的计算应纳税额。

(4) 同一应税凭证由两方或者两方以上当事人订立的,应当按照各自涉及的价款或者报酬分别计算应纳税额。

(5) 签订时无法确定金额的合同先定额贴花 5 元，待结算实际金额时补贴印花税票。

(6) 订立合同不论是否兑现均应依合同金额贴花。

(7) 国内货物联运，因结算单据(合同)所列运费的结算方式不同，计税依据也不同，即起运地全程结算运费的，按全程运费为计税依据；分程结算运费的，应以分程运费为计税依据。

对于国际货运，托运方全程计税。承运方为我国运输企业的，按本程运费计算贴花；承运方为外国运输企业的，免征印花税。

(二) 印花税优惠政策的运用

1. 法定凭证免税

(1) 对已缴纳印花税应税凭证的副本或者抄本，免征印花税。

(2) 农民、农民专业合作社、农村集体经济组织、村民委员会购买农业生产资料或者销售自产农产品订立的买卖合同和农业保险合同，免征印花税。

(3) 无息或者贴息借款合同、国际金融组织向我国提供优惠贷款订立的借款合同、金融机构与小型微型企业订立的借款合同，免征印花税。

(4) 财产所有权人将财产赠与政府、学校、社会福利机构订立的产权转移书据，免征印花税。

(5) 军队、武警部队订立、领受的应税凭证，免征印花税。

(6) 转让、租赁住房订立的应税凭证，免征个人(不包括个体工商户)应当缴纳的印花税。

(7) 国务院规定免征或者减征印花税的其他情形。

2. 特定情形免税

(1) 对商店、门市部的零星加工修理业务开具的修理单，不贴印花。

(2) 对铁路、公路、航运、水路承运快件行李、包裹开具的托运单据，暂免贴花。

(3) 对企业车间、门市部、仓库设置的不属于会计核算范围的账簿，不贴印花。

(4) 对运输、仓储、保管、财产保险、银行借款等，办理一般项业务，既书立合同，又开立单据的，只就合同贴花，所开立的各类单据，不再贴花。

(5) 对企业兼并的并入资金，凡已按资金总额贴花的，接收单位对并入的资金，不再补贴印花。

(6) 企业与主管部门等签订的租赁承包经营合同，不属于租赁合同，不征收印花税。

(7) 纳税人已履行并贴花的合同，发现实际结算金额与合同所载金额不一致的，一般不再补贴印花。

(8) 军事、救灾、新铁路施工运料等特殊运输合同，免征印花税。

(9) 代理单位与委托单位之间签订的委托代理合同，不征收印花税。

(三) 印花税应纳税额的计算

印花税应纳税额按照下列方法计算。

(1) 应税合同的应纳税额计算公式为

$$应纳税额 = 价款或者报酬 \times 适用税率$$

(2) 应税产权转移书据的应纳税额计算公式为

$$应纳税额 = 价款 \times 适用税率$$

(3) 应税营业账簿的应纳税额计算公式为

$$应纳税额＝实收资本(股本)、资本公积合计金额×适用税率$$

(4) 证券交易的应纳税额计算公式为

$$应纳税额＝成交金额或者依法确定的计税依据×适用税率$$

三、印花税的会计核算

企业缴纳的印花税，若既没有发生应付未付税款，也不需要预计应交税款数，为了简化会计核算，可以不通过"应交税费"科目核算，缴纳的印花税直接在"税金及附加"科目中反映。企业购买印花税票时，按实际支付的款项借记"税金及附加"科目，贷记"银行存款"科目。

四、印花税的纳税申报

(一) 印花税的纳税方法

印花税的纳税办法，根据应纳税额的大小、纳税次数的多少以及税收征收管理的需要，分别采用以下三种纳税方法。

1. 自行贴花

自行贴花是指由纳税人自行计算应纳税额，自行购买并贴足印花税票，自行注销或画销的缴纳方法，即印花税的"三自"纳税办法。此方法一般适用于应税凭证较少或贴花次数较少的纳税人。采用该纳税方法的纳税人，一般无须填写印花税纳税申报表。

2. 汇贴或汇缴

这种方法，一般适用于应纳税额较大或贴花次数频繁的纳税人。

一份凭证应纳税额超过 500 元的纳税人可以采取将税收缴款书完税证明其中一联粘贴在凭证上或由税务机关在凭证上加注完税标记代替贴花。这就是通常所说的"汇贴"方法。

对同种应税凭证，需频繁贴花的，可由纳税人根据实际情况自行决定是否采用按期汇总缴纳印花税的方式。汇总缴纳的期限最长不得超过一个月。纳税期满后，纳税人应填写印花税纳税申报表，向主管税务机关申报纳税。凡汇缴印花税的凭证，应加盖税务机关的汇缴戳记，编号并装订成册后，将已贴印花税票或缴款书的一联粘附册后，盖章注销，保存备查。

3. 委托代征

委托代征是受托单位按税务机关的要求，以税务机关的名义向纳税人征收税款的一种方式。受托单位一般是发放、鉴证、公证应税凭证的政府部门或其他社会组织。税务机关应与代征单位签订代征委托书。纳税人在办理应税凭证相关业务时，由上述受托单位代为征收印花税款，要求纳税人购花并贴花，这主要是为了加强税源控制。

(二) 印花税的纳税义务发生时间

印花税纳税义务发生时间为纳税人订立、领受应税凭证或者完成证券交易的当日。如果合同是在国外签订，并且不便在国外贴花的，应在将合同带入境时办理贴花纳税手续。

证券交易印花税扣缴义务发生时间为证券交易完成的当日。证券登记结算机构为证券交易印花税的扣缴义务人。

（三）印花税的纳税期限

印花税按季、按年或者按次计征。实行按季、按年计征的，纳税人应当于季度、年度终了之日起 15 日内申报并缴纳税款。实行按次计征的，纳税人应当于纳税义务发生之日起 15 日内申报并缴纳税款。

证券交易印花税按周解缴。证券交易印花税的扣缴义务人应当于每周终了之日起 5 日内申报解缴税款及孳息。

已缴纳印花税的凭证所载价款或者报酬增加的，纳税人应当补缴印花税；已缴纳印花税的凭证所载价款或者报酬减少的，纳税人可以向主管税务机关申请退还印花税税款。

（四）印花税的纳税地点

单位纳税人应当向其机构所在地的主管税务机关申报缴纳印花税；个人纳税人应当向应税凭证订立、领受地或者居住地的税务机关申报缴纳印花税。

纳税人出让或者转让不动产产权的，应当向不动产所在地的税务机关申报缴纳印花税。

证券交易印花税的扣缴义务人应当向其机构所在地的主管税务机关申报缴纳扣缴的税款。

（五）印花税的纳税申报实务

纳税人对印花税进行纳税申报时，应填报"印花税税源明细表"（见附表 6-14）、"财产和行为税减免税明细表"（略）、"财产和行为税纳税申报表"（见附表 6-15）。

表 6-14　印花税税源明细表

纳税人识别号(统一社会信用代码)：9122355623827246××

纳税人名称：甲饮用水有限责任公司　　　　　　　　　　　　　金额单位：人民币元(列至角分)

序号	*税目	*税款所属期起	*税款所属期止	应纳税凭证编号	应纳税凭证书立(领受)日期	*计税金额或件数	核定比例	*税率	减免性质代码和项目名称
按期申报									
1									
2									
3									
按次申报									
1	买卖合同	2020 年 04 月 08 日	2020 年 04 月 08 日			2 000 000		0.3‰	
2	财产保险合同	2020 年 04 月 08 日	2020 年 04 月 08 日			60 000		1‰	
3	营业账簿	2020 年 04 月 08 日	2020 年 04 月 08 日			30 000 000		0.25‰	

表6-15 财产和行为税纳税申报表

纳税人识别号(统一社会信用代码)：9122355623827246××

纳税人名称：甲饮用水有限责任公司   金额单位：人民币元(列至角分)

序号	税种	税目	税款所属期起	税款所属期止	计税依据	税率	应纳税额	减免税额	已缴税额	应补(退)税额
1	印花税	买卖合同	2020年04月08日	2020年04月08日	2 000 000	0.3‰	600			600
2		财产保险合同	2020年04月08日	2020年04月08日	60 000	1‰	60			60
3		营业帐簿	2020年04月08日	2020年04月08日	30 000 000	0.25‰	7 500			7 500
4	合计	—			—	—	8 160			8 160

声明：本表是根据国家税收法律法规及相关规定填写的，本人(单位)对填报内容(及附带资料)的真实性、可靠性、完整性负责。

纳税人 (签章)：甲饮用水有限责任公司 2020年04月08日

经办人：徐某

经办人身份证号：210×××××××××××××

代理机构签章：

代理机构统一社会信用代码：

受理人：

受理税务机关(章)：

受理日期：　　年　　月　　日

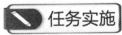 任务实施

根据【任务导入】情境资料和任务要求，通过如下操作步骤进行任务实施。

实施任务1：根据经济业务计算2020年3月应缴纳的印花税并做出相应的会计处理。

第一步：计算2020年3月应缴纳的印花税。

记载资金的账簿应纳印花税税额＝30 000 000×0.25‰＝7 500(元)

财产保险合同应纳印花税税额＝60 000×1‰＝60(元)

买卖合同应纳印花税税额＝2 000 000×0.3‰＝600(元)

应纳印花税税额合计=7 500＋60＋600=8 160(元)

应补(退)印花税税额合计=7 500＋60＋600=8 160(元)

第二步：甲饮用水有限责任公司做出如下会计处理。

借：税金及附加　　　　　　　　　8 160

　　贷：银行存款　　　　　　　　　　8 160

实施任务2：对印花税进行纳税申报。

填写"印花税税源明细表"(见表6-14)、"财产和行为税减免税明细表"(略)、"财产和行为税纳税申报表"(见表6-15)，完成纳税申报工作。

任务考核

一、单项选择题

1. 甲公司与乙公司签订买卖合同，合同约定丙为担保人，丁为鉴定人。下列关于该合同印花税纳税人的表述中，正确的是(　　)。
   A. 甲、乙、丙和丁为纳税人
   B. 甲、乙和丁为纳税人
   C. 甲、乙为纳税人
   D. 甲、乙和丙为纳税人

2. 根据印花税法律制度的规定，下列各项中，应缴纳印花税的是(　　)。
   A. 出版合同
   B. 国库业务账簿
   C. 技术服务合同
   D. 企业与主管部门签订的租赁承包经营合同

3. 根据印花税法律制度的规定，应税营业账簿的计税依据是(　　)。
   A. 营业账簿记载的营业外收入金额
   B. 营业账簿记载的营业收入金额
   C. 营业账簿记载的银行存款金额
   D. 营业账簿记载的实收资本(股本)、资本公积合计金额

4. 根据印花税法律制度的规定，在下列各项中，印花税应当按周解缴的是(　　)。
   A. 买卖合同印花税
   B. 产权转移书据印花税
   C. 证券交易印花税
   D. 营业账簿印花税

5. 企业签订的合同贴印花税票的时间是(　　)。
   A. 订立时
   B. 生效时
   C. 使用时
   D. 终止时

二、多项选择题

1. 关于印花税纳税人的下列表述中，正确的有(　　)。
   A. 营业账簿以立账簿人为纳税人
   B. 产权转移书据以立据人为纳税人
   C. 建筑工程设计合同以合同当事人为纳税人
   D. 不动产权证书以领受人为纳税人

2. 根据印花税法律制度的规定，下列合同中属于印花税征税范围的有(　　)。
   A. 运输合同
   B. 买卖合同
   C. 租赁合同
   D. 技术合同

3. 下列各项中应征收印花税的有(　　)。
   A. 企业与政府签订的土地使用权出让合同
   B. 企业签订的法律咨询合同
   C. 企业签订的仓储保管合同
   D. 企业签订的货物运输合同

4. 下列关于印花税计税依据的说法中，不正确的有(　　)。
   A. 租赁合同，以所租赁财产的金额作为计税依据
   B. 运输合同，以运输费用金额为计税依据
   C. 财产保险合同，以保险费收入为计税依据
   D. 借款合同，以借款金额和借款利息的合计金额为计税依据

5. 印花税可采用的纳税方法有(　　)。
   A. 自行贴花
   B. 汇贴或汇缴
   C. 代扣代缴
   D. 委托代征

三、判断题

1. 对企业车间、门市部、仓库设置的不属于会计核算范围的账簿，不贴印花。　　(　　)

2. 某施工单位将自己承包建设项目中的安装工程部分又转包给了其他单位，其转包部分在总承包合同中已缴纳印花税，转包时不必再次贴花纳税。　　(　　)

3. 签订时无法确定金额的合同先定额贴花5元，待结算实际金额时补贴印花税票。　　(　　)

4. 同一凭证记载两个或两个以上不同税率的经济事项，分别记载金额的，应分别计算税额加总贴花，未分别记载金额的，按税率低的计税贴花。　　　　　　　　　(　　)

5. 企业缴纳的印花税，若既没有发生应付未付税款，也不需要预计应交税款数，可以不通过"应交税费"科目核算，缴纳的印花税直接在"税金及附加"科目中反映。(　　)

四、纳税申报操作题

乙实业有限责任公司(统一社会信用代码为9127061334956530××，办税员为田某，身份证号为210×××××××××××××××)为增值税一般纳税人，2020年1月开业发生如下交易或事项：领取不动产权证书1件，商标注册证1件；签订货物买卖合同1份，合同金额为3 500 000元；与银行签订一份流动资金贷款合同，贷款金额为2 000 000元，贷款期限为2年，年利率为5.8%；签订一项财产租赁合同，承租一处仓库，租期为3年，年租金为100 000元；启用其他营业账簿10本，增加注册资本1 000 000元，计入"实收资本"账户；签订财产保险合同1份，合同载明为本公司的财产保险，支付保险费400 000元。该公司于2020年2月9日对2020年1月的印花税进行纳税申报。

要求：

1. 计算乙实业有限责任公司2020年1月应补(退)的印花税并做出相应的会计处理；

2. 乙实业有限责任公司于2020年2月9日对印花税进行纳税申报，填写印花税相关纳税申报表。

这笔已纳的耕地占用税该不该办理退税

甲公司因新建厂房需占用耕地，于是向乙县政府申请A地块的土地使用权，乙县政府以自己的名义逐级上报省政府，申请办理A地块农用地转建设用地手续。在此期间，甲公司未经批准占用了A地块修建厂房，并向税务机关申报缴纳了耕地占用税。厂房修建完成后几年，省政府批复了乙县政府A地块农用地转建设用地的申请，乙县政府向税务机关申报缴纳了A地块涉及的耕地占用税，并将其出让给甲公司。此时甲公司认为乙县政府是A地块的耕地占用税纳税人，甲公司应该向税务机关申请退还已缴纳的耕地占用税。

思考： 税务机关应该给甲公司办理退税吗？为什么？

注： 分析提示见二维码6-12。

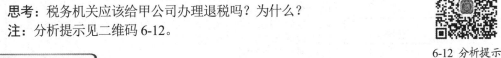

6-12 分析提示

项目小结

本项目主要介绍了我国现行耕地占用税、城镇土地使用税、房产税、契税、土地增值税和印花税的纳税人、征税范围、税率、税收优惠政策等基本法律知识；耕地占用税、城镇土地使用税、房产税、契税、土地增值税和印花税应纳税额的计算及相关涉税的会计核算；耕地占用税、城镇土地使用税、房产税、契税、土地增值税和印花税的纳税申报。耕地占用税、城镇土地使用税、房产税、契税、土地增值税和印花税，与纳税人的房地产权属有关，在学习中应注意区分这6个税种分别在纳税人取得、拥有及转让房地产权的哪个环节征收。

本项目内容结构如图6-1所示。

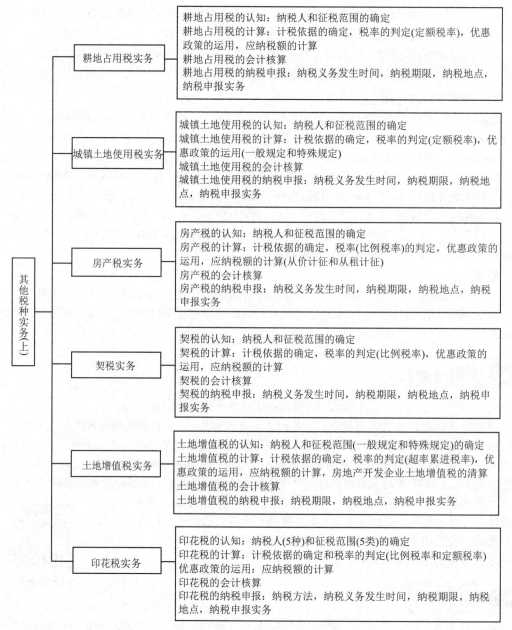

图 6-1　其他税种实务(上)内容结构图

项目七　其他税种实务(下)

4. 树立筹划意识，最大限度地维护纳税人的合法权益，实现企业财务利益最大化

法规导航

7-1 中华人民共和国
海关法

7-2 中华人民共和国
进出口关税条例

7-3 中华人民共和国
城市维护建设税法

7-4 中华人民共和国
车辆购置税法

7-5 中华人民共和国
车船税法

7-6 中华人民共和国
车船税法实施条例

7-7 中华人民共和国
环境保护税法

7-8 中华人民共和国
环境保护税法实施条例

7-9 中华人民共和国
资源税法

项目情境

我国目前征收的其他税种中，除项目六中提及的 6 个税种外，还根据纳税人的不同涉税经济业务而同时开征了关税、城市维护建设税、教育费附加和地方教育附加、车辆购置税、车船税、环境保护税及资源税。你知道纳税人的哪些经济业务需要分别缴纳这些其他税种吗？你知道这些其他税种的纳税人、征税范围、税率以及税收优惠是如何制定的吗？应纳税额是如何计算的？准确计算出应纳税额后，你会分别进行相应的会计核算并准确填制纳税申报表，完成向税务机关进行的纳税申报工作吗？

任务一　关税实务

任务导入

宏达股份有限公司(简称"宏达公司")为增值税一般纳税人，具有进出口经营权，2020 年 3 月 12 日接到海关通知，从美国进口的 10 000 千克铜板已到港，每千克单价为 3.2 美元，开户银行也收到购货方发票，并付清货款，汇率为 1:6.8。该批铜板的关税税率为 15%，增值税税率为 13%。宏达公司 2020 年 3 月 15 日向当地海关申报关税，填写"中华人民共和国海关进口货物报关单"，并根据海关填制的"海关进(出)口关税专用缴款书"缴纳关税。

任务要求：

1. 计算宏达公司 2020 年 3 月进口货物应缴纳的关税和增值税并做出相应的会计处理。

2. 宏达公司于 2020 年 3 月 15 日向当地海关申报关税，填写进口货物报关单。

任务准备

关税是海关依法对进出境货物、物品征收的一种税。所谓"境"指关境，又称"海关境域"或"关税领域"，是《中华人民共和国海关法》全面实施的领域。在通常情况下，一国关境与国境是一致的，包括国家全部的领土、领海、领空。但由于自由港、自由贸易区和关税同盟的存在，关境与国境有时不完全一致。

一、关税的认知

(一) 关税征税对象的确定

关税的征税对象是指准许进出我国关境的货物和物品。货物是指贸易性商品；物品是指入境旅客随身携带的行李物品、个人邮递物品、各种运输工具上的服务人员携带进口的自用物品、馈赠物品以及其他方式进境的个人物品。

(二) 关税纳税人的确定

进口货物的收货人、出口货物的发货人、进出境物品的所有人，是关税的纳税人。进出口货物的收、发货人是依法取得对外贸易经营权，并进口或者出口货物的法人或者其他社会团体。进出境物品的所有人包括该物品的所有人和推定为所有人的人。一般情况下，对于携带进境的物品，推定其携带人为所有人；对分离运输的行李，推定相应的进出境旅客为所有人；对以邮递方式进境的物品，推定其收件人为所有人；以邮递或其他运输方式出境的物品，推定其寄件人或托运人为所有人。

(三) 关税的税则、税目的划分

关税税则是一国对进出口商品计征关税的规章和对进、出口的应税与免税商品加以系统分类的一览表，是海关计征关税的依据，是关税政策的具体体现。《中华人民共和国海关进出口税则》是确定商品归类、适用税率的法律文件。现行关税税则包括两个部分：一部分是海关计征关税的规章条例及说明；另一部分是关税税目、税则号列和税率。《中华人民共和国海关进出口税则》是以《商品名称及编码协调制度》为基础，结合我国进出口商品的实际而编排的。全部应税商品共分为21大类。

在21类商品之下，分为97章，每章商品又被细分为若干商品项数。这些商品项数分别由8位数字组成的代码表示，或称为税则号列。每个税则号列之后还需有对商品进行的基本描述，或称为货品名称，以及该税则号列商品适用的税率等。上述每条税则号列、货品名称和税率记录统称为一个税目。我国2021年版进出口税则税目总数为8580个。

(四) 关税税率的判定

关税的税率分为进口关税税率、出口关税税率和特别关税。

1. 进口关税税率

我国进口税则设有最惠国税率、协定税率、特惠税率、普通税率、关税配额税率和暂定税率。对进口货物在一定期限内可以实行暂定税率。进口货物适用何种关税税率是以进口货物的原产地为标准的。进口关税一般采用比例税率，实行从价计征的办法，但对啤酒、原油等少数货物则实行从量计征。对广播用录像机、放像机、摄像机等实行从价加从量的复合税率。对新闻纸实行滑准税。

(1) 最惠国税率适用原产于与我国共同适用最惠国待遇条款的 WTO 成员或地区的进口货物，或原产于与我国签订相互给予最惠国待遇条款的双边贸易协定的国家或者地区的进口货物，以及原产于我国境内的进口货物。

(2) 协定税率适用原产于与我国签订含有关税优惠条款的区域性贸易协定的国家或者地区的进口货物。

(3) 特惠税率适用原产于与我国签订含有特殊关税优惠条款的贸易协定的国家或者地区的进口货物。

(4) 普通税率适用原产于(1)(2)(3)所列以外国家或者地区的进口货物，以及原产地不明的进口货物。

(5) 关税配额税率是指对实行关税配额管理的进口货物，关税配额内的，适用关税配额税率；关税配额外的，按不同情况分别适用最惠国税率、协定税率、特惠税率或普通税率。

(6) 暂定税率是在最惠国税率的基础上，对于一些国内需要降低进口关税的货物，以及出于国际双边关系的考虑需要个别安排的进口货物，可以实行暂定税率。

2. 出口关税税率

征收出口关税的货物项目很少，主要为少数资源性产品及易于竞相杀价、盲目进口、需要规范出口秩序的半制成品。出口关税税率包括出口税率和年度暂定税率两类。出口税率实行差别比例税率(分为 20%、25%、30%、40%和 50%)；年度暂定税率包括差别比例税率(分为 0、3%、5%、10%、15%和 25%)和从量定额税率。

3. 特别关税

特别关税包括报复性关税、反倾销税与反补贴税、保障性关税。

报复性关税是指为报复他国对本国出口货物的关税歧视，而对相关国家的进口货物征收的一种进口附加税。任何国家或者地区违反与我国签订的或者共同参加的贸易协定及相关协定，对我国在贸易方面采取禁止、限制、加征关税或者其他影响正常贸易的措施的，我国对原产于该国家或者地区的进口货物可以征收报复性关税。税率视具体情况而定。

反倾销税就是对倾销商品所征收的进口附加税。当进口国因外国倾销某种产品，国内产业受到损害时，征收相当于出口国国内市场价格与倾销价格之间差额的进口税；反补贴税是指对进口商品使用的一种超过正常关税的特殊关税，目的是抵消国外竞争者得到奖励和补助产生的影响，从而保护进口国的制造商。

保障性关税是指当某类货物进口量剧增，对我国相关产业带来巨大威胁或损害时，按照 WTO 有关规则，采取的一般保障措施，即在与有实质利益的国家或地区进行磋商后，在一定时期内提高该项商品的进口关税或采取数量限制措施，以保护国内相关产业不受到损害。

4. 关税税率的运用

关税税率的运用规则如下。

(1) 进出口货物，应当按照收发货人或者他们的代理人申报进口或者出口之日实施的税率征税。

(2) 进口货物到达前，经海关核准先行申报的，应当按照装载此货物的运输工具申报进境之日实施的税率征税。

(3) 进出口货物的补税和退税，适用该进出口货物原申报进口或者出口之日所实施的税率，但下列情况除外：

① 按照特定减免税办法批准予以减免税的进口货物，后因情况改变经海关批准转让或出售需予补税的，应按其原进口之日实施的税率征税；

② 加工贸易进口料、件等属于保税性质的进口货物，如经批准转为内销，应按向海关申报转为内销当日实施的税率征税；如未经批准擅自转为内销的，则按海关查获日期所施行的税率征税；

③ 经批准缓税进口的货物，交税时，不论是分期或一次交清税款，都应按货物原进口之日实施的税率征税；

④ 分期支付租金的租赁进口货物，分期付税时，都应按该项货物原进口之日实施的税率征税；

⑤ 溢卸、误卸货物，事后确定需予征税时，应按其原运输工具申报进口日期所实施的税率征税，如原进口日期无法查明的，可按确定补税当天实施的税率征税；

⑥ 对由于《中华人民共和国海关进出口税则》归类的改变、完税价格的审定或其他工作差错而需补征税款的，应按原征税日期实施的税率征税；

⑦ 查获的走私进口货物，需予补税时，应按查获日期实施的税率征税；

⑧ 暂时进口货物转为正式进口货物，需予补税时，应按其转为正式进口之日实施的税率征税。

(五) 关税优惠政策的运用

关税减免分为法定减免税、特定减免税和临时减免税。

1. 法定减免税

法定减免税是税法中明确列出的减税或免税。符合税法规定可予减免的进出口货物，纳税人无须提出申请，海关可按规定直接予以减免税。海关对法定减免税货物一般不进行后续管理。

《中华人民共和国海关法》和《中华人民共和国海关进出口关税条例》明确规定，下列货物、物品予以减免关税：

① 关税税额、进口环节增值税或者消费税税额在人民币 50 元以下的一票货物，可免征关税；

② 无商业价值的广告品和货样，可免征关税；

③ 外国政府、国际组织无偿赠送的物资，可免征关税；

④ 进出境运输工具装载的途中必需的燃料、物料和饮食用品，可免征关税；

⑤ 因故退还的中国出口货物，可以免征进口关税，但已征收的出口关税，不予退还；

⑥ 因故退还的境外进口货物，可以免征出口关税，但已征收的进口关税，不予退还。

对有上述情况的货物，经海关审查无误后可以免税。

有下列情形之一的进口货物，海关可以酌情减免税：

① 在境外运输途中或者在起卸时，遭受到损坏或者损失的；

② 起卸后海关放行前，因不可抗力遭受损坏或者损失的；

③ 海关查验时已经破漏、损坏或者腐烂，经证明不是保管不慎造成的。

中国缔结或参加的国际条约规定减征、免征关税的货物、物品，海关应当按照规定减免关税。

2. 特定减免税

特定减免是指在关税基本法规确定的法定减免以外，国家按国际通行规则和我国实际情况，制定发布的特定减免税或政策性减免税。特定减免税包括科教用品、残疾人专用品、慈善性捐赠物资、加工贸易产品、边境贸易进口物资、保税区进出口货物、出口加工区进出口货物、进口设备、特定行业或用途的减免税政策。

3. 临时减免税

临时减免是指在以上两项减免税以外，由国务院运用一案一批原则，针对某个纳税人、某类商品、某个项目或某批货物的特殊情况，特别照顾，临时给予的减免。

二、关税的计算

(一) 关税完税价格的确定

我国对进出口货物征收关税，主要采取从价计征的办法，以商品价格为标准征收关税。因此，关税主要以进出口货物的完税价格为计税依据。

1. 一般贸易项下进口货物的完税价格

一般贸易项下进口的货物以海关审定的成交价格为基础的到岸价格作为完税价格。

成交价格是一般贸易项下进口货物的买方为购买该项货物向卖方实际支付或应当支付的价格。在货物成交过程中，进口人在成交价格外另支付给卖方的佣金，应计入成交价格，而向境外采购代理人支付的买方佣金则不能列入，如已包括在成交价格中应予以扣除；卖方付给进口人的正常回扣，应从成交价格中扣除。卖方违反合同规定延期交货的罚款，卖方在货价中冲减时，罚款不能从成交价格中扣除。

到岸价格是指包括货价以及货物运抵我国关境内输入地点起卸前的包装费、运费、保险费和其他劳务费等费用构成的一种价格，其还应包括为了在境内生产、制造、使用或出版、发行而向境外支付的与该进口货物有关的专利、商标、著作权，以及专有技术、计算机软件和资料等费用。

为避免低报、瞒报价格偷逃关税，进口货物的到岸价格不能确定时，本着公正、合理的原则，海关应当按照规定估定完税价格。

2. 特殊贸易项下进口货物的完税价格

对于某些特殊、灵活的贸易方式(如寄售等)下进口的货物，在进口时没有"成交价格"可作依据，《中华人民共和国海关进出口关税条例》对这些进口货物制定了如下方法来确定其完税价格。

(1) 运往境外加工的货物，出境时向海关报明，并在海关规定期限内复运进境的，应当以加工后的货物进境时的到岸价格与原出境货物或者原出境货物相同的或类似的货物在进境时的到岸价格之间的差额确定完税价格。

(2) 运往境外修理的机械器具、运输工具或者其他货物，出境时已向海关报明并在海关规定期限内复运进境的，应当以审查确定的修理费和料件费作为完税价格。

(3) 租赁和租借方式进境的货物，以海关审查确定的货物的租金，作为完税价格。

(4) 对于国内单位留购的进口货样、展览品和广告陈列品，以留购价格作为完税价格。但是，买方留购货样、展览品和广告陈列品后，除按留购价格付款外，又直接或间接给卖方一定利益的，海关可以另行确定上述货物的完税价格。

(5) 准予暂时进口的施工机械、工程车辆、供安装使用的仪器和工具、电视或电影摄制机械，以及盛装货物的容器等，如入境超过半年仍留在国内使用的，应自第 7 个月起，按月征收进口关税，其完税价格按原货进口时的到岸价格确定，每月的税额计算公式为

$$每月关税税额 = 货物原到岸价格 \times 关税税率 \times 1 \div 48$$

(6) 按照特定减免税办法批准予以减免税进口的货物，在转让或出售而需补税时，可按这些货物原进口时的到岸价格来确定其完税价格。其计算公式为

$$完税价格 = 原入境到岸价格 \times [1 - 实际使用月份 \div (管理年限 \times 12)]$$

3. 出口货物的完税价格

出口货物应当以海关审定的售予境外的离岸价格，扣除出口关税后作为完税价格。其计算公式为

$$出口货物完税价格＝离岸价格÷(1＋出口税率)$$

离岸价格应以该项货物运离关境前的最后一个口岸的离岸价格为实际离岸价格。若该项货物从内地起运，则从内地口岸至最后出境口岸所支付的国内段运输费用应予扣除。离岸价格不包括装船以后发生的费用。出口货物在成交价格以外支付给国外的佣金应予扣除，未单独列明的则不予扣除。出口货物在成交价格以外，买方还另行支付的货物包装费，应计入成交价格。当离岸价格不能确定时，完税价格由海关估定。

4. 进出口货物关税价格的审定

对于进出口货物的收发货人或其代理人向海关申报进出口货物的成交价格明显偏低，而又不能提供合法证据和正当理由的；申报价格明显低于海关掌握的相同或类似货物的国际市场上公开成交货物的价格，而又不能提供合法证据和正当理由的；申报价格经海关调查认定买卖双方之间有特殊经济关系或对货物的使用、转让互相订有特殊条件或特殊安排，影响成交价格的，以及其他特殊成交情况，海关认为需要估价的，则按以下方法依次估定完税价格。

(1) 相同货物成交价格法。相同货物成交价格法即以从同一出口国家或者地区购进的相同货物的成交价格作为该被估货物完税价格的价格依据。

(2) 类似货物成交价格法。类似货物成交价格法即以从同一出口国家或者地区购进的类似货物的成交价格作为被估货物的完税价格的依据。

(3) 国际市场价格法。国际市场价格法即以进口货物的相同或类似货物在国际市场上公开的成交价格为该进口货物的完税价格。

(4) 国内市场价格倒扣法。国内市场价格倒扣法即以进口货物的相同或类似货物在国内市场上的批发价格，扣除合理的税、费、利润后的价格。

(5) 合理方法估定的价格。如果按照上述几种方法顺序估价仍不能确定其完税价格时，则可由海关按照合理方法估定。

(二) 关税应纳税额的计算

1. 从价税计算方法

从价税是最普遍的关税计征方法，它以进(出)口货物的完税价格作为计税依据。进(出)口货物应纳关税税额的计算公式为

$$应纳关税税额＝应税进(出)口货物数量×单位完税价格×适用税率$$

2. 从量税计算方法

从量税是以进口商品的数量为计税依据的一种关税计征方法。其应纳关税税额的计算公式为

$$应纳关税税额＝应税进口货物数量×关税单位税额$$

3. 复合税计算方法

复合税是对某种进口货物同时使用从价和从量计征的一种关税计征方法。其应纳关税税额的计算公式为

$$应纳关税税额＝应税进口货物数量×单位完税价格×适用税率＋$$
$$应税进口货物数量×关税单位税额$$

4. 滑准税计算方法

滑准税是指关税的税率随着进口商品价格的变动而反方向变动的一种税率形式,即价格越高,税率越低,税率为比例税率。其应纳关税税额的计算公式为

$$应纳关税税额＝应税进口货物数量×单位完税价格×滑准税税率$$

三、关税的会计核算

(一) 会计科目的设置

有进出口货物的企业在核算关税时,应在"应交税费"科目下设置"应交进口关税""应交出口关税"两个明细科目分别用来核算企业发生的和实际缴纳的进出口关税税额,其贷方反映企业在进出口报关时经海关核准应缴纳的进出口关税税额,其借方反映企业实际缴纳的进出口关税税额,余额在贷方反映企业应交而未交的进出口关税税额。

(二) 进口关税的会计核算

进口关税计入进口货物的成本。企业在计算出应缴纳进口关税时,应借记"在途物资""材料采购""固定资产"等科目,贷记"应交税费——应交进口关税"科目。企业缴纳进口关税时,借记"应交税费——应交进口关税"科目,贷记"银行存款"科目。

(三) 出口关税的会计核算

出口关税计入"税金及附加"科目。企业在计算应缴纳出口关税时,应借记"税金及附加"科目,贷记"应交税费——应交出口关税"科目。企业缴纳出口关税时,借记"应交税费——应交出口关税"科目,贷记"银行存款"科目。

四、关税的纳税申报

(一) 进出口货物的报关

1. 报关时间

进口货物的纳税人应当自运输工具申报进境之日起 14 日内,向货物的进境地海关申报,如实填写海关进口货物报关单,并提交进口货物的发票、装箱清单、进口货物提货单或运单、关税免税或免予查验的证明文件等。

出口货物的发货人除海关特准外,应当在装货的 24 小时以前,填报出口货物报关单,交验出口许可证和其他证件,申报出口,由海关放行,否则货物不得离境出口。

2. 报关应提交的相关材料

进出口货物时应当提交的材料包括:进出口货物报关单(见表 7-1、表 7-2);合同;发票;装箱清单;载货清单(舱单);提(运)单;代理报关授权委托协议;进出口许可证件;海关要求的加工贸易手册(纸质或电子数据的)及其他进出口有关单证。

2017 年 2 月以后,企业经与直属海关、第三方认证机构(中国电子口岸数据中心)签订电子数据应用协议后,可在全国海关适用"通关作业无纸化"通关方式。

表 7-1 中华人民共和国海关进口货物报关单

预录入编号：232156823516720 海关编号：152456312525695826

进口口岸		备案号 *******	进口日期 2020 年 03 月 12 日	申报日期 2020 年 03 月 15 日
经营单位 宏达股份有限公司		运输方式 海运	运输工具名称 *******	提运单号 ***********
收货单位 宏达股份有限公司		贸易方式 一般贸易	征免性质 一般征税	征税比例 照章
许可证号		起运国(地区) 美国	装货港 美国	境内目的地 **
批准文号	成交方式 到岸价格	运费	保费	杂费
合同协议号 **********	件数 **	包装种类 **	毛重(千克) 10 800	净重(千克) 10 000
集装箱号 **	随附单据 **			用途 生产
记唛码及备注				

项号	商品编号	商品名称	规格型号	数量及单位	原产国(地区)	单价	总价	币制	征免
1	3256235412	铜板		10 000 千克	美国	3.2	32 000	USD	照章征税

税费征收情况

进口关税税率为 15%

录入员 录入单位	兹证明以上申报无讹，并承担法律责任	海关审单批注及放行日期(签章) 审单 审价
报关员 ** 单位地址	申报单位(签章)	
邮编 电话 填制日期		征税 统计
		查验 放行

表 7-2　中华人民共和国海关出口货物报关单

预录入编号：　　　　　　　　　　　　　　　　　　　　　　　海关编号：

出口口岸		备案号	出口日期	申报日期
经营单位		运输方式	运输工具名称	提运单号
发货单位		贸易方式	征免性质	结汇方式
许可证号		运抵国(地区)	起运港	境内货源地
批准文号	成交方式	运费	保费	杂费
合同协议号	件数	包装种类	毛重(千克)	净重(千克)
集装箱号	随附单据			生产厂家

标记唛码及备注

项号	商品编号	商品名称、规格型号	数量及单位	最终目的国(地区)	单价	总价	币制	征免

税费征收情况

录入员　　　　　录入单位	兹证明以上申报无讹，并承担法律责任	海关审单批注及放行日期(签章)
		审单　　　　　审价
报关员 单位地址	申报单位(签章)	
邮编　　　电话　　　填制日期		征税　　　　　统计 查验　　　　　放行

(二) 关税的申报与缴纳

1. 关税的纳税申报

进口货物自运输工具申报进境之日起 14 日内，出口货物在货物运抵海关监管区后装货的24 小时以前，应由进出口货物的纳税人向货物进(出)境地海关申报，海关根据关税税则归类，按完税价格计算应缴纳的关税和进口环节代征税款，并填发税款缴款书。"海关进(出)口关税专用缴款书"如表 7-3 所示。

表 7-3　海关进(出)口关税专用缴款书

收入系统：海关系统　　　　　　填发日期：2020 年 03 月 15 日　　　号码 NO.182546958425213652-A05

收款单位	收入机关	中央金库		缴款单位	名　称	宏达股份有限公司		
	科　目		预算级次		账　号	********************		
	收款国库				开户银行	***********		
税号	货物名称	数量	单位	完税价格(￥)		税率	税款金额(￥)	
****	铜板	10 000	千克	217 600		15%	32 640	
金额人民币(大写)叁万贰仟陆佰肆拾元整						合计(￥)		
申请单位编号	**********		报关单编号	152456312525695826		填制单位	收款国库(银行)	
合同(批文)号	**********		运输工具(号)	*******				
缴款期限	2020 年 3 月 29 日前		提/装货单号	***********				
一般征税　照章征税　2020-03-12						制单人：		
USD 6.8 国家代码　************** 网上支付外部网税单流水号　******************						复核人：		

从填发缴款书之日起 15 日内缴纳(期末遇星期六、星期日或法定节假日顺延)，逾期按日加收税款总额万分之五的滞纳金。

2. 关税的缴纳

纳税义务人应当自海关填发税款缴款书之日起 15 日内，向指定银行缴纳税款。纳税人因不可抗力或者在国家税收政策调整的情形下，不能按期缴纳税款的，经海关总署批准，可以延期缴纳税款，但最长不得超过 6 个月。

(三) 关税的强制执行措施

关税的强制执行措施，包括加收滞纳金和强制征收。

1. 征收关税滞纳金

滞纳金自关税缴纳期限届满滞纳之日起，至纳税人缴纳关税之日止，按滞纳税款万分之五的比例按日征收，周末或法定节假日不予扣除。具体计算公式为

$$关税滞纳金金额＝滞纳关税税额×滞纳金征收比率×滞纳天数$$

2. 强制征收

如果纳税人自海关填发缴款书之日起 3 个月仍未缴纳税款，经海关关长批准，海关可以采取强制扣缴、变价抵缴等强制措施。强制扣缴，即海关从纳税人在开户银行或者其他金融机构的存款中直接扣缴税款。变价抵缴，即海关将应税货物依法变卖，以变卖所得抵缴税款。

(四) 关税的退还

关税退还是关税纳税人按海关核定的税额缴纳关税后，因某种原因的出现，海关将实际征收多于应当征收的税额(称为溢征关税)退还给原纳税人的一种行政行为。对于溢征关税，海关发现后应立即退还；纳税人发现，申请退税时限为缴纳税款之日起 1 年内，并加算银行同期存款利息。

(五) 关税的补征和追征

补征和追征是海关在关税纳税人按海关核定的税额缴纳关税后,发现实际征收税额少于应当征收的税额时,责令纳税人补缴所差税款的一种行政行为。

由于纳税人违反海关规定造成短征关税的,称为追征。因纳税人违反规定造成少征或者漏征税款的,海关可以自缴纳税款或者货物放行之日起 3 年内追征税款,并从缴纳税款或者货物放行之日起按日加收少征或者漏征税款万分之五的滞纳金。

非因纳税人违反海关规定造成短征关税的,称为补征。进出口货物放行后,海关发现少征或者漏征税款的,应当自缴纳税款或者货物放行之日起 1 年内,向纳税人补征税款。

✎ 任务实施

根据【任务导入】情境资料和任务要求,通过如下操作步骤进行任务实施。

实施任务 1:根据经济业务计算 2020 年 3 月进口货物应缴纳的关税和增值税并做出相应的会计处理。

第一步:计算 2020 年 3 月进口货物应缴纳的关税和增值税。

关税完税价格＝3.2×10 000×6.8＝217 600(元)

应纳关税税额＝217 600×15%＝32 640(元)

应纳增值税税额＝(217 600＋32 640)×13%＝250 240×13%＝32 531.2(元)

第二步:宏达公司做出如下会计处理。

(1) 计提关税时:

借:原材料 　　　　　　　　　　　　　　　　　250 240

　　贷:应交税费——应交进口关税 　　　　　　　32 640

　　　　银行存款 　　　　　　　　　　　　　　217 600

(2) 支付关税和增值税时:

借:应交税费——应交进口关税 　　　　　　　　32 640.00

　　应交税费——应交增值税(进项税额) 　　　　32 531.20

　　贷:银行存款 　　　　　　　　　　　　　　65 171.20

实施任务 2:对关税进行纳税申报。

填写"中华人民共和国海关进口货物报关单"(见表 7-1),并根据海关填发的"海关进(出)口关税专用缴款书"(见表 7-3)上注明的税额缴纳关税。

✎ 任务考核

一、单项选择题

1. 根据关税法律制度的规定,对原产于与我国签订含有关税优惠条款的区域性贸易协定的国家或地区的进口货物征收关税时,适用的税率形式是( )。

　　A. 最惠国税率 　　　　B. 普通税率 　　　　C. 特惠税率 　　　　D. 协定税率

2. 根据关税法律制度的规定,下列各项中,海关可以酌情减免关税的是( )。

　　A. 进出境运输工具装载的途中必需的燃料、物料和饮食用品

　　B. 无商业价值的广告品及货样

　　C. 国际组织无偿赠送的物资

D. 在境外运输途中受到损坏的进口货物

3. 根据关税法律制度的规定，下列关税应纳税额计算方法中，关税税率随着进口商品价格的变动而反方向变动的是(　　)。

  A. 从价税计算方法   B. 复合税计算方法

  C. 滑准税计算方法   D. 从量税计算方法

4. 根据关税法律制度的规定，一般贸易项下进口的货物以海关审定的成交价格为基础的到岸价格作为完税价格。下列关于成交价格的表述中，正确的是(　　)。

  A. 在货物成交过程中，向境外采购代理人支付的买方佣金，应计入成交价格

  B. 在货物成交过程中，进口人在成交价格外另支付给卖方的佣金，应计入成交价格

  C. 卖方付给进口人的正常回扣，应计入成交价格

  D. 卖方违反合同规定延期交货的罚款，可以从成交价格中扣除

5. 进出口货物完税后，如发现少征或漏征税款，海关有权在一定期限内予以补征；如因收发货人或其代理人违反规定而造成少征或漏征关税税款的，海关在一定期限内可以追缴。根据关税法律制度的规定，该两项期限分别为(　　)。

  A. 1 年，1 年   B. 1 年，3 年   C. 3 年，3 年   D. 3 年，1 年

二、多项选择题

1. 下列有关关税税率的表述中，正确的有(　　)。

  A. 进口货物适用何种关税税率以进口货物的原产地为标准

  B. 我国进口税率和出口税率实行统一标准

  C. 进出口货物，一般应当按照收发货人或者他们的代理人申报进口或者出口之日实施的税率征税

  D. 进口货物到达前，经海关核准先行申报的，应当按照装载此货物的运输工具"申报进境之日"实施的税率征税

2. 根据关税法律制度的规定，下列各项中属于法定减免关税的有(　　)。

  A. 进出境运输工具装载的途中必需的燃料、物料和饮食用品

  B. 外国政府无偿赠送的物资

  C. 无商业价值的广告品

  D. 无商业价值的货样

3. 下列各项中属于关税的计税方法有(　　)。

  A. 从价税计算法   B. 从量税计算法

  C. 复合税计算法   D. 滑准税计算法

4. 下列各项中应计入关税完税价格的(　　)。

  A. 货物运抵我国关境内输入地点起卸前的包装费

  B. 货物运抵我国关境内输入地点起卸前的运费

  C. 货物运抵我国关境内输入地点起卸前的保险费

  D. 为在国内使用而向境外支付的与该进口货物有关的专利权费用

5. 在关税的会计处理中，借记的科目可能有(　　)。

  A. "税金及附加"   B. "在建工程"

  C. "银行存款"   D. "在途物资"

三、判断题

1. 对从境外采购进口的原产于中国境内的货物，应按规定征收进口关税。　　　　（　　）

2. 对原产于与我国签订含有关税优惠条款的区域性贸易协定的国家或地区的进口货物，按最惠国税率征收关税。　　　　（　　）

3. 在进口货物成交的过程中，卖方付给进口人的正常回扣，在计算进口货物完税价格时不得从成交价格中扣除。　　　　（　　）

4. 对于因故退还的中国出口货物已经征收的出口关税，海关予以退还。　　　　（　　）

5. 关税纳税人因不可抗力或者在国家税收政策调整的情形下，不能按期缴纳税款的，经海关总署批准，可以延期缴纳税款，但最长不得超过 6 个月。　　　　（　　）

四、纳税申报操作题

乙商贸有限责任公司为增值税一般纳税人，具有进出口经营权，乙商贸有限责任公司 2020 年 4 月 13 日接到海关通知，从美国进口 5 箱甲类高档化妆品已到港，单价为 12 000 美元，开户银行按照汇率 1:7.0 付款。该批高档化妆品的关税税率为 20%，消费税税率为 15%，增值税税率为 13%。乙商贸有限责任公司当日向海关办理报关手续，填写"中华人民共和国海关进口货物报关单"，并根据海关填发的"海关进(出)口关税专用缴款书"缴纳关税。

要求：

1. 计算乙商贸有限责任公司于 2020 年 4 月进口货物应缴纳的关税、消费税和增值税并做出相应的会计处理。

2. 乙商贸有限责任公司 2020 年 4 月 13 日向当地海关申报关税，填写进口货物报关单。

任务二　城市维护建设税、教育费附加和地方教育附加实务

 任务导入

宏达公司(位于市区，统一社会信用代码为 9124326258322152××，办税员为吴某，身份证号为 210××××××××××××××××)为一般纳税人，2020 年 5 月有关涉税资料如下：本月增值税销项税额为 289 200 元，允许抵扣的增值税进项税额为 105 860 元，进项税额转出 5 200 元；本月实际应缴纳的消费税税额为 135 460 元。

任务要求：计算宏达公司应缴纳的城市维护建设税、教育费附加和地方教育附加并做出相应的会计处理。

任务准备

一、城市维护建设税实务

城市维护建设税是以纳税人实际缴纳的增值税、消费税为计税依据所征收的一种税，主要目的是筹集城镇设施建设和维护资金。

(一) 城市维护建设税的认知

1. 城市维护建设税纳税人的确定

城市维护建设税的纳税人是指在中华人民共和国境内缴纳增值税、消费税的单位和个人，包括各类企业(含外商投资企业、外国企业)、行政单位、事业单位、军事单位、社会团体及其他单位，以及个体工商户和其他个人(含外籍个人)。

城市维护建设税的扣缴义务人为负有增值税、消费税扣缴义务的单位和个人，在扣缴增值税、消费税的同时扣缴城市维护建设税。

2. 城市维护建设税征税对象的确定

城市维护建设税是以纳税人实际缴纳的增值税、消费税为计税依据，它是随着增值税、消费税同时征收，其本身没有特定的征税对象，其征收管理方法也完全比照增值税、消费税的有关规定办理。

(二) 城市维护建设税的计算

1. 城市维护建设税计税依据的确定

城市维护建设税的计税依据是纳税人实际缴纳的增值税、消费税。在计算计税依据时，应当按照规定扣除期末留抵退税退还的增值税。纳税人违反增值税、消费税有关税法而加收的滞纳金和罚款，是税务机关对纳税人违法行为的经济制裁，不作为城市维护建设税的计税依据，但纳税人在被查补增值税、消费税和被处以罚款时，应同时对其偷(逃)漏的城市维护建设税进行补税、征收滞纳金和罚款。

2. 城市维护建设税税率的判定

城市维护建设税实行差别比例税率。按照纳税人所在地的不同，设置三档比例税率，如表 7-4 所示。

表 7-4　城市维护建设税税率表

纳税人所在地	税率
市区	7%
县城、镇	5%
市区、县城和镇以外的其他地区	1%

纳税人所在地是指纳税人住所地或者与纳税人生产经营活动相关的其他地点，具体地点由省、自治区、直辖市确定。但是，对下列两种情况，可按照缴纳增值税、消费税所在地的规定税率就地缴纳城市维护建设税：

(1) 由受托方代扣代缴、代收代缴增值税、消费税的单位和个人，其代扣代缴、代收代缴的城市维护建设税按受托方所在地适用税率执行；

(2) 流动经营等无固定纳税地点的单位和个人，在经营地缴纳增值税、消费税的，其城市维护建设税的缴纳按经营地适用税率执行。

3. 城市维护建设税优惠政策的运用

城市维护建设税原则上不单独减免，但因城市维护建设税属于增值税、消费税的一种附加税，当增值税、消费税发生减免时，城市维护建设税相应发生税收减免。城市维护建设税的税收减免具体有以下几种情况。

(1) 城市维护建设税按减免后实际缴纳的增值税、消费税计征，即随增值税、消费税的减免而减免。

(2) 对进口货物或者境外单位和个人向境内销售劳务、服务、无形资产缴纳的增值税、消费税，不征收城市维护建设税。

(3) 对出口货物、劳务和跨境销售服务、无形资产以及因优惠政策退还增值税、消费税的，不退还已缴纳的城市维护建设税。

(4) 对增值税、消费税实行先征后返、先征后退、即征即退办法的，除另有规定外，对随增值税、消费税附征的城市维护建设税，一律不予退(返)还。

(5) 根据国民经济和社会发展的需要，国务院对重大公共基础设施建设、特殊产业和群体以及重大突发事件，减免城市维护建设税，报全国人民代表大会常务委员会备案。

4. 城市维护建设税应纳税额的计算

城市维护建设税的应纳税额按照纳税人实际缴纳的增值税、消费税乘以适用税率计算。计算公式为

$$应纳税额＝实际缴纳的增值税、消费税税额×适用税率$$

对实行增值税期末留抵退税的纳税人，允许其从城市维护建设税的计税依据中扣除退还的增值税。

(三) 城市维护建设税应纳税额的会计核算

城市维护建设税的会计核算应设置"应交税费——应交城市维护建设税"科目。计提城市维护建设税时，应借记"税金及附加"科目，贷记本科目；实际缴纳城市维护建设税时，应借记本科目，贷记"银行存款"科目。本科目对应账户期末贷方余额，反映企业应交而未交的城市维护建设税。

(四) 城市维护建设税的纳税申报

1. 城市维护建设税的纳税义务发生时间

城市维护建设税纳税义务发生时间与缴纳增值税、消费税的纳税义务发生时间一致，分别与增值税、消费税同时缴纳。

2. 城市维护建设税的纳税期限

城市维护建设税按月或者按季计征。不能按固定期限计征的，可以按次计征。

实行按月或者按季计征的，纳税人应当于月度或者季度终了之日起 15 日内申报并缴纳税款。实行按次计征的，纳税人应当于纳税义务发生之日起 15 日内申报并缴纳税款。扣缴义务人解缴税款的期限，依照上述规定执行。

3. 城市维护建设税的纳税地点

城市维护建设税纳税地点为实际缴纳增值税、消费税的地点。扣缴义务人应当向其机构所在地或者居住地的主管税务机关申报缴纳其扣缴的税款。有特殊情况的，按下列原则和办法确定纳税地点：

(1) 代扣代缴、代收代缴增值税、消费税的单位和个人，同时也是城市维护建设税的代扣代缴、代收代缴义务人，其纳税地点为代扣代收地。

(2) 对流动经营等无固定纳税地点的单位和个人，应随同增值税、消费税在经营地纳税。

二、教育费附加和地方教育附加实务

教育费附加和地方教育附加是以纳税人实际缴纳的增值税、消费税为计税依据所征收的一种费用，其目的是加快发展教育事业，扩大教育经费资金来源。

(一) 教育费附加和地方教育附加的认知

1. 教育费附加和地方教育附加纳税人的确定

教育费附加和地方教育附加的纳税人是在中华人民共和国境内缴纳增值税、消费税的单位和个人，包括外商投资企业、外国企业及外籍个人。

2. 教育费附加和地方教育附加征税对象的确定

教育费附加和地方教育附加以纳税人实际缴纳的增值税、消费税为计税依据，随增值税、消费税同时征收，其本身没有特定的征税对象，其征收管理方法也完全比照增值税、消费税的有关规定办理。

(二) 教育费附加和地方教育附加的计算

1. 教育费附加和地方教育附加计税依据的确定

教育费附加和地方教育附加的计税依据是纳税人实际缴纳的增值税、消费税。纳税人违反增值税、消费税有关税法而加收的滞纳金和罚款，是税务机关对纳税人违法行为的经济制裁，不作为教育费附加和地方教育附加的计税依据。

2. 教育费附加和地方教育附加税率的判定

现行教育费附加的征收率为3%，地方教育附加的征收率为2%。

3. 教育费附加和地方教育附加优惠政策的运用

教育费附加和地方教育附加的减免，原则上比照增值税、消费税的减免规定。教育费附加和地方教育附加的减免规定有以下几种情况。

(1) 教育费附加和地方教育附加按减免后实际缴纳的增值税、消费税计征，即随增值税、消费税的减免而减免。

(2) 对海关进口产品征收的增值税、消费税，不征收教育费附加。

(3) 对由于减免增值税、消费税而发生退税的，可同时退还已征收的教育费附加。但对出口产品退还增值税、消费税的，不退还已征的教育费附加。

4. 教育费附加和地方教育附加应纳税额的计算

教育费附加和地方教育附加的计算公式为

$$应纳教育费附加＝实际缴纳的增值税、消费税税额×征收率(3\%)$$
$$应纳地方教育附加＝实际缴纳的增值税、消费税税额×征收率(2\%)$$

(三) 教育费附加和地方教育附加应纳税额的会计核算

教育费附加和地方教育附加的会计核算应分别设置"应交税费——应交教育费附加""应交税费——应交地方教育附加"科目。计提教育费附加和地方教育附加时，应借记"税金及附加"科目，贷记"应交税费——应交教育费附加""应交税费——应交地方教育附加"科目；实际缴纳教育费附加和地方教育附加时，应借记本科目，贷记"银行存款"科目。"应交税费——应交教育费附加""应交税费——应交地方教育附加"科目对应账户期末贷方余额，反映企业应交而未交的教育费附加和地方教育附加。

(四) 教育费附加和地方教育附加的纳税申报

1. 教育费附加和地方教育附加的纳税义务发生时间

教育费附加和地方教育附加的纳税义务发生时间与缴纳增值税、消费税的纳税义务发生时间一致，分别与增值税、消费税同时缴纳。

2. 教育费附加和地方教育附加的纳税期限

教育费附加和地方教育附加按月或者按季计征。不能按固定期限计征的，可以按次计征。

实行按月或者按季计征的，纳税人应当于月度或者季度终了之日起 15 日内申报并缴纳税款。实行按次计征的，纳税人应当于纳税义务发生之日起 15 日内申报并缴纳税款。

3. 教育费附加和地方教育附加的纳税地点

教育费附加和地方教育附加纳税地点为实际缴纳增值税、消费税的地点。有特殊情况的，按下列原则和办法确定纳税地点：

(1) 代扣代缴、代收代缴增值税、消费税的单位和个人，同时也是城市维护建设税的代扣代缴、代收代缴义务人，其教育费附加和地方教育附加纳税地点为代扣代收地；

(2) 对流动经营等无固定纳税地点的单位和个人，教育费附加和地方教育附加应随同增值税、消费税在经营地纳税。

任务实施

根据【任务导入】情境资料和任务要求，通过如下操作步骤进行任务实施。

实施任务：根据经济业务计算 2020 年 5 月应缴纳的城市维护建设税、教育费附加、地方教育附加并做出相应的会计处理。

第一步：计算 2020 年 5 月应缴纳的城市维护建设税、教育费附加、地方教育附加。

应纳增值税税额＝289 200−105 860＋5 200＝188 540(元)

应纳的城市维护建设税税额＝(188 540＋135 460)×7%＝324 000×7%＝22 680(元)

应纳的教育费附加＝(188 540＋135 460)×3%＝324 000×3%＝9 720(元)

应纳的地方教育附加＝(188 540＋135 460)×2%＝324 000×2%＝6 480(元)

第二步：宏达公司做出如下会计处理。

(1) 计提 2020 年 5 月城市维护建设税、教育费附加、地方教育附加时：

借：税金及附加　　　　　　　　　　　　　　38 880

　　贷：应交税费——应交城市维护建设税　　　　22 680

　　　　应交税费——应交教育费附加　　　　　　9 720

　　　　应交税费——应交地方教育附加　　　　　6 480

(2) 实际缴纳 2020 年 5 月城市维护建设税、教育费附加、地方教育附加时：

借：应交税费——应交城市维护建设税　　　　22 680

　　应交税费——应交教育费附加　　　　　　9 720

　　应交税费——应交地方教育附加　　　　　6 480

　　贷：银行存款　　　　　　　　　　　　　　38 880

任务考核

一、单项选择题

1. 企业缴纳的下列税费中，应作为城市维护建设税计税依据的是(　　)。
 A. 当期实际向税务机关缴纳的增值税
 B. 当期免征和减征的增值税
 C. 纳税人在查补增值税、消费税时被处以的罚款
 D. 进口环节海关代征的消费税

2. 甲公司向税务机关实际缴纳增值税 80 000 元、消费税 60 000 元；向海关缴纳进口环节增值税 50 000 元、消费税 35 000 元。已知城市维护建设税适用税率为 7%，计算甲公司当月应缴纳城市维护建设税税额的下列算式中，正确的是(　　)。
 A. (80 000＋60 000＋50 000＋35 000)×7%
 B. (80 000＋50 000)×7%
 C. (60 000＋35 000)×7%
 D. (80 000＋60 000)×7%

3. 2020 年 9 月 X 市甲企业接受 Y 县乙企业委托加工应税消费品，取得不含增值税加工费 30 万元，代收代缴消费税 13 万元。已知，X 市和 Y 县的城市维护建设税税率分别为 7% 和 5%。计算甲企业就该笔业务应代收代缴城市维护建设税税额的下列算式中，正确的是(　　)。
 A. (30＋13)×7%　　　　　　　　B. (30＋13)×5%
 C. 13×7%　　　　　　　　　　　D. 13×5%

4. 乙公司为增值税一般纳税人，2020 年 9 月向税务机关实际缴纳增值税 250 000 元、消费税 700 000 元、城市维护建设税 66 500 元。已知，教育费附加征收比率为 3%。计算乙公司当月应缴纳教育费附加的下列算式中，正确的是(　　)。
 A. (700 000＋66 500)×3%　　　　B. (250 000＋66 500)×3%
 C. (250 000＋700 000)×3%　　　D. (250 000＋700 000＋66 500)×3%

5. 根据城市维护建设税法律制度的规定，下列关于城市维护建设税税收优惠的表述中，不正确的是(　　)。
 A. 对出口货物退还增值税的，可同时退还已缴纳的城市维护建设税
 B. 对进口货物或者境外单位和个人向境内销售劳务、服务、无形资产缴纳的增值税、消费税，不征收城市维护建设税
 C. 对增值税实行先征后退办法的，除另有规定外，不予退还增值税附征的城市维护建设税
 D. 对增值税实行即征即退办法的，除另有规定外，不予退还增值税附征的城市维护建设税

二、多项选择题

1. 教育费附加和地方教育附加以纳税人实际缴纳的(　　)税额为计征依据。
 A. 增值税　　　　　　　　　　　B. 消费税
 C. 关税　　　　　　　　　　　　D. 城市维护建设税

2. 纳税人的下列支出中，不得作为教育费附加和地方教育附加计税依据的有(　　)。
 A. 查补的增值税、消费税
 B. 偷漏增值税、消费税被处的罚款支出

  C. 欠缴增值税、消费税而支付的滞纳金

  D. 查补的教育费附加和地方教育附加

3. 关于城市维护建设税的适用税率，下列表述正确的有( )。

  A. 按纳税人所在地区的不同，设置了三档地区差别比例税率

  B. 由受托方代收、代扣增值税、消费税的，可按纳税人所在地的规定税率就地缴纳城市维护建设税

  C. 流动经营等无固定纳税地点的纳税人应随同增值税、消费税在经营地按适用税率缴纳城建税

  D. 城市维护建设税的税率是指纳税人应缴纳的城市维护建税与其实际缴纳的增值税、消费税税额之间的比率

4. 下列关于教育费附加的规定，说法正确的有( )。

  A. 对纳税人进口货物海关代征的增值税、消费税，不作为教育费附加的计征依据

  B. 对出口产品退还增值税、消费税的，可同时退还已征收的教育费附加

  C. 现行教育费附加征收比率为3%

  D. 教育费附加单独缴纳，不与增值税、消费税同时缴纳

5. 下列税种进行会计核算时不需设置"应交税费"科目的有( )。

  A. 城市维护建税 B. 印花税   C. 耕地占用税   D. 土地增值税

三、判断题

1. 对实行增值税期末留抵退税的纳税人，允许其从城市维护建设税的计税依据中扣除退还的增值税。 ( )

2. 代扣代缴、代收代缴增值税、消费税的单位和个人，同时也是城市维护建设税的代扣代缴、代收代缴义务人，其城市维护建设税的纳税地点为代扣代收地。 ( )

3. 城市维护建设税的会计核算应设置"应交税费——应交城市维护建设税"科目。 ( )

4. 教育费附加和地方教育附加的会计核算应分别设置"应交税费——应交教育费附加""应交税费——应交地方教育附加"科目。 ( )

5. 教育费附加和地方教育附加的纳税义务发生时间和纳税期限与增值税、消费税一致。 ( )

四、操作题

  乙实业有限责任公司(位于市区，统一社会信用代码为9127061334956530××，办税员为田某，身份证号为210×××××××××××××××××)为增值税一般纳税人，2020年6月有关涉税资料如下：本月增值税销项税额为550 000元，国内采购货物允许抵扣的增值税进项税额为150 000元，进口环节缴纳的增值税为50 000元，应缴纳的消费税税额为130 000(其中含进口环节缴纳的消费税70 000)元，另外缴纳进口关税160 000元。

  要求：

  计算乙实业有限责任公司应缴纳的城市维护建设税、教育费附加和地方教育附加并做出相应的会计处理。

任务三　车辆购置税和车船税实务

任务导入

兴华有限责任公司(简称"兴华公司")为增值税一般纳税人,公司统一社会信用代码为9127074856493135××。兴华公司 2020 年 1 月 3 日从国外购买两辆相同型号小轿车作为自用,进口报关时,经海关核定,这两辆小轿车的关税完税价格为 400 400 元,进口关税税率为 20%,消费税税率为 9%,增值税税率为 13%,车辆购置税税率为 10%。该公司于 2020 年 1 月 15 日对车辆购置税进行纳税申报。

兴华公司现拥有车辆情况为:发动机气缸容量为 1.6 升的乘用车 2 辆,该型号乘用车核定载客人数为 5 人;发动机气缸容量为 1.8 升的乘用车 2 辆,该型号乘用车核定载客人数为 5 人;发动机气缸容量为 2.4 升的乘用车 2 辆,该型号乘用车核定载客人数为 7 人;商用客车 2 辆;商用货车 2 辆,每辆商用货车的整备质量吨位数均为 20 吨。按照当地规定,每年年初申报缴纳当年全年车船税,公司采用自行申报方式缴纳车船税。车船税税率为:发动机汽缸容量在 1.6 升的乘用车,适用年基准税额为 480 元;发动机汽缸容量在 1.8 升的乘用车,适用年基准税额为 540 元;发动机汽缸容量在 2.4 升的乘用车,适用年基准税额为 960 元;商用客车适用年基准税额为 1 200 元;商用货车适用整备质量每吨的年基准税额为 80 元。该公司于 2020 年 1 月 15 日对 2020 年度的车船税进行纳税申报。

任务要求:

1. 计算兴华公司 2020 年 1 月应缴纳的车辆购置税并做出相应的会计处理,2020 年 1 月 15 日进行车辆购置税纳税申报,填写车辆购置税纳税申报表。

2. 计算兴华公司 2020 年全年应纳的车船税并做出相应的会计处理,2020 年 1 月 15 日进行车船税纳税申报,填写车船税相关纳税申报表。

任务准备

一、车辆购置税实务

车辆购置税是对在中国境内购置应税车辆的单位和个人征收的一种税。它是由车辆购置附加费演变而来的。

(一) 车辆购置税的认知

1. 车辆购置税纳税人的确定

在中华人民共和国境内购置汽车、有轨电车、汽车挂车、排气量超过 150 毫升的摩托车(以下统称应税车辆)的单位和个人,为车辆购置税的纳税人。

购置是指以购买、进口、自产、受赠、获奖或者其他方式取得并自用应税车辆的行为。

2. 车辆购置税征税范围的确定

车辆购置税的征收范围包括汽车、有轨电车、汽车挂车、排气量超过 150 毫升的摩托车。

(二) 车辆购置税的计算

1. 车辆购置税计税依据的确定

车辆购置税的计税依据为应税车辆的计税价格。应税车辆的计税价格,按照下列规定确定。

(1) 纳税人购买自用应税车辆的计税价格,为纳税人实际支付给销售者的全部价款,不包括增值税税款。

(2) 纳税人进口自用应税车辆的计税价格,为关税完税价格加上关税和消费税,即为组成计税价格。

① 如果进口车辆是属于消费税征税范围的小汽车、摩托车等应税车辆,则其组成计税价格计算公式为

$$计税价格(组成计税价格)＝关税完税价格＋关税＋消费税$$
$$＝(关税完税价格＋关税)÷(1-消费税比例税率)$$

② 如果进口车辆是不属于消费税征税范围的应税车辆,则其组成计税价格计算公式为

$$计税价格(组成计税价格)＝关税完税价格＋关税$$

纳税人进口自用应税车辆是指纳税人直接从境外进口或者委托代理进口自用的应税车辆,不包括在境内购买的进口车辆。

(3) 纳税人自产自用应税车辆的计税价格,按照纳税人生产的同类应税车辆的销售价格确定,不包括增值税税款。

纳税人自产自用应税车辆的计税价格,按照同类应税车辆(即车辆配置序列号相同的车辆)的销售价格确定,不包括增值税税款;没有同类应税车辆销售价格的,按照组成计税价格确定。其组成计税价格的计算公式为

$$组成计税价格＝成本×(1＋成本利润率)$$

属于应征消费税的应税车辆,其组成计税价格中应加计消费税税额。上述公式中的成本利润率,由国家税务总局各省、自治区、直辖市和计划单列市税务局确定。

(4) 纳税人以受赠、获奖或者其他方式取得自用应税车辆的计税价格,按照购置应税车辆时相关凭证载明的价格确定,不包括增值税税款。

纳税人以外汇结算应税车辆价款的,按照申报纳税之日的人民币汇率中间价折合成人民币计算缴纳税款。

2. 车辆购置税税率的判定

车辆购置税实行统一比例税率,税率为 10%。

3. 车辆购置税优惠政策的运用

(1) 法定减免税规定。

① 依照法律规定应当予以免税的外国驻华使馆、领事馆和国际组织驻华机构及其有关人员自用的车辆。

② 中国人民解放军和中国人民武装警察部队列入装备订货计划的车辆。

③ 悬挂应急救援专用号牌的国家综合性消防救援车辆。

④ 设有固定装置的非运输专用作业车辆。

⑤ 城市公交企业购置的公共汽电车辆。

根据国民经济和社会发展的需要，国务院可以规定减征或者其他免征车辆购置税的情形，报全国人民代表大会常务委员会备案。

(2) 其他优惠政策。

① 自 2018 年 7 月 1 日至 2023 年 12 月 31 日，对购置挂车减半征收车辆购置税。挂车是指由汽车牵引才能正常使用且用于载运货物的无动力车辆。

② 自 2021 年 1 月 1 日至 2022 年 12 月 31 日，对购置的新能源汽车继续免征车辆购置税。

4. 车辆购置税应纳税额的计算

车辆购置税实行从价定率方法计算应纳税额，计算公式为

$$应纳税额＝计税依据×税率$$

由于应税车辆的来源、应税行为的发生以及计税依据组成的不同，因而，车辆购置税应纳税额的计算方法也有区别。

(1) 购买自用应税车辆应纳税额的计算。

在应纳税额的计算当中，应注意以下费用的计税规定。

① 购买者随购买车辆支付的工具件和零部件价款应作为购车价款的一部分，并入计税依据中征收车辆购置税；支付的车辆装饰费应作为价外费用并入计税依据中计税。

② 代收款项应区别征税。凡使用代收单位(受托方)票据收取的款项，应视作代收单位价外收费，购买者支付的价费款，应并入计税依据中一并征税；凡使用委托方票据收取，受托方只履行代收义务和收取代收手续费的款项，应按其他税收政策规定征税。

③ 购买者支付的控购费，是政府部门的行政性收费，不属于销售者的价外费用范围，不应并入计税价格计税。

④ 销售单位开展优质销售活动所开票收取的有关费用，应属于经营性收入，企业在代理过程中按规定支付给有关部门的费用，企业已作经营性支出列支核算，其收取的各项费用并在一张发票上难以划分的，应作为价外收入计算征税。

(2) 进口自用应税车辆应纳税额的计算。

纳税人进口自用的应税车辆应纳税额的计算公式分为以下两种情况。

如果进口车辆是属于消费税征税范围的小汽车、摩托车等应税车辆，则其应纳税额计算公式为

$$应纳税额＝(关税完税价格＋关税＋消费税)×税率$$

如果进口车辆是不属于消费税征税范围的应税车辆，则其应纳税额计算公式为

$$应纳税额＝(关税完税价格＋关税)×税率$$

(3) 自产自用应税车辆应纳税额的计算。

纳税人自产自用应税车辆应纳税额的计算公式为

$$应纳税额＝同类应税车辆的销售价格×税率$$

(4) 以受赠、获奖或者其他方式取得自用应税车辆应纳税额的计算。

以受赠、获奖或者其他方式取得自用应税车辆应纳税额的计算公式为

$$应纳税额＝购置应税车辆时相关凭证载明的价格×税率$$

(5) 纳税人申报的应税车辆计税价格明显偏低，又无正当理由的应税车辆应纳税额的计算。

纳税人申报的应税车辆计税价格明显偏低，又无正当理由的，由税务机关依照《中华人民共和国税收征收管理法》的规定核定其应纳税额。

(6) 特殊情况下自用应税车辆应纳税额或应退税额的计算。

① 免税、减税车辆因转让、改变用途等原因不再属于免税、减税范围的，纳税人应当在办理车辆转移登记或者变更登记前缴纳车辆购置税。计税价格以免税、减税车辆初次办理纳税申报时确定的计税价格为基准，每满一年扣减 10%。

② 纳税人将已征车辆购置税的车辆退回车辆生产企业或者销售企业的，可以向主管税务机关申请退还车辆购置税。退税额以已缴税款为基准，自缴纳税款之日至申请退税之日，每满一年扣减 10%。

(三) 车辆购置税的会计核算

企业缴纳的车辆购置税应当计入所购置车辆的成本。由于车辆购置税是一次性缴纳，可以不通过"应交税费"账户核算。企业按规定计算并缴纳车辆购置税时，借记"固定资产"科目，贷记"银行存款"科目。

(四) 车辆购置税的纳税申报

1. 车辆购置税的纳税环节

车辆购置税由税务机关负责征收。车辆购置税实行一次性征收。车辆购置税的征税环节是使用环节(即最终消费环节)。具体而言，纳税人应当在向公安机关交通管理部门办理车辆注册登记前，缴纳车辆购置税。公安机关交通管理部门办理车辆注册登记，应当根据税务机关提供的应税车辆完税或者免税电子信息对纳税人申请登记的车辆信息进行核对，核对无误后依法办理车辆注册登记。

购置已征车辆购置税的车辆，不再征收车辆购置税。但减税、免税条件消失的车辆，应按规定缴纳车辆购置税。

2. 车辆购置税的纳税义务发生时间

车辆购置税的纳税义务发生时间为纳税人购置应税车辆的当日。

3. 车辆购置税的纳税期限

纳税人应当自纳税义务发生之日起 60 日内申报缴纳车辆购置税。

4. 车辆购置税的地点

纳税人购置应税车辆，应当向车辆登记地的主管税务机关申报缴纳车辆购置税；购置不需要办理车辆登记的应税车辆的，应当向纳税人所在地的主管税务机关申报缴纳车辆购置税。

5. 车辆购置税的纳税申报实务

纳税人对车辆购置税进行纳税申报，应填报"车辆购置税纳税申报表"(见表 7-5)。

表 7-5　车辆购置税纳税申报表

填表日期：2020 年 01 月 15 日

行业代码：****　　　　　　　　　　　　　　　　　　　注册类型代码：******

纳税人名称：兴华有限责任公司　　　　　　　　　　　　金额单位：元(列至角分)

纳税人证件名称	营业执照		证件号码		9127074856493135××	
联系电话		邮政编码		地址		
车辆基本情况						
车辆类别	1. 汽车√　2. 摩托车　3. 电车　4. 挂车　5. 农用运输车					
生产企业名称			机动车销售统一发票(或有效凭证)价格		400 400	
厂牌型号	*********		关税完税价格		528 000	
发动机号码	*******		关税		80 080	
车辆识别代号(车架号码)	******		消费税		47 520	
购置日期	2020 年 01 月 03 日		免(减)税条件			
申报计税价格	计税价格	税率	免税、减税额		应纳税额	
1	2	3	4=2×3		5=1×3 或 2×3	
528 000	528 000	10%			52 800	

申报人声明	授权声明
此纳税申报表是根据《中华人民共和国车辆购置税暂行条例》的规定填报的，我相信它是真实的、可靠的、完整的。 　　　　　　　　声明人签字：兴华有限责任公司	如果你已委托代理人申报，请填写以下资料： 　　为代理一切税务事宜，现授权(　　　　)，地址(　　　　)为本纳税人的代理申报人，任何与本申报表有关的往来文件，都可寄予此人。 　　　　　　　　授权人签字：

纳税人签名或盖章	如委托代理人的，代理人应填写以下各栏		代理人(章)
	代理人名称		
	地址		
	经办人		
	电话		

接收人：

接收日期：　　　　　　　　　　　　　　　　主管税务机关(章)：

二、车船税实务

车船税是依照法律规定对在中华人民共和国境内的车辆、船舶，按照规定税目和税额计算征收的一种税。

(一) 车船税的认知

1. 车船税纳税人的确定

车船的所有人或者管理人是车船税的纳税人。所有人是指在我国境内拥有车船的单位和个人。管理人是指对车船具有管理权或者使用权，不具有所有权的单位。外商投资企业、外国企业、华侨、外籍人员和港、澳、台同胞，也属于车船税的纳税人。境内单位和个人租入外国籍船舶的，不征收车船税。境内单位和个人将船舶出租到境外的，应依法征收车船税。

从事机动车第三者责任强制保险业务的保险机构为机动车车船税的扣缴义务人。

2. 车船税征税范围的确定

车船税的征收范围是指在中华人民共和国境内属于车船税法所规定的应税车辆和船舶。具体包括：

(1) 依法应当在车船登记管理部门登记的机动车辆和船舶；

(2) 依法不需要在车船登记管理部门登记的在单位内部场所行驶或者作业的机动车辆和船舶。

3. 车船税税目的确定

车船税的税目分为六大类，包括乘用车、商用车、挂车、其他车辆、摩托车和船舶。车船税的税目见"车船税税目税额表"(见表 7-6)。

(二) 车船税的计算

1. 车船税计税依据的确定

(1) 车船税计税依据的一般规定。

① 乘用车、商用车客车、摩托车：以辆为计税依据。

② 商用车货车、挂车、其他车辆：按整备质量每吨为计税依据。

③ 机动船舶：按净吨位每吨为计税依据。

④ 游艇：按艇身长度为计税依据。

(2) 车船税计税依据的特殊规定。

① 拖船按照发动机功率每 1 千瓦折合净吨位 0.67 吨计算征收车船税。

② 整备质量、净吨位、艇身长度等计税单位，有尾数的一律按照含尾数的计税单位据实计算车船税应纳税额。计算得出的应纳税额小数点后超过两位的可四舍五入保留两位小数。

③ 乘用车以车辆登记管理部门核发的机动车登记证书或者行驶证书所载的排气量毫升数确定税额区间。

2. 车船税税率的判定

车船税采用定额税率，又称固定税额。省、自治区、直辖市人民政府确定的车辆具体适用税额，应当报国务院备案。车船税税目税额表如表 7-6 所示。

表 7-6　车船税税目税额表

税　目		计税单位	年基准税额	备　注
乘用车(按发动机汽缸容量(排气量)分档)	1.0 升(含)以下的	每辆	60～360 元	核定载客人数 9 人(含)以下
	1.0 升以上至 1.6 升(含)的		300～540 元	
	1.6 升以上至 2.0 升(含)的		360～660 元	
	2.0 升以上至 2.5 升(含)的		660～1 200 元	
	2.5 升以上至 3.0 升(含)的		1 200～2 400 元	
	3.0 升以上至 4.0 升(含)的		2 400～3 600 元	
	4.0 升以上的		3 600～5 400 元	

(续表)

税　目		计税单位	年基准税额	备　注
商用车	客　车	每辆	480～1 440 元	核定载客人数 9 人以上，包括电车
	货　车		16～120 元	包括半挂牵引车、三轮汽车和低速载货汽车等
挂车		整备质量每吨	按照货车税额的 50% 计算	
其他车辆	专用作业车		16～120 元	不包括拖拉机
	轮式专用机械车		16～120 元	
摩托车		每辆	36～180 元	
游艇	机动船舶	净吨位每吨	3～6 元	拖船、非机动驳船分别按照机动船舶税额的 50%计算
	游艇	艇身长度每米	600～2 000 元	

3. 车船税优惠政策的运用

车船税优惠政策的运用见二维码 7-10。

4. 车船税应纳税额的计算

(1) 车船税实行各税目应纳税额的计算公式为

7-10 车船税优惠政策的运用

$$应纳车船税税额＝计税单位×适用年基准税额$$

$$拖船和非机动驳船的应纳车船税税额＝计税单位×适用年基准税额×50\%$$

(2) 购置的新车船，购置当年的应纳税额自纳税义务发生的当月起按月计算。其计算公式为

$$应纳车船税税额＝年应纳税额÷12×应纳税月份数$$

(3) 保险机构代收代缴车船税和滞纳金的计算。

① 购买短期机动车交通事故责任强制保险(简称交强险)的车辆。对于境外机动车临时入境、机动车临时上道路行驶、机动车距规定的报废期限不足 1 年而购买短期交强险的车辆，保单中"当年应缴"项目的计算公式为

$$当年应缴车船税税额＝计税单位×年单位税额×应纳税月份数÷12$$

其中，应纳税月份数为交强险有效期起始日期的当月至截止日期的当月的月份数。

② 对于已向税务机关缴税或税务机关已经批准免税的车辆，保单中"当年应缴"项目应为零。对于税务机关已批准减税的机动车，保单中"当年应缴"项目应根据减税前的应纳税额扣除依据减税证明中注明的减税幅度计算的减税额确定。减税车辆车船税计算公式为

$$减税车辆应纳车船税税额＝减税前应纳车船税×(1-减税幅度)$$

③ 滞纳金的计算。对于纳税人在应购买交强险截止日期以后购买交强险的，或以前年度没有缴纳车船税的，保险机构在代收代缴税款的同时，还应代收代缴欠缴税款的滞纳金。滞纳金的计算公式为

$$每年欠税应加收的滞纳金＝欠税金额×滞纳天数×0.5‰$$

滞纳天数的计算自应购买交强险截止日期的次日起到纳税人购买交强险的当日止。纳税人连续两年以上欠缴车船税的，应分别计算每年欠税应加收的滞纳金。

(三) 车船税应纳税额的会计核算

车船税的会计核算应设置"应交税费——应交车船税"科目。该科目贷方登记本期应缴纳的车船税税额，借方登记企业实际缴纳的车船税税额。企业分期计提车船税时，应借记"税金及附加"科目，贷记本科目；实际缴纳车船税时应借记本科目，贷记"银行存款"科目。本科目期末贷方余额反映应交而未交的车船税税额。

(四) 车船税的纳税申报

1. 车船税的纳税方式

(1) 自行申报方式：纳税人自行向主管税务机关申报缴纳车船税。

(2) 代收代缴方式：纳税人在办理机动车交强险时由保险机构作为扣缴义务人代收代缴车船税。

2. 车船税的纳税义务发生时间

车船税纳税义务发生时间为取得车船所有权或管理权的当月。

纳税人在首次购买机动车交强险时缴纳车船税或者自行申报缴纳车船税的，应当提供购车发票及反映排气量、整备质量、核定载客人数等与纳税相关的信息及其相应凭证。

在一个纳税年度内，已完税的车船被盗抢、报废、灭失的，纳税人可以凭有关管理机关出具的证明和完税证明，向纳税所在地的主管税务机关申请退还自被盗抢、报废、灭失月份起至该纳税年度终了期间的税款。已办理退税的被盗抢车船，失而复得的，纳税人应当从公安机关出具相关证明的当月起计算缴纳车船税。已经缴纳车船税的车船，因质量原因，车船被退回生产企业或者经销商的，纳税人可以向纳税所在地的主管税务机关申请退还自退货月份起至该纳税年度终了期间的税款。退货月份以退货发票所载日期的当月为准。

保险机构作为车船税扣缴义务人，在代收车船税并开具增值税发票时，应在增值税发票备注栏中注明代收车船税税款信息。该增值税发票可作为纳税人缴纳车船税及滞纳金的会计核算原始凭证。车船税已经由保险机构代收代缴的，车辆登记地的主管税务机关不再征收该纳税年度的车船税。再次征收的，车辆登记地主管税务机关应予退还。

3. 车船税的纳税期限

车船税是按年申报，分月计算，一次性缴纳。纳税年度自公历 1 月 1 日起至 12 月 31 日止。具体申报纳税期限由各省、自治区、直辖市人民政府规定，但下列情形的纳税期限按规定执行。

(1) 机动车辆在投保交强险时尚未缴纳当年度车船税的，应当在投保的同时向保险机构缴纳。

(2) 新购置的机动车辆，应当在办理缴纳车辆购置税手续的同时缴纳。

(3) 新购置的船舶，应当在取得船舶登记证书的当月缴纳。其他应税船舶，应当在办理船舶年度检验之前缴纳。

(4) 在申请车船转籍、转让交易、报废时尚未缴纳当年度车船税的，应当在办理相关手续之前缴纳。

(5) 已办理退税的被盗抢车船又找回的，纳税人应从公安机关出具相关证明的当月起计算缴纳车船税。

4. 车船税的纳税地点

纳税人自行向主管税务机关申报缴纳车船税的，缴纳地点为车船登记地；依法不需要办理登记的车船，纳税地点为车船的所有人或者管理人的所在地。由保险机构代收代缴车船税的，纳税地点为保险机构所在地。

5. 车船税的纳税申报实务

纳税人对车船税进行纳税申报，应填报"车船税税源明细表"(略)、"财产和行为税减免税明细表"(略)、"财产和行为税纳税申报表"(见表 7-7)。

表 7-7 财产和行为税纳税申报表

纳税人识别号(统一社会信用代码)：9127074856493135××

纳税人名称：兴华有限责任公司　　　　　　　　　　　　　　　　　金额单位：人民币元(列至角分)

序号	税种	税目	税款所属期起	税款所属期止	计税依据	税率	应纳税额	减免税额	已缴税额	应补(退)税额
1	车船税	1.0 升以上至 1.6 升(含)的乘用车	2020 年 01 月 01 日	2020 年 12 月 31 日	2	480	960			960
2		1.6 升以上至 2.0 升(含)的乘用车	2020 年 01 月 01 日	2020 年 12 月 31 日	2	540	1 080			1 080
3		2.0 升以上至 2.5 升(含)的乘用车	2020 年 01 月 01 日	2020 年 12 月 31 日	2	960	1 920			1 920
4		商用客车	2020 年 01 月 01 日	2020 年 12 月 31 日	2	1 200	2 400			2 400
5		商用货车	2020 年 01 月 01 日	2020 年 12 月 31 日	40	80	3 200			3 200
7										
8	合计	—	—	—	—	—	9 560			9 560

声明：本表是根据国家税收法律法规及相关规定填写的，本人(单位)对填报内容(及附带资料)的真实性、可靠性、完整性负责。

　　　　　　　　　　　　　　　纳税人 (签章)：兴华有限责任公司　2020 年 01 月 15 日

经办人： 经办人身份证号： 代理机构签章： 代理机构统一社会信用代码：	受理人： 受理税务机关(章)： 受理日期：　　年　　月　　日

任务实施

根据【任务导入】情境资料和任务要求，通过如下操作步骤进行任务实施。

实施任务 1：对车辆购置税进行如下任务实施。

第一步：根据经济业务计算 2020 年 1 月应缴纳的车辆购置税并做出相应的会计处理。

应纳关税税额＝400 400×20%＝80 080(元)

组成计税价格＝(400 400＋80 080)÷(1－9%)＝528 000(元)

应纳增值税税额＝528 000×13%＝68 640(元)

应纳消费税税额＝528 000×9%＝47 520(元)

应纳车辆购置税税额＝528 000×10%＝52 800(元)

兴华公司做出会计处理如下：

借：固定资产　　　　　　　　　　　　　　　　580 800

　　应交税费——应交增值税(进项税额)　　　　68 640

　　　贷：银行存款　　　　　　　　　　　　　　　　649 440

第二步：对车辆购置税进行纳税申报。

填写"车辆购置税纳税申报表"(见表 7-5)，完成纳税申报工作。

实施任务 2：对车船税进行如下任务实施。

第一步：根据经济业务计算 2020 年全年应缴纳的车船税并做相应的会计处理。

2020 年全年应纳车船税税额＝2×480＋2×540＋2×960＋2×1 200＋2×20×80＝960＋1 080＋1 920＋2 400＋3 200＝9 560(元)

兴华公司做出的会计处理如下：

(1) 计提车船税时：

借：税金及附加   9 560

    贷：应交税费——应交车船税   9 560

(2) 实际缴纳车船税时：

借：应交税费——应交车船税   9 560

    贷：银行存款   9 560

第二步：对车船税进行纳税申报。

填写"财产和行为税纳税申报表"(见表 7-7)，完成纳税申报工作。

 **任务考核**

一、单项选择题

1. 在我国境内购置汽车、有轨电车、汽车挂车、排气量超过(　　　)毫升的摩托车的单位和个人，为车辆购置税的纳税人。

    A. 100   B. 120   C. 150   D. 200

2. 甲汽车专卖店购入小汽车 12 辆，下列行为中，应当由甲汽车专卖店作为纳税人缴纳车辆购置税的是(　　　)。

    A. 将其中 6 辆销售给客户

    B. 将其中 2 辆作为董事长、总经理的专用轿车

    C. 将其中 1 辆赠送给乙企业

    D. 库存 3 辆尚未售出

3. 下列车辆中，不属于车辆购置税免税项目的是(　　　)。

    A. 国际组织驻华机构的自用小汽车

    B. 设有固定装置的非运输专用作业车辆

    C. 城市公交企业购置的公共汽电车辆

    D. 甲公司购买的经营用汽车挂车

4. 乙公司 2020 年 8 月进口自用小轿车一辆，海关审定关税完税价格 150 万元，缴纳关税 37.5 万元、消费税 62.5 万元。已知车辆购置税税率为 10%，计算乙公司进口自用该小轿车应缴纳车辆购置税税额的下列算式中，正确的是(　　　)。

    A. (150＋37.5)×10%   B. (150＋62.5)×10%

    C. 150×10%   D. (150＋37.5＋62.5)×10%

5. 甲公司机构所在地为 X 市，于 Y 市购进一辆应税汽车，在 Z 市办理车辆登记，该汽车生产企业机构所在地为 A 市。甲公司购置该汽车车辆购置税的纳税地点是(　　　)。

    A. Y 市   B. A 市   C. X 市   D. Z 市

6. 下列车船中，应征收车船税的是(　　　)。

    A. 捕捞渔船   B. 符合国家有关标准的纯电动商用车

    C. 军队专用车船   D. 观光游艇

7. 下列各项中,属于机动船舶计税单位的是( )。

    A. 净吨位每吨   B. 整备质量每吨

    C. 艇身长度每米   D. 购置价格

8. 下列车辆中,免征车船税的是( )。

    A. 建筑公司轮式专用机械车   B. 人民检察院警务用车

    C. 商场运输部门用车   D. 物流公司货车

9. 某企业 2020 年初拥有小轿车 2 辆;当年 4 月,1 辆小轿车被盗,已按照规定办理退税。通过公安机关的侦查,9 月被盗车辆失而复得,并取得公安机关的相关证明。已知当地小轿车车船税年税额为 600 元/辆,该企业 2020 年实际应缴纳的车船税为( )元。

    A. 600   B. 950   C. 1 000   D. 1 200

10. 下列关于车船税纳税申报的表述中,不正确的是( )。

    A. 没有扣缴义务人的,纳税人应当向主管税务机关自行申报缴纳车船税

    B. 保险机构为扣缴义务人的,应当在收取保险费时依法代收车船税,并出具代收税款凭证

    C. 已缴纳车船税的车船在同一纳税年度内办理转让过户的,可以退税

    D. 扣缴义务人已代收代缴车船税的,纳税人不再向车辆登记地的主管税务机关申报缴纳车船税

二、多项选择题

1. 下列各项中,属于车辆购置税应税车辆的有( )。

    A. 汽车   B. 有轨电车

    C. 地铁   D. 电动摩托车

2. 下列各项中,属于车辆购置税应税行为的有( )。

    A. 购买使用行为   B. 进口使用行为

    C. 受赠使用行为   D. 获奖使用行为

3. 下列各项中,免征车辆购置税的有( )。

    A. 外国驻华使馆自用的车辆

    B. 悬挂应急救援专用号牌的国家综合性消防救援车辆

    C. 设有固定装置的非运输专用作业车辆

    D. 城市公交企业购置的公共汽电车辆

4. 某机关本年 6 月购车一辆,随购车支付的下列款项中,应并入计税依据征收车辆购置税的有( )。

    A. 控购费   B. 增值税税款   C. 零部件价款   D. 车辆装饰费

5. 依据车辆购置税的有关规定,下列说法中不正确的有( )。

    A. 车辆购置税实行统一比例税率

    B. 车辆购置税的纳税地点一律为纳税人所在地

    C. 车辆购置税的征税环节为车辆的销售环节

    D. 车辆购置税的征税环节为车辆的出厂环节

6. 根据车船税法律制度的规定,以下属于车船税征税范围的有( )。

    A. 用于农田作业的拖拉机   B. 用于接送员工的客车

    C. 用于私人聚会的游艇   D. 供企业董事长使用的小汽车

7. 下列车船中,以"辆数"为计税依据的有( )。

A. 商用货车　　　　B. 机动船舶　　　　C. 摩托车　　　　D. 商用客车

8. 下列有关车船税计税依据的表述中，正确的有(　　)。

A. 商用客车以辆数为计税依据　　　　B. 机动船舶以整备质量吨数为计税依据

C. 游艇以艇身长度为计税依据　　　　D. 商用货车以净吨位数为计税依据

9. 下列关于车船税应纳税额计算的表述中，正确的有(　　)。

A. 购置的新车船，购置当年的应纳税额自纳税义务发生的当月起按月计算

B. 已办理退税的被盗抢车船，失而复得的，当年不需要重新纳税

C. 在一个纳税年度内，纳税人在非车辆登记地由保险机构代收代缴机动车车船税，且能够提供合法有效完税证明的，不再向车辆登记地的主管税务机关缴纳车船税

D. 已缴纳车船税的车船在同一纳税年度内办理转让过户的，应对受让方重新征收车船税

10. 下列关于车船税纳税地点的表述中，正确的有(　　)。

A. 依法不需要办理登记的车船，纳税地点为车船的所有人或者管理人所在地

B. 纳税人自行申报纳税的车船，纳税地点为车船登记地的主管税务机关所在地

C. 需要办理登记的车船，纳税地点为车船所在地

D. 扣缴义务人代收代缴税款的车船，纳税地点为扣缴义务人所在地

三、判断题

1. 进口自用应税车辆，以关税完税价格加上关税和消费税为车辆购置税的计税依据。　　　　(　　)

2. 免税、减税车辆因转让、改变用途等原因不再属于免税、减税范围的，纳税人应当在办理车辆转移登记或者变更登记前缴纳车辆购置税。　　　　(　　)

3. 纳税人申报的应税车辆计税价格明显偏低，又无正当理由的，由税务机关依法核定其车辆购置税的应纳税额。　　　　(　　)

4. 车辆购置税是一次性缴纳的，可以不通过"应交税费"科目核算。企业按规定计算并缴纳车辆购置税时，借记"固定资产"科目，贷记"银行存款"科目。　　　　(　　)

5. 纳税人应当自购置应税车辆之日起40日内申报缴纳车辆购置税。　　　　(　　)

6. 车船税法对应税车船实行幅度定额税率。　　　　(　　)

7. 车船税按车船的种类和性能，分为辆、整备质量、净吨位三种计税依据。　　　　(　　)

8. 车船税一般由纳税人在购买机动车交强险时缴纳，不需要再向税务机关申报纳税。　　　　(　　)

9. 企业按规定计算车船税时，借记"税金及附加"科目，贷记"应交税费——应交车船税"科目；实际缴纳时，借记"应交税费——应交车船税"科目，贷记"银行存款"科目。　　　　(　　)

10. 已办理退税的被盗抢车船，失而复得的，纳税人应当从公安机关出具相关证明的当月起计算缴纳车船税。　　　　(　　)

四、纳税申报操作题

乙实业有限责任公司为增值税一般纳税人，统一社会信用代码为9127061334956530××。乙实业有限责任公司2020年1月5日购买一辆小轿车供企业办公使用，支付购车款222 000元(含增值税)。另外支付的各项费用有：临时牌照费用200元，购买工具用具2 360元，车辆装饰费15 000元，汽车销售公司开具销售发票。已知增值税税率为13%，车辆购置税税率为10%。该公司于2020年1月13日对车辆购置税进行纳税申报。

乙实业有限责任公司现拥有车辆情况为：发动机气缸容量为1.5升的乘用车1辆，该型号

乘用车核定载客人数为 5 人；发动机气缸容量为 3.0 升的乘用车 1 辆，该型号乘用车核定载客人数为 7 人；商用客车 3 辆；商用货车 5 辆，每辆商用货车的整备质量吨位数均为 20 吨。车船税税率为：发动机汽缸容量在 1.5 升的乘用车，适用年基准税额为 360 元；发动机汽缸容量在 3.0 升的乘用车，适用年基准税额为 1 800 元；商用客车适用年基准税额为 1 100 元；商用货车适用的是整备质量每吨的年基准税额为 75 元。按照当地规定，每年年初申报缴纳当年全年车船税，公司采用自行申报方式缴纳车船税。该公司于 2020 年 1 月 13 日对 2020 年度的车船税进行纳税申报。

要求：

1. 计算乙实业有限责任公司 2020 年 1 月应缴纳的车辆购置税和 2020 年全年应缴纳的车船税并分别做出相应的会计处理。

2. 乙实业有限责任公司于 2020 年 1 月 13 日进行车辆购置税和车船税的纳税申报，填写车辆购置税纳税申报表和车船税相关纳税申报表。

任务四　环境保护税实务

任务导入

甲化工公司(统一社会信用代码为 9125262153284369××)在 2020 年 4 月、5 月和 6 月排放大气污染物的种类和数量均相同，第二季度每月向大气直接排放二氧化硫 105 千克、氟化物 100 千克、一氧化碳 180 千克、氯化氢 80 千克。假设当地大气污染每污染当量税额为 1.2 元，二氧化硫污染当量值为 0.95，氟化物污染当量值为 0.87，一氧化碳污染当量值为 16.7，氯化氢污染当量值为 10.75。该公司只有一个排放口，且其浓度值均不低于国家和地方规定的污染物排放量标准。该公司于 2020 年 7 月 12 日对 2020 年第二季度的环境保护税进行纳税申报。

任务要求：

1. 计算甲化工公司 2020 年第二季度应缴纳的环境保护税并做出相应的会计处理。

2. 甲化工公司于 2020 年 7 月 12 日进行纳税申报，填写环境保护税相关纳税申报表。

任务准备

环境保护税是为了保护和改善环境，减少污染物排放，推进生态文明建设而征收的一种税。

一、环境保护税的认知

(一) 环境保护税纳税人的确定

环境保护税的纳税人为在中华人民共和国领域和中华人民共和国管辖的其他海域，直接向环境排放应税污染物的企业事业单位和其他生产经营者。

(二) 环境保护税征税范围的确定

环境保护税的征税范围是《中华人民共和国环境保护税法》(以下简称《环境保护税法》)所附"环境保护税税目税额表"和"应税污染物和当量值表"规定的大气污染物、水污染物、固体废物和噪声等应税污染物。

有下列情形之一的，不属于直接向环境排放污染物，不缴纳相应污染物的环境保护税。

(1) 企业事业单位和其他生产经营者向依法设立的污水集中处理、生活垃圾集中处理场所排放应税污染物的。

(2) 企业事业单位和其他生产经营者在符合国家和地方环境保护标准的设施、场所储存或者处置固体废物的。

依法设立的城乡污水集中处理、生活垃圾集中处理场所超过国家和地方规定的排放标准向环境排放应税污染物的，应当缴纳环境保护税。

企业事业单位和其他生产经营者储存或者处置固体废物不符合国家和地方环境保护标准的，应当缴纳环境保护税。

二、环境保护税的计算

(一) 环境保护税计税依据的确定

应税污染物的计税依据，按照下列方法确定：

(1) 应税大气污染物按照污染物排放量折合的污染当量数确定；

(2) 应税水污染物按照污染物排放量折合的污染当量数确定；

(3) 应税固体废物按照固体废物的排放量确定；

(4) 应税噪声按照超过国家规定标准的分贝数确定。

(二) 环境保护税税率的判定

环境保护税税目税率如表 7-8 所示。

表 7-8 环境保护税税目税率表

税目		计税单位	税额	备注
大气污染物		每污染当量	1.2~12元	
水污染物		每污染当量	1.4~14元	
固体废物	煤矸石	每吨	5元	
	尾矿	每吨	15元	
	危险废物	每吨	1 000元	
	冶炼渣、粉煤灰、炉渣、其他固体废物(含半固态、液态废物)	每吨	25 元	

（续表）

税目		计税单位	税额	备注
噪声	工业噪声	超标1～3分贝	每月350元	1. 一个单位边界上有多处噪声超标，根据最高一处超标声级计算应纳税额；当沿边界长度超过100米有两处以上噪声超标，按照两个单位计算应纳税额。 2. 一个单位有不同地点作业场所的，应当分别计算应纳税额，合并计征。 3. 昼、夜均超标的环境噪声，昼、夜分别计算应纳税额，累计计征。 4. 声源一个月内超标不足15天的，减半计算应纳税额。 5. 夜间频繁突发和夜间偶然突发厂界超标噪声，按等效声级和峰值噪声两种指标中超标分贝值高的一项计算应纳税额
		超标4～6分贝	每月700元	
		超标7～9分贝	每月1 400元	
		超标10～12分贝	每月2 800元	
		超标13～15分贝	每月5 600元	
		超标16分贝以上	每月11 200元	

（三）环境保护税优惠政策的运用

下列情形中，暂予免征环境保护税：

(1) 农业生产(不包括规模化养殖)排放应税污染物的；

(2) 机动车、铁路机车、非道路移动机械、船舶和航空器等流动污染源排放应税污染物的；

(3) 依法设立的城乡污水集中处理、生活垃圾集中处理场所排放相应应税污染物，不超过国家和地方规定的排放标准的；

(4) 纳税人综合利用的固体废物，符合国家和地方环境保护标准的；

(5) 国务院批准免税的其他情形。

纳税人排放应税大气污染物或者水污染物的浓度值低于国家和地方规定的污染物排放标准30%的，减按75%征收环境保护税。纳税人排放应税大气污染物或者水污染物的浓度值低于国家和地方规定的污染物排放标准50%的，减按50%征收环境保护税。

（四）环境保护税应纳税额的计算

1. 应税大气污染物应纳税额的计算

应税大气污染物的应纳税额＝污染当量数×具体适用税额

2. 应税水污染物应纳税额的计算

应税水污染物的应纳税额＝污染当量数×具体适用税额

3. 应税固体废物应纳税额的计算

应税固体废物的应纳税额＝固体废物排放量×具体适用税额

4. 应税噪声应纳税额的计算

应税噪声的应纳税额为超过国家规定标准的分贝数对应的具体适用税额。

其中，应税大气污染物、水污染物的污染当量数，以该污染物的排放量除以该污染物的污染当量值计算。每种应税大气污染物、水污染物的具体污染当量值，按照"应税污染物和当量值表"执行。

每一排放口或者没有排放口的应税大气污染物，按照污染当量数从大到小排序，对前三项污染物征收环境保护税。

每一排放口的应税水污染物，按照"应税污染物和当量值表"，区分第一类水污染物和其他类水污染物，按照污染当量数从大到小排序，对第一类水污染物按照前五项征收环境保护税，对其他类水污染物按照前三项征收环境保护税。

应税大气污染物、水污染物、固体废物的排放量和噪声的分贝数，按照下列方法和顺序计算：

(1) 纳税人安装使用符合国家规定和监测规范的污染物自动监测设备的，按照污染物自动监测数据计算；

(2) 纳税人未安装使用污染物自动监测设备的，按照监测机构出具的符合国家有关规定和监测规范的监测数据计算；

(3) 因排放污染物种类多等原因不具备监测条件的，按照国务院环境保护主管部门规定的排污系数、物料衡算方法计算；

(4) 不能按照上述(1)～(3)方法计算的，按照省、自治区、直辖市人民政府环境保护主管部门规定的抽样测算的方法核定计算。

三、环境保护税的会计核算

环境保护税的会计核算应设置"应交税费——应交环境保护税"科目。该科目贷方登记本期应缴纳的环境保护税税额；借方登记企业实际缴纳的环境保护税税额。本科目期末贷方余额反映应交而未交的环境保护税税额。在"应交税费——应交环境保护税"科目下可以设置"大气污染税""水污染税""固体废弃物污染税""噪声污染税"等三级科目。

四、环境保护税的纳税申报

(一) 环境保护税的纳税义务发生时间

环境保护税的纳税义务发生时间为纳税人排放应税污染物的当日。

(二) 环境保护税的纳税期限

环境保护税按月计算，按季申报缴纳。不能按固定期限计算缴纳的，可以按次申报缴纳。

纳税人申报缴纳环境保护税时，应当向税务机关报送所排放应税污染物的种类、数量，大气污染物、水污染物的浓度值，以及税务机关根据实际需要要求纳税人报送的其他纳税资料。

纳税人按季申报缴纳的，应当自季度终了之日起15日内，向税务机关办理纳税申报并缴纳税款。纳税人按次申报缴纳的，应当自纳税义务发生之日起15日内，向税务机关办理纳税申报并缴纳税款。

(三) 环境保护税的纳税地点

环境保护税的纳税人应当向应税污染物排放地的税务机关申报缴纳环境保护税。应税污染物排放地是指：

① 应税大气污染物、水污染物排放口所在地；

② 应税固体废物产生地;

③ 应税噪声产生地。

(四) 环境保护税的纳税申报实务

纳税人对环境保护税进行纳税申报时,应填报"环境保护税税源明细表"(略)、"财产和行为税减免税明细表"(略)、"财产和行为税纳税申报表"(见表 7-9)。

表 7-9　财产和行为税纳税申报表

纳税人识别号(统一社会信用代码): 9125262153284369××

纳税人名称: 甲化工公司　　　　　　　　　　　　　　　　　金额单位: 人民币元(列至角分)

序号	税种	税目	税款所属期起	税款所属期止	计税依据	税率	应纳税额	减免税额	已缴税额	应补(退)税额
1	环境保护税	大气污染物	2020 年 04 月 01 日	2020 年 06 月 30 日	708.75	1.2	850.50			850.50
2										
3										
4	合计	—	—	—	—	—	850.50			850.50

声明: 本表是根据国家税收法律法规及相关规定填写的,本人(单位)对填报内容(及附带资料)的真实性、可靠性、完整性负责。

纳税人 (签章): 甲化工公司　2020 年 07 月 12 日

经办人: 经办人身份证号: 代理机构签章: 代理机构统一社会信用代码:	受理人: 受理税务机关(章): 受理日期:　　年　　月　　日

任务实施

根据【任务导入】情境资料和任务要求,通过如下操作步骤进行任务实施。

实施任务 1: 根据经济业务计算 2020 年第二季度应缴纳的环境保护税并做出相应的会计处理。

第一步: 计算 2020 年第二季度应缴纳的环境保护税。

应税大气污染物的污染当量数,以该污染物的排放量除以该污染物的污染当量值计算。

2020 年 4 月二氧化硫污染当量数＝105÷0.95＝110.53

2020 年 4 月氟化物污染当量数＝100÷0.87＝114.94

2020 年 4 月一氧化碳污染当量数＝180÷16.7＝10.78

2020 年 4 月氰化物污染当量数＝80÷10.75＝7.44

氟化物污染当量数(114.94)＞二氧化硫污染当量数(110.53)＞一氧化碳污染当量数(10.78)＞氰化物污染当量数(7.44)。

该公司只有一个排放口,排序选取前三项污染物为: 氟化物、二氧化硫、一氧化碳。

2020 年 4 月应纳环境保护税税额＝(110.53＋114.94＋10.78)×1.2＝236.25×1.2＝283.5(元)

由于公司 2020 年 5 月和 6 月排放大气污染物种类和数量与 4 月均相同,在此不重复 5 月和 6 月的分析过程,直接得出计算结果。

2020 年 5 月应纳环境保护税税额＝(110.53＋114.94＋10.78)×1.2＝236.25×1.2＝283.5(元)

2020 年 6 月应纳环境保护税税额＝(110.53＋114.94＋10.78)×1.2＝236.25×1.2＝283.5(元)

2020 年第二季度应纳环境保护税税额＝283.5＋283.5＋283.5＝850.5(元)

第二步：甲化工公司做出如下会计处理。

(1) 计提第二季度环境保护税时：

借：税金及附加 850.50

    贷：应交税费——应交环境保护税 (大气污染税) 850.50

(2) 实际缴纳第二季度环境保护税时：

借：应交税费——应交环境保护税(大气污染税) 850.50

    贷：银行存款 850.50

实施任务 2：对环境保护税进行纳税申报。

填写"财产和行为税纳税申报表" (见表 7-9)，完成纳税申报工作。

任务考核

一、单项选择题

1. 下列各项中，不征收环境保护税的是(   )。

    A. 光源污染   B. 噪声污染   C. 水污染   D. 大气污染

2. 下列排放的污染物中，不属于环境保护税征税范围的是(   )。

    A. 粉煤灰   B. 水污染物

    C. 汽车尾气   D. 煤矸石

3. 2020 年 12 月甲钢铁厂产生炉渣 200 吨，其中 60 吨贮存在符合国家和地方环境保护标准的设施中，100 吨综合利用且符合国家和地方环境保护标准，其余的直接倒弃于周边空地。已知炉渣环境保护税税率为 25 元/吨。计算甲钢铁厂当月所产生炉渣应缴纳环境保护税税额的下列计算列式中，正确的是(   )。

    A. 200×25   B. (200−60−100)×25

    C. (200−100)×25   D. (200−60)×25

4. 环境保护税按月计算，按季申报缴纳。纳税人按季申报缴纳的，应当自季度终了之日起(   )日内，向税务机关办理纳税申报并缴纳税款。

    A. 30   B. 15   C. 10   D. 7

5. 下列关于环境保护税征收管理的说法中，错误的是(   )。

    A. 环境保护税的纳税义务发生时间为纳税人排放应税污染物的当日

    B. 环境保护税按月计算，按年申报缴纳

    C. 不能按固定期限计算缴纳的，可以按次申报缴纳环境保护税

    D. 纳税人应当向应税污染物排放地的税务机关申报缴纳环境保护税

二、多项选择题

1. 下列各项中，属于环境保护税征税范围的有(   )。

    A. 噪声   B. 固体废物   C. 大气污染物   D. 水污染物

2. 下列选项中，属于环境保护税暂予免征项目的有(   )。

    A. 民用航空器排放污染物

    B. 农业生产中的大规模养殖活动，排放污染物

    C. 纳税人综合利用固体废物，符合国家和地方环保标准

    D. 非道路移动机械排放污染物

3. 下列污染物按照污染物排放量折合的污染当量数确定环境保护税计税依据的有(　　)。
   A. 大气污染物　　　B. 固体废物　　　　　C. 水污染物　　　　　　　　D. 噪声
4. 关于应税污染物计税依据确定的下列表述中，正确的有(　　)。
   A. 应税水污染物按照污染物排放量折合的污染当量数确定
   B. 应税噪声按照超过国家规定标准的分贝数确定
   C. 应税大气污染物按照污染物排放量折合的污染当量数确定
   D. 应税固体废物按照固体废物的排放量确定
5. 下列有关环境保护税的表述中，正确的有(　　)。
   A. 环境保护税实行定额税率
   B. 环境保护税由环境保护机关征收
   C. 环境保护税应当按月向企业机构所在地税务机关申报缴纳
   D. 环境保护税的纳税义务发生时间为纳税人排放应税污染物的当日

三、判断题

1. 环境保护税的纳税人为在中华人民共和国领域和中华人民共和国管辖的其他海域，直接向环境排放应税污染物的单位和个人。　　　　　　　　　　　　　　　　　　(　　)
2. 企业事业单位和其他生产经营者向依法设立的污水集中处理、生活垃圾集中处理场所排放应税污染物，应当缴纳环境保护税。　　　　　　　　　　　　　　　　　　(　　)
3. 工业噪声声源一个月内超标不足 10 天的，减半计算应纳税额。　　　　　　(　　)
4. 纳税人排放应税大气污染物或者水污染物的浓度值低于国家和地方规定的污染物排放标准 30%的，减按 50%征收环境保护税。　　　　　　　　　　　　　　　　　(　　)
5. 环境保护税的会计核算应设置"应交税费——应交环境保护税"科目。该科目贷方登记本期应缴纳的环境保护税税额；借方登记企业实际缴纳的环境保护税税额。　　(　　)

四、纳税申报操作题

乙化工公司在 2020 年 1 月向大气直接排放一般性粉尘 1 540 千克，计算基数 22 吨；在 2 月向大气直接排放一般性粉尘 1 400 千克，计算基数 20 吨；在 3 月向大气直接排放一般性粉尘 1 470 千克，计算基数 21 吨。假设当地大气污染物每污染当量税额为 1.2 元、产污系数为 0.07、污染当量值为 4 千克；该公司只有一个排放口，排放应税大气污染物只有一般性粉尘，且其浓度值均不低于国家和地方规定的污染物排放标准。该公司于 2020 年 4 月 13 日对 2020 年第一季度的环境保护税进行纳税申报工作。

要求：

1. 计算乙化工公司 2020 年第一季度应缴纳的环境保护税并做出相应的会计处理。
2. 乙化工公司 2020 年 4 月 13 日进行纳税申报，填写环境保护税相关纳税申报表。

任务五　资源税实务

任务导入

甲冶金有限责任公司(统一社会信用代码为 9125328374569173××，办税员：吴某，身份证号：210×××××××××××××××)为增值税一般纳税人，其资源税纳税期限为1个月。2020年9月销售铝土矿原矿2 500吨，每吨铝土矿不含增值税售价为7 200元，铝土矿适用资源税税率为5%，增值税税率为13%。该公司于2020年10月14日对2020年9月的资源税进行纳税申报。

任务要求：

1. 计算甲冶金有限责任公司2020年9月应缴纳的资源税并做出相应的会计处理。

2. 甲冶金有限责任公司于2020年10月14日进行纳税申报，填写资源税相关纳税申报表及附表。

 任务准备

资源税是对在我国领域或管辖的其他海域开发应税资源的单位和个人征收的一种税。

一、资源税的认知

(一) 资源税纳税人的确定

资源税的纳税人是指在中华人民共和国领域和中华人民共和国管辖的其他海域开发应税资源的单位和个人。

中外合作开采陆上、海上石油资源的企业依法缴纳资源税。

2011年11月1日前已依法订立中外合作开采陆上、海上石油资源合同的，在该合同有效期内，继续依照国家有关规定缴纳矿区使用费，不缴纳资源税；合同期满后，依法缴纳资源税。

(二) 资源税征税范围的确定

我国资源税的征税范围由《中华人民共和国资源税法》所附"资源税税目税率表"确定，包括能源矿产、金属矿产、非金属矿产、水汽矿产、盐类，共计5大类，各税目的征税对象包括原矿或选矿，具体如下。

(1) 能源矿产：包括原油；天然气、页岩气、天然气水合物；煤；煤成(层)气；铀、钍；油页岩、油砂、天然沥青、石煤；地热。

(2) 金属矿产：包括黑色金属和有色金属。

(3) 非金属矿产：包括矿物类、岩石类和宝玉石类。

(4) 水气矿产：包括二氧化碳气、硫化氢气、氦气、氢气、氡气、矿泉水。

(5) 盐类：包括钠盐、钾盐、镁盐、锂盐、天然卤水、海盐。

纳税人开采或者生产应税产品自用的，视同销售，应当按规定缴纳资源税；但是，自用于连续生产应税产品的，不缴纳资源税。纳税人自用应税产品应当缴纳资源税的情形，包括纳税人以应税产品用于非货币性资产交换、捐赠、偿债、赞助、集资、投资、广告、样品、职工福利、利润分配或者连续生产非应税产品等。

国务院根据国民经济和社会发展需要，依照《中华人民共和国资源税法》原则，对取用地表水或者地下水的单位和个人试点征收水资源税。征收水资源税的，停止征收水资源费。

水资源税试点实施办法由国务院规定，报全国人民代表大会常务委员会备案。

(三) 资源税税目的确定

资源税的税目、税率,依照"资源税税目税率表"(见表 7-10)执行。

二、资源税的计算

(一) 资源税计税依据的确定

资源税按照"资源税税目税率表"实行从价计征或者从量计征。以纳税人开发应税资源产品的销售额或者销售数量为计税依据。

"资源税税目税率表"中规定可以选择实行从价计征或者从量计征的,具体计征方式由省、自治区、直辖市人民政府提出,报同级人民代表大会常务委员会决定,并报全国人民代表大会常务委员会和国务院备案。

实行从价计征的,应纳税额按照应税资源产品(以下简称应税产品)的销售额乘以具体适用税率计算。实行从量计征的,应纳税额按照应税产品的销售数量乘以具体适用税率计算。

应税产品为矿产品的,包括原矿和选矿产品。

纳税人开采或者生产不同税目应税产品的,应当分别核算不同税目应税产品的销售额或者销售数量;未分别核算或者不能准确提供不同税目应税产品的销售额或者销售数量的,从高适用税率。

1. 资源税从价定率征收的计税依据

资源税从价定率征收的计税依据为应税产品的销售额。

(1) 销售额的确定。

资源税应税产品销售额是指纳税人销售应税产品向购买方收取的全部价款,但不包括收取的增值税税款。计入销售额中的相关运杂费用,凡取得增值税发票或者其他合法有效凭据的,准予从销售额中扣除。相关运杂费用是指应税产品从坑口或者洗选(加工)地到车站、码头或者购买方指定地点的运输费用、建设基金以及随运销产生的装卸、仓储、港杂费用。

纳税人申报的应税产品销售额明显偏低且无正当理由的,或者有自用应税产品行为而无销售额的,主管税务机关可以按下列方法和顺序确定其应税产品销售额。

① 按纳税人最近时期同类产品的平均销售价格确定。

② 按其他纳税人最近时期同类产品的平均销售价格确定。

③ 按后续加工非应税产品销售价格,减去后续加工环节的成本利润后确定。

④ 按应税产品组成计税价格确定。

$$组成计税价格=成本×(1+成本利润率)÷(1-资源税税率)$$

上述公式中的成本利润率由省、自治区、直辖市税务机关确定。

⑤ 按其他合理方法确定。

2. 资源税从量定额征收的计税依据

资源税从量定额征收的计税依据为应税产品的销售数量。应税产品的销售数量,包括纳税人开采或者生产应税产品的实际销售数量和自用于应当缴纳资源税情形的应税产品数量。

3. 资源税计税依据的特殊规定

(1) 纳税人外购应税产品与自采应税产品混合销售或者混合加工为应税产品销售的,在计算应税产品销售额或者销售数量时，准予扣减外购应税产品的购进金额或者购进数量；当期不足扣减的，可结转下期扣减。纳税人应当准确核算外购应税产品的购进金额或者购进数量，未准确核算的，一并计算缴纳资源税。

纳税人核算并扣减当期外购应税产品购进金额、购进数量，应当依据外购应税产品的增值税发票、海关进口增值税专用缴款书或者其他合法有效凭据。

(2) 纳税人以外购原矿与自采原矿混合为原矿销售，或者以外购选矿产品与自产选矿产品混合为选矿产品销售的，在计算应税产品销售额或者销售数量时，直接扣减外购原矿或者外购选矿产品的购进金额或者购进数量。

纳税人以外购原矿与自采原矿混合洗选加工为选矿产品销售的，在计算应税产品销售额或者销售数量时，按照下列方法进行扣减，计算公式为

$$\frac{准予扣减的外购应税}{产品购进金额（数量）} = \frac{外购原矿}{购进金额（数量）} \times \frac{本地区原矿适用税率}{本地区选矿产品适用税率}$$

不能按照上述方法计算扣减的，按照主管税务机关确定的其他合理方法进行扣减。

(3) 纳税人开采或者生产同一税目下适用不同税率应税产品的，应当分别核算不同税率应税产品的销售额或者销售数量；未分别核算或者不能准确提供不同税率应税产品的销售额或者销售数量的，从高适用税率。

(4) 纳税人以自采原矿(经过采矿过程采出后未进行选矿或者加工的矿石)直接销售，或者自用于应当缴纳资源税情形的，按照原矿计征资源税。

纳税人以自采原矿洗选加工为选矿产品(通过破碎、切制、洗选、筛分、磨矿、分级、提纯、脱水、干燥等过程形成的产品，包括富集的精矿和研磨成粉、粒级成型、切制成型的原矿加工品)销售，或者将选矿产品自用于应当缴纳资源税情形的，按照选矿产品计征资源税，在原矿移送环节不缴纳资源税。对于无法区分原生岩石矿种的粒级成型砂石颗粒，按照砂石税目征收资源税。

(5) 纳税人开采或者生产同一应税产品，其中既有享受减免税政策的，又有不享受减免税政策的，按照免税、减税项目的产量占比等方法分别核算确定免税、减税项目的销售额或者销售数量。

(二) 资源税税率的判定

资源税采用比例税率或者定额税率两种形式。税目、税率，依照"资源税税目税率表"执行。其中对地热、石灰岩、其他黏土、砂石、矿泉水和天然卤水6种应税资源采用比例税率或定额税率，其他应税资源均采用比例税率。

"资源税税目税率表"中规定实行幅度税率的，其具体适用税率由省、自治区、直辖市人民政府统筹考虑该应税资源的品位、开采条件以及对生态环境的影响等情况，在"资源税税目税率表"规定的税率幅度内提出，报同级人民代表大会常务委员会决定，并报全国人民代表大会常务委员会和国务院备案。"资源税税目税率表"中规定征税对象为原矿或者选矿的，应当分别确定具体适用税率。资源税税目税率表，如表7-10所示。

水资源税根据当地水资源状况、取用水类型和经济发展等情况实行差别税率。

表 7-10　资源税税目税率表

项目		征税对象	税率
能源矿产	原油	原矿	6%
	天然气、页岩气、天然气水合物	原矿	6%
	煤	原矿或者选矿	2%～10%
	煤成(层)气	原矿	1%～2%
	铀、钍	原矿	4%
	油页岩、油砂、天然沥青、石煤	原矿或者选矿	1%～4%
	地热	原矿	1%～20%或者每立方米1～30元
金属矿产	黑色金属	铁、锰、铬、钒、钛	原矿或者选矿	1%～9%
	有色金属	铜、铅、锌、锡、镍、锑、镁、钴、铋、汞	原矿或者选矿	2%～10%
		铝土矿	原矿或者选矿	2%～9%
		钨	选矿	6.5%
		钼	选矿	8%
		金、银	原矿或者选矿	2%～6%
		铂、钯、钌、锇、铱、铑	原矿或者选矿	5%～10%
		轻稀土	选矿	7%～12%
		中重稀土	选矿	20%
		铍、锂、锆、锶、铷、铯、铌、钽、锗、镓、铟、铊、铪、铼、镉、硒、碲	原矿或者选矿	2%～10%
非金属矿产	矿物类	高岭土	原矿或者选矿	1%～6%
		石灰岩	原矿或者选矿	1%～6%或者每吨(或者每立方米)1～10元
		磷	原矿或者选矿	3%～8%
		石墨	原矿或者选矿	3%～12%
		萤石、硫铁矿、自然硫	原矿或者选矿	1%～8%
		天然石英砂、脉石英、粉石英、水晶、工业用金刚石、冰洲石、蓝晶石、硅线石(矽线石)、长石、滑石、刚玉、菱镁矿、颜料矿物、天然碱、芒硝、钠硝石、明矾石、砷、硼、碘、溴、膨润土、硅藻土、陶瓷土、耐火黏土、铁矾土、凹凸棒石黏土、海泡石黏土、伊利石黏土、累托石黏土	原矿或者选矿	1%～12%

(续表)

项目			征税对象	税率
非金属矿产	岩石类	叶腊石、硅灰石、透辉石、珍珠岩、云母、沸石、重晶石、毒重石、方解石、蛭石、透闪石、工业用电气石、白垩、石棉、蓝石棉、红柱石、石榴子石、石膏	原矿或者选矿	2%~12%
		其他黏土(铸型用黏土、砖瓦用黏土、陶粒用黏土、水泥配料用黏土、水泥配料用红土、水泥配料用黄土、水泥配料用泥岩、保温材料用黏土)	原矿或者选矿	1%~5%或者每吨(或者每立方米)0.1~5元
		大理岩、花岗岩、白云岩、石英岩、砂岩、辉绿岩、安山岩、闪长岩、板岩、玄武岩、片麻岩、角闪岩、页岩、浮石、凝灰岩、黑曜岩、霞石正长岩、蛇纹岩、麦饭石、泥灰岩、含钾岩石、含钾砂页岩、天然油石、橄榄岩、松脂岩、粗面岩、辉长岩、辉石岩、正长岩、火山灰、火山渣、泥炭	原矿或者选矿	1%~10%
		砂石	原矿或者选矿	1%~5%或者每吨(或者每立方米)0.1~5元
	宝玉石类	宝石、玉石、宝石级金刚石、玛瑙、黄玉、碧玺	原矿或者选矿	4%~20%
水气矿产	二氧化碳气、硫化氢气、氦气、氡气		原矿	2%~5%
	矿泉水		原矿	1%~20%或者每立方米1~30元
盐	钠盐、钾盐、镁盐、锂盐		选矿	3%~15%
	天然卤水		原矿	3%~15%或者每吨(或者每立方米)1~10元
	海盐			2%~5%

(三) 资源税优惠政策的运用

(1) 有下列情形之一的,免征资源税:

① 开采原油以及在油田范围内运输原油过程中用于加热的原油、天然气;

② 煤炭开采企业因安全生产需要抽采的煤成(层)气。

(2) 有下列情形之一的,减征资源税:

① 从低丰度油气田开采的原油、天然气,减征20%资源税;

② 高含硫天然气、三次采油和从深水油气田开采的原油、天然气,减征30%资源税;

③ 稠油、高凝油减征40%资源税;

④ 从衰竭期矿山开采的矿产品，减征30%资源税；

⑤ 为促进页岩气开发利用，有效增加天然气供给，经国务院同意，自2018年4月1日至2023年12月31日，对页岩气资源税(按6%的规定税率)减征30%；

⑥ 自2014年12月1日至2023年8月31日，对充填开采置换出来的煤炭，资源税减征50%。

根据国民经济和社会发展需要，国务院对有利于促进资源节约集约利用、保护环境等情形可以规定免征或者减征资源税，报全国人民代表大会常务委员会备案。

(3) 有下列情形之一的，省、自治区、直辖市可以决定免征或者减征资源税：

① 纳税人开采或者生产应税产品过程中，因意外事故或者自然灾害等原因遭受重大损失；

② 纳税人开采共伴生矿、低品位矿、尾矿。

上述规定的免征或者减征资源税的具体办法，由省、自治区、直辖市人民政府提出，报同级人民代表大会常务委员会决定，并报全国人民代表大会常务委员会和国务院备案。纳税人开采或者生产同一应税产品同时符合两项或者两项以上减征资源税优惠政策的，除另有规定外，只能选择其中一项执行。

纳税人的免税、减税项目，应当单独核算销售额或者销售数量；未单独核算或者不能准确提供销售额或者销售数量的，不予免税或者减税。

(四) 资源税应纳税额的计算

资源税的应纳税领，按照从价定率或者从量定额的办法，分别以应税产品的销售额乘以纳税人具体适用的比例税率或者以应税产品的销售数量乘以纳税人具体适用的定额税率计算。

(1) 实行从价定率计征办法的应税产品，资源税应纳税额的计算公式为

$$应纳税额＝应税产品的销售额×适用的比例税率$$

(2) 实行从量定额计征办法的应税产品，资源税应纳税额的计算公式为

$$应纳税额＝应税产品的销售数量×适用的定额税率$$

(3) 扣缴义务人代扣代缴资源税应纳税额的计算公式为

$$代扣代缴应纳税额＝收购未税产品的数量×适用的定额税率$$

三、资源税的会计核算

进行资源税会计核算时，应设置"应交税费——应交资源税"科目，该科目贷方登记企业本期应缴纳的资源税税额，借方登记企业已缴纳的资源税税额；期末贷方余额表示企业应交而未交的资源税税额。

对外销售应税产品计算应交资源税时，应借记"税金及附加"科目，贷记"应交税费——应交资源税"科目；自产自用计算应税产品应交资源税时，应借记"生产成本""制造费用"等科目，贷记"应交税费——应交资源税"科目。实际缴纳资源税时，应借记"应交税费——应交资源税"科目，贷记"银行存款"科目。

四、资源税的纳税申报

(一) 资源税的纳税义务发生时间

纳税人销售应税产品，纳税义务发生时间为收讫销售款或者取得索取销售款凭据的当日；

自用应税产品的,纳税义务发生时间为移送应税产品的当日。

资源税由税务机关征收管理。海上开采的原油和天然气资源税由海洋石油税务管理机构征收管理。

(二) 资源税的纳税期限

资源税按月或者按季申报缴纳;不能按固定期限计算缴纳的,可以按次申报缴纳。

纳税人按月或者按季申报缴纳的,应当自月度或者季度终了之日起 15 日内,向税务机关办理纳税申报并缴纳税款;按次申报缴纳的,应当自纳税义务发生之日起 15 日内,向税务机关办理纳税申报并缴纳税款。

(三) 资源税的纳税地点

纳税人应当在矿产品的开采地或者海盐的生产地缴纳资源税。

(四) 资源税的纳税申报实务

纳税人申报资源税时,应填报"资源税税源明细表"(见表7-11)、"财产和行为税减免税明细表"(略)、"财产和行为税纳税申报表"(见表 7-12)。

表 7-11 资源税税源明细表

税款所属期限:自 2020 年 09 月 01 日至 2020 年 09 月 30 日

纳税人识别号(统一社会信用代码):9125328374569173××

纳税人名称:甲冶金有限责任公司 　　　　　　　　　　　　　　金额单位:人民币元(列至角分)

申报计算明细									
序号	税目	子目	计量单位	销售数量	准予扣减的外购应税产品购进数量	计税销售数量	销售额	准予扣除的运杂费	准予扣减的外购应税产品购进金额	计税销售额
	1	2	3	4	5	6	7	8	9	10=7-8-9
1	铝土矿	原矿	吨	2 500		2 500	18 000 000			18 000 000
2										
3										
4										
合计										

减免税计算明细

序号	税目	子目	减免税性质代码和项目名称	计量单位	减免税销售数量	减免税销售额	适用税率	减征比例	本期减免税额
	1	2	3	4	5	6	7	8	9①=5×7×8 9②=6×7×8
1									
2									
3									
4									
合计									

表 7-12　财产和行为税纳税申报表

纳税人识别号(统一社会信用代码)：9125328374569173××

纳税人名称：甲冶金有限责任公司　　　　　　　　　　　　　金额单位：人民币元(列至角分)

序号	税种	税目	税款所属期起	税款所属期止	计税依据	税率	应纳税额	减免税额	已缴税额	应补(退)税额
1	资源税	铝土矿	2020年09月01日	2020年09月30日	18 000 000	5%	900 000			900 000
2										
3										
4	合计	—	—	—	—	—	900 000			900 000

声明：本表是根据国家税收法律法规及相关规定填写的，本人(单位)对填报内容(及附带资料)的真实性、可靠性、完整性负责。

　　　　　　　　　　　　　　纳税人 (签章)：甲冶金有限责任公司　2020年10月14日

经办人：吴某 经办人身份证号：210×××××××××××××××× 代理机构签章： 代理机构统一社会信用代码：	受理人： 受理税务机关(章)： 受理日期：　　年　　月　　日

 **任务实施**

根据【任务导入】情境资料和任务要求，通过如下操作步骤进行任务实施。

实施任务 1：根据经济业务计算 2020 年 9 月应缴纳的资源税并做出相应的会计处理。

第一步：计算 2020 年 9 月应缴纳的资源税。

应纳资源税税额＝2 500×7 200×5%＝900 000(元)

增值税销项税额＝2 500×7 200×13%＝2 340 000(元)

第二步：甲冶金有限责任公司做出如下会计处理。

(1) 销售铝土矿时：

借：银行存款　　　　　　　　　　　　　　　　　20 340 000

　　贷：主营业务收入　　　　　　　　　　　　　　　18 000 000

　　　　应交税费——应交增值税(销项税额)　　　　　2 340 000

(2) 计提资源税时：

借：税金及附加　　　　　　　　　　　　　　　　　900 000

　　贷：应交税费——应交资源税　　　　　　　　　　　900 000

(3) 实际缴纳资源税时：

借：应交税费——应交资源税　　　　　　　　　　　900 000

　　贷：银行存款　　　　　　　　　　　　　　　　　900 000

实施任务 2：对资源税进行纳税申报。

填写"资源税税源明细表"(见表 7-11)、"财产和行为税纳税申报表"(见表 7-12)，完成纳税申报工作。

任务考核

一、单项选择题

1. 下列各项中，属于资源税纳税人的是(　　)。
    A. 进口金属矿石的甲冶炼企业
    B. 销售精盐的乙超市
    C. 开采销售原煤的丙公司
    D. 销售石油制品的丁加油站

2. 下列各项中，不属于资源税征税范围的是(　　)。
    A. 开采的原煤
    B. 开采的原油
    C. 以空气加工生产的液氧
    D. 开采的天然气

3. 下列各项中，应当缴纳资源税的是(　　)。
    A. 批发商批发原煤
    B. 零售商零售原煤
    C. 煤炭厂将其开采的原煤用于加工洗选煤
    D. 煤炭厂自用其开采的原煤用于办公楼取暖

4. 从低丰度油田开采的原油、天然气，减征(　　)资源税。
    A. 20%
    B. 30%
    C. 50%
    D. 60%

5. 某铅锌开采企业为一般纳税人，2020 年 11 月开采并销售铅矿原矿，取得不含增值税销售额 600 万元；销售以自采铅矿原矿生产的选矿取得含增值税销售额 1 200 万元。已知，适用的铅矿原矿资源税税率为 4%，铅矿选矿资源税税率为 6%，增值税税率为 13%。有关该铅矿开采企业 2020 年 11 月应缴纳的资源税税额，下列计算列示中正确的是(　　)。
    A. $600 \times 4\%$
    B. $600 \times 4\% + 1\,200 \times 6\%$
    C. $600 \times 4\% + 1\,200 \div (1+13\%) \times 6\%$
    D. $600 \div (1+13\%) \times 4\% + 1\,200 \div (1+13\%) \times 6\%$

二、多项选择题

1. 下列各项中，属于资源税纳税人的有(　　)。
    A. 开采销售原油的油田
    B. 进口铝土矿的企业
    C. 销售切割好的钻石裸石的首饰店
    D. 销售自采原煤的企业

2. 下列各项中，属于资源税应税产品的有(　　)。
    A. 天然气
    B. 汽油
    C. 金项链
    D. 硫铁矿原矿

3. 下列各项中，属于资源税征税范围的有(　　)。
    A. 石灰岩
    B. 钠盐
    C. 黏土
    D. 砂石

4. 某天然气生产企业将其开采的天然气用于下列用途，其中需要征收资源税的有(　　)。
    A. 销售给市政供气企业
    B. 本企业职工食堂领用
    C. 与货车生产企业交换货车
    D. 作为出资设立子公司

5. 某煤矿开采销售原煤，应缴纳的税金有(　　)。
    A. 资源税
    B. 增值税
    C. 消费税
    D. 城建税

三、判断题

1. 海盐属于资源税征税范围。 （　　）
2. 纳税人将开采的原煤自用于连续生产洗选煤的，在原煤移送使用环节缴纳资源税。
 （　　）
3. 纳税人开采或者生产不同税目应税产品的，未分别核算或者不能准确提供不同税目应税产品的销售额或者销售数量的，从高适用税率计征资源税。 （　　）
4. 高含硫天然气、三次采油和从深水油气田开采的原油、天然气，减征30%资源税。
 （　　）
5. 计提对外销售应税产品应交资源税时，应借记"税金及附加"科目，贷记"应交税费——应交资源税"科目。 （　　）

四、纳税申报操作题

乙煤矿有限责任公司为增值税一般纳税人，其资源税纳税期限为1个月。2020年10月销售原煤28 000吨，开具增值税专用发票注明价款18 200 000元，增值税税额2 366 000元，款项已收到。本月领用自产原煤300吨作为福利发放给职工使用，该原煤不含增值税售价为650元/吨，该煤矿开采的原煤资源税税率为8%，增值税税率为13%。该公司于2020年11月12日对2020年10月的资源税进行纳税申报。

要求：
1. 计算乙煤矿有限责任公司2020年10月应缴纳的资源税并做出相应的会计处理。
2. 乙煤矿有限责任公司于2020年11月12日进行纳税申报，填写资源税相关纳税申报表。

案例分析

出口转内销货物选择性关税优惠政策给企业带来节税空间

某综合保税区内A汽车电子配件有限公司，在2020年2月18日保税进口一批料件，换算折合人民币为200万元，经过生产、加工后制成品(车用继电器)计人民币230万元。受疫情影响，国外客户取消订单，将原本进料加工复出口的货物在国内销售，于2020年3月18日经"二线"售往国内甲市B公司。假设该批产品所用保税料件进口关税税率为5%，成品关税税率为10%，海关总署公布的最新缓税利息率为0.36%。

思考： A企业在申请销往国内甲市B公司时关税的缴纳方式是选择"按对应进口料件"还是"按实际报验状态"。

注： 分析提示见二维码7-11。

7-11 分析提示

项目小结

本项目主要介绍了我国现行征收的关税、城市维护建设税、教育费附加和地方教育附加、车辆购置税、车船税、环境保护税及资源税的纳税人、征税范围、税率、税收优惠政策等基本法律知识；关税、城市维护建设税、教育费附加和地方教育附加、车辆购置税、车船税、环境保护税及资源税应纳税额的计算、会计核算以及纳税申报。

本项目内容结构如图7-1所示。

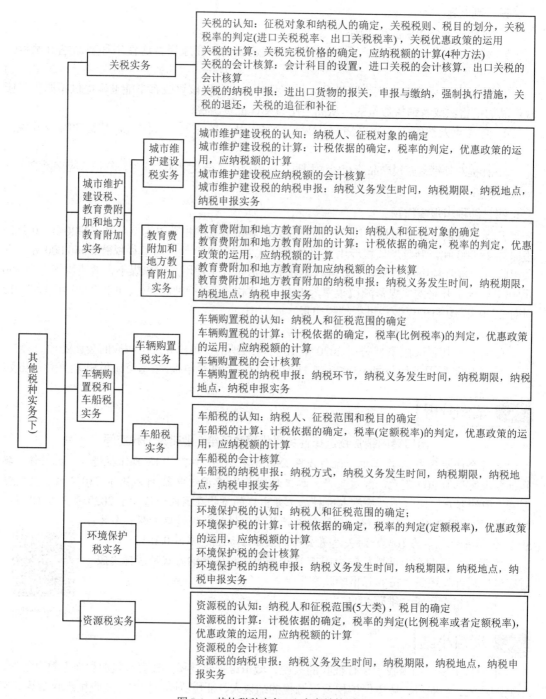

图 7-1　其他税种实务(下)内容结构图

参 考 文 献

[1] 中国注册会计师协会. 税法[M]. 北京：中国财政经济出版社，2021.
[2] 中国注册会计师协会. 会计[M]. 北京：中国财政经济出版社，2021.
[3] 财政部会计资格评价中心. 经济法基础[M]. 北京：经济科学出版社，2021
[4] 财政部会计资格评价中心. 经济法[M]. 北京：经济科学出版社，2021
[5] 财政部会计资格评价中心. 初级会计实务[M]. 北京：经济科学出版社，2021
[6] 财政部会计资格评价中心. 中级会计实务[M]. 北京：经济科学出版社，2021
[7] 于洋. 税务会计理论与实务[M]. 北京：电子工业出版社，2013
[8] 段迎春，于洋. 税收与纳税筹划[M]. 北京：中国金融出版社，2013